JN116405

養護教諭、看護師、保健師のための

新版 学校看護

―― すべての子供の健康実現を目指して ――

編著

遠藤伸子　池添志乃　籠谷 恵

執筆分担

◆ 編著者

遠藤伸子(女子栄養大学)

第2章　養護教諭の活動過程、第3章4　4)感染予防技術(共同執筆)、第4章2　3)嘔気・嘔吐(共同執筆)、第7章2　災害時に求められる学校看護

池添志乃(高知県立大学)

第1章1　学校看護とは、2　3)家族・学校・地域の理解と支援、第3節1　援助関係を形成する技術、2　セルフケアに関する技術、3　1)食事と栄養、資料

籠谷恵(東海大学)

第3章4　4)感染予防技術(共同執筆)、第5章2　12)摂食障害

◆ 著者(50音順)

朝倉隆司(東京学芸大学)　第1章2　1)健康・病気・ウェルネス、2)子供の成長発達の理解

池永理恵子(関西福祉大学)　第6章2　1)(4)与薬に関する支援、3　発達に課題をもつ子供の支援

大沼久美子(女子栄養大学)　第3章4　5)(3)タッチング、第5章2　10)気分障害、11)統合失調症

葛西敦子(弘前大学)　第3章4　5)(1)罨法、(2)安楽な体位、5　移動・移送に関する技術

鎌田尚子(元女子栄養大学)　第1章4　1)子供の尊厳に基づく看護/養護、2)学校看護/養護における倫理

鎌塚優子(静岡大学)　第6章1　1)(1)特別支援教育・インクルーシブ教育システム、(2)医療的ケアとは

菊池美奈子(梅花女子大学)　第4章2　10)熱中症、11)発疹

久保田美穂(女子栄養大学)　第4章2　9)失神、第5章2　6)てんかん、第7章3　学校版トリアージ

齊藤理砂子(淑徳大学)　第3章6　5)(1)頭部の外傷、(3)腹部損傷、第4章2　1)頭痛

佐藤伸子(熊本大学)　第4章2　8)意識障害

竹内理恵(徳島文理大学)　第3章6　5)(2)顔部の外傷

竹鼻ゆかり(東京学芸大学)　第5章1　慢性疾患のある子供と家族の理解と支援の基本的考え方、2　4)糖尿病、5)腎臓病

中込由美(東京家政大学)　第4章2　5)下痢、6)発熱

成川美和(鎌倉女子大学)　第3章6　3)創傷の処置、4)包帯・固定法、5)(4)四肢外傷

新沼正子(安田女子大学)　第6章2　1)(1)呼吸に関する支援、(3)食事に関する支援

西岡かおり(四国大学)　第3章6　1)一次救命処置、2)止血法、第5章2　9)起立性調節障害

西丸月美(西南女学院大学)　第4章2　2)腹痛、4)便秘

野中静(女子栄養大学)　第3章4　1)学校看護における安全・安楽の意義、2)学校看護の安全に影響を及ぼす要因、第7章1　災害医療と災害看護

平川俊功(東京家政大学)　第3章3　3)清潔、4　3)学校・保健室の環境調整技術

廣原紀恵(茨城大学)　第3章3　2)排泄、第6章2　1)(2)排泄に関する支援

松枝睦美(岡山大学)　第4章1　子供に多い急性期症状の理解と援助、2　3)嘔気・嘔吐(共同執筆)、7)ショック、第5章2　2)アレルギー

丸井淑美(群馬医療福祉大学)　第4章2　12)性感染症、第6章1　1)(3)特別な配慮、4　セクシュアリティに課題をもつ子供の支援

三森寧子(千葉大学)　第1章3　学校看護における社会資源、第5章2　7)炎症性腸疾患

三村由香里(岡山大学)　第5章2　1)気管支喘息、3)先天性心疾患

森口清美(就実大学)　第5章2　8)悪性新生物、第6章2　2)入院した子供と家族の支援

矢野潔子(静岡大学)　第1章4　3)学校看護に関わる法的責任、第3章3　4)休息と睡眠、5)活動(遊び、学習)

まちがいさがしは、ほけんだより用のイラストとしてもダウンロードできます！

パワーポイントも！

健康教育で使えるパワポ教材も毎月 DL できます。

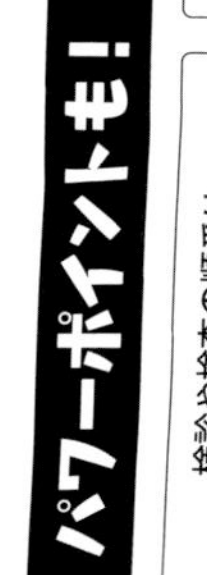

検診や検査の順番は
静かに待とう
健康診断の結果は
おうちの人と確認しよう

号は、気になるトピックスに深く切り込み、詳しく説明したり、…と、内容充実。ずっと手元に置いておきたい特集号です。…臨時増刊号は年１冊の発行です。

2023 年 11 月
増刊号

保健教育 〜私の進め方、実践の実際

養護教諭の専門性を活かした実践事例集。幼・小・中・高・特別支援学校 16 校の取り組みを紹介。

2023 年 7 月
増刊号

リーフレットにできる保健資料集

印刷して半分に折るだけで小学校版、中学校・高校版の配付できるリーフレットが作れる保健資料集。

	通常価格		学割価格	
1年（普通号のみ）12 冊	~~13,080円~~	➡	6,600円	50% OFF
1年（増刊号・臨時増刊号含む）16 冊（普通号 12 冊＋増刊号 3 冊・臨時増刊号 1 冊）	~~17,440円~~	➡	7,920円	約 55% OFF

※上記金額は 2024 年度の年間定期購読料です

お申し込みは HP の専用フォームから！

学生のうちから学校現場のことを知り、具体的なイメージをもって学ぶことは、教科書の理解を深め、知識の定着にも大きなメリットがあります。何より、養護教諭という「夢」を実現するために学び続ける強いモチベーションに！

学割利用者の声

「私には養護教諭という夢がある」ということを毎日意識することができました。養護教諭になりたい気持ちの再確認ができました。

養護教諭として働き始めて半年が過ぎました。『健康教室』は学生時代、教採勉強の最新かつ正確な情報源でした。

保健室の様子がカラーで掲載されていて、現場をイメージしやすいです。教育実習前から読んでいたのでとても参考になりました。

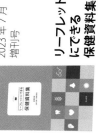

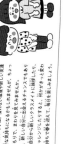

東山書房 公式LINE @081ykvbu でも受付

PCからも受付中
https://www.higashiyama.co.jp/
健康教室　学割

見本誌を無料でお届けします!!
まずはスマホでお気軽に
お問い合わせ・ご用命はこちらまで
TEL: 075-841-9278
東山書房 info@higashiyama.co.jp

Information PLAZA

医学情報や心身に関連した情報を、専門家がわかりやすく解説します。

私の実践・事例ファイル

さまざまな校種の養護教諭の先生による取り組みを、ふんだんな資料や写真とともに紹介。

…る化」する取り組み

4月号　子どもたちの生活リズムをととのえる

3月号　年度末、こんな指導・実践をしています

その他人気連載　『今だから言える　保健室での失敗体験』、「Interview ×『健康教室』」（不定期連載）、おがたちえ『子そだ… これ成長』、『談話室』、『memorandum　養護教諭のお役立ちメモ』（不定期連載）他。

2024年度の新連載

感染症ノート

岡田晴恵（白鷗大学教育学部教授）

突然の発生・流行に備えて「学校感染症」以外でも押さえておきたい感染症を毎月一つずつ解説します。第1回はウェルシュ菌感染症。今後、エキノコックスやトコジラミ、腸炎ビブリオ、先天性梅毒など気になる感染症を取り上げていきます。

インフルエンサー「にこ」の 業務改善 tips

にこ（元公立学校養護教諭）

保健室でゆとりを持って子どもと向き合いたい！定時退勤で仕事も生活も充実させたい！ 時間に追われずラクして賢く効率化したい！ そんな養護教諭のために、業務改善 tips（ちょっとしたコツ）をお伝えします。

東山書房
〒604-8454 京都市中京区西ノ京小堀池町 8-2　www.higashiyama.co.jp
TEL.075-841-9278　FAX.075-822-0826　E-mail:info@higashiyama.co.jp

…や養護教諭の一日がわかります。授業で学んだことが実際の仕事で生かされているさまざまなシーンを見ることで、納得感も深まります。

新・みんなの保健室

全国各地の保健室を毎月4ページ、カラーで紹介。「この設備はなぜ、この配置なのか」「この備品はこんな来室のときのために用意している」など、保健室を見れば、そこで働く養護教諭の思いや保健室経営がわかります。

養護教諭 Life ～私の一日～

出勤から退勤まで、養護教諭の一日を写真でレポート。保健室では日々、本当にいろんなことが起こりますね。でも、だからこそ、楽しくやりがいのあるシゴト。先生方のイキイキとした表情からもそれが伝わってきます。

保健室では…

健康教室

SCHOOL HEALTH EDUCATION

人気絵本作家
おおでゆかこさんの
かわいいクマ君たちの
表紙で毎月お届け

最も多くの養護教諭に読まれている
養護教諭のための月刊誌

「学割サービス」開始以来、すでに全国で 1800 人以上の学生さんに
ご利用いただいています。夢を実現させたい本気の学生さんを応援。

お得な学割サービスを利用してみませんか？

定期購読
新規お申し込みの方にもれなく！！

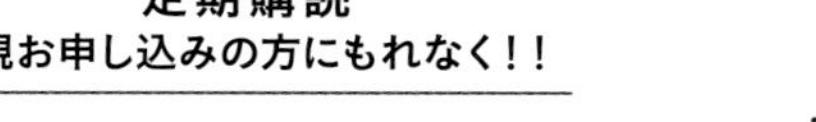

『健康教室』イラスト
DVD−ROMをプレゼント!!

養護教諭が
保健だよりの作成に
使っています
保健のイラスト
2000 点以上を
収録！

通常年間購読料

学割年間購読料

（※税・送料込み）

健康教室の好評連載をご紹介！

『健康教室』のミッションは養護教諭の仕事をサポートすること。読者の「知りたい！」「学びたい！」「使いたい！」ニーズに応えるため、毎月たくさんのお役立ち情報を提供しています。

今月のおしごと質問箱

新人養護教諭
養護教諭になりたい

鈴木裕子

養護教諭の職務を「毎月のおしごと」の視点から Q&A 形式で解説します。

みんなでつながる、つなげる！ きしもと先生の

あたらしい授業づくり

岸本優子

『つながり』をキーワードに授業づくりの実践を紹介します。「授業って、いいですよ！」

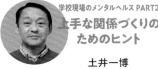

学校リスクを見える化する

内田良

柔道での重大事故や巨大化する組体操、ブラック部活動などの「学校リスク」の現状を紹介します。

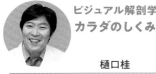

ビジュアル解剖学

カラダのしくみ

樋口桂

心臓、肺、腎臓など、毎月一つカラダの器官を取り上げ、その仕組みや役割をレクチャー。

学校保健の常識の誤りを見直す

発育発達の新常識

大澤清二

子どもの発育発達や学校保健の常識の誤りを、最新の知識で修正していきます。

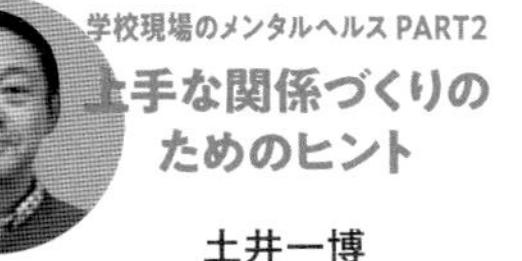

学校現場のメンタルヘルス PART2

上手な関係づくりのためのヒント

土井一博

職場の先生方、子どもたち、保護者等、学校現場での上手な関係のつくり方を探ります。

応急処置アップデート Q and A

玉川進

「この処置は正しい?」「昔と今とで変わっているかも…」など、応急処置の疑問や質問に答えます。

ダイビーノンカフェ

あっきー

「多様性」や「セクシュアリティ」についてのトーク。気軽に耳を傾けてみてください。

Information PLAZA

毎月の特集はメイン特集とミニ特集の２本立て！

ほけんだより作りのつよーい味方！

毎月100点以上のイラスト素材（ルビあり／ルビなし）がHPからダウンロードできます！（※）

※「ほけんだより素材集」「今月の掲示物」「巻末ほけんだより」合計

ほけんだより素材集

読者だけがDLできるイラスト素材が満載！
コピーして使えるほけんだよりも。

＼今だけ！／

4月号素材集お試し無料ダウンロード！

ユーザー名 hy2404　パスワード maltese

東山書房HPへアクセス！「イラストダウンロード」をクリックして上の文字列をご入力ください。

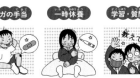

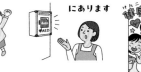

体格・成長は人それぞれ
比較はNGです

ほけんだより 4月

おうちのかたへ

健康診断をうけるときのやくそく

自分のからだや健康の状態を知る大事な機会です。関心をもって積極的にうけましょう

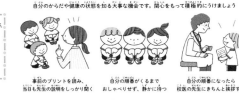

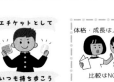

事前のプリントを読み、当日も先生の説明をしっかり聞く

自分の順番がくるまでおしゃべりせず、静かに待つ

自分の順番になったら校医の先生にきちんと挨拶する

校医さんの紹介です

新年度スタート 健康的な生活 心がけようね

保健室で
できること できないこと
ルールやマナーを守って利用しましょう。
緊急のとき以外は、担任の先生にことわってから来てくださいね。
クスリ ください
薬をもらうことはできません
継続した手当はできません
とりかえて～

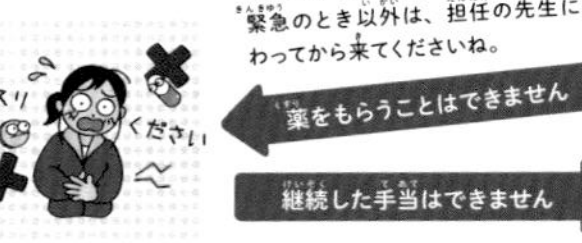

保健室はいつでもみんなの心と体の元気をサポート！

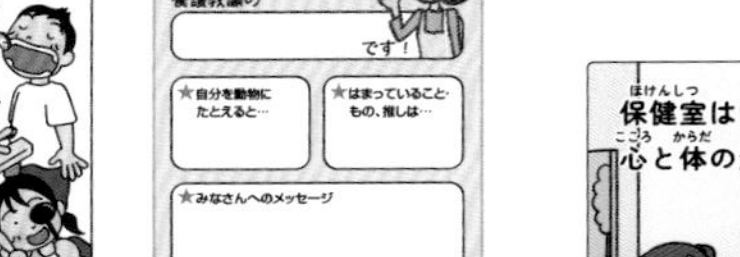

保健室はいつでもみんなの心と体の元気をサポート！

保健室を利用するときのルール

PC、タブレット、スマホでも読める！

2023 年度から『健康教室』定期購読者に限りHP で電子版閲覧サービスが始まりました！

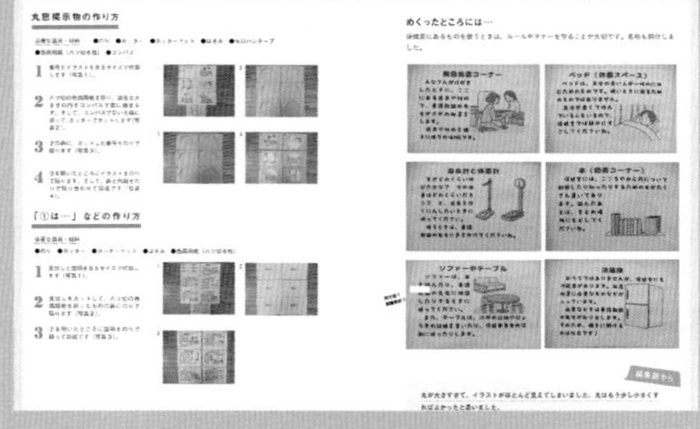

電子版の閲覧条件、注意事項などは弊社 HP をご覧ください。仕様や条件は変更になる場合がございます。
※弊社からの直接購読ではなく、書店等からご購読の場合は別途お手続きが必要になります。

応急処置のスマホ動画が見放題！

Web 連動企画

2020 ～ 2021 年度の連載『応急処置アップデート THE MOVIE』で紹介した全 24 本の応急処置の動画がすべて見放題！

まずは実際の動画を CHECK!!

異物除去法／心肺蘇生法／AED の使い方／熱中症への対応／エピペン®の使い方／三角巾の使い方／骨折時の固定法／痙攣への対応／止血／刺し傷／熱傷（基礎編）／熱傷（軽症編）／コロナ禍における心肺蘇生／失神／頭部外傷／誤飲・誤食／溺水／腹痛／擦り傷／眼外傷／捻挫／発熱／嘔吐／救急隊の初期評価

巻頭ポスター／まちがいさがしが毎月２枚！

大人気の「ポスター／まちがいさがし」が校種ごとに毎月付いてきます！

休養している人がいるかも

2枚の絵を見くらべて 7つのちがいをさがそう!!

新しい仲間とともに

新しい仲間とともに

1年（普通号のみ）12 冊	~~13,080円~~	→ 6,600円	50% OFF
1年（増刊号・臨時増刊号含む）16 冊 （普通号 12 冊＋増刊号3冊・臨時増刊号1冊）	~~17,440円~~	→ 7,920円	約 55% OFF

※上記金額は 2024 年度の年間定期購読料です

学生のうちから学校現場のことを知り、具体的なイメージをもって学ぶことは、教科書の理解を深め、知識の定着にも大きなメリットがあります。何より、養護教諭という「夢」を実現するために学び続ける強いモチベーションに！

お申し込みは HP の専用フォームから！

学割利用者の声

「私には養護教諭という夢がある」ということを毎月意識することができました。養護教諭になりたい気持ちの再確認ができました。

養護教諭として働き始めて半年が過ぎました。『健康教室』は学生時代、教採勉強の最新かつ正確な情報源でした。

保健室の様子がカラーで掲載されていて、現場をイメージしやすいです。教育実習前から読んでいたのでとても参考になりました。

東山書房
公式LINE
@081ykvbu
でも受付

PCからも受付中
https://www.higashiyama.co.jp/
健康教室　学割

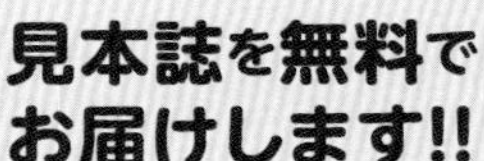

見本誌を無料でお届けします!!

まずはスマホでお気軽に

お問い合わせ・ご用命はこちらまで
TEL: 075-841-9278
東山書房　info@higashiyama.co.jp

Information PLAZA

医学情報や心身に関連した情報を、専門家がわかりやすく解説します。

私の実践・事例ファイル

さまざまな校種の養護教諭の先生による取り組みを、ふんだんな資料や写真とともに紹介。

る化』する取り組み

4月号　子どもたちの生活リズムをととのえる

3月号　年度末、こんな指導・実践をしています

査を促すための取り組み

4月号　健康診断を効果的・効率的に進めるアイデア

3月号　新学期に子どもを迎える保健室づくり

『今だから言える　保健室での失敗体験』、「Interview ×『健康教室』」（不定期連載）、おがたちえ『子そだてエッセイまんが　日々これ成長』、『談話室』、『memorandum　養護教諭のお役立ちメモ』（不定期連載）他。

2024 年度の新連載

感染症ノート

岡田晴恵（白鷗大学教育学部教授）

突然の発生・流行に備えて「学校感染症」以外でも押さえておきたい感染症を毎月一つずつ解説します。第1回はウェルシュ菌感染症。今後、エキノコックスやトコジラミ、腸炎ビブリオ、先天性梅毒など気になる感染症を取り上げていきます。

インフルエンサー「にこ」の 業務改善 tips

にこ（元公立学校養護教諭）

保健室でゆとりを持って子どもと向き合いたい！　定時退勤で仕事も生活も充実させたい！　時間に追われずラクして賢く効率化したい！　そんな養護教諭のために、業務改善 tips（ちょっとしたコツ）をお伝えします。

巻末ほけんだより

そのまま使えるほけんだよりを小学校用と中学・高校用の2種類を巻末に綴じ込みました。弊社ホームページから PDF、JPEG データも DL できます。

東山書房

〒604-8454 京都市中京区西ノ京小堀池町 8-2　www.higashiyama.co.jp

TEL.075-841-9278　FAX.075-822-0826　E-mail:info@higashiyama.co.jp

担任の先生に
ことわってからくる

入室退室時には
あいさつをする

保健室ではさわがず
しずかにすごす

室内の備品などに
勝手にさわらない

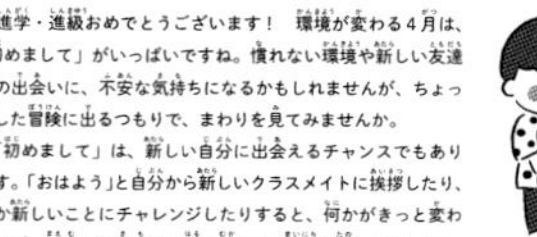

「初めまして」を楽しもう！

進学・進級おめでとうございます！　環境が変わる４月は、「初めまして」がいっぱいですね。慣れない環境や新しい友達との出会いに、不安な気持ちになるかもしれませんが、ちょっとした冒険に出るつもりで、まわりを見てみませんか。
「初めまして」は、新しい自分に出会えるチャンスでもあります。「おはよう」と自分から新しいクラスメイトに挨拶したり、何か新しいことにチャレンジしたりすると、何かがきっと変わるはず。前向きな気持ちで春を迎えて、毎日を楽しみましょう。

まちがいさがしは、ほけんだより用のイラストとしてもダウンロードできます！

今月の掲示物

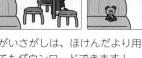

リレー連載。養護教諭の倉澤順子先生による掲示物作りのポイントや作り方のご紹介。編集部作製のプリントアウトして貼るだけのお手軽かんたん掲示物も掲載。

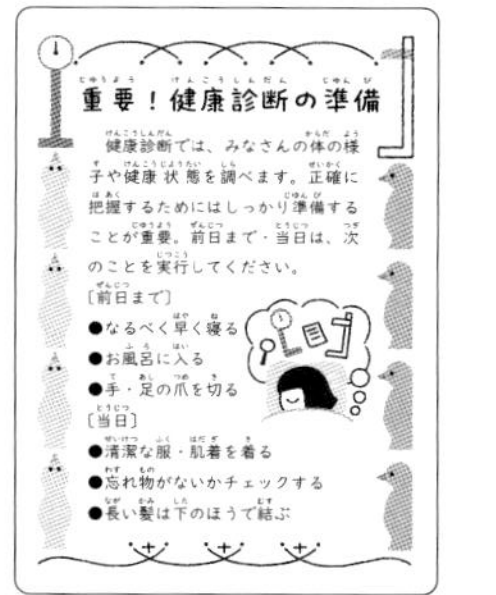

重要！健康診断の準備

健康診断では、みなさんの体の様子や健康状態を調べます。正確に把握するためにはしっかり準備することが重要。前日まで・当日は、次のことを実行してください。

［前日まで］
- なるべく早く寝る
- お風呂に入る
- 手・足の爪を切る

［当日］
- 清潔な服・肌着を着る
- 忘れ物がないかチェックする
- 長い髪は下のほうで結ぶ

パワーポイントも！

健康教育で使えるパワポ教材も毎月 DL できます。

健康診断の結果は
おうちの人と確認しよう

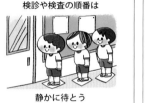

増刊号・臨時増刊号

『健康教室』の増刊号は、気になるトピックスに深く切り込み、詳しく説明したり、実践例を紹介したりと、内容充実。ずっと手元に置いておきたい特集号です。
増刊号は年３冊、臨時増刊号は年１冊の発行です。

2024 年 2 月
増刊号

**第 60 回
学校保健
ゼミナール
講演集**

弊社雑誌や書籍でもお馴染みの講師陣による全 6 講座（2023 年 8 月対面＋オンライン開催）を収録。

2023 年 12 月
臨時増刊号

**保健室で
活用できる
いろいろ
カード集 2**

健康に関する事柄をコンパクトにおまとめ。貼れる・学べるカード集。好評企画の第 2 弾！

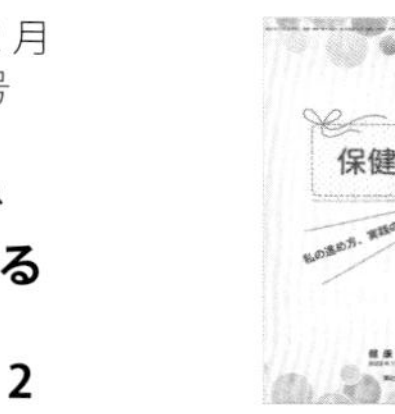

2023 年 11 月
増刊号

**保健教育
～私の進め方、
実践の実際**

養護教諭の専門性を活かした実践事例集。幼・小・中・高・特別支援学校 16 校の取り組みを紹介。

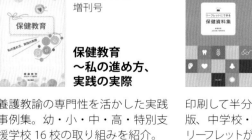

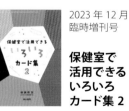

2023 年 7 月
増刊号

**リーフレット
にできる
保健資料集**

印刷して半分に折るだけで小学校版、中学校・高校版の配付できるリーフレットが作れる保健資料集。

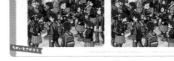

や養護教諭の一日がわかります。授業で学んだことが実際の仕事で生かされているさまざまなシーンを見ることで、納得感も深まります。

全国各地の保健室を毎月4ページ、カラーで紹介。「この設備はなぜ、この配置なのか」「この備品はこんな来室のときのために用意している」など、保健室を見れば、そこで働く養護教諭の思いや保健室経営がわかります。

新・みんなの保健室

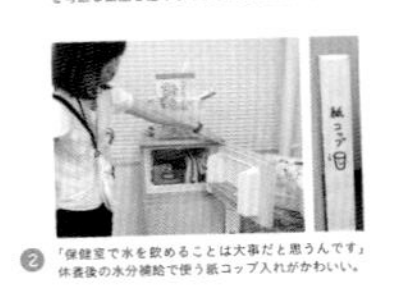
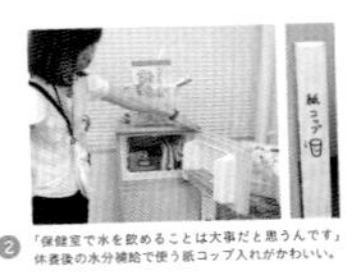

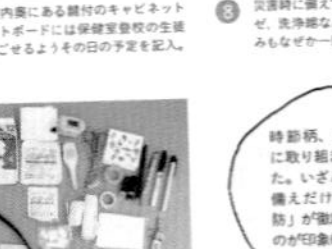

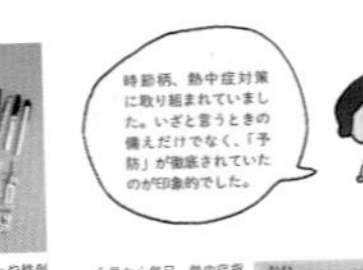
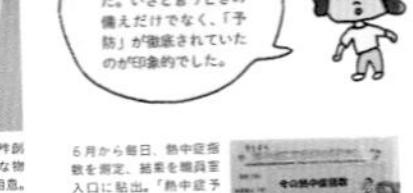
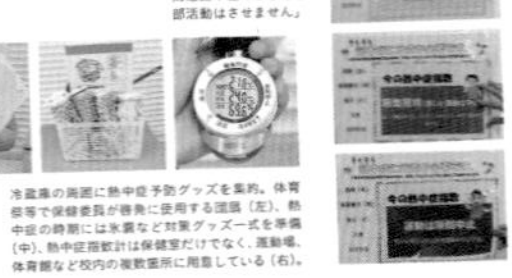
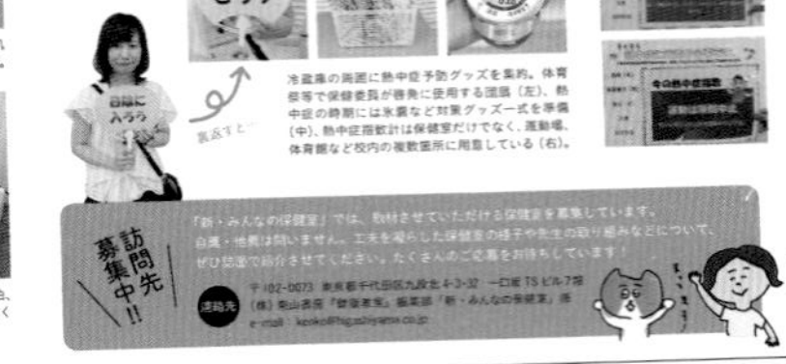

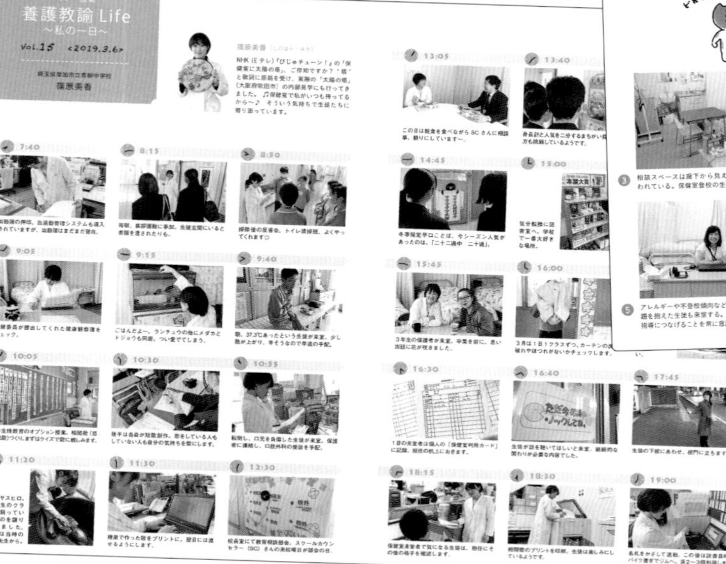

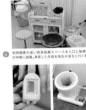

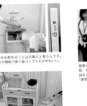

養護教諭 Life 〜私の一日〜

出勤から退勤まで、養護教諭の一日を写真でレポート。保健室では日々、本当にいろんなことが起こりますね。でも、だからこそ、楽しくやりがいのあるシゴト。先生方のイキイキとした表情からもそれが伝わってきます。

まえがき

本書は、2012(平成24)年に発刊された「学校看護」を、変わりゆく時代のニーズに合ったものにするため、「新版 学校看護」として新たに出版したものです。

既刊からすでに10年が経過しましたが、養護教諭養成課程における「学校看護(学)」の標準化はされていません。しかしこの間、文部科学省より教員のコアカリキュラムが示され、昨年は、養護教諭養成大学協議会から「養護教諭養成課程コアカリキュラム(養大協版)2020」が公表されました。さらに学校看護技術の項目や範囲、または、その体系を提案する研究などが報告されはじめています。それらの成果をみると、学校看護技術として教授されるべき項目や範囲について、コンセンサスの得られる時期はそう遠くないと思われます。なお、本書では、それらの成果を参考に新たな章や項目、学校看護に対する考え方などを加えています。

養護教諭が職務を遂行するにあたり、またその専門性を保証するためにも看護(学)の知識や技能は欠かせないものです。実際、養護教諭の前身である学校看護婦が配置される契機となったのは、当時学校に蔓延したトラコーマ感染の対応にあたるためであり、今日の新型コロナ感染対策における養護教諭の活躍にみるように学校の感染対策は重要な学校看護技術の１つです。また、養護教諭免許を取得するためには、教育職員免許法で規定される看護学10単位を取得しなければならないこともそれを裏づけています。

しかしながら、学校という場で提供される看護は、学校看護婦が養護訓導となり教育職員となった時点から、養護教諭が提供する看護は医療機関や地域で提供するものと同一ではなくなりました。その違いは、たとえ看護師資格をもっていても養護教諭として採用されれば医療行為としての看護はしないというだけではなく、もっと本質的なもので、看護をする際の目標、特に目的にあります。養護教諭の職務は、その専門性から児童生徒の心身の健康の保持増進(保健管理)と児童生徒自らが生涯にわたり心身の健康を維持できる能力をつけるための健康教育(保健教育)を行うことです。なお、その行為の最終目的は、教育基本法第１条(教育の目的)に規定された、「人格の完成を目指し、(平和で民主的な国家及び社会の形成者として必要な資質を備えた)心身ともに健康な国民の育成」をすることです。これにより平和的な国家、社会の形成者を育成するという重要な使命があります。看護も最終目的に対象の自己実現の支援を謳っていますが、人格形成というところまでは踏み込んではいません。

現在、我が国も2015(平成27)年に国連が採択したSDGs(Sustainable Development Goals)に向けての取組を始動し５年が経過しましたが、2030年に達成できるほど進んでいるようにはみえません。特に学校現場では、貧困をはじめとする深刻な格差やジェンダー不平等に端を発した多様な子供のニーズに対応できているとは思えません。

これらSDGsに掲げられた目標は、すべて健康を左右する社会的決定要因(SDH)であり、学校保健の目的や教育目的の達成に大きく関わる事項です。SDGsが掲げる、「誰一人取り残さない」という重要なメッセージは、一人ひとりの児童生徒の対応に奮闘する養護教諭の実践を後押しするものです。その一方、学校教育全体の取組として、児童生徒自らがSDGs達成に加わる意義を理解し行動に移す、または自立的に推進できる人材の育成をする責務があります。さらには、日々子供たちの深刻な状況を察知しており、社会的決定要因に関するエビデンスが集積できる学校においては、日本の政策決定に結びつくような取組ができる可能性があります。

以上から、学校看護は、前述した取組に参画できる可能性の極めて高い分野であり、またリーダーシップとなる人材の育成ができる領域であることの認識が広まることを願って本書を発刊します。

最後に、本書の企画から発行に至るまで、温かくかつ辛抱強く支えてくださいました東山書房の山崎智子氏のご尽力に心よりの感謝を申し上げます。

遠藤伸子　池添志乃　籠谷恵

目　次

第1章

学校看護概論

1．学校看護とは

1）養護と看護の考え方

（1）養護の定義・とらえ方

養護とは、明治20年代にヘルバルトの教育の教授、訓練、養護という3領域の1つとして提案され、「日常生活において、栄養・空気・光線・衣服・保温・清潔・休息等の衛生的原則を遵守させ、不良な習慣を矯正して、健康を保持増進させる作用」を意味するものと示されている[1)]。また養護について子供の健康を守ること（健康保護）と発達を促すこと（発達支援・保障）の両方を目的とした活動であり、その活動を教育活動の一環としてとらえる視点が報告されている[2)]。養護は、養護教諭の職務として学校教育法第37条第12項において「養護教諭は、児童の養護をつかさどる」と規定されている概念であり、「児童生徒等の心身の健康の保持（健康管理）と増進（健康教育）によって、発育・発達の支援を行う全ての教育活動を意味している」と定義されている[3)]。専門職としての養護教諭の重要な役割と機能については、子供の発達保障と発達支援があり、養護教諭と子供がともに成長し合う互恵的相互関係が発達支援の基本であり、子供自身の自律的な発達を引き出していくことが、養護教諭の発達保障の理論であることも提言されている[4)]。また保育領域においては、養護を生命の保持増進及び情緒の安定をはかることをねらいとした実践活動としてとらえ、「子供の心身の発達を援助する」実践活動である「教育」と一体化して、子供を育成するところに特性があると提示している[5)]。

以上のように、養護には、日常生活での支援とともに発達支援や発達保障、心身の健康の保持増進、健康を守ることなどの概念が含まれるものととらえることができる。すなわち養護は、生活者としての子供の人間存在にからだを通して関わっていく教育活動であり、その活動は子供の生活実態に即して実践され、子供を中心に据えて、健康保護と発達保障・発達支援を目的に行われる教育活動、もしくはその活動過程を表す概念といえる[6)]。

（2）看護の定義・とらえ方

看護の原点を築いたナイチンゲールは、看護とは、健康を回復、保持し、病気や傷を予防して、それを癒やそうとする自然の働きに対して、できる限り最良の状態に人間をおくことであると定義づけている[7)]。またロジャーズは看護をサイエンスでありアートであると述べ、人間と環境との相互作用を促し、健康の維持と増進、疾病の予防、病者のケアと社会復帰を支える人間科学であると述べている[8)]。また日本看護協会では、看護とは、「健康のあらゆるレベルにおいて個人が健康的に正常な日常生活ができるように援助すること」と示している[8)]。その目的を「健康の保持増進、疾病の予防、健康の回復、苦痛の緩和を行い、生涯を通して、その人らしく生を全うすることができるよう身体的・精神的・社会的に支援すること」と明示し、病者への看護のみならず、健康の増進、ヘルスプロモーションの視点が内包されている。国際看護師協会（ICN）においても、「看護とは対象がどのような健康状態であっても、独自にまたは他と協働して行われるケアの総体である。看護には、健康増進および疾病予防、病気や障害を有する人々あるいは死に臨む人々のケアが含まれる。またアドボカシーや環境安全の促進、研究、教育、健康政策策定への参画、患者・保健医療システムのマネジメントへの参与も、看護が果たすべき役割である」と提示され、多様な看護の役割を示している[9)10)]。看護は、あらゆる年代の個人、家族、集団、地域社会を対象としており、あらゆるヘルスケアの場及び地域社会にて実践される。そして身体的・精神的・社会的支援として看護が実践され、これらの支援は、日常生活への支援、診療の補助、相談、指導及び調整等の機能を通して達成される[11)]。

以上のように看護は、多様な場で様々な健康状態、発達段階にある人に科学的な知識基盤とアートとしての感性をもって実践されるものとして定義されている。医療の高度化や治療・療養の場が病院から地域に移行する中で看護の場が拡がり、どのような場においても適切な保健・医療・福祉を提供し、人々の生活の質が高まるよう機能することが求められている。看護の専門職として、対象となる人々の尊厳を守り、権利を擁護するとともに、人々の健康や人生に対する多様な価値観を尊重し、信頼関係に基づいた支援の提供、多職種で協働し、よりよい保健・医療・福祉の実現をはかることが強調されている[12)]。これらの視点や対象となる「人間」、「健康」「環境」「生活」を重視する点については、「養護」も「看護」も共通する視点であるといえる。

(3) 養護教諭とスクールナースの歴史的概観

養護教諭の歴史[13)-17)]を辿ると、学校看護婦、学校衛生婦さらに養護訓導を経て、養護教諭に至るまで、様々な子供の健康課題や社会背景と制度の変遷がある。我が国の養護教諭の前身である学校看護婦は、1905(明治38)年に学校でトラコーマ対策としておかれたのがはじまりである。学校看護婦の職務はトラコーマ治療の他、身体検査や応急処置等学校衛生全般であった。その後、1941(昭和16)年に国民学校制度(国民学校令の制定)が公布され、「養護を掌る」職員であるとして養護訓導が誕生し、教育職員としてその地位や身分が確立し、自律性が重視されるようになった。終戦後、1947(昭和22)年には「学校教育法」が制定され、養護訓導は「養護教諭」と改称され、職務は「児童生徒の養護をつかさどる」となった。その後、社会情勢や子供の健康課題の変化に伴い、養護教諭の職務は「児童生徒の健康の保持増進にかかわるすべての活動」(1972〈昭和47〉年)、「ヘルスプロモーションの理念に基づいた健康教育の推進、保健室の機能を最大限に生かした健康相談活動」(1997〈平成9〉年)へと変化した。

2008(平成20)年、中央教育審議会答申において、養護教諭の役割は救急処置、健康診断、疾病予防などの保健管理、保健教育、健康相談活動、保健室経営、保健組織活動などと明確化がはかられた。さらに学校内外の関係者との連携を推進するコーディネーターの役割を担う必要性や保健教育に果たす役割の増大が示され、養護教諭は学校保健活動の推進にあたって中核的な役割を果たすと明示されるようになった。

アメリカのスクールナース(以下、SNとする)の配置がはじまったのは1902(明治35)年であり、学校伝染病の蔓延を防ぐというものであった。1名のSNが数校を巡回する公衆衛生の看護としての役割が強く、看護職としてけがや病気の救急処置や子供の長期的な健康課題への対応など子供の健康課題への直接的ケアを中心に職務を行っている[18)19)]。

保健医療従事者として位置づけられるSNと教育者としての位置づけである日本の養護教諭は、様々な点で相違がみられる。養護教諭とSNの職務内容については、いずれもヘルスプロモーションの視点が含まれているが、SN は公衆衛生の看護師として、養護教諭は教育職員として子供の健康に関わっている。看護職員としての身分である SN の方が 看護の専門的な機能を発揮しており、より学校における看護を担っているといえる。

2）学校看護の考え方

（1）学校看護の定義・とらえ方

学校保健領域からとらえる学校看護とは、従来、養護訓導、養護教諭となる以前の名称であった学校看護婦の領域を示していた。養護教諭は、人間形成に視点をおいた様々な活動を基盤にしながら救急処置活動等、直接的な心身のケアを行っている。学校という教育の場で子供のからだや健康を直接的にケアする営みが、学校看護といわれる部分であるともいえる。しかし、学校看護は、臨床看護とは同質のものではなく、学校教育全体の中での活動としてとらえられている[20)]。

看護学領域においては、学校を公衆衛生看護における「場」としてとらえている。「学校看護」は、地域社会を構成する人々を対象とした看護の活動領域、すなわち公衆衛生看護の 1 つとして位置づけられており、学校などの教育機関に所属する養護教諭として、児童生徒及び教員の健康管理に責任をもつ立場で看護を提供することと定義されている[21)]。地域においては、家庭、学校、職場等を拠点とする人々の生活の営みがある。公衆衛生看護は、そのような生活の営みの中で、人々が自らの生命や健康の脅かしを回避し、健康を維持し、よりよい状態に高めていくことができるように、個々人に応じた援助を行う。公衆衛生看護は、地域を志向した看護と同義であるとされており、その機能は、地域看護の一端をなすものであり、学校看護は地域の中の学校という場に焦点をあてた「実践活動領域」の機能をもつものである[21)]。

以上のことからも、学校看護とは、学校という場を基盤として展開される教育的機能を有したケアの実践としてとらえることができる。

（2）養護教諭にとっての学校看護―SDGs の取組を見据えて

養護という仕事の特質は「守ることと育てることをない合わせる」ところにある[22)]。子供のからだや健康を直接的にケアする営み(守る)と、子供の認識や行動に働きかける営み(育てる)を有機的に組み合わせながら進めることが、養護教諭の実践の特徴としてとらえることができる。また、養護教諭の専門性は学校教育の中で、教師の一員として人間形成の教育に携わるとともに、子供のニーズを把握し、保健管理と保健指導(学校内外での連携を含む)を通じてそれに応えていくところにあると示されている[23)]。こうした養護教諭の専門性から鑑みて、「学校看護」は養護教諭の専門的機能としての土台を形成するものとして考えられている[20)]。近年の多様化・複雑化する子供が抱える現代的な健康課題の解決において、養護教諭が専門性を生かしつつ中心的な役割を果たすことが期待されており[24)]、養護教諭の専門的機能の 1 つである学校看護における資質能力を高めていくことが求められている。

養護教諭にとっての学校看護とは養護に内包される部分であり、様々な健康課題をもつ対象や場面に応じて必要な知識体系を活用しながら、実践されるものである。臨床の場での看護をそのまま実践するのではなく、学校という教育の場の背景や校種、学校規模、職員体制、地域性などの特徴を踏まえた看護を創造していく必要がある。また看護学は実践の科学として位置づけられ、医学、生物学などの自然科学の側面と教育学や心理学、哲学などの人文科学、社会学、社会福祉学、法学などの社会科学の側面を融合しつつ発展している。学校看護においても、これら学際的な知識体系をもって実践していくことが重要である。

また2015(平成27)年には、国連にて「持続可能な開発目標」(Sustainable Development Goals: SDGs)が採択された[25)]。これは17のゴール・169のターゲットから構成され、地球上の「誰一人取り残さない(leave no one behind)」ことを誓った取組である(図表1-1-1)。

持続可能な開発目標(SDGs)の達成に向けて「持続可能な開発のための教育」(Education for Sustainable Development: ESD)の取組が提言されている[26)]。現在、世界には、環境・貧困・人権・平和・開発といった様々な地球規模の課題がある。ESDとは、地球に存在する人間を含めた命ある生物が、遠い未来までその営みを続けていくために、これらの課題を自らの問題としてとらえ、一人ひとりが自分にできることを考え、実践していくことを身につけ、課題解決につながる価値観や行動を生み出し、持続可能な社会を創造していくことを目指す学習や活動である[26)]。ESDで育みたい力として、持続可能な開発に関する価値観（人間の尊重、多様性の尊重、非排他性、機会均等、環境の尊重等)、体系的な思考力(問題や現象の背景の理解、多面的かつ総合的なものの見方)、代替案の思考力(批判力)、データや情報の分析能力、コミュニケーション能力、リーダーシップの向上という視点が示されている[27)]。養護教諭が担う学校看護の実践においても、これらの力の育成をはかっていくことを意識し、取り組んでいくことが求められる。

図表1-1-1　持続可能な開発目標

目標1：[貧困]あらゆる場所あらゆる形態の貧困を終わらせる。
目標2：[飢餓]飢餓を終わらせ、食料安全保障及び栄養の改善を実現し、持続可能な農業を促進する。
目標3：[保健]あらゆる年齢のすべての人々の健康的な生活を確保し、福祉を促進する。
目標4：[教育]すべての人に包摂的かつ公正な質の高い教育を確保し、生涯学習の機会を促進する。
目標5：[ジェンダー]ジェンダー平等を達成し、すべての女性及び女児のエンパワーメントを行う。
目標6：[水・衛生]すべての人々の水と衛生の利用可能性と持続可能な管理を確保する。
目標7：[エネルギー]すべての人々の、安価かつ信頼できる持続可能な近代的なエネルギーへのアクセスを確保する。
目標8：[経済成長と雇用]包摂的かつ持続可能な経済成長及びすべての人々の完全かつ生産的な雇用と働きがいのある人間らしい雇用(ディーセント・ワーク)を促進する。
目標9：[インフラ、産業化、イノベーション]強靭(レジリエント)なインフラ構築、包摂的かつ持続可能な産業化の促進及びイノベーションの推進を図る。
目標10：[不平等]国内及び各国家間の不平等を是正する。
目標11：[持続可能な都市]包摂的で安全かつ強靭(レジリエント)で持続可能な都市及び人間居住を実現する。
目標12：[持続可能な消費と生産]持続可能な消費生産形態を確保する。
目標13：[気候変動]気候変動及びその影響を軽減するための緊急対策を講じる。
目標14：[海洋資源]持続可能な開発のために、海洋・海洋資源を保全し、持続可能な形で利用する。
目標15：[陸上資源]陸域生態系の保護、回復、持続可能な利用の推進、持続可能な森林の経営、砂漠化への対処ならびに土地の劣化の阻止・回復及び生物多様性の損失を阻止する。
目標16：[平和]持続可能な開発のための平和で包摂的な社会を促進し、すべての人々に司法へのアクセスを提供し、あらゆるレベルにおいて効果的で説明責任のある包摂的な制度を構築する。
目標17：[実施手段]持続可能な開発のための実施手段を強化し、グローバル・パートナーシップを活性化する。

第1章

3）本書における学校看護

学校看護とは、学校を場とした公衆衛生看護活動であり、教育の機能を内包した保健活動としてとらえることができる。教育の基本理念として、「学校・家庭・地域が力を合わせ、社会全体で子供の『生きる力』をはぐくむこと」と示されている[28)]ように、子供を主体とした「生きる力」を育む健康支援を見据えて学校看護を実践していくことが重要となる。

本書では、現在の子供の健康課題を踏まえた上で、学校看護として養護教諭における看護的役割や看護的能力を中心に、学校という場における看護実践についての内容を扱うこととする。

引用・参考文献

1）杉浦守邦：養護教諭制度の成立と今後の課題―自分史に交えて―日本養護教諭教育学会学術集会シンポジウム、東山書房、2001
2）森昭三：これからの養護教諭、大修館書店、1991
3）日本養護教諭教育学会：養護教諭の専門領域に関する用語の解説集〈第二版〉、2012、6
4）中安紀美子：養護教諭の養護とは何か、日本教育保健研究会年報第11号、2003、47-54
5）白石淑江：子供の育ちをめぐる保育実践の課題　第3回日本教育保健学会講演集、2006、65-67
6）岡田加奈子、遠藤伸子、池添志乃編著：養護教諭、看護師、保健師のための学校看護―学校環境と身体的支援を中心に―、東山書房、2012、11
7）Nightingale F.：看護覚え書き―本当の看護とそうでない看護、小玉香津子、尾田葉子訳、日本看護協会、東京、2004
8）Rogers ME.：ロジャーズ看護論、第1版、樋口康子、中西睦子訳、医学書院、東京、1970/1979
9）公益社団法人日本看護協会：新版　看護者の基本的責務―定義・概念/基本法/倫理、日本看護協会出版会、東京、2006②、43
10）International Council of Nurses：THE ICN CODE OF ETHICS FOR NURSES、2012
11）社団法人日本看護協会：看護にかかわる主要な用語の解説　概念的定義・歴史的変遷・社会的文脈、日本看護協会、2007①、10
12）公益社団法人日本看護協会：看護職の倫理綱領、日本看護協会、2021
13）杉浦守邦：養護教員の歴史、東山書房、京都、1974
14）杉浦守邦：養護教諭制度の成立と今後の課題―自分史を交えて、東山書房、2001、5-19
15）杉浦守邦：養護教員の戦後50年（第1報）、日本養護教諭教育学会誌、7(1)、2004、22-36
16）杉浦守邦：養護教員の戦後50年（第2報）、日本養護教諭教育学会誌、7(1)、2004、37-51
17）宍戸洲美：日本の養護教諭制度の発展過程に関する一考察～初期から養護訓導まで～、帝京短期大学紀要、27、2006、14-23
18）岡田加奈子：比較養護教育論―養護教諭とアメリカのスクールナースの保健医療的視点からの検討―、日本保健医療行動科学会年報、13、1998、239-255
19）藤田和也：アメリカの学校保健とスクールナース、大修館書店、東京、1995
20）大原榮子、黒澤宣輝、垣内シサエら：養護教諭の専門性と学校看護の捉え方についての研究、名古屋学芸大学短期大学部研究紀要、第8号、2011、14-33
21）宮崎美砂子、北山三津子、春山早苗、田村須賀子編著：最新 公衆衛生看護学第3版　総論、日本看護協会出版会、2018
22）藤田和也：養護教諭の教育実践の地平、東山書房、1999
23）大谷尚子編：新養護学概論、東山書房、2009、29
24）文部科学省：現代的健康課題を抱える子供たちへの支援　―養護教諭の役割を中心として―、2017、1
25）外務省：SDGsとは？　持続可能な開発目標（SDGs）と日本の取組、2021（https://www.mofa.go.jp/mofaj/gaiko/oda/sdgs/pdf/SDGs_pamphlet.pdf、2021年5月7日参照）
26）文部科学省国際統括官付日本ユネスコ国内委員：ESD（持続可能な開発のための教育）推進の手引、2018
27）文部科学省、今日よりいいアースへの学び　ESD持続可能な開発のための教育（https://www.esd-jpnatcom.mext.go.jp/about/index.html、2021年5月4日参照）
28）学校保健・安全実務研究会：新訂版学校保健実務必携 第5次改訂版、第一法規株式会社、2020

2. 子供と家族・学校・地域の理解

1）健康・病気・ウェルネス

（1）健康観の変遷—生物医学モデルからSDGs時代の健康観へ

日本における近代的な健康と病気の考え方は、明治以前の漢方・東洋医学の時代から明治維新後の西洋近代医学の導入という医療制度の改革に伴って生じてきたと考えられる。西洋近代医学は、生物医学モデルを基盤とし、5つの前提がある[1]。すなわち、精神と身体を別々に扱うという心身2元論、身体は機械のように修復できるという比喩で語られる身体機械論、したがって医療には技術的進歩が必須であるという医療技術志向、さらに健康や病気の原因として、心理、社会的因子は度外視して生物学的変化に焦点をあてる医学の生物学的還元主義である。そして、還元主義を支えているのは19世紀の病原菌研究の成果であり、特定の病気は特定可能な原因、例えば細菌やウイルスのような単一の病因から直接生じると考える特定病因論という、因果論であり決定論である。

このような生物医学モデルに基づく健康や病気に対する考えは、特に感染症や外科的領域で成果を上げ、今なおヘルスケアに携わる専門家や一般の人々に深く浸透している。また、ヘルスケアの提供者とその受け手との関係性のあり方に、少なからず影響をもたらしてきた。現在も、人々は健康や病気さらには障害の原因を、都合により、生物医学的因子に求めたり、時には新たな健康観を基に人と環境との心理・社会的な相互関係性に求めたりしている[2]。

その新たな健康や病気に対する見方は、WHO憲章の前文(1946〈昭和21〉年)[3]が大きなきっかけとなり、健康や病気の理解に転換が生じたことによる。すなわち、“身体的、精神的、そして社会的に完全に良好な状態で、ただ単に病気や障害がないだけではない”というよく知られた定義である。しかし、すぐに健康観や病気観に転換が生じたとは考えられない。

例えば、アメリカの精神科医Engel GLが生物医学モデルにチャレンジして、いわゆるbio-psycho-social modelを医療に導入することをScience誌で提唱したのは30年後の1977(昭和52)年であった[4]。イギリスの疫学者で人口学者のMcKeownは、結核などの感染症の死亡率に低下が生じたのは、予防接種など医学的介入ではなく、栄養、生殖パターンの変化や衛生状態の向上など社会状況の改善によるところが大きいことを示し、従来の生物医学モデルに基づく医療の効果が限定的であったことを提示したのも、Engelの主張と同時期の1976(昭和51)年である[5]。

今なおWHOの定義が示すより積極的な健康のあり方、健康や病気に対する生物学的・心理的・社会的なモデルに基づく理解に近づこうと模索し努力している途上のように思われる。一方で、それぞれの時代を背景に、健康に対する理解において多様な考え方が出てきた。

まず、1985(昭和60)年頃から、フィットネスという体力や精神的・社会的活動性を含めたバイタリティから健康をみる見方が広がり、若い世代を中心に、ストレスへの強さ、スポーツなどにおける運動能力の高さや身体的なパワーの強さ、精神的・社会的にエネルギッシュで健康的であることを表す一般的な言葉になっている。もともとフィットネスには、体力の他に適合性という意味があり、生存競争を勝ち抜くのに最適な身体的状態、子孫を残す力の強い者を示唆している。現代社会が求めているストレスに強くて、活動的な理想の人間像に適した健康概念として広まっているのであろう[6)]。

ホリスティックヘルスのルーツは古代のアユルベーダや伝統中国医学などに遡るが、現代において人間の「からだ」を全体性からとらえるホリスティック医学会がアメリカで設立されたのは1978(昭和53)年であり、10年後の1987(昭和62)年に日本ホリスティック医学協会が発足した。協会はホリスティック医学の定義(5項目)の中で、ホリスティックヘルスというべき概念を掲げている[7)]。すなわち、「ホリスティック(全的)な健康観に立脚する」であり、人間を「体・心・気・霊性」等の有機的統合体ととらえ、社会・自然・宇宙との調和に基づく包括的、全体的な健康観に立脚する、ことが掲げられている。日本社会が潜在的にもっていた東洋医学的な健康観や病気観と、主流となっている西洋医学的な考え方との統合が試みられているのである。

「気」や「霊性」といった概念は、現代科学で証明できるものではないが、「元気」「病気」「気持ち」に代表されるように「気」という言葉は、日本人になじみ深く、生活レベルで健康や病気を考える上で重要な要素である。同時に「霊性」も「八百万の神」という汎神論的(はんしんろんてき)でアニミズム的な自然観をもっている日本人にとり、災厄・災難、幸福などと関係づけられる健康観の要素である。心身のバランス、身体のバランスや自然とのバランス、さらには社会関係の調和、自然信仰が、健康や病気に深く関わっていると考えており、西洋医学モデルの限界に対する認識と代替医療の普及を考えると非科学的だと単純に片づけられない。我々の健康観は、多様性・多元性と統合性の両面を備えていると思われる。

世界の健康観においても、1998(平成10)年のWHO執行理事会において、WHO憲章全体の見直し作業の中で、1999(平成11)年のWHO総会でインド並びにイスラム諸国からSpiritualityは人間の尊厳の確保やQuality of Life(生活の質)を考えるために必要な、本質的なものであるという意見が出された[8)]。スピリチュアル・ヘルスへの関心は、日本人の伝統的な健康や病気の観点からしても興味深く、公衆衛生や医療における新分野と目されている。

では、スピリチュアル・ヘルスをどのように考えるのか。難しい課題であるが、生き甲斐や生きる目的・意味、愛・他者への配慮や信頼の絆、寛容や自己犠牲・自己抑制など倫理的あるいは道徳的な側面が考えられる。さらに、人間の宗教性を踏まえ、環境との全的調和や人間を超越した存在とのつながりからとらえた健康や生命への視点も含まれよう。人が病気や障害、目前に迫る死などの苦しみの中で生きる意味や目的とも関わっており、祈り、気功、ヨガ、瞑想、対話などの実践を通して人生や生命を全体的にとらえて方向づける見方とも関わっている。最近流行しているマインドフルネスの本来の姿は、仏教を基盤とするスピリチュアル・ヘルスといえる。

さらに、現在の各国の健康政策や健康思想に最も大きな影響を与えているのは、1986(昭和61)年にカナダのオタワで開催された第1回ヘルスプロモーション国際会議で採択されたオタワ憲章のヘルスプロモーションの理念であろう[9)]。「ヘルスプロモーションとは、人々が自らの健康をコントロールし、改善することを増大させようというプロセスである」と述べられている。その柱は、❶健康的な公共政策づくり、❷支援的な環境づくり、❸コミュニティ・アクションの強化、❹健康に過ごすための個人的スキルの習得、❺治療から予防、そして健康推進へ向けた保健医療システムの方向転換であった。

その後、幾度か修正が施され、2005(平成17)年8月にはバンコク憲章が採択されている[10)]。この憲章では、グローバル化する世界においてヘルスプロモーションを通してすべての人の健康を実現するために、考慮すべき要因として、❶国内外の格差の増大、❷消費とコミュニケーションの新しいパターンの出現、❸商業化、❹グローバルな環境変化、❺都市化、が指摘されている。これらはオタワ憲章の後、世界が大きく変わり、ヘルスプロモーションを具現化させる社会的文脈の変化を表している。また、ヘルスプロモーションがもたらす成果の１つとして、スピリチュアル・ウェルビーイングが強調されたことも注目すべき点である。

ヘルスプロモーションの理念の浸透により、健康なコミュニティ、健康な職場、健康な学校など健康な社会づくりに向けた取組が世界的に注目されている。日本では、国民の健康増進を総合的に推進するために2002(平成14)年に健康増進法が公布され、翌年から施行された。これにより「健康日本21」運動が国を挙げてはじまり、2012(平成24)年には基本的な方針の全部を改正した第二次の取組へと進んだ。その目標は５つ挙げられているが[11]、学校保健や養護教諭の活動との関連で注目する点は、健康格差の縮小、子供の頃から健康な生活習慣づくり、ライフステージに応じた「こころの健康づくり」である。

健康な学校づくりに関しては、中央教育審議会スポーツ・青少年分科会は、「子どもの健康・安全を守るための基本的な考え方について(案)」において、「子どもたちが抱え、直面する様々な心身の健康問題に適切に対処し、解決していくためには、単に個人の課題としてとらえるだけでなく、学校、家庭、地域の連携のもとに組織的に支援することが大きな意味をもつことに留意する必要がある」と述べ、ヘルスプロモーションを学校において具体的に展開する WHO ヘルスプロモーティングスクールの意義と必要性を指摘している[12]。10年経験者の養護教諭には、ヘルスプロモーティングスクールを理解し、推進する力量が求められている[13]。

近年の特徴は、地球規模の環境変動への対応が世界共通の課題となり、人間は生態系の一部であり、人間の健康と生態系の健康は切り離せないとの認識が高まってきた点である。そこで、惑星地球の健康(planetary health)やエコヘルスという生態系の制約や限界を前提とした健康観が提唱されている。惑星地球の健康とは、人間の文明の健康さとそれが依存している自然界システムの健康さであり、エコヘルスは、社会・文化・自然の生態系、社会経済開発、人間の生活活動・生業、人間の健康という大きな４つの要素の持続的で調和的な関係性を実現しようとする健康観である[14]。したがって、planetary health やエコヘルスは、本章第１節の図表 1-1-1で示された持続可能な開発目標、すなわち SDGs 時代にふさわしい健康観である。ちなみに、『Lancet』は「Adolescent health in the 21st century」(21世紀の若者の健康)で、若者の健康が社会生態系との相互関連性の中で決定されることを表した[15]。

(２) 健康生成とウェルネス

健康は、疾病・障害から well-being や wellness までのスペクトラムとして考えることができる。そこで、ここでは積極的な健康のあり方、例えばポジティブヘルスに関連して、ウェルネスと健康生成論を紹介する。まず、ウェルネス(wellness)は wellbeing と fitness を組み合わせた言葉であり、ダンが「ハイレベル・ウェルネス」(1959〈昭和34〉年)[16]により、「ウェルネスとは、個人が身を置いている特定の環境において、その個人が持っている潜在的能力を最大に引き出すように機能する統合的方法」として提唱した。トラビス(1975〈昭和50〉年)は、「ウェルネスとは、身体的健康の幅を広げたもので、自覚と学習と成長の３つのステップを繰り返し、自分自身の健康度を、より高めていく過程である」とした。さらに、ウェルネス協会(1977〈昭和52〉年)は、ウェルネスを構成する領域(潜在能力の領域)を身体的、情緒的、知的、社会的、職業的、精神的の６つを考えている。ウェルネスは到達した良好な状態というより、むしろこれらの領域においてよりよい健康の生成に向けて、自覚あるいは気づき、そして学習、成長を繰り返し、絶えず向上をはかる方法であり過程なのである。このようにウェルネスは、健康生成のための理論の１つであると考えられる。

人はどのようにして健康を守り増進しうるのか。この問に答えようとしている、世界で最も著名な健康生成論は、Antonovsky の理論である。健康生成論は、医学の疾病発生的な見方を補完するものであり、彼は、健康をある条件の産物ではなく、健康生成的力と疾病発生的力が対立し合う過程と考えていた。そして、健康を自分自身及び環境と創造的に関わる能力だと理解し、人が連続的で、不変かつダイナミックな信頼感をもつ程度を表現する優れた人生の方向感覚あるいは人生への態度、すなわちコヒアレンス感(sense of coherence: SOC)をその基本的要素であると考え、健康生成的な力によって育まれると考えたのである[17)]。人がいかなる病気や障害、健康にあっても、世界や人生に建設的に取り組めるような、健康的で「良い」特質に力点をおく、健康増進の新たな見方を提供している。

(３) 国内の社会格差、子供の貧困と健康―SDGs の大きな課題

社会格差と健康の課題は、図表 1-1-1にある SDGs の目標１(貧困)と目標10(国内外の不平等)に直結した課題である。これらは他の SDGs と複合的に連鎖して、子供たちの健康、ソーシャル・ウェルビーイングを阻害する。例えば、国内の不平等・社会格差は、目標８のディーセント・ワークへの雇用が困難な層を生み、貧困や経済力の弱い家庭を生む。そのような困難のある家庭で育つ子供は、目標３の保健福祉へのアクセスの困難、目標４の教育保障からの見えにくい排除、目標６の衛生的な生活の困難、目標２の飢餓・栄養不良、目標16の平和(安全安心)な社会からの排除に直面しやすく、健康で文化的な最低限度の生活を営む権利が阻害される可能性が高くなる。日本の現状から、この課題を具体的にみていく。

日本の所得格差と相対的貧困は、OECD 平均を上回っており、相対的貧困率は OECD 加盟国のうち上位７位に位置し、相対的貧困率の高い国である[18)]。相対的貧困とは、食べ物や住居など生存に欠かせない条件を欠いている状態、すなわち絶対的貧困を指すのではなく、世帯の所得がその国の等価可処分所得の中央値の半分に満たない状態を指しており、憲法第25条に宣言された日本国民に保障されている健康で文化的な最低限度の生活を営む権利が損なわれている状態だと考えられる。

このような日本の所得格差は、内閣府の HP[19)]によると、所得の社会格差の指標の１つである「ジニ係数」の経年変化でみると緩やかに拡大してきている。さらに、格差が拡大しているのは、年齢階層別のジニ係数の変化によると、高齢者層と25歳から39歳の若年者層であり、後者は正規雇用と非正規雇用の分離が生じており拡大傾向にあると指摘している。

また、2018(平成30)年「国民健康・栄養調査」[20)]によると、世帯収入が600万円以上の世帯員に比べて、200万円未満の世帯員では、喫煙者割合、健診未受診者割合、歯の本数が20本未満の割合が男女ともに統計的に有意に高く、１日の歩数の平均値、主食・主菜・副菜を組み合わせた食事を１日２回以上毎日食べる者の割合は有意に低く、所得格差が健康習慣に好ましくない影響を与えている。

このような成人における所得格差とそれがもたらす健康格差は、注目すべき国内外の健康課題であ

り、さらに重要なのは、この格差が次世代の子供たちに影響を及ぼしている点である。貧困世帯で育つ子供の割合をみると、1985(昭和60)年の10.9%から2012(平成24)年にかけて緩やかに上昇して16.3%に達し、その後やや下がって2018(平成30)年では13.5%となっている[21)]。国全体では減少傾向にある一方で、公立小中学校の要保護及び準要保護(要保護者に準ずる程度に困窮していると市町村教育委員会が認めた者)の児童生徒数の統計をみると、就学援助率には、都道府県による大きな格差があることがわかる[22)]。例えば、沖縄県、鹿児島県、福岡県、高知県、広島県は20%を越えて就学援助率が高い県である。それに対して、6～7%台と全国でも低率な県は、山形県、茨城県、栃木県、富山県、岐阜県、静岡県であり、両者の差は3倍近い。この差が何に由来し、どのような子供たちの教育と健康の課題、地域社会の課題が生じているのか、保健・福祉・教育の重要な研究課題である。なお、数的な規模の大きさからいえば、東京都、神奈川県、愛知県、大阪府という大都市圏は40万人から60万人の対象となる児童生徒が居住している。

貧困が子供の健康・幸福・学力にもたらす影響は、阿部がSeccombeのモデルに加筆した図[23)]を参考に考察すると、貧困概念には経済的貧困だけではなく、情報の不足、社会ネットワークの不足、文化資本の乏しさ、心理的資源の不足が含まれており、それらが保健医療(栄養や医療へのアクセスなど)、家庭環境(親のストレス、親の不就労、住居の狭さ、頻繁な転居など)、学習環境(教育費の不足、親の教育への無関心、学習教材の不足、勉強するスペースがないなど)、近隣地域環境(治安の悪さ、無秩序、無関心による社会的孤立など)といった不利な環境条件と、本人の意欲や信頼、規律、自尊感情、安心感といった心理的資本の形成不全、未熟な対処行動の獲得(自傷、暴力、感情の分離、受動、自閉、否定、身体化など)へとつながり、その結果、子供の成長・発達(健康、幸福、学力、キャリア)を阻害すると考えられる。

2）子供の成長発達の理解

(1）子供の成長・発達とは

成長は、身体が量的に大きくなることを指す最も一般的な言葉である。一方、発達は、これまで心身の機能的な成熟を指すとされてきたが、最近はあらゆるタイプの変化を指し、単に獲得やプラスの変化のみを意味するのではなく、成熟から老化という減退までも含む広範な概念として用いられはじめている。したがって、発達は、生涯発達に代表されるように、受胎から死に至るまでの人間の生涯における心身の機能的変化を表す概念である。これまでに多様な心身の発達理論が提唱されているが、ここではピアジェの認知的発達理論とエリクソンの生涯発達理論を紹介する。

(2）ピアジェの認知的発達理論

ジャン・ピアジェの認知的発達理論 によると、0歳から2歳頃までは感覚―運動期で、周りの世界に関する知識は、知覚できるもの、触れるものに限られる。自分の存在という感覚が芽生えるとともに、見えなくてもものは存在すること、行動と結果の因果関係を理解しはじめる。次いで、2歳から7歳頃までが前操作期で、イメージを使って思考できるようになり、ファンタジーが言葉や遊びの中に現れてくる。山が怒っているなど自然現象をアニミズム的に考えることを楽しむ。思考はまだ自己中心的である。7歳から11歳頃までは具体的操作期と名づけられており、子供は論理的に考えることができるようになり、自己中心性が弱まり物事を多面的に考えられるようになる。この段階を経て、思春期早期以降から、大人の思考である形式的操作期がはじまる。この時期は、抽象的思考ができるようになり、具体的な世界にとらわれず、理念や理想に沿って考えられるようになる。

(3) エリクソンの生涯発達理論

エリク・H・エリクソンは、人生を乳児期から成熟期までの人生の時期を習得すべき特定のスキルや達成すべき行動の課題、すなわち発達課題で特徴づけ8つの発達段階に区分した。すなわち、乳児期(基本的信頼 vs 不信)、幼児期前期(自律性 vs 恥・疑惑)、幼児期後期(自主性 vs 罪悪感)、児童期(勤勉性 vs 劣等感)、思春期・青年期(アイデンティティの確立 vs 拡散)、成人期(親密 vs 孤立)、壮年期(世代性 vs 自己陶酔)、老年期(統合性 vs 絶望)である。

エリクソンは、発達課題がうまく達成できれば好ましい資質が獲得され、もしうまく達成できなければ、好ましくない人格特性を身につけることになると考えた。例えば、児童期は、6歳から11歳の年齢にあたり、学校に入学すると、それまでの家族中心の社会関係から友達や先生との関係性に中心が移っていく。そして、友達との遊び、クラスでの学習、宿題、学校行事がうまくいけば、自分の能力に自信と誇りを感じるようになり、学校生活に一生懸命取り組むようになる。一方、それらが友達と比べてうまくいかないと感じれば、劣等感や自信のなさの感覚をもつようになり、学校生活に対して不適応感を募らせていく。これらの経験を通して、児童期の自己概念が形成されていくのである。もちろん、この時期の発達課題に対して、親や教員、友達からのサポートがあれば、達成しやすくなり、心もより健全に発達する。そして、思春期・青年期に入った時に、アイデンティティの確立に関わる発達課題に取り組みやすくなる。

(4) 現代の子供の発達における課題

子供は、家族、学校、地域社会、国家という社会関係の広がりからなる社会生態系、さらに人間がつくり出した人工的環境、その中にある自然環境の中で生活している[14)15)]。したがって、子供の発達は、これらの生態系・環境あるいは生育環境との相互作用により、発達や健康、学習上の課題が生じてくる。日本の子供が体験している現代的な生態系・環境の特徴からは、様々な課題が考えられる。例えば、虐待の増加による子供の脳の発達への影響、SNS の使用による心身の発達や社会関係への影響、大人の夜型ライフスタイルに影響を受けた基本的生活習慣の形成への影響、遊びの相手と場の減少による身体活動の減少などが挙げられる。また、いじめの増加は共感性や思いやりの発達、自殺の増加は希望や期待する心の発達、不登校の増加は学ぶ意欲や自己肯定感の発達に影響しているのではないか。学校における ICT 活用も、過剰になると子供たちの身体活動を低下させ、身体性、身体意識の発達に課題をもたらす可能性がある。

引用文献

1) Nettleton S, “The sociology of Health and Illness”, Polity Press, 1995, 1-13.

2) Bury M, “Health and Illness”, Polity Press, 2005, 1-20.

3) 公益社団法人日本 WHO 協会、健康の定義(https://japan-who.or.jp/about/who-what/identification-health/、2021年5月2日参照)

4) Engel GL, "The Need for a New Medical Model: A Challenge for Biomedicine", Science, vol196, no4286, 1977, 129-136.
5) McKeown T, "The Role of Medicine", Princeton University Press, 1979, 91-113.
6) Blaxter, M, "Health", Polity Press, 2004, 55-56.
7) NPO 法人日本ホリスティク医学協会、ホリスティックとは（https://www.holistic-medicine.or.jp/learn/、2021年５月２日参照）
8) 臼田寛、玉城英彦、河野公一：WHO 憲章の健康定義が改正に至らなかった経緯、日本公衆衛生雑誌47巻、12号、2000、1013-1017（https://www.jsph.jp/docs/magazine/2000/12/47_12_1013.pdf、2021年５月２日参照）
9) WHO Europe, Ottawa Charter for Health Promotion, 1986（https://intranet.euro.who.int/__data/assets/pdf_file/0004/129532/Ottawa_Charter.pdf、2021年５月７日参照）
10) WHO, The Bangkok Charter for Health Promotion in a Globalized World（https://www.who.int/healthpromotion/conferences/6gchp/hpr_050829_%20BCHP.pdf、2021年５月２日参照）
11) 厚生労働省健康局長、国民の健康の増進の総合的な推進を図るための基本的な方針の全部改正について（健発0710第１号）平成24年７月10日（https://www.mhlw.go.jp/bunya/kenkou/dl/kenkounippon21_03.pdf、2021年４月19日参照）
12) 文部科学省：子どもの健康・安全を守るための基本的な考え方について（案）（http://www.mext.go.jp/b_menu/shingi/chukyo/chukyo5/005/gijiroku/07112005/001.htm、2021年５月２日参照）
13) 財団法人日本学校保健会、学校保健の課題とその対応―養護教諭の職務等に関する調査結果から―、2012（https://www.gakkohoken.jp/book/ebook/ebook_H230040/H230040.pdf、2021年５月２日参照）
14) 朝倉隆司：生涯発達と健康、社会、生き方、山崎喜比古監修・朝倉隆司編、新・生き方としての健康科学　改訂第２版、有信堂、2021、1-11
15) Blum RW, Bastos FIPM, Kabiru CW, "Adolescent health in the 21st century", Lancet 379, 2012, 1567-1568（https://www.thelancet.com/action/showPdf?pii=S0140-6736%2812%2960407-3、2021年５月２日参照）
16) Dunn HL, "High-Level Wellness FOR Man and Society", American Journal of Public Health Nations Health, vol49, no6, 1959, 786-792（https://www.ncbi.nlm.nih.gov/pmc/articles/PMC1372807/pdf/amjphnation00322-0058.pdf、2021年５月２日参照）
17) Schüffel B, Johnen K, Lamprecht S 編、橋爪誠訳：健康生成論の理論と実際　心身医療、メンタルヘルス・ケアにおけるパラダイム転換、三輪書店、2004、1-19
18) OECD、OECD 経済審査報告書 日本 概要 2017（https://www.oecd.org/economy/surveys/Japan-2017-OECD-economic-survey-overview-japanese.pdf、2021年５月２日参照）
19) 内閣府、第３章　人口・経済・地域社会をめぐる現状と課題、第２節　経済をめぐる現状と課題（https://www5.cao.go.jp/keizai-shimon/kaigi/special/future/sentaku/s3_2_14.html、2021年５月２日参照）
20) 厚生労働省、平成30年国民健康・栄養調査結果の概要（https://www.mhlw.go.jp/content/10900000/000688863.pdf、2021年５月２日参照）
21) 貧困統計ホームページ、相対的貧困率の長期的動向：2019年国民生活基礎調査を用いて（https://www.hinkonstat.net/、2021年５月２日参照）
22) 文部科学省、就学援助実施状況等調査結果（https://www.mext.go.jp/content/20210323-mxt_shuugaku-000013453_1.pdf、2021年５月２日参照）
23) 阿部彩：子どもの貧困―日本の不公平を考える、岩波新書、2008

３）家族・学校・地域の理解と支援

現代的な子供の健康課題の解決をはかるためには、家族、学校、地域が相互理解のもと連携して、社会全体で子供の健康づくりに取り組んでいくことが重要となる。家族は子供に対して、健康に対する価値観や生活習慣、病気の予防・対応の仕方などを教え、伝えていく。すなわち、子供の生活習慣は家族の健康に対する価値観や家庭の環境が反映され、形成されている。子供の社会化という発達課題をもつ家族への支援は学校においても重要である。

（１）現代の家族の特徴

現代の家族は、家族員の人数が減少し、経済機能や社会化の機能、ヘルスケア機能など、従来家族が果たしてきた機能を家族だけで果たすことが困難となっている。また、社会の価値観の転換により、家族の集団としての目的を果たすことよりも、家族員個人の目的を果たすことが優先される家族の個

第1章

別化が進み、家族が1つのまとまりある集団として機能することが難しい現状にある。多様化・複雑化している社会の中においては、家族のありようや家族形態も多様化し、家族機能を十分に遂行することができない家族の脆弱性が指摘されている。

（2）家族の理解と支援—家族のとらえ方

①家族システムに関する考え方

家族を1つのまとまりをもったシステムとしてとらえる見方は「一般システム理論」を基盤とした考え方である。家族とは複数の個人が相互に関連し合って形成されているシステムであり、内部に夫婦サブシステム、母子・父子サブシステム、同胞サブシステムなどの小さなシステムを内包し、家族システムの上位システムは、地域社会であるととらえられる[1]。家族システムの特性の視点から包括的で綿密なアセスメントを行うことは、家族の独自性を理解する上で有用である（図表 1-2-1）。

②家族発達に関する考え方

家族は、個人と同様に「発達していく集団」としてとらえることができる。家族の発達段階においては、その段階での固有の生活現象があり、発達課題がある（図表 1-2-2）[2]。発達課題を遂行し、健康問題を予防、解決することによって家族は集団として成長、発達し、家族の健康を維持しながら次の段階に移行できる。また、1つの家族内に個人のライフステージと家族のライフステージが共存しており、個人の発達課題を達成しつつ、家族の発達課題を達成していくことが求められる。

i　家族発達理論に基づく家族へのアプローチの重要性

養護教諭として、子供の健康の保持増進をはかる上で家族周期上の発達課題の達成を促すような予防的、教育的な働きかけが必要である。家族の生活により健康なライフスタイルが定着するよう支援することは、子供の健康問題を未然に防ぐ上で重要である。

図表 1-2-1　家族システムの特性を基盤としたアセスメントの視点

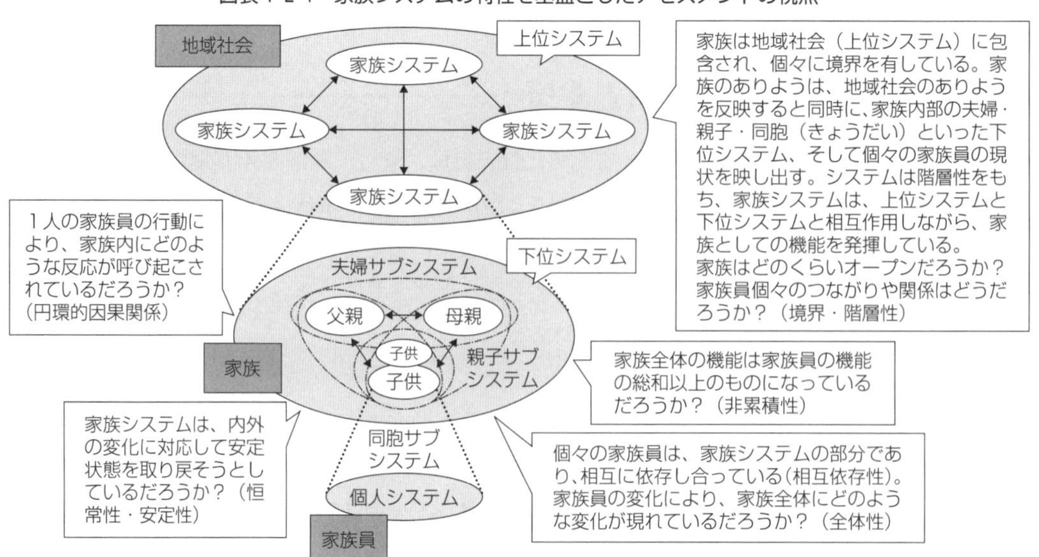

図表 1-2-2　家族の発達課題

家族の発達段階	発達課題
1段階　家族の誕生	お互いに満足できる結婚生活を確立し、調和のとれた親族ネットワークを築く。家族計画をたてる。
2段階　出産家族 (年長児が2歳6か月になるまで)	家族員個々の発達ニーズを満たし、新しい役割(父親・母親等)を学習する。 家族で役割の調整を行い、家族機能や家族関係を拡大する。
3段階　学齢前期の子供をもつ家族(年長児が2歳6か月～5歳になるまで)	子供が役割を取得できるように育て、事故や健康障害を予防する。 第1子のニーズを満たしながら、第2子のニーズを満たす。 親役割と夫婦役割、親子関係(親の子離れ、子の親離れ)を調整する。
4段階　学童期の子供をもつ家族 (年長児が6～13歳になるまで)	子供の社会化を促し、子供が学業に励むように配慮する。子供が親から分離できるように促す。円満な夫婦関係を維持する。
5段階　10代の子供のいる家族	子供の自由や責任を認め、子供を巣立たせる準備をする。家族の統合を徐々に緩め、子供を解き放していく。両親と子供との間に開放的なコミュニケーションを確立する。
6段階　新たな出発の時期にある家族(第1子が過程を巣立ってから末子が巣立つまで)	第1子の巣立ちを援助し、その他の子供には巣立たせる準備をする。 子供の結婚により新しい家族員を迎え、家族を拡張する。子供夫婦のライフスタイルや価値観を認め、夫婦役割を調整し再確立する。
7段階　壮年期の家族 (空の巣から退職まで)	成長した子供との関係を再定義しながら子供から独立することに取り組む。健康的な環境を整える。年老いた両親や孫と有意義な関係を維持する。夫婦関係を強固なものにする。
8段階　退職後の高齢者家族 (配偶者の退職から死まで)	満足できる生活状態を維持し、減少した収入での生活に適応していく。 夫婦関係を維持する。家族の絆を統合させたものとして維持する。 配偶者の喪失に適応する。人生を振り返り自分の存在の意味を見出す。

出典）野嶋佐由美監修、中野綾美編：家族エンパワーメントをもたらす看護実践、へるす出版、2005、105を一部改変

図表 1-2-3　家族発達におけるアセスメントの視点

Step5：家族は発達課題の移行期にいるだろうか？
家族は成長発達に伴う変化（発達的危機）だけでなく、病気や事故、災害などのできごと（状況的危機）によって変化を余儀なくされていないだろうか？

Step1：家族はどの発達段階にいるのだろうか？

Step4：家族はこれまで発達課題や健康問題をどのように乗り越えてきたのだろうか？

Step2：家族はどのような発達課題に取り組んでいるのだろうか？
その発達段階独特の健康問題にはどのようなものがあるのだろうか？

家族発達における
アセスメントの視点

Step3：家族は発達課題や健康問題にどのように取り組んでいるのだろうか？

ⅱ　家族発達理論に基づくアセスメントの視点

家族発達を支援する上で、アセスメントの視点(Step 1 ～ 5)[2)]に沿いながら家族の発達過程をとらえる必要がある(図表 1-2-3)。特に発達段階における移行期には家族は新たな発達課題に直面し、危機に陥りやすいため、発達課題の達成を支援していくことが重要である。

MEMO

危機

発達的危機(結婚、退職など発達過程で経験する可能性のある危機)と状況的危機(事故や家族員の病気など通常では予測できないできごとやストレス)がある。

(3) 学校における子供を含む家族への支援

学校において、発達課題を達成していくための基盤となる身体的健康や情緒的安定、日常生活習慣の自律、社会性などを子供が育むことができるよう支援していくことが重要となる。子供を含む家族は、主体的な存在であり、家族自身の力で様々な状況を乗り越えていくことができる集団である[3]。しかし健康課題が生じ、家族の力で解決できない状況にある時は、家族を支援していくことが必要となる。子供と家族が主体的に健康課題の解決に取り組み、健康づくりに参画できるよう学校看護を展開していくことが重要である。

①子供と家族との信頼関係を形成し、意思決定を支援する

子供と家族のありのままの体験を共感的に理解し、子供と家族とのパートナーシップに基づいた信頼関係を形成することが支援の基盤となる。家族が自己決定する力を有していること、子供を養育する責任と権利を有していることを念頭におき、子供と家族の権利を尊重し、意思決定を支援する。健康課題に対して、子供と家族自身が「できそうだ」と思える実現可能な目標設定や取組について、ともに考える。内からの意欲を支えながら、自ら選択、判断し、決定できるよう意思決定を支援することが重要である[3]。意思決定力は学校教育において獲得すべき重要なライフスキルの1つである。必要に応じて選択肢を提示するなど、子供と家族の意思決定のプロセスをともに歩み、最善の意思決定ができるよう支え続ける姿勢が信頼関係の形成にもつながる。

②個人―家族―地域のダイナミズムの中で子供と家族を多面的にアセスメントし、家族システム全体を支える

地域の生活者としての子供と家族を地域―家族―個人のダイナミズムの中でとらえ、家族員間の関係性や地域の中での個人、家族のありようを理解し支援体制を形成することが重要となる。地域は、

図表 1-2-4　個人―家族―地域のダイナミズムの中で子供と家族をとらえ、多面的にアセスメントする視点

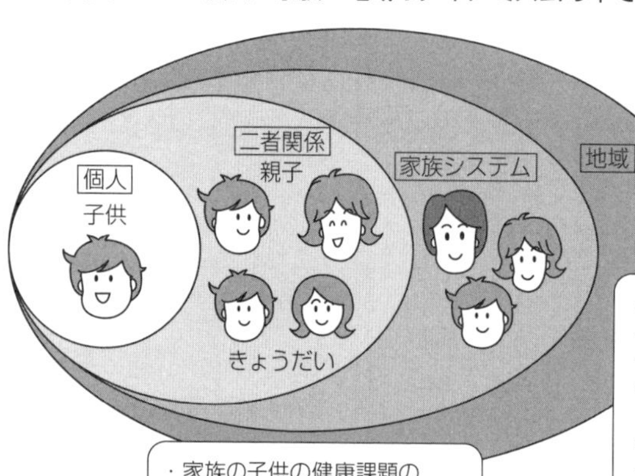

・親族や地域社会との関係は？
　近隣、地域社会の特徴、地域社会とのつき合い及び交流はあるか？
・家族のソーシャルサポートネットワーク、活用できる社会資源はあるか？
　支援を得ることについてどのように考えているか？
・家族と学校、担任等教職員との関係は？

・家族構成は？
・家族の発達段階は？
・家族の力関係は？（キーパーソンは誰か？）
・家族関係は？
　（親子の関係は？ きょうだいの関係は？ 家族全体の関係は？）
・家族内でコミュニケーションはとれているか？
・家族対処行動や対処能力は？
　（問題解決に取り組む対処をとっているか？）
・家族の適応力、問題解決能力は？
　（問題に対する現実検討能力、意思決定能力は？）
・家族の価値観は？ どのような考え方を重視しているか？
・家族の健康に関する信念は？
・家族の期待・希望は？

・家族の子供の健康課題のとらえは？
・子供の健康課題が家族の生活や健康に及ぼす影響は？
・家族のニーズは？

社会的存在である子供と家族の共同生活の場であり、ヘルスプロモーションの場である。学校においても、子供と家族の健康の保持増進をはかっていく上で生活の場である地域の理解が不可欠である。単に個人的な課題とするのではなく、コーディネーターとしての養護教諭が中核となり、社会とのつながりの中で家族を支えていく。そのためには、家族を多面的にアセスメントしながら、家族が1つのシステムとして家族全体で子供の健康課題に取り組み、健康生活を維持していくことができるよう支援していくことが重要である。

③子供と家族のもつ力を信じ、認め、エンパワーメントできるよう支える

家族看護において、エンパワーメントの考え方が重視されている[3)]。エンパワーメントとは、自らの力を「できる」と信じ、よりよい方向に向かって自発的に取り組むことを目指すものであり、「その人らしく生きること」、「主体的に生きること」である。すなわち、家族に対するエンパワーメントを支えるケアとは、「生きる力」を支えるケアである。「生きる力」は、子供と家族自身が獲得していくものであり、主体は子供と家族である。家族の「生きる力」を支え、自らの力で健康問題を解決し、健康的な家族生活の実現に向けてエンパワーメントできるよう支援し、家族らしく、地域でのつながりをもって生きることを支えていく。

家族エンパワーメントを支える視点として、家族の強み、健康的な側面を高めることが挙げられている[3)]。生きる力を支える上で、子供と家族を「力をもっている存在である」と認め、もつ力を強化していくことが重要であり、子供と家族の自信を育む。共感をもってその人を理解しようとする姿勢そのものに、その人がよりよい状態になる力を引き出す可能性がある。養護教諭として、子供と家族に関心と思いを注ぎ、ほんの小さな変化や努力に気づき、それを子供と家族のよさ、強みとして意味づけしてフィードバックしていく。子供と家族の語る言葉や五感で感じとれる様子の中から、ありのままの子供と家族をとらえることによって、子供と家族のもつ力、強みを見極め、エンパワーメントできるよう支えるようにする。例えば、生活習慣に関わる健康課題をもつ子供と親に対して、生活リズムをともに振り返りながら日常生活の調整、家族のセルフケアの強化をはかる。具体的に子供や親なりに考え取り組んできた生活、やり方を認めながら、改善が可能な生活習慣についてともに考え、現実的な目標設定や計画を立てて取り組むことができるよう支援する。子供の生活習慣の改善ができていることを子供と親に言語化して伝え、親役割の遂行を肯定的にフィードバックする。子供と家族のエンパワーメントを支える上で、子供と家族のこれまでの生活のありようや価値観、現状に対するとらえ、ニーズ等を考慮した上で、自らの力で健康的な家族生活を維持、促進することができるよう支援していくことが重要である。

引用・参考文献

1）野嶋佐由美監修、中野綾美編：家族エンパワーメントをもたらす看護実践、へるす出版、2005、87
2）前掲1）104-105
3）前掲1）1-15
4）中野綾美編：小児看護学―小児看護技術、メディカ、2006、105-106

3．学校看護における社会資源

1）学校が連携する保健・医療・福祉・民間機関

（1）学校が活用する社会資源とは―連携の意義

社会資源とは、社会を支える財政(資金)、施設・機関、設備、人材、法律など、人々のニーズを充足させるために活用できる制度的、物的、人的の各要素及び情報の総称を指す[1)]。社会資源は存在するだけでなく、複数の社会資源が相互に連携することが問題解決や予防に有効であり、それらを結びつけることが重要となる。

学校看護の活動は、学校生活の様々な場面で学校内・外において多くの職種と連携して展開されている。子供の健康課題に家庭背景が複雑に絡んでいる場合は、地域保健をはじめとした社会資源との連携・協働が不可欠である。特に、児童虐待、家庭内暴力、発達障害やその疑い、親の精神疾患、不登校、精神疾患、非行など学校内の支援体制だけでは改善が困難な事例が多い。子供だけでなく保護者に対する支援を同時に行う必要があり、保健所・保健センターのほか、医療機関や福祉関係者、民間団体や自治体組織など多職種が連携することによる長期的な支援が必要である。

また、近年はソーシャルキャピタルに立脚した健康づくりが注目されている。ソーシャルキャピタルとは、人々が他人に対して抱く「信頼」、「お互いさま」「もちつもたれつ」といった「互酬(恵)性の規範」、人や組織の間の「ネットワーク(結びつき)」といった社会関係資本を指す。人と人との絆、人と人の支え合いが日本での古くからのソーシャルキャピタルである[2)]。それらを活用した地域における健康なまちづくりの推進が重要な課題となっており、学校は児童生徒やPTAのほか、地域住民の活動・交流の場と位置づけられ、学校保健委員会等の学校を取り巻く協議の場への積極的な参画を通してソーシャルキャピタルを醸成することが、地域社会の安定や教育や健康の向上などに有効とされている。

（2）「チームとしての学校」について

子供の健康課題が複雑化、深刻化していることから、2008(平成20)年の中央教育審議会において、学校、家庭、地域が連携し、すべての教職員で学校保健を推進することが求められた。また、2015(平成27)年中央教育審議会答申においても、「チームとしての学校」の実現として、配置されている教員に加えて、多様な専門性をもつ職員の配置を進めるとともに、教員と多様な専門性をもつ職員が1つのチームとして、それぞれの専門性を生かして、連携、協働することができるよう、管理職のリーダーシップや校務のあり方、教職員の働き方の見直しを行うことが必要であると示された[3)]。また、学校と家庭、地域との連携・協働によって、ともに子供の成長を支えていく体制をつくることで、学校や教員が教育活動に重点をおいて取り組むこと、学校と警察や児童相談所等との連携・協働により、生徒指導や子供の健康・安全等に組織的に取り組んでいく必要があることを示している。「チームとしての学校」を実現するために、図表1-3-1のようなイメージのもと、以下の具体的な改善方策を掲げて組織的に連携・協働することを推進している。

❶専門性に基づくチーム体制の構築：教員が学校や子供たちの実態を踏まえ、学習指導や生徒指導等に取り組むことができるようにするため、指導体制の充実を行う。加えて、心理や福祉等の専門スタッフについて、学校の職員として法令に位置づけ、職務内容等を明確化すること等により、質の確保と配置の充実を進める。

❷学校のマネジメント機能の強化：専門性に基づく「チームとしての学校」を機能させるため、優秀な管理職を確保するための取組や主幹教諭の配置促進、事務機能の強化などにより校長のリーダーシップ機能を強化し、これまで以上に学校のマネジメント機能を強化する。

❸教員一人ひとりが力を発揮できる環境の整備：教員それぞれの力を発揮し、伸ばしていくことができるようにするため、人材育成の充実、業務改善等の取組を進める。

図表 1-3-1　チームとしての学校

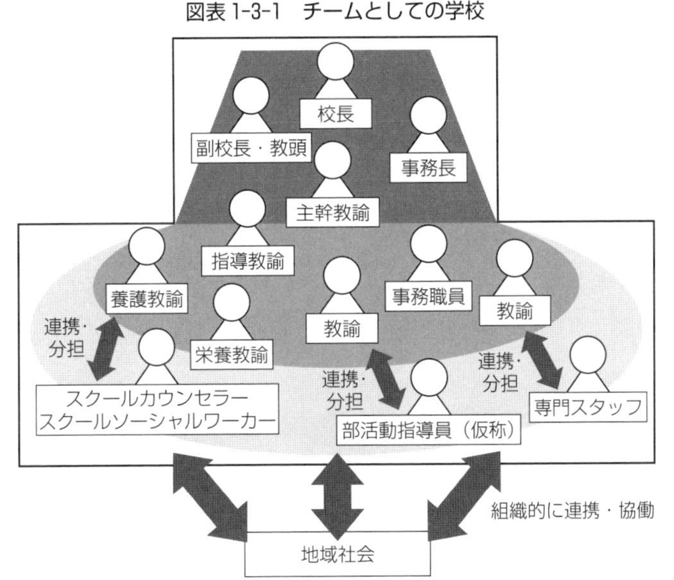

出典）文部科学省「チームとしての学校の在り方と今後の改善方策について（答申）（中教審第185号）」[3)]

（3）連携する保健・医療・福祉・民間機関

子供の健康と生活を支えるには、家庭、学校、教育委員会、保健所、医療機関、福祉機関等の連携が重要である。学校や教育委員会は教育、保健所や医療機関は保健、児童相談所等は福祉の役割をもつ専門機関である。それぞれの機関が把握している情報を共有し、ケースの早期発見や早期対応、サービスの活用につなげるためには各機関や組織が日常的につながっている必要がある。

2）これからの連携・協働のあり方

子供や家族の健康課題については、各専門機関の連携が不可欠であることを前述したが、具体的に児童虐待、発達障害、保護者の薬物依存、精神疾患、障がい児者（医療的ケア児）、貧困家庭などについて考えると、❶家族成員一人ひとりが抱えている問題へ対応するための、多職種による長期的な支援の必要性、❷孤立傾向にある家族が周囲の支援を活用できない状況、❸母子の単親家庭の経済的な不安定さ、❹医療との連携が必要だが、受診につながらない、などが共通な課題として考えられる。子供だけに支援の焦点をあてても、養育環境が変わらなければ解決に至らず、家庭生活が困難な状況であれば、その子供の健全な成長発達は望めないといえる。

(1) 児童虐待

児童虐待は、家庭といういわゆる密室で起こるため、早期に発見することは非常に困難である。そのため、「児童虐待の防止等に関する法律」では、発見した場合に関係機関への通告義務を課している。児童虐待である場合には、各市町村の要保護児童対策地域協議会や児童虐待防止ネットワークにおいて情報交換を行い、方針を協議し、組織的に対応にあたることとされている。

学校の教職員は、児童虐待の予防の教育、啓発、早期発見に努めることが求められている。また、虐待を受けた子供のケアと虐待を行った保護者の支援については、児童相談所等の関係職員、医師、保健所、弁護士と協力して保護及び自立の支援にあたることが求められている。

(2) 貧困家庭の子供

近年の子供の貧困問題は深刻である。低所得、貧困が健康状態に悪影響を及ぼしているといわれているが、そこから派生する教育格差や社会階層の格差が健康へ悪影響を与えていることも指摘されている。つまり、子供の健全な成長発達のためには社会福祉政策との関連が深いことがわかる。

>>>>>コラム1

家庭内暴力をふるう高校１年生男子Ａ君

高校入学して間もなく、Ａ君の母親から保健室に電話があった。Ａ君が一番下の弟を叩いたり蹴ったりして、どうしたらよいか困っている、という内容であった。母親が怒ると母親にも手を出してくるため怖くなるという。父親はあまり家にいないため、その場面に立ち会ったことはないという。Ａ君は３人兄弟の長男で、一番下の弟は小学４年生ということであった。

養護教諭は、Ａ君のことはもちろん、弟や母親の安全も気になり、早急に対応しなければと思った。母親へはスクールカウンセラー、精神科校医への相談を勧め、担任と管理職、教育相談担当の教員へ報告し、情報共有した。Ａ君は学校ではおとなしく、口数の少ない生徒だったので、担任は叩いたり蹴ったりするＡ君のことが想像つかず困惑した。

Ａ君が通う高校は私立学校であり、スクールカウンセラー、スクールソーシャルワーカー、精神科校医がいたため、Ａ君の対応を考えるための会議を開き、話し合うことができた。しかし、Ａ君は学校では何も問題がなく、成績も決して優秀ではなかったが、真面目に授業は受けていたので、本人に対してどのように声をかけたらよいかが問題であった。まずは母親へ精神科校医とソーシャルワーカーによる面談をセッティングし、弟のケアの必要性から地域の児童相談所に相談することや、本人へはスクールカウンセラーが話をすることで役割を分担して進めていった。Ａ君の弟は通っている小学校と地域の児童相談所からカウンセリングなどを受けるようになった。

しかし、ある日、再び弟に暴力をふるったＡ君を怒った父親がＡ君に顔面をパンチされ、鼻骨を骨折するということが起きた。父親が警察に通報したことで、そのままＡ君は精神科へ措置入院となった。Ａ君は入院中にASD(自閉スペクトラム症)と診断され、治療がはじまった。入院中は、薬物治療とカウンセリング等のおかげで、少しずつ落ち着き、お見舞いに来た母親と会話ができるようになったせいか、母親はＡ君のことがかわいいと思えるようになっていた。そして３か月後、病院から学校へ通学することになった。Ａ君の再登校に際し、Ａ君の状況を踏まえ、どのような配慮が必要かなど学校生活上の注意点について、担任、養護教諭、教育相談担当教員とともに主治医と面談した。そこで聞いたＡ君の性格や症状の特徴などについて職員会議を通して学校全体で共有し、必要時には主治医と連絡を取り合えるようにと支援体制を整え、Ａ君は無事に高校を卒業することができた。

2013(平成25)年に制定された「生活困窮者自立支援法」の事業として、就労準備支援、家計相談支援、学習支援事業などがある。特に、貧困家庭の子供は、家庭の経済状態により塾などの学習支援を受けにくく、高等学校以上の学歴をもつことが難しい。結果として低所得となり、貧困の連鎖から抜け出せないといわれている。学校では学習面以外にも子供の生活上の困難を支援することが求められている。スクールソーシャルワーカーなどと相談しながら、地域の福祉事務所のケースワーカーやNPOが関わり、貧困家庭の子供たちに向けて学習教室を開催し、進学を実現していく取組が注目されている。

3）学校保健に関わる専門職や社会資源の理解

(1）学校保健に関わる専門職

学校内外における学校保健に関わる専門職は、図表1-3-2、1-3-3の通りである。

図表1-3-2　学校保健に関する学内体制

職種	主な職務内容	主な根拠法令
校　長	校務をつかさどり、所属職員を監督する。 ・学校保健活動の総括掌理。保健管理・保健教育・職員への保健への必要な配慮、学校環境衛生の維持改善をはかる。 ・保健に関する法令、通達、規則等の周知徹底に努める。 ・学校保健の方針や重点の明確化、学校保健計画の策定、職員の役割を明らかにする。 ・保健主事を任命し、仕事の時間を割りあてる。 ・学校保健委員会を組織する。 ・学校保健計画に地域社会の理解と協力を得るよう配慮する。 ・PTA、保健所等の学校保健関係機関・団体・地域の医療機関との連携、協力を密にする。 ・教育委員会等の行政機関との連絡・交渉にあたる。	学校教育法第37条 学校教育法施行規則第24条 学校保健安全法第19条
副校長	校長を助け、命を受けて校務をつかさどる。	学校教育法第37条
教　頭	校長(副校長をおく場合には副校長を含む)を助け、校務を整理し、及び必要に応じ児童生徒の教育(幼稚園にあっては幼児保育、以下同じ)をつかさどる。	学校教育法第37条
主幹教諭	校長・副校長及び教頭を助け、命を受けて校務・園務の一部を整理し、幼児・児童生徒の教育及び養護または栄養の指導及び管理をつかさどる。	学校教育法第37条
養護教諭	児童生徒等の養護をつかさどる。 ・学校保健計画・学校安全計画の策定への参画と実施にあたる。 ・児童生徒等の心身の保健管理及び学校環境の管理にあたる。 ・保健教育への参画と実施にあたる。 ・健康相談を実施し、心身の健康課題の対応にあたり、関係者との連携を進める。 ・保健室経営計画の作成・実施・評価・改善を進める。 ・保健組織活動の企画・運営への参画と実施、地域社会との連携を進める。 ・その他、子供の心身の健康に関わる研究の推進に努める。	学校教育法第37条 学校教育法施行規則第45条 学校保健安全法第19条
保健主事	校長の監督を受け、保健に関する事項の管理にあたる。 ・学校保健と学校全体との調整をする。 ・学校保健計画の作成とその実施の推進に努める。 ・学校保健に関する組織活動の推進に努める。 ・学校保健の評価及び改善に努める。	学校教育法施行規則第45条 学校保健安全法第5条

一般教諭	児童生徒等の教育をつかさどる。 ・児童生徒等の健康の保持増進に十分配慮する。 ・健康診断結果を把握し、健康観察を行い、健康状態に応じた学習、運動、作業の配慮をし、適切な保健指導を行い、疾病異常があると思われる者は健康相談を受けさせる等の措置をとる。 ・学校保健計画の立案に意見を述べ、内容を理解し、役割を遂行する。 ・学校保健計画の重点や内容を児童生徒等に伝え、保護者に周知し協力を得る。 ・教室等の清潔等の環境衛生の維持及び改善に十分配慮し、随時児童生徒等の身体、衣服の清潔について指導する。 ・保健主事や養護教諭に協力し、健康診断の準備、結果の記録と事後措置、保護者に連絡や必要な指示を行う。 ・学級担任は、必要に応じて、児童生徒等の健康相談に立ち会う。 ・養護教諭等と連携し、学級活動等、学校行事、児童生徒会活動等で、個別または集団を対象に保健指導を行う。	学校教育法第37条 学校保健安全法第19条
栄養教諭	児童生徒等の栄養の指導及び管理をつかさどる。	学校教育法第37条 学校保健安全法第19条 学校給食法第10条
事務職員	学校保健に関する事務処理、連絡調整、予算、備品調達等に従事する。	学校教育法第28条
学校医	・学校保健計画・学校安全計画立案へ参与する。 ・学校環境衛生の維持・改善への指導・助言を行う。 ・保健指導・健康相談・健康診断に従事する。 ・疾病の予防措置、感染症・食中毒の予防措置に従事する。 ・校長の求めにより、救急処置に従事する。	学校保健安全法第23条 学校保健安全法施行規則第22条
学校歯科医	・学校保健計画・学校安全計画立案へ参与する。 ・保健指導・健康相談・歯の健康診断のうち歯の検査に従事する。 ・疾病の予防処置のうち齲歯その他の歯の疾病の予防措置に従事する。	学校保健安全法第23条 学校保健安全法施行規則第23条
学校薬剤師	・学校環境衛生に関する定期・臨時検査を行う。 ・学校環境衛生の維持・改善への指導・助言を行う。 ・医薬品・化学薬品等の管理や処理の指導を行う。	学校保健安全法第23条 学校保健安全法施行規則第24条
スクールカウンセラー/スクールソーシャルワーカー	・児童生徒へのカウンセリングを行う。 ・教職員に対する助言を行う。 ・保護者に対する助言・援助を行う。 ・人権擁護に基づいた支援を展開する。 ・学校、家庭、地域で暮らしやすい生活の支援や福祉制度の活用への助言を行う。	スクールカウンセラー活用事業(2001〈平成13〉年～) スクールソーシャルワーカー活用事業(2008〈平成20〉年～)
医療的ケア看護職員	・医療的ケアを受けることが不可欠である児童の療養上の世話または診療の補助に従事する。	学校教育法施行規則の一部を改正する省令の施行について(通知) 3文科初第861号
特別支援教育支援員	・教育上特別の支援を必要とする児童の食事、排泄、教室移動など学習または生活上必要な支援に従事する。	学校教育法施行規則の一部を改正する省令の施行について(通知) 3文科初第861号

文献[4)]を参考に筆者作成

図表 1-3-3　学校保健に関する学外体制（例）

職種	主な職務内容	根拠となる法令
医　師	医療及び保健指導をつかさどることによって、公衆衛生の向上及び増進に寄与する。	医師法
歯科医師	歯科医療及び保健指導をつかさどることによって、公衆衛生の向上及び増進に寄与する。	歯科医師法
薬剤師	調剤、医薬品の供給その他薬事衛生をつかさどることによって、公衆衛生の向上及び増進に寄与する。	薬剤師法
保健師	地区活動や健康教育・保健指導などを通じて疾病の予防や健康増進など公衆衛生活動を行う。	保健師助産師看護師法
助産師	助産行為の専門職であり、妊婦、じょく婦もしくは新生児の保健指導を行う。	保健師助産師看護師法
看護師	医療、保健、福祉などの場において、医師の診療の補助または、病気や障害をもつ人々の療養上の世話をする。	保健師助産師看護師法
管理栄養士	個人あるいは集団の身体の状況、栄養状態などに応じて必要な栄養指導を行う。健康の保持増進のための栄養指導や特別の配慮を必要とする給食管理やこれらの施設に対する栄養改善上必要な指導を行う。	栄養士法
歯科衛生士	歯科医師の指導の下、歯牙及び口腔の疾患の予防処置及び歯科診療の補助、歯科保健指導を行う。	歯科衛生士法
公認心理師	保健、医療、福祉、教育その他の分野において心理学に関する専門的知識及び技術をもって心理に関する支援を要する者に対して、相談及び助言、指導その他の援助を行う。	公認心理師法
理学療法士	身体に障害のある者に対し、治療体操、運動、電気刺激やマッサージ、温熱など物理的手段によって基本的動作能力の回復をはかる。	理学療法士及び作業療法士法
作業療法士	身体または精神に障害のある者に対し、手芸・工作、その他の作業を行わせることによって応用的動作能力または社会的適応能力の回復をはかる。	理学療法士及び作業療法士法
言語聴覚士	音声機能、言語機能または聴覚に障害のある者についてその機能の維持向上をはかるため、言語訓練その他の訓練、これに必要な検査及び助言、指導その他の援助を行う。	言語聴覚士法
視能訓練士	医師の指示の下に、両眼視機能に障害のある者に対するその両眼視機能の回復のための矯正訓練及びこれに必要な検査を行う。	視能訓練士法
社会福祉士	身体または精神の障害があること、または環境上の理由により、日常生活を営むのに支障がある者の福祉に関する相談に応じ、助言、指導、福祉サービスを提供する。また、医師やその他の保健医療サービスを提供する者や関係者との連絡及び調整などの援助を行う。	社会福祉士及び介護福祉士法
介護福祉士	身体または精神の障害があることにより、日常生活を営むのに支障がある者に、心身の状況に応じた介護を行い、またその介護を行う者に対して指導を行う。	社会福祉士及び介護福祉士法
精神保健福祉士	精神科病院その他の医療施設において精神障がい者の医療を受け、または精神障がい者の社会復帰の促進をはかることを目的とする施設を利用している者の社会復帰に関する相談に応じ、助言、指導、日常生活への適応のために必要な訓練その他の援助を行う。	精神保健福祉士法

文献[5)]を参考に筆者作成

（2）社会資源

学校と連携する関係機関は、図表 1-3-4の通りである。

図表 1-3-4　学校と連携する関係機関

機関	設置主体	機能	主な職員
教育相談所 教育センター 適応指導教室等	地方公共団体	教育に関する調査研究、教育関係職員の研修、教育相談等を行う。	心理学、教育学等に関する知識を有する専門職員 教職経験者 臨床心理士
精神保健福祉センター	都道府県及び指定都市	精神保健に関する知識の普及・調査研究を行う。相談・指導等地域の精神保健福祉分野の技術中枢。	精神科医師 精神保健福祉士 公認心理師 臨床心理士等
保健所	都道府県及び指定都市、中核都市、特別区	疾病予防、健康増進、環境衛生など、地域の公衆衛生活動の中心的業務を行う。	医師(精神科含む) 看護師・保健師 管理栄養士 作業療法士 理学療法士 公認心理師 臨床心理士 ソーシャルワーカー ケースワーカー等
保健センター	地方公共団体	地域保健に関して必要な事業を行う。	
保健福祉事務所		地域保健の拠点として、情報提供や関係機関・市町村との連携推進、支援を行う。	
子ども家庭支援センター		地域の子育てを支援するための総合相談窓口として、ショートステイや一時保護などサービスの提供やボランティア育成等を行う。	保健師 公認心理師等
病院・診療所	公共・民間団体	医療を提供する体制を確保し、住民の健康保持に寄与する。	医師、看護師、栄養士 公認心理師 臨床心理士等
訪問看護事業所 (訪問看護ステーション)	公共・民間	介護保険法や公的医療保険各法に基づいて、看護職等が居宅や施設へ訪問し、療養上の世話や必要な診療の補助などを行う。	保健師、看護師、理学療法士、作業療法士等
警察	国	少年法の問題、ストーカーなどの被害、児童虐待、いじめなどの問題の相談等社会の安全や秩序を守る。	警察官
少年補導センター	市町村	少年の非行防止に関係のある行政機関・団体及び民間有志者等が少年補導の諸活動を行う。	少年補導委員
少年サポートセンター等	都道府県警察	非行少年等の補導、要保護少年の保護、少年相談、福祉犯罪の取り締り等の犯罪の予防・検挙を行う。	少年補導専門職員 少年補導職員 少年担当警察官
薬物乱用防止推進協議会	都道府県	覚せい剤等の依存性のある薬物の乱用防止を目的に啓発活動を行う。	薬物乱用防止指導員等
児童相談所	都道府県及び指定都市	児童の諸問題について相談に応じ、問題を的確に把握し、総合的な判定により適切な処遇で児童の福祉をはかる。	児童福祉司 精神科医師 公認心理師 臨床心理士
家庭児童相談所	都道府県または市町村が設置する福祉事務所	福祉事務所が行う家庭児童福祉に関する業務のうち、専門的技術を必要とする業務を行う。	社会福祉主事 家庭相談員

配偶者暴力相談支援センター	都道府県または市町村	相談やカウンセリング、安全の確保及び一時保護等配偶者からの暴力の防止及び被害者の保護をはかるための業務を行う。	公認心理師、臨床心理士・カウンセラー、社会福祉士、精神保健福祉士、保健師等
家庭裁判所	国	少年の非行や虞犯についての対応の仕方、夫婦関係や親権、その他の人間関係に関する法的問題の相談を行う。	裁判官、家庭裁判所調査官等 公認心理師 臨床心理士
児童福祉施設	国または都道府県 社会福祉法人	児童福祉法に規定される児童のための保育、保護、養護を行う施設のこと。児童の成長のための生活支援、保護や児童に関する様々な問題について、支援、指導を行ったり、家庭などから相談に応じる。児童及びその保護者について必要な調査及び医学的・心理的・教育学的・社会学的ならびに精神保健上の判定を行い、必要な指示、指導、助言等を行う。その他児童の福祉を保護するための様々な機能がある。	医師・社会福祉士・保育士、児童指導員・母子自立支援員、公認心理師、臨床心理士等
特別支援学校	都道府県	特別支援教育に関する相談に乗る。	教員、医師、看護師、公認心理師、臨床心理士、理学療法士等
心理技官	国	非行少年の収容・資質の鑑別、一般からの相談業務等を行う。	公認心理師、臨床心理士(法務技官)、医師
保護観察所	国	家庭裁判所の決定により保護観察となった少年等に対し保護観察を実施する。	保護観察官
保護司会連合会	都道府県	保護観察官と連携して保護観察ならびに地域の犯罪・非行防止を推し進める活動を実施する。	保護司
まちづくり推進課 住民生活課　等	地方公共団体	地域のまちづくりや住民生活に関わりのある行政サービスや事務を担う。	一般事務職員
社会福祉協議会	民間団体	地域の福祉向上を目的として、住民と福祉関係機関・団体により構成された民間福祉団体であり、人々が安心して生活できる社会福祉活動を推進する。	民生・児童委員 主任児童委員

文献[6]を参考に筆者作成

引用・参考文献

1）荒賀直子ほか編：公衆衛生看護学.jp　第4版、インターメディカル、2013、147
2）厚生労働省、住民組織活動を通じたソーシャル・キャピタル醸成・活用にかかる手引き(https://www.mhlw.go.jp/stf/seisakunitsuite/bunya/0000092042.html)
3）文部科学省、チームとしての学校の在り方と今後の改善方策について(答申)(中教審第185号)(https://www.mext.go.jp/b_menu/shingi/chukyo/chukyo0/toushin/1365657.htm)
4）学校保健・安全実務研究会編：新訂版　学校保健実務必携(第5次改訂版)、第一法規、2020、1029-1051
5）山崎喜比古監修、朝倉隆司編：新・生き方としての健康科学、有信堂高文社、2017、232-235
6）岡田加奈子、遠藤伸子、池添志乃編著：養護教諭、看護師、保健師のための改訂学校看護—学校環境と身体的支援を中心に、東山書房、2017

4．学校看護における倫理と重要な側面

1）子供の尊厳に基づく看護/養護

（1）学校看護/養護における現代的課題と倫理

学校における現代的健康課題に影響する問題には、いじめ、虐待、暴力、学校裏サイトなど、子供の人権（存在権・生命権）を侵害するものがある。これらは、倫理的課題の中心である「人権」の擁護として対策や法規など、国の政策に待つところである。18歳選挙権の実現が改正公職選挙法として2015（平成27）年６月19日に公布され、2016（平成28）年６月19日に施行された。選挙権年齢が満18歳に引き下げられ、2022（令和４）年度から成人年齢は18歳になる。それに伴い、改訂新学習指導要領の内容等取扱いにおいて、子供が一人前の主権者として必要な資質（倫理）・能力を確実に身につけていなければならないことが示されている。そのため、教諭・養護教諭、関係者は協力して主権者の育成教育に関する研究に取り組み、実際の指導事例を通して学び合う必要がある。

多次元にわたる現代的課題に対して、2018（平成30）年８月から2021（令和３）年３月まで、内閣府特命担当大臣のもとに、内閣府、警察庁、法務省、文部科学省、厚生労働省の関係府省会議が行われた。

法務省は、2021（令和３）年３月、「性犯罪の実態に関する調査研究結果報告」に基づいて、❶刑事法のあり方、❷被害者支援の充実、❸加害者対策、❹教育・啓発の強化、について提言した。これらの提言に対しては、関係省庁間で取り組まれてきている。

文部科学省は、❶子供が、性暴力の加害者、被害者、傍観者にならない教育、❷そのための啓発（教育・仕組み）、相談を受ける体制の強化、❸わいせつ行為に対する教員等の処分、❹社会全体への性暴力（加害者・被害者・傍観者）の理解と啓発強化の教育を推進することとした（担当：文部科学省総合教育政策局男女共同参画共生社会学習・安全課）。

さらに、子供が主体者として必要な判断ができるよう、発言や表現などの行動がとれるように「主権者教育」を推進する方策が2018（平成30）年８月７日から2021（令和３）年３月31日まで、主権者教育推進会議において検討された。主な検討課題は、❶主権者意識を涵養し、社会参画の態度を育てるための教科教育をはじめとする学校諸活動の相互連携と学習指導のあり方、❷学校や地域、国、国際社会の課題解決を視野に、学校・家庭・地域・関係機関等が連携して取り組む実践的な教育活動の展開と支援策、❸その他、である。今後、いじめ、性、インターネットによる犯罪や違法情報等から被害者を守るための「主権者教育」及び倫理教育（子供の人権）への提言が待たれる。

2019（令和元）年末から武漢で流行の兆しを示したCOVID-19は、2021（令和３）年には、地球上の人類の国際交流、社会生活、政治、経済、文化活動などをストップさせ、数百年に一度のパンデミックに巻き込み、生死に関わる医療・看護、養護、介護支援を必要とする災害弱者を産出している。職を失い、食も住居も失った路上生活者、生活困窮から家庭が崩壊した者、自殺者が増えた。また、児童虐待、暴力、性犯罪、薬物犯罪なども増えた。このような状況は、保健室の相談活動や、児童生徒

保健委員会活動、学校保健安全委員会、職員会議、学校運営、地域包括支援センターなどと連携して対策を講じる必要のある問題を増やした。同時に、現代的課題の背景にある差別や人権侵害、社会情勢によってもたらされる様々な健康問題について、専門職間で実践からの学び合いが求められる。指導者は、子供の人権意識を育んでいくために、❶基本的人権とは何か、❷妨げるものは何か、❸侵されていないか、❹与えられているものは何か、など、子供自身が探求し身につけていく教育活動に取り組む必要がある。

（２）憲法が保障する固有の基本的人権を教育活動の中で育てる

日本国憲法に規定される「基本的人権」は、「平和主義（戦争の放棄）」、「主権在民（国民主権）」、「基本的人権」の３つの原理のうち一番重く、民主主義の理念とともに理解が遅れている価値概念である。基本的人権は、教育課程の中に明確に位置づけられており、社会科「公民」で学習する。

日本国憲法第11条において、「国民は、全ての基本的人権の享有を妨げられない。この憲法が国民に保証する基本的人権は、犯すことのできない永久の権利として、現在及び将来の国民に与へられる」と示されている。子供にとっての基本的人権やその享有を妨げるものは何かを見極め、具体的に言葉に表してみることが重要である。

生きていく居場所がなくなって自殺した子供、ハラスメントやからかい、スマホ情報に怯える子供、心身症になり人に会えなくなる子供など、存在権や尊厳を奪う行為は、犯罪である。憲法に基本的人権は、第10～第40条まで31の条文にわたり記述されている。中でも第13条個人の尊厳、第14条平等権、第25条生存権、第26条教育権、第27条児童の酷使禁止等は子供の権利条約と合わせて、子供の健康課題、学校看護/養護、健康教育、保健管理、保健室経営、さらに、生きる力の豊かな人間性を育む教育として、それぞれの学校において取り組む必要がある。

歴史や昔話、奴隷や身分制度の社会から民主主義を手にする読み物や感想文など、自他の行為や価値観・考え方を見直す読み物や教材を保健室にも準備しておきたい。

（３）子供の人権・尊厳に基づく学校看護/養護

養護教諭は、現代的課題の背景にある差別や人権侵害を知らず、救いを求めることもできないで独り悩み苦しむ子供の実態を掴み、子供自身が自他の尊厳や人権を主張し、擁護できるよう支援を行っていく必要がある。具体的には、いじめやからかい、SNS、夜の街、集団やグループの暴力に対して指導できる生徒指導体制の組織化をはかったり、スクールソーシャルワーカー、弁護士、警察、PTA、医師会、歯科医師会、薬剤師会などの社会資源との連携をもって、自他の（人としての）尊厳を教育する。現代的課題を解決するために、最も必要な権利は、❶生きる権利、❷育つ権利、❸守られる権利、❹参加する権利[1)]、である。

養護教諭は、「子どもの権利条約」の意味も使い方も知らない子供に対して、わかりやすく、発達段階を踏まえて、いつ、どのように行うかを検討した上で、具体的に体験を通した対話をしながら指導する。その際、文部科学省総合教育政策局、男女共同参画の推進に向けた教育研修モデルの資料を参考にするとよい。

学校看護/養護のニーズ（健康観察、体調不良、苦痛や不安、助けての駆け込み支援、健康回復、発育発達、健康増進等)は、すべての子供に存在する。これらのニーズに対して、学校看護/養護は、子供に生きる権利、人として存在する権利、人として尊厳を保つ権利、そして、敬意の込もった対応の支援を受ける権利など、「基本的人権」を尊重した実践指導が行われる必要がある。

図表1-4-1　教室・保健室で配慮し、教育しておくべき子どもの権利条約

条文	内　容	子どもの権利	条文	内　容	子どもの権利
1条	子どもの定義	18歳未満を言う	19条	虐待・暴力の禁止、保護	司法、措置・保護制度
2条	差別の禁止	格差是正、権利確保	23条	精神的身体的障がい児童のQOL	自立・発達の促進 尊厳と社会的参加
3条	最善の利益	判断の最優先権	24条	健康・医療の権利	最高水準の健康と医療
6条	成長・発達権	生命尊重、生存権	26条	社会保障の給付	社会保険・保障の実現
12条	意見表明権	自己の意見を言う権利	28条	教育の権利	機会均等・生きる力
13条	表現の自由	情報、口頭、芸術表現	29条	教育の目的	人権・人格・最大限の発達
14条	思想・良心・宗教の自由	子どもが持つ権利	31条	休息、余暇、遊び	レクリエーション活動の保障
15条	結社・集会の自由	子どもが持つ権利	33条	麻薬、向精神薬禁止	取締、措置、防止教育
16条	プライバシー・名誉	子どもの名誉と保護	34条	性的搾取、虐待禁止	取締、措置、防止教育
17条	情報・資料にアクセス	健康・発達の情報収集	35条	誘拐、売買取引禁止	取締、措置、防止教育

鎌田尚子2011/10を修正、2016/7

(4)子供の人権や尊厳に関する法的根拠と考え方—子供のインフォームドコンセント

子供の人権や尊厳に関わる法律には、憲法に基づく「児童福祉法」(1947〈昭和22〉年)や「児童憲章」(1951〈昭和26〉年)があり、1989(平成元)年第44回国連総会採択の「児童の権利条約」がある。これは子供の基本的人権を国際的に保証するために定められた条約(前文と本文54条)である。日本は、1994(平成6)年に批准し、国内法の整備、教育課程への位置づけなどの具体策が求められた。しかし、児童虐待は増加し続けている。2000(平成12)年11月の児童虐待防止法、2007(平成19)年4月の一部改正、2008(平成20)年4月児童福祉法の一部改正など、虐待の発見と通報、保護等が強化された。また、いじめ防止対策推進法(2013〈平成25〉年9月28日法律第71号)に法整備された。しかし、いじめ被害の子供は後を絶たず;尊厳の侵害、PTSD、不登校、自殺に追い込まれている。児童相談所の対応件数の増加に対して、2019(平成31)年3月関係閣僚会議が児童虐待防止対策法案の改正に取り組み、2019(令和元)年6月児童福祉法の一部改正、2020(令和2)年4月1日施行にあたり、「親などの体罰禁止(心を傷つける言葉:怒鳴りつける、にらみつける)」等が加えられ、法制度の実行面の詰めが吟味されている。

義務教育年齢の15歳は、一般用医薬品の用法・用量では、大人の分類に入る。また、民法第961条では、遺言能力をもつと考えられている。2009(平成21)年の改正臓器移植法(法律第83号)では、15歳未満の子供にも臓器移植が適用となるなど、教育や医療、障害・福祉関係の課題として、生命倫理に関する共通理解が必要である。そのため、子供が自分自身の問題として考えるようになる思春期から青年期にある子供を取り巻く環境や抱えるストレス、人間関係、支援状況について理解を深めておく

必要がある。子供の実態を踏まえた上で、精神や心の障害、いじめ、LGBTQ、人権に係る問題等についての保健教育や保健室での相談活動、カウンセリング等に関する学校内の研修が求められる。加えて保健・医療・福祉、地域の専門職や包括医療に携わる専門職と連携して課題解決をはかる資質・能力を高めるための研修・研究が必要である。

> **MEMO**
>
> **インフォームドアセント**
> 子供が、言葉でなく絵や人形を利用して五感を通して、不安や恐れ、熱感、痛みなどの状態を伝え、疑問に納得を得ること。雰囲気や信頼関係が重要である。

子供には、他人が侵すことができない永久の命と Human Rights が与えられていることの意味をすべての人々が理解するとともに、子供自身が自信をもって、自他の尊厳や人権を主張できるように、アクティブ・ラーニングを行う必要がある。また、子供のインフォームドコンセント・インフォームドアセントについては、日常の保健室利用や健康相談の中で実践されなければならない。

2）学校看護/養護における倫理

(1) 法・規則、道徳、倫理、倫理綱領の定義と考え方

法や規則、条約や条例とは、社会の秩序を保ち、新しい改革を進めていく目標や方向づけのために、国民や社会全体がしたがい、実行する責任を伴う行為について条文化したものである。法や規則を守らない場合の違反行為は、取り締まりや罰則があり、「悪」をいさめて社会秩序を守らせる。

道徳や倫理は、教育、保健、医療、福祉社会の向上をはかり、よりよい社会の向上を目標にして、自ら内省するための合意づくりである。「倫理」は、「善や善意」を基盤にする人間関係の理や道を示すものである。具体的には、職場や学校など地域社会や家庭において、人が、「人としてあるべき生き方」ができるよう、礼や躾、和など、日本の社会集団として守るべき自他のルールや配慮である。それらは祭りや慣習的行事といった文化や宗教を通じて行われてきた。東日本大震災(2011〈平成23〉年)では、日本人の品位や倫理性、道徳性が世界から高く評価された。我が国は、奥ゆかしく、精神的なものとして道徳や倫理を前面には出さない。しかし、専門職集団は社会に対して責任をとり、社会的使命を果たすために、組織体としての倫理綱領(例：医の倫理綱領、看護職の倫理綱領等)をもち、責任を果たしている。養護教諭も組織体として倫理綱領をもち責任を果たしている(p. 39参照)。

(2) 学校看護/養護における養護教諭に必要とされる倫理

養護教諭は、病気や障害、発育発達、人間関係の悩みや相談のために保健室を利用する子供の、意見表明権(図表1-4-1：12条、16条)を尊重する必要がある。具体的には、子供が意見表明できるようにアドバイス(保健指導)をする一方で、医療関係者、教育関係者、保護者間の翻訳・通訳やつなぎ役を務め、子供をサポートする(図表1-4-1：3条、6条、24条)。子供の健康と生命を預かり育てる学校の専門職である養護教諭[1)]は、倫理的配慮の手本でありたい。

学校看護/養護における必要とされる倫理は、この他に、インフォームドコンセント、説明責任(4条)、自己決定権(6条)、利益相反(最善の利益)や研究、演習・実習、教育における倫理、他[1)]がある。

保健室の入り口に立つ子に、「いらっしゃい、どうしたの」、「ここにおかけなさい」、「お話してく

れるかな」などと声かけをし、子供の訴えを聞き相談にのる。可能な範囲で、「どうしたの(いつ、どこで、どうした)」、「からだのどこが、どんなに、具合悪いの」などと、子供の発言や説明を促し、尊重して受けとめ傾聴する。子供の目線でともに考えて対応する。子供が重症であり緊急度が高い場合であっても、これからの救急処置や受診等について十分に説明し、命が守られることを伝え不安な気持ちを受容し看護する。

十分に判断し処理できる健康レベルにあれば、救急処置の方法について、発達段階にあった説明をして、納得・同意を得る。つまり子供が意見を言った上で、手当や休養、医療受診、家庭での休養などを選択し、それがなぜなのか、自分はどうするのが健康の回復や治療のためになるかを学ぶことができるように支援する。自然治癒を助け、よりよい回復をはかるために行われる養護教諭の保健指導は、自らの生命活動に気づくよい機会である。さらに、子供はこれからの生活や行動、配慮することを確認し、心身の健康問題解決に意欲をもつ。子供は、生命を尊重され、大事に扱われることを通して、感謝の念と安心、今度はこうすればよいという知識を得る。また、自分で回復を助ける生活行動をとり、実践していこうとする意志、すなわち、知・情・意から生命尊重について、自分の意見が尊重され、扱われることを通して気づく。これらの経験を積み上げることから、生命や友人への思いやり、家族や高齢者へも気遣うことを身につけることができ、次世代に伝承されるという期待がある。

一方で、生命や自己の尊厳・名誉が脅かされ、傷つき奪われた子供は、特別な専門的配慮をもって子供の権利である人権の尊厳と自尊感情の修復をはかる必要がある。難病や障がいのある子供、コロナや地震津波等の災害弱者、親や親族・兄弟姉妹からの虐待、友人・先輩・教師等からのいじめ、性被害、暴行、ドラッグ中毒、犯罪などの被害者となった子供の自尊感情の復元と再修復は、生後の育ちにまで戻して、復元/リセットしなおすために時間と深いたくさんの信頼と愛情を必要とする(レジリエンスの回復)。このような子供たちの自己実現がかなうよう、社会からの倫理的理解と支援が必要である。

また、本項を通じて、「人権侵害の擁護アドボカシー(advocacy)」の重要性は理解しておかねばならない。アドボカシーの無理解のために、弱者の権利がないがしろにされ、泣き寝入りさせられている現実がある。特に研究者、教育者などは難病や障がいなどで苦しむ弱者の代弁者たる使命を忘れてはならない。

> **MEMO**
>
> **人権侵害の擁護アドボカシー(advocacy)**
>
> 子供の人権/人権擁護、社会的弱者の権利を代弁し、擁護する運動や政策提言、学会提言などを専門職が行うこと。

養護教諭は、保護者が登校させた子供の生命と健康に責任をもち、安全に育てる専門性をもつ教育職員である。子供の心身の健康問題の変化と多様性に伴い、健康問題の解決にあたる専門家も医療職の他に拡大しており、対人関係の専門職は、それぞれが倫理綱領をもっている[2)]。

(3) 養護教諭の倫理綱領とこれからの世界

2011(平成23)年まで養護教諭に倫理綱領はなく、研究のための倫理であった。1990(平成2)年代、養護教諭の職業倫理として基本的人権等を内容にした文献が出ている。そこで、「養護をつかさどる」専門性を追求する研究として、養護教諭の倫理研究会[1)]が専門職の倫理綱領の文献研究から始めた[2)]。日本養護教諭教育学会は、2010(平成22)年、養護教諭の倫理に関する規定の検討委員会をおき、最初の養護教諭の倫理綱領(案)を2011(平成23)年学会誌に上梓した。養護教諭の倫理研究会[1)]は、2012(平成24)年「養護教諭の倫理綱領(案)の理論的、実践的意義」[2)]を学会誌に発表した。

その後、学会に倫理綱領検討特別委員会が組織され、2年半の検討を経て、2015(平成27)年総会において承認された(図表1-4-2)。養護をつかさどる専門職の倫理か職業倫理かについては、専門職としてのAutonomy(自律性)を問う課題として、2012(平成24)年文献[2)]に依拠して「養護教諭の倫理綱領」とした。

養護教諭には、教育職としての専門職のAutonomyが常に問われている。その証明は、❶幼児、児童、生徒の健やかな心身の発育・発達、❷健康安全の保持増進、❸障害や疾病の予防と生命の安寧

図表1-4-2 「養護教諭の倫理綱領」(日本養護教諭教育学会　2015年度総会(2015.10.11)承認)

○前文

養護教諭は学校教育法に規定されている教育職員であり、日本養護教諭教育学会は養護教諭の資質や力量の形成および向上に寄与する学術団体として、「養護教諭とは、学校におけるすべての教育活動を通して、ヘルスプロモーションの理念に基づく健康教育と健康管理によって子どもの発育・発達の支援を行う特別な免許を持つ教育職員である」と定めた(2003年総会)。

養護教諭は子どもの人格の完成を目指し、子どもの人権を尊重しつつ生命と心身の健康を守り育てる専門職であることから、その職責を全うするため、日本養護教諭教育学会はここに倫理綱領を定める。

養護教諭が自らの倫理綱領を定め、これを自覚し、遵守することは、専門職としての高潔を保ち、誠実な態度を維持し、自己研鑽に努める実践の指針を持つものとなり、社会の尊敬と信頼を得られると確信する。

○条文

第1条　基本的人権の尊重	養護教諭は、子どもの人格の完成をめざして、一人一人の発育・発達権、心身の健康権、教育権等の基本的人権を尊重する。
第2条　公平・平等	養護教諭は、国籍、人種・民族、宗教、信条、年齢、性別、性的指向、社会的問題、経済的状態、ライフスタイル、健康問題の差異にかかわらず、公平・平等に対応する。
第3条　守秘義務	養護教諭は、職務上知り得た情報について守秘義務を遵守する。
第4条　説明責任	養護教諭は、自己の対応に責任をもち、その対応内容についての説明責任を負う。
第5条　生命の安全・危機への介入	養護教諭は、子どもたちの生命が危険にさらされているときは、安全を確保し、人権が侵害されているときは人権を擁護する。
第6条　自己決定権のアドボカシー	養護教諭は、子どもの自己決定権をアドボカシーするとともに、教職員、保護者も支援する。
第7条　発育・発達の支援	養護教諭は、子どもの心身の健康の保持増進を通して発育・発達を支援する。
第8条　自己実現の支援	養護教諭は、子どもの生きる力を尊重し、自己実現を支援する。
第9条　ヘルスプロモーションの推進	養護教諭は、子どもたちの健康課題の解決やよりよい環境と健康づくりのため、校内組織、地域社会と連携・協働してヘルスプロモーションを推進する。
第10条　研鑽	養護教諭は、専門職としての資質・能力の向上を図るため研鑽に努める。
第11条　後継者の育成	養護教諭は、社会の人々の尊敬と信頼を得られるよう、品位と誠実な態度をもつ後継者の育成に努める。
第12条　学術的発展・法や制度の確立への参加	養護教諭は、研究や実践を通して、専門的知識・技術の創造と開発に努め、養護教諭にかかわる法制度の改正に貢献する。
第13条　養護実践の省察	養護教諭は、質の高い養護実践を目指し、自他の養護実践をもとに省察して、実践知を共有する。
第14条　自己の健康管理	養護教諭は、自己の心身の健康の保持増進に努める。

を守り、❹生涯の幸福と健康、自己実現を目指して「生きる力を支援」し、❺子どもの権利条約の生きる権利、守られる権利、育つ権利、参加する権利を実現させることである。さらに、倫理綱領が「養護をつかさどる」実践の中に生かされているか、高度な専門的な配慮のための研究や学びをしているかを省察し、専門家を目指してアクティブにラーニングを続けることが求められている。時代や社会の要請、コロナ禍の医療・疫学、子供の発育発達、地球環境の持続、AI と情報から個人の尊厳を守るなどの倫理的問題、世界的なワクチン接種や予防とコロナ対策は緊急の課題である。

今後の発展課題としては、❶災害弱者(Children, Women, Aged-people, Poor people: CWAPs)のための倫理的配慮、❷2050年持続可能な国際社会に、最優先して子供たちと学ばなければならないこと、それは何か、の 2 つの視点が挙げられる。

引用文献

1) 鎌田尚子、中村朋子、丸井淑美、吉田あや子、竹田由美子、澤田敦子：養護教諭の倫理に関する規定の検討委員会報告　養護教諭の倫理綱領(案)作成と共通理解を求めて、日本養護教諭教育学会誌、第14号第 1 号、2011、85-98

2) 鎌田尚子、中村朋子、丸井淑美、野田智子、福島きよの：養護教諭の倫理綱領(案)の理論的、実践的意義、日本養護教諭教育学会誌、第16号第 1 号、2012、23-36

3）学校看護に関わる法的責任

(1）学校事故と責任

学校の管理下で事故が発生した場合、学校側や教員には民事上の責任、刑事上の責任、行政上の法的責任を問われる可能性がある。民事責任とは、加害者と被害者間の権利利益の均衡をはかろうとするものである。刑事責任は、行為者の道義的ないし社会的責任を追及し、犯罪を未然に防止するための制裁であり、学校事故の発生によって生じる。刑罰としては、業務上過失致死傷罪、暴行罪、傷害罪などがある。教員が行政上の責任を問われる場合は、地方公務員法第29条第 2 項「職務上の義務に違反し、又は職務を怠った場合」に該当した時であろう。

教育活動中の損害賠償については国家賠償法により、国や自治体、学校の設置者に支払いを命じる判例が多い。学校事故に関する損害賠償請求訴訟においては、過失の有無が重要な争点となる。過失とは、一定の事実を認識することができたのに、不注意で認識しないこと、あるいは、予見可能性があったのに、注意義務に違反したことをいう。養護教諭には、生命・身体の安全配慮義務、危険予見・回避義務などがあり、その職務に付随した法的責任を負う。

(2）学校における救急処置の範囲と法的根拠

学校における救急処置は、学校管理下で発生した傷病が対象となる。学校管理下とは、以下の場合をいう。

❶児童生徒等が法令の規定により学校が編成した教育課程に基づく授業を受けている場合
❷児童生徒等が学校の教育計画に基づいて行われる課外指導を受けている場合
❸児童生徒等が休憩時間中に学校にある場合、その他校長の指示又は承認に基づいて学校にある場合

❹児童生徒等が通常の経路及び方法により通学する場合

❺上記に準ずる場合として文部科学省令で定める場合

また、独立行政法人日本スポーツ振興センター法施行令第５条において、学校管理下における災害の範囲が定められており(図表 1-4-3)、独立行政法人日本スポーツ振興センターに関する省令第22条にて、文部科学省令で定める疾病について定められている(図表 1-4-4)。なお、学校における救急処置は、医療機関に引き継ぐまでの応急的なもの、一次救命処置(ファーストエイド)である。

図表 1-4-3　災害共済給付に係る災害の範囲

1．児童生徒等の負傷でその原因である事由が学校の管理下において生じたもの。ただし、療養に要する費用が５千円以上のものに限る
2．学校給食に起因する中毒その他児童生徒等の疾病でその原因である事由が学校の管理下において生じたもののうち、文部科学省令で定めるもの。ただし、療養に要する費用が５千円以上のものに限る
3．第１号の負傷又は前号の疾病が治った場合において存する障害のうち、文部科学省令で定める程度のもの
4．児童生徒等の死亡でその原因である事由が学校の管理下において生じたもののうち、文部科学省令で定めるもの
5．前号に掲げるもののほか、これに準ずるものとして文部科学省令で定めるもの

図表 1-4-4　文部科学省令で定める疾病

1．家庭科若しくは技術・家庭科の調理実習における試食又は修学旅行若しくは遠足における給食に起因する中毒及び理科等の実験又は実習におけるガス等による中毒
2．熱中症
3．溺水及びこれに起因する嚥下性肺炎
4．異物の嚥下又は迷入及びこれらに起因する疾病
5．漆等による皮膚炎
6．前各号に掲げる疾病に準ずるものと認められる疾病のうち特にセンターが認めたもの
7．外部衝撃、急激な運動若しくは相当の運動量を伴う運動又は心身に対する負担の累積に起因することが明らかであると認められる疾病のうち特にセンターが認めたもの
8．令第５条第１項第１号本文に掲げる負傷に起因することが明らかであると認められる疾病のうち特にセンターが認めたもの

(３) 学校看護に関連した法律

教員は、教育職員免許法により資格を得た専門職者であり、教育基本法、学校教育法、地方公務員法、教育公務員特例法などにおいて規定されている。ここでは、学校看護に関係のある法律を中心に紹介する。

①学校保健安全法

子供の健康の保持増進や安全の確保について定めた法律として、学校保健安全法がある。学校保健安全法は、「学校における児童生徒等及び職員の健康の保持増進を図るため、学校における保健管理に関し必要な事項を定めるとともに、学校における教育活動が安全な環境において実施され、児童生徒等の安全の確保が図られるよう、学校における安全管理に関し必要な事項を定め、もつて学校教育の円滑な実施とその成果の確保に資することを目的(第１条)」とする。さらに、第10条では「学校においては、救急処置、健康相談又は保健指導を行うに当たつては、必要に応じ、当該学校の所在する地域の医療機関その他の関係機関との連携を図るように努めるものとする」と、地域の医療機関等との

連携についても示されている。

また、学校安全に関しては、第29条にて学校の実情に応じて危険等発生時対処要領を作成し、事故等で児童等に危害が生じた時に心身の健康を回復させるための支援を行うものと規定されている。危険等発生時対処要領の作成とともに、常に評価、改善をはかっていくことは、危機管理の面からも重要となる。学校という教育の場の背景や特徴を踏まえ、救急処置活動や保健管理を行っていくためには、学校保健安全法の目的や内容を理解しておくことが大切である。

②独立行政法人日本スポーツ振興センター法

1959(昭和34)年の学校安全会法をもとに、翌1960(昭和35)年に学校教育における児童生徒の安全管理に係る災害補償に対処すべく、学校管理下の負傷、疾病、廃疾、死亡の災害共済給付制度の確立を目的とし、日本学校安全会が設立された。その後、学校安全会は日本学校健康会、日本体育・学校健康センター、独立行政法人日本スポーツ振興センターへと変遷しながら、その業務を引き継いでいる。

独立行政法人日本スポーツ振興センター法は、2002(平成14)年に制定され、独立行政法人日本スポーツ振興センターの名称及び目的、業務範囲について定めている。独立行政法人日本スポーツ振興センター(以下、センターとする)は、「スポーツの振興及び児童、生徒、学生又は幼児(以下「児童生徒等」という)の健康の保持増進を図るため、その設置するスポーツ施設の適切かつ効率的な運営、スポーツの振興のために必要な援助、小学校、中学校、義務教育学校、高等学校、中等教育学校、高等専門学校、特別支援学校、幼稚園、幼保連携型認定こども園又は専修学校(高等課程に係るものに限る。)の管理下における児童生徒等の災害に関する必要な給付その他スポーツ及び児童生徒等の健康の保持増進に関する調査研究並びに資料の収集及び提供等を行い、もって国民の心身の健全な発達に寄与することを目的(第３条)」としている。養護教諭は、センター業務である災害共済給付(医療費、障害見舞金または死亡見舞金の支給)に係る支払い請求に携わることが多く、「災害報告書」を作成することもある。そのため、給付の対象となる学校管理下と災害の範囲、医療費の給付までの流れについて理解しておくことが必要である。

③予防接種法・予防接種法施行令

学校保健安全法第13条において、「学校においては、毎学年定期に、児童生徒等(通信による教育を受ける学生を除く。)の健康診断を行わなければならない」と定めており、第14条では「健康診断の結果に基づき、疾病の予防処置を行い、又は治療を指示し、並びに運動及び作業を軽減する等適切な処置をとらなければならない」と規定されている。さらに、健康診断の実施後には、事後措置をとらなければならない(学校保健安全法施行規則第９条)。事後措置では、「予防接種等を受けるよう指示すること」が明記されており、学校保健安全法及び学校保健安全法施行規則と関連してくるのが予防接種法、予防接種法施行令である。

予防接種法は、1948(昭和23)年に伝染病の恐れがある疾病の発生及びまん延を予防することを目的として制定された。予防接種には、市区町村が主体となって実施する「定期接種」と、本人の希望により自己負担で受ける「任意接種」がある。

④国家賠償法

学校の設置者は、教職員の故意または過失によって学校事故が起きた場合、使用者として損害賠償責任を問われる。しかし、その法律上の根拠は、学校の設置者によって異なる。都道府県または市区町村が設置する学校、いわゆる公立学校における学校事故の場合には、民法の特別法である国家賠償法が適応される。

国家賠償法第１条第１項「国又は公共団体の公権力の行使に当る公務員が、その職務を行うについて、故意又は過失によつて違法に他人に損害を加えたときは、国又は公共団体が、これを賠償する責に任ずる」が適用されるのは、「公権力の行使に当る公務員」による不法行為であることが要件とされており、教員の教育活動も含まれる。

⑤児童虐待の防止等に関する法律

児童虐待の防止等に関する法律は、児童虐待防止法とも呼ばれ、2000（平成12）年11月に施行された。なお、2020（令和２）年４月、児童虐待防止対策の抜本的強化、親権者などによる体罰を禁止した改正児童虐待防止法が施行されている。この法律は、児童虐待が児童の人権を著しく侵害し、その心身の成長及び人格の形成に重大な影響を与えるとともに、我が国における将来の世代の育成にも懸念を及ぼすことに鑑み、児童に対する虐待の禁止、児童虐待の予防及び早期発見その他の児童虐待の防止に関する国及び地方公共団体の責務、児童虐待を受けた児童の保護及び自立の支援のための措置等を定めることにより、児童虐待の防止等に関する施策を促進し、もって児童の権利利益の擁護に資することを目的とする（第１条）。本法律の制定により、児童虐待の定義（第２条）がはじめて定められ、虐待の種類として、身体的虐待、性的虐待、ネグレクト、心理的虐待の４種類が示された。

養護教諭は、救急処置や健康相談・健康診断等において、虐待の早期発見に努めることが必要である。特に健康診断は、身体計測や内科検診、歯科検診などを通して虐待の発見をしやすい機会ともなる。教職員は、子供の訴えに耳を傾けるとともに、情報を総合的に評価して児童虐待を早期に発見するとともに、児童虐待の防止に寄与することが求められる。

>>>>>コラム２

「通達」と法的拘束力

「通達」とは、行政機関がその所掌事務について、事務の取り扱いなどに関して関係機関や職員に対して法令の解釈、職務執行上の細目、行政運営の方針など一定の行為を命ずる場合に発令される。法令の行政的運用のために、その実効性を補うための個人指針であり、通達には法的拘束力はないが、法規範と一体となって行政機関で運用されることで法的拘束力が生じる。

例えば、「『救急救命処置の範囲等について』の一部改正について（依頼）」（2009〈平成21〉年７月30日付21ス学健第３号）では、「救命の現場に居合わせた教職員が、アドレナリン自己注射薬を自ら注射できない本人に代わって注射することは、反復継続する意図がないものと認められるため、医師法違反にならない」と示されている。よって、あらかじめアドレナリン自己注射薬を処方され携帯している児童生徒に対しては、学校の教職員が取り組むべき救急処置の対応と考えられる。

参考文献

1）菅原哲朗、入澤充：養護教諭の職務と法的責任―判例から学ぶ法リスクマネジメント、道和書院、2018
2）関口博、菊地幸夫：学校事故の法務と対処法 Q ＆ A 改訂版、三協法規出版、2016
3）俵正市：学校事故の法律と事故への対応（第三版）、法友社、2018

4）藤井智子：裁判例からみる学校事故―教育現場に求められる安全配慮義務とは―、スクール・コンプライアンス研究、5、2017、31-38
5）学校安全 Web、災害共済給付制度について（https://www.jpnsport.go.jp/anzen/saigai/seido/tabid/76/Default.aspx、2021年４月25日参照）

第2章

養護教諭の活動過程

1. 養護教諭の活動過程を構成する要素

養護教諭の活動過程とは、「養護教諭が児童生徒の健康の保持増進のために行うすべての活動に共通するプロセス(過程)であり、『アセスメント』や『養護診断』に基づいて、[計画]、[実施]、[評価]、[改善]を行う一連の流れである[1)]」。

養護教諭の活動過程は、図表2-1-1に示す流れで行われる。以下、その手順に沿って解説する。

1）問題の受理

多くの場合は児童生徒からの訴えや傷病の発生時に、時には保護者や担任など第三者からの相談や情報提供、または健康診断結果などの学校保健情報から養護診断を行う必要性を認知する。

2）情報収集・アセスメント

（1）緊急度の判断

MEMO

受傷機転

外傷を負うに至る原因、経緯のことで「いつ、どこで、どのようにして、どんな力が加わったか」であり、どの程度の侵襲が加わったかの予測に役立つ。

まずは、緊急度の高い症状や徴候(ちょうこう)がないかスクリーニングを行ない、そのような症状や徴候があった場合には、フィジカルアセスメントを中心に、❶意識、❷バイタルサイン(生命徴候)を確認しながら、❸発症時期や部位、性状を確認する。けがなどによる外傷であれば受傷機転についても迅速に情報収集をする。なお、緊急度が高いと判断した場合は、次の系統的アセスメントに移行せずに、救急車の要請や医療機関受診の手配、救急車や医療機関につなぐまでの救急処置などの緊急対応をする。

（2）系統的アセスメント

スクリーニングによるアセスメントの結果、緊急度が高くないと判断した場合は、系統的アセスメントを行う。系統的アセスメントは、思い込みや見落としを防ぐためにも頭から爪先まで、全体を診るつもりで行う。緊急スクリーニングでは、フィジカルアセスメントを中心に行ったが、ここでは、

>>>>>コラム1

特定の学問分野や職業に従事する人達の間で使われる言葉を専門用語やテクニカルタームという。専門用語は、一語に多くの概念が含まれるため事物の説明などが簡単になることや、専門家どうしの会話が共通理解をもとにしたものになるからである。第2章で使用した「養護教諭の活動過程」「養護診断」「養護実践」「ヘルスアセスメント」等は、日本養護教諭教育学会発行の「養護教諭の専門領域に関する用語の解説集〈第三版〉」から引用した。現在、養護学や養護教諭関連の専門用語の編纂は、他の団体では行われておらず、解説集は学会員以外でも購入可能である。

図表 2-1-1　養護教諭の活動過程

問題の受理	【養護診断を行う必要性の認知】 ①児童生徒の訴え、②傷病の発生、③保護者や担任など第三者からの相談や情報提供など、④健康診断などの学校保健情報からの気づき	
⇩		
情報収集 アセスメント	1. 緊急度の判断 （スクリーニング） ＊緊急度が高い場合は、2. 系統的アセスメントを飛ばし養護診断⇒計画⇒緊急対応へ	【フィジカルアセスメントを中心に緊急度の判断】 ①緊急度の高い症状や徴候（出血、変形、失神、など）の有無、②意識、③バイタルサイン（生命徴候）、④発症時期、部位、性状、受傷機転など
	2. 系統的アセスメント （頭から爪先まで、全体を診るつもりで）	【ヘルスアセスメント】 ①身体的側面（外傷や疾病の可能性など） ②心理的側面（自己概念、精神疾患の可能性など） ③社会的側面（ソーシャルスキル、人格形成や発達課題など） ④生活習慣の側面（発達段階にふさわしいか、健康的かなど） ＊背景要因に心理的・社会的な要因を認めた場合、これ以降は、健康相談活動のプロセスと一致する
⇩		
養護診断	児童生徒の状態の見立て（診断）を行う	①緊急度を判断する ②健康課題を把握する（または予測する）
⇩		
計　画	養護診断の結果、優先順位の高い課題から対応・解決策を検討する	①緊急対応（救急車要請・医療機関受診の手配）を行う ②救急処置 ③児童生徒に対し保健指導・保健教育、保護者に対しては助言 ④連携・協働（保護者や担任、関係機関や専門家との） ⑤事後措置
⇩		
（養護）実践	根拠に基づいた実践	①優先順位の高いものから実施する ②児童生徒の承諾（ものによっては保護者の承諾）を得る
⇩		
評　価	計画に基づき評価する	結果を確認し、計画の継続・改善・終了を決定する

筆者作図

ヘルスアセスメントを意識して、❶身体的側面（外傷や疾病の可能性）、❷心理的側面（自己概念、精神疾患の可能性など）、❸社会的側面（ソーシャルスキル、人格形成や発達課題など）、❹生活習慣（発達段階にふさわしいか、健康的であるかなど）について情報を収集する。

アセスメントを行う際の留意点としては、まずは身体的側面に着目し、傷病の存在を見落とさないことが重要である。一方で身体症状を訴えながらも、その原因が身体的なものでなく、背景に心理的・社会的な要因が関連しているとアセスメントされる場合には、健康相談活動として、活動過程を展開していく。

第2章

3）養護診断

養護診断は、「養護教諭がその専門性を発揮して、児童生徒やその集団について、様々な情報を収集しアセスメントを行った結果、心身の健康状態や発育発達の状況等について総合的に査定(判断し決定)すること[1)2)]」と定義される。つまり、アセスメントでは、前述した4つの視点から収集した情報の1つひとつが正常範囲かどうか、そしてそれが緊急度の高い状態を示すものかどうかなどについて総合的に吟味する。その結果、養護診断として、❶緊急度の高い傷病の可能性、または、❷緊急度は高くないが傷病の可能性、❸このままの状態が継続すると傷病に発展する可能性、❹発育・発達上に課題のある可能性、❺人格形成に影響を及ぼす可能性、または生活上支援が必要な状況など、養護教諭として解決、または支援すべき問題や課題の有無を判断する。

4）(養護)計画の立案

養護診断の結果、優先順位の高い課題から対応・解決策を検討し、計画の立案を行う。

❶緊急対応：緊急度に応じて救急車の要請や緊急受診の手配を計画する。

❷救急処置：重症化や二次損傷の予防、痛みの緩和など安楽や安全に配慮した処置を計画する。

❸保健指導・助言：児童生徒に対する保健指導や保護者への助言についての内容、それを行うのにふさわしい時期について計画する。

❹連携・協働：保護者や担任、主治医や専門家、関係機関などとの連携・協働について計画する。

❺事後措置：いつ、何について、誰に対しての事後指導・事後措置が必要かを考えて計画する。

5）(養護)実践

養護実践は、養護教諭が目的をもち意図的に行う教育活動と定義されている[1)]。つまり、教育職員の一員である養護教諭の活動は、学校教育活動の一環として、児童生徒等の健康の保持増進や発育・発達の支援を行うことにより人間形成に寄与するものである[2)]。そのため、養護教諭は児童生徒の心身の健康や発達上の課題を発見し、その解決を通して児童生徒自身が自立して成長できるよう意図的な支援を行う[2)]。なお、この活動は個々の児童生徒のみではなく、学級や学校全体など集団を対象にも行われる[1)]。

6）評　価

計画した時期(複数の計画があった場合には、計画ごとに評価する時期の設定をする)に合わせて評価を行う。評価は、「課題が解決されたか」、「計画を継続すべきか」、または「改善計画を検討すべきか」について行う。

7）記　録

活動過程について記録に残すことは、以下に示す理由で大変意義のあることである。

❶養護教諭の実践が根拠に基づくものとなる。

❷養護教諭の行った仕事について第三者からの評価が可能となる（費用対効果だけでなく、時に養護教諭の身分を保障するものとなる）。

❸チームとしての学校を構成する多職種間において共通理解をはかる資料となる。

❹養護教諭が自らの活動を振り返る際の有用な記録となる。

また、記録する際は、以下の点を明確かつ簡潔に記す。

❶問題の受理：養護教諭がどのような情報から児童生徒の課題を察知し問題を認知したか。

❷情報収集・アセスメント：必要な情報として何を収集し、どうアセスメント（分析）したか。

❸養護診断：緊急度の高い問題はあるか、健康状態や発育の状況で課題はないか。

❹計画：優先順位の高いものは何か、期待される結果はどのような状況・状態か。

❺（養護）実践：実施にあたっての児童生徒の反応や効果がどうであったか。

❻評価：情報収集は適切でアセスメントは正しく行われたか、養護診断と計画内容は適確であったか、課題は解決されたか、計画を改善し実践を継続する必要があるか。

2．養護教諭の活動過程と養護診断に使う技術

1）ヘルスアセスメントとフィジカルアセスメント

MEMO

現代的健康課題

従来顕在化しておらず、時代の変化とともに新たに生じたとされる心身の健康問題を表現した用語。肥満や痩身、生活習慣の乱れ、いじめや不登校などのメンタルヘルスの問題、アレルギー疾患の増加、薬物乱用や性に関する問題など。

養護教諭の養成教育において、ヘルスアセスメントやフィジカルアセスメントという用語が頻繁に使われるようになったのは近年である。一方、看護教育においては、すでに1990(平成２年)年代から導入され、現在では必ず教授されるべき知識・技術となっている。理由としては、看護診断の導入があると考えられる。つまり、ヘルスアセスメントやフィジカルアセスメントは、看護師が患者の心身の健康状態を把握し看護診断を決定するのに必要不可欠な技術だからである。その点、養護教諭にとっても児童生徒の健康状態を把握するために必要な知識・技術であると考えるが、1958(昭和33)年に学校保健法が制定され、健康上の問題がないか発見するために行う健康相談は学校医と学校歯科医が行うものと規定された。そのため、公には養護診断という用語での教育が行われてこなかったし、それに伴うヘルスアセスメントやフィジカルアセスメントという用語が用いられての教育は行われてこなかった。しかし、学校においても傷病の可能性について判断を要する状況は生じる上、学校医は常にその場にいないとすれば、養護教諭以外にその職務がふさわしい教職員はおらず、実際には養護教諭がその行為を担ってきたという経緯がある。従来、養護教諭が頻繁に使ってきた「みたて」という用語や行為は「診たて」に他ならない。なお、1942(昭和17)年に公布された「養護訓導執務要領」においては、養護教諭が健康相談を担うとされており、1958(昭和33)年以前は養護教諭の職務として位置づけられていたことがわかる。そのため、養護教諭は児童生徒の健康状態をアセスメントするという行為を行ってきたはずである。

このことが変わる最初の局面は、1997(平成９)年の保健体育審議会答申の提言にて養護教諭に対し「健康相談活動」という新たな役割が与えられたことによる。健康相談活動は、児童生徒の様々な訴えに対し心身の観察と問題背景の分析、解決のための支援を行うものとされ、養護教諭の活動過程と一致するものであり、当然ヘルスアセスメントの知識・技術を要することになる。このことを受け、健康相談活動論は、翌1998(平成10)年の教育職員免許法の一部改正により、養護教諭の免許を取得するための必須科目となった。なお、1997(平成９)年当時の日本は、戦後の急激な経済復興を遂げた後のバブルの崩壊、社会通念や教育、家族の変化などから様々な影響を受けた子供たちがいわゆる現代的健康課題を抱えているということが社会的に認識された時である。しかし、その後も子供たちの心身の健康問題は、複雑化多様化していき、養護教諭のヘルスアセスメント能力の向上が求められるとともに、学校全体で組織的に取り組むことの必要性が強調された。その結果、2008(平成20)年の学校保健安全法第９条の改正により「養護教諭その他の職員は、相互に連携して、健康相談または児童生徒等の心身の健康状態を把握し、健康上の問題があると認めるときは、遅滞なく、当該児童生徒等に対

して必要な指導を行うとともに、その保護者に対して必要な助言を行う(下線筆者)」と規定された。

なお、日本養護教諭教育学会が養護教諭の専門用語の解説集の初版を発行したのは2007(平成19)年であり、それに「ヘルスアセスメント」が加わったのは2012(平成24)年発行の第二版からである。以上から近年では、養護教諭を養成する大学は現職研修においてもヘルスアセスメントの知識や技術が教授されるようになり、関連の書籍も増えた。

なお、養護教諭に先行してヘルスアセスメントやフィジカルアセスメントを教育・研究した看護分野では、ヘルスアセスメントを「系統的に全身状態を的確に把握し、身体的、心理的、社会的な側面から身体の健康レベルを査定すること[3)]」と説明している。

一方、養護教諭が行うヘルスアセスメントは、「児童生徒等についての身体的・心理的・社会的な側面に加え、生活習慣などの情報を収集・分析した結果、心身の健康や発育発達の状態を総合的に査定すること」と定義されている[1)]。養護教諭が行うヘルスアセスメントは、児童生徒の健康上の課題を教育活動の一環として取り組む必要のあることから、教育の目的である人格の形成や発育発達等に関する児童生徒の状態の判断も含むと考えられているからである。なお、ヘルスアセスメントはフィジカルアセスメントと同義で用いられることもあるが、図表2-2-1に示すように、厳密にいうとヘルスアセスメントの中の身体的側面のアセスメントであり、ヘルスアセスメントに包含される。また、フィジカルイグザミネーションは身体査定ともいい、問診、視診、触診、打診、聴診などを使って身体側面のアセスメント(フィジカルアセスメント)を行うことである。

図表2-2-1　ヘルスアセメント

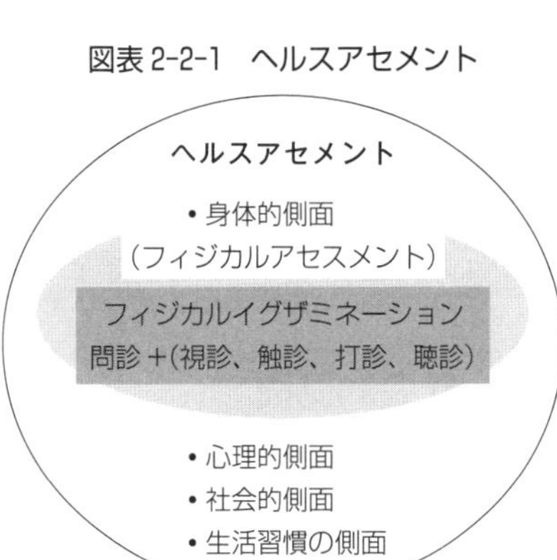

2）心理・社会的側面のアセスメント

フィジカルアセスメントの知識や技術については、先行して行ってきた医学や看護学分野の知見の蓄積によりかなり体系化され、評価方法についても信頼できるものが多い。その一方、児童生徒の心理・社会的側面についてのアセスメントは、個別の心理テストなどはあるものの体系化されているとは言い難い。そのため、参考となる視点について以下に示す。

(1）心理的側面

❶ストレス反応が表れていないか：活気がない、元気がない、眠れない、食べられない、気分が落ち込む、楽しめない、イライラする、不安を感じる、心配がある、表情が暗い、体重が減った・増えたなど、いずれも心理的な脅威(ストレッサー)があった時にみられる症状である。

❷ストレス反応があった場合、有効なストレスコーピングがされているか。

❸ソーシャルサポートはあるか、そのことを認識しているか。

その他、不登校や自殺企図などに至らぬよう下記の視点や精神疾患を疑う症状や徴候がないかをアセスメントする。

❹自己概念
・自尊感情：自己肯定感が低下していないか。
・自己一致：自己概念《自分自身が抱く自己》と経験的自己《本来の自己》の一致。
　不一致が大きくなると不適応になると考えられている。
❺学校満足度：友人関係や教師との関係、学業や進路、学校環境に満足しているか。
❻生活満足度：人生や将来に対する目的や展望があるか。
＊❼～⓫は精神疾患分類（思春期は好発年齢なのでDSM-5の診断基準を参考とする）
❼摂食障害：病識がなく治療を受けていない者が多い。
❽気分障害：うつ病や躁（そう）病など。
❾適応障害：ストレッサーの存在、ストレス反応やコーピングなど。
❿不安障害
・社交不安障害（人前で話す、親しくない人や目上の人、異性などとの対人関係に強い不安があり登校をしぶったり、かんしゃくを起こしたり、など）
・全般性不安障害（落ち着きがない、緊張しやすく過敏、疲労しやすく集中困難、睡眠障害、などがあり、6か月間不安や心配が続く、また、それを制御ができない、など）
⓫統合失調症：幻覚や妄想、まとまりのない発語や行動、感情の平板化など。

（2）社会的側面

❶社会的スキル
・発達段階に見合った自己主張・意見表明ができているか。
・関係性（友人・先輩・教師等）に見合ったコミュニケーションがとれているか。
・発達段階に見合った対人行動（他者への適切な行動）や集団行動（集団の中での協調的な行動）がとれているか。
・発達段階に見合った社会的関心（時代の情勢や風潮への関心）や社会的欲求（仲間からの承認、好意を受けたい等の欲求）をもっているか。
❷役割葛藤
・学校や家庭内で期待されている役割があるか、期待されている程度に遂行できているか。
・期待される役割は自身の価値観、信条に合ったものか（ジェンダーやセクシュアリティを含む）。
❸承認欲求
・周囲からの承認が得られているか、また、その承認のされ方に満足しているか。

（3）生活習慣の側面

❶心身の健康が維持できる生活習慣であるか。
❷発達段階に見合った生活習慣が獲得できているか。
❸獲得後に遂行できなくなるのは、ストレス反応やうつ症状としてみられることがある。一方、獲得できていないのは発達課題のケースがあるので注意する。

3. 傷病発生(疑いを含む)時のヘルスアセスメントのプロセスとフィジカルアセスメントの知識・技術

ここでは、本書の目的に照らし学校看護技術としてのヘルスアセスメントのプロセスと、その際に用いるフィジカルアセスメントについて説明する。

1) 緊急度の判断(緊急スクリーニング)

図表 2-3-1は、養護教諭の活動過程(図表 2-1-1)から情報収集・アセスメントの過程を抜き出したものである。問題を受理したら、まずは緊急度を判断するために緊急スクリーニングを行う。

以下に緊急度が高いと判断されるケースを示す。

図表 2-3-1　学校看護におけるヘルスアセスメントのプロセス

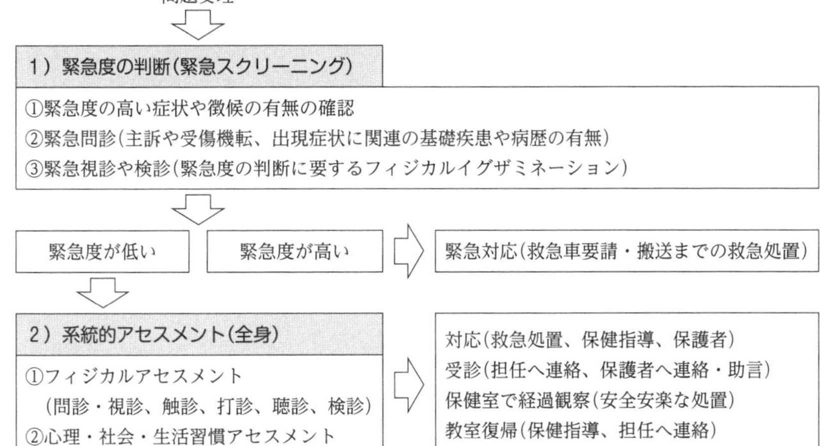

(1) ABC のいずれかに異常がある時

① A(airway: 気道)の異常

観察項目：気道閉塞(誤嚥(ごえん)や吐物などによる)、気道狭窄音(アナフィラキシー反応や感染〈急性喉頭蓋炎が多い〉による喉頭浮腫などが原因)

② B(breathing: 呼吸)の異常

観察項目：自発呼吸の停止、異常呼吸、呼吸困難、SpO_2 の低下(90% ↓ 呼吸不全の疑い)

③ C(circulation: 循環)の異常

観察項目：脈拍触知不可(心停止や心室細動など)、血圧低下(ショック症状、失血など)

(2) 意識障害がある、または失神が持続する時

観察項目：呼びかけなどへの反応の消失、JCS(Japan Coma Scale)、GCS(Glasgow Coma Scale)

脳貧血やてんかん発作、過換気症候群などでも一過性に意識消失する場合があるが、失神には危険な不整脈など循環器疾患によるものがあり、一過性のものと見誤らないことが重要である。

意識障害を伴う疾患としては、脳血管障害、脳腫瘍、脳外傷、脳炎、髄膜炎、循環器・呼吸器疾患による脳の低酸素、糖代謝異常(高血糖・低血糖)、薬物異常などがある。

(3) ショック症状が持続する時

観察項目：ショックの兆候5P(蒼白、虚脱、冷汗、呼吸不全、脈拍触知なし)

ショックの診断基準としては、この他、毛細血管のrefilling遅延(爪床を指で圧迫し、解除後に血流が2秒以内で戻らない)、意識障害(JCS 2桁以上またはGCS 10点以下)、血圧低下など。ただし、頭蓋内出血によるものであれば血圧・脈拍は正常の範囲であることが多いので注意する。また、食物によるアナフィラキシー症状では、前駆(ぜんく)症状として唇の腫れ、蕁麻疹、顔面の浮腫、下痢等がみられる。ショック症状に加え呼吸困難や失禁(しっきん)、意識レベルの低下があれば重症と考えられる。

(4) けいれんが持続する時

30分を超える場合、けいれん重積発作といい、脳障害を起こす可能性が否定できない。学校では、10分を超えたり反復したりする場合、また、高熱やチアノーゼを伴う場合は救急車要請を検討する。

(5) 激痛が持続する時

痛みの閾値(いきち)には個人差があり、痛みの程度と重症度は必ずしも一致しないが、経験したことのないような痛みや激痛を訴える場合は、速やかに医療機関へ送致し疼痛(とうつう)の除去をはかる。例えば、外的な力が加わった場合には、外観に変化がなくても内臓を損傷している可能性がある。

(6) 多量の出血がある時

多量の出血がある時や、出血が予測される時は、原因に関わらず、一刻も早く止血をしなければショックを起こし、生命にとっても危険な状態へと移行する。

(7) 骨の変形を伴う時

骨の変形を伴う時は、血管や神経を傷つけている可能性があるだけでなく、注意して搬送しなければ、重症化のみならず二次損傷の危険を伴うため、救急車を要請する必要がある。

(8) 大きな開放創がある時

大きな開放創がある場合は、多量の出血を伴うことが予測されるだけでなく、感染の危険が高まる

ため、一刻も早く適切な処置が必要である。

(9) 重症な熱傷の時

成人では体表面積の30%以上、小児や高齢者では15%以上の場合に重症熱傷として扱う。なお、範囲が小さくとも、気道、顔面、外陰部の熱傷は緊急度の高いものとして扱う。

緊急度が高いと判断したら、救急車を要請し到着するまでの間に必要な処置や観察を行い簡潔な記録をとり、救急隊に申し送る。

2) 系統的アセスメント

スクリーニングにて緊急度は高くないと判断したら、図表2-3-1に示すように系統的アセスメントを開始する。以下、問診に加えて、フィジカルアセスメントで使用する基本の手技について示す。

(1) 問　診

近年の急速な高齢化で複数の疾患をもつ人が増加したことにより、特定の臓器・疾患に限定せず、多角的に診療を行う部門として生まれたのが総合診療科である。この科を担当する医師の多くが「問診」の重要性を強調し、問診のみでも予測される疾患をかなりの範囲で絞り込むことが可能という。

この科を訪れる患者は、症状を自覚していても原因の予測が立たず受診する診療科がわからない人が多い。その点、学校の保健室とよく似ている。なお、養護教諭は学校保健安全法により、「児童生徒に心身の健康に問題があると認めたときは、遅滞なく対応をしなければならない(下線筆者)」とされる。そのため、緊急度の低い系統的アセスメントであっても無策で行ってよいわけではない。課題解決のためには、効率よい情報収集と適確なアセスメントを行う必要があり、そのためには意図的かつ計画的な問診をしなければならない。

①目　的

視診や触診に先行し、または、同時に行いながら問診する。問題の絞り込みに役立つ上、客観的に確認することのできない主観的な情報(痛い、苦しい、だるい等)を確認できる。

②内　容

・来室理由や主訴、外傷ならば必ず受傷機転を確認する。

・基礎疾患、既往歴、現病歴を確認する(現在生じている症状に関連している場合がある)。

・症状があれば、「発症時期(いつから)」「発症部位(どこが)」「性状(どのように)」「思いあたる理由(どうして)」について聴取する。

・随伴症状(主訴から予測される傷病で頻繁にみられる症状や徴候)を確認する。

③留意点

子供が安心して情報を開示できるように、緊張させない雰囲気や、傾聴、うなずきや促し、時に反復し、事実の確認や整理ができるよう支援する。また、苦痛を訴えている時は、少しでも苦痛を軽減できるよう安楽に配慮する。

なお、フィジカルイグザミネーションは、子供の了解を得て、プライバシーに配慮しながら必要最小限の露出で行う。

(2) 視　診

①目　的

問診で得た情報の確認や掘り下げを行うために行う。また、視診で気がついた点を次の触診や聴診でさらに確認していく。

②内　容

第一印象、全体の様子、身体各部の大きさ、色、形、可動性、左右対称性などを確認する。可能なら自然光で確認する。

(3) 打　診

①目　的

皮膚の表面を叩くことにより、その下の臓器に振動を与え振動音を聞き分けることで身体内部の情報収集を行うことである。

②内　容

❶臓器の大きさ、❷臓器の位置、❸臓器の痛みやその他の異常などの確認。

方法には、❶直接打診法(身体の表面を直接1本または2本の指で打つ)、❷間接打診法(利き手でない指を過伸展し、中指の第1関節を対象の皮膚にぴたりとあてる。その部分を利き手の中指または示指と中指を屈曲させ、手首がスナップするように垂直に打つ)、❸叩打法(こうだほう)(叩打する皮膚の上に片手の手掌をのせ、もう一方の手で握りこぶしをつくり、皮膚にあてた手の手背を叩く)がある。

③留意点

痛みや創がある部分は避ける。痛みの部位の確認で行う場合は、はじめは弱めに打診し、痛みの程度を子供に確認しながら行う。

(4) 聴　診

①目　的

耳や聴診器を用いて、身体内部の情報収集を行うことである。

②内　容

呼吸音や心音、血管雑音の有無など、身体内部の❶音の高低、❷音の強さ、❸音の性状、❹音の長さなどを聴く。

③留意点

❶イヤーピースは自分に合ったサイズを使用する、❷両耳管が自分に向かって「ハ」の字になるよう角度を調節する、❸チェストピースには、シングル（膜面のみ）とダブル（膜面とベル面）がある。膜面は、高調音（腸音、呼吸音、正常心音）を、ベル面では、低調音（異常心音、異常血管音）を聴くのに適している。聴診器によっては、ベル面がなくチェストピースをあてる強さで、高調音と低調音の両方を聴取できるものもある。

3）系統的アセスメントで用いるフィジカルアセスメント

次に系統的アセスメントで用いるフィジカルアセスメントの基本について示す。

（1）バイタルサイン

①呼　吸

i　測定法

対象に意識をさせず、リラックスした状態で胸部や腹壁の上下運動を1分間測定する。

ii　アセスメントの視点

❶呼吸の数、深さ、周期・リズム、❷呼吸様式（努力呼吸など）、❸ SpO_2 をみる。

生命維持や活動のために不可欠な酸素の取り込み、排出を行う呼吸は、大脳の延髄にある呼吸中枢によって調節されており、生命徴候として重要な指標である。

図表2–3–2にアセスメントの項目である異常呼吸の特徴と考えられる原因を示した。なお、近年は簡便かつ安価なパルスオキシメーター（動脈血の酸素飽和度を予測する経皮モニター）が販売され一般家庭にも急速に広まりつつある。正しい方法で測定した SpO_2 値は、呼吸不全をアセスメントする有用な指標となりえるため、今後は、学校においても呼吸状態を評価する際に欠かせないものになると考える。図表2–3–3に測定法及び留意点についてまとめたので参照されたい。

②脈　拍

脈拍は、心臓のポンプ作用で左心室が収縮する際に、大動脈内に送られる血液の波動が全身の動脈内に伝わったものであり、その波動が末梢動脈の血管壁で触知できる。

i　測定法

示指、中指、薬指の3本の指腹を子供の動脈部位にあて、1分間測定する。

ii　アセスメントの視点

脈拍触知の有無、脈拍数、リズム、大きさ、緊張度など（図表2–3–4）。心臓が動いていても充分な量や血圧でなければ脈は触れない。一般に橈骨動脈が触知できる場合、収縮期血圧が80 mmHgを上

第2章

図表 2-3-2　異常呼吸

正常	学童：20回/分・１回換気量は年齢・体格による 成人：16～18回/分・１回換気量400～500 ml

異常		特　徴	考えられる原因
呼吸の数や深さの異常	頻呼吸	深さは正常、呼吸数が増加 25回以上/分（成人）	発熱、肺炎
	徐呼吸	深さは正常、呼吸数が減少 12回以下/分（成人）	頭蓋内圧亢進、糖尿病、睡眠薬服用時
	過呼吸	呼吸数正常、深さが増加 １回換気量＊1が増える。CO_2 の過剰排泄	過呼吸…運動後の呼吸など 過換気…精神性不安過換気症候群、神経症
	クスマウル呼吸	呼吸数減少、深さが増加 呼吸周期は規則的	糖尿病昏睡、尿毒性昏睡
周期（リズム）の異常	チェーンストークス呼吸	無呼吸と呼吸の繰り返し。呼吸の深さは徐々に深く、その後、浅くを繰り返す	呼吸中枢の障害、低酸素血症（脳出血、心不全）の臨終時
	ビオー呼吸	無呼吸が混じる不規則なあえぎ呼吸	呼吸中枢の障害（脳炎、髄膜炎、脳外傷、頭蓋内圧亢進）
	死戦期呼吸	下顎が動き呼吸しているように見えても有効な換気はされていない しゃくりあげるような不規則な呼吸	心停止直後にみられる
呼吸様式の異常	努力呼吸	呼吸が困難であるため呼吸補助筋（胸鎖乳突筋など）を使ったり、気流を大きくするために鼻翼（鼻翼呼吸）を動かしたり、気道や肺胞の虚脱をふせぐために口をすぼめた呼吸をする。また吸気時に肋骨間や鎖骨上が陥没する（陥没呼吸）	呼吸困難・呼吸不全の兆候
	奇異呼吸	シーソー呼吸ともいい、正常の呼吸運動とは逆に、吸気時に胸壁が陥没し、呼気時に膨隆する	呼吸窮迫の進行、胸部外傷

＊1：1回の呼吸で出入りする空気量450～500 ml

回るとされる。触れない場合には総頸動脈や大腿動脈を触知する。触れれば収縮期血圧は60 mmHgを上回るとされる。ショックを疑い血圧が低下していないかを急ぎ確認したい時、まずは橈骨動脈が触れるかを確かめるとよい（図表 2-3-5、2-3-6、2-3-7）。

③血　圧

心臓のポンプ作用により左心室の収縮で全身に血液が送り出される。血圧は、押し出された血液が全身の動脈壁に加える側圧である。なお、左心室の収縮時に動脈壁が受ける圧力を収縮期血圧（最高血圧）、左心室の弛緩時に動脈壁が受ける圧力を拡張期血圧（最低血圧）という。よって、血圧は、心拍出量×末梢血管抵抗で表され、心拍出量が多いほど、また末梢血管抵抗が大きいほど高くなる。

図表 2-3-3　SpO_2 の測定法と留意点

SpO_2 とは	肺から取り込んだ酸素は、赤血球に含まれるヘモグロビンと結合して全身に運ばれる。SaO_2 は、動脈血中の酸素と結合したヘモグロビンの飽和度（動脈血酸素飽和度）を示すもので、低酸素血症の指標となる。SaO_2 測定は動脈血の採取が必要であるが SpO_2 はそれを経皮モニター（パルスオキシメーター）で測定できる。注射針刺入の侵襲がなく正しい手技で行えば SaO_2 とほぼ同じ値を測定できる。
測定方法	足趾、耳たぶ、手の甲、足背などで測定するものもあるが、多くは手指用であり、図のように親指以外の指先を挿入する。表示された数字が安定してから読む。 【測定時の注意（誤差の原因）】・手指が冷たい　・手指にむくみがある　・マニキュアや白癬など光の透過を妨げるものが付着している　・屋外など強い光の下で測定している　・運動後、安静にする前に測定している　・装着後20～30秒待たずに測定している　・血圧測定と同時に測定する場合同じ側の指を測定している
評　価	測定値が90％以下の場合は呼吸不全と考えられるので速やかな受診が必要。95％以下なら専門医に相談する。なお、気管支喘息などの基礎疾患がある場合は、普段の測定値から３～４％の低下があればかかりつけ医を受診する。
留意点	1．SpO_2 値は正常であっても呼吸困難を訴える場合や低酸素血症状態の場合があるので注意する。（理由：血液中の酸素含有量が充分でもそれを運搬する血液の量（心拍出量）が低下していたり、貧血のようにヘモグロビン濃度が低い場合には低酸素状態になる。また、呼吸を努力して行わなけらばならないと呼吸困難感が生じるが、酸素療法中であれば SpO_2 値は正常値に保たれるなど、呼吸の努力感と充足感がアンバランスな場合があり、SpO_2 値は正常であっても呼吸困難を感じることがある） 2．正しい値を測定するため、測定機器は、ISO（国際規格）に準じたものが望ましい。少なくとも取扱説明書には測定精度が掲載されているものを使用する。

＊2020（令和２）年６月厚生労働省医薬・生活衛生局長より高度管理医療機器の認証基準に関する取扱いについての一部改正通知があり、使用機器の測定精度に注意するよう通知があった（JIS 規格が廃止になり SpO_2 測定精度は ISO 80601-2-61: 2011 が推奨される）。

図表 2-3-4　脈拍の異常

	分類	特　徴	考えられる原因
脈拍数	正常	学童期70～80回/分以上 成人60～80回/分以上	
脈拍数	頻脈	学童期120回/分以上 成人100回/分以上	発熱、低酸素状態、低心拍出量、心不全、ショック、貧血、甲状腺機能亢進症、頻脈性不整脈（上室性頻拍、WPW 症候群）など
脈拍数	徐脈	学童期50回/分以下 成人50回/分以下	低体温、副交感神経優位時（睡眠時など）、甲状腺機能低下症、高カリウム血症、徐脈性不整脈（洞不全症候群、完全房室ブロック）など
リズム	不整脈	一定のリズムでない、または規則性がない	期外収縮、房室ブロック、心房細動
リズム	結滞	脈拍が何回かに１回途切れる	期外収縮、心房細動
大きさ	大脈	拍動が強い（１回心拍出量大）	大動脈弁閉鎖不全症
大きさ	小脈	拍動が弱い（１回心拍出量小）	大動脈弁狭窄症
大きさ	交互脈	拍動の強弱が交互にくる	重症心不全、心筋不全
緊張度	硬脈	緊張が強く硬い脈が触れる	高血圧、動脈硬化
緊張度	軟脈	緊張が弱く軟らかい脈が触れる	低血圧

図表 2-3-5　橈骨動脈の脈拍測定

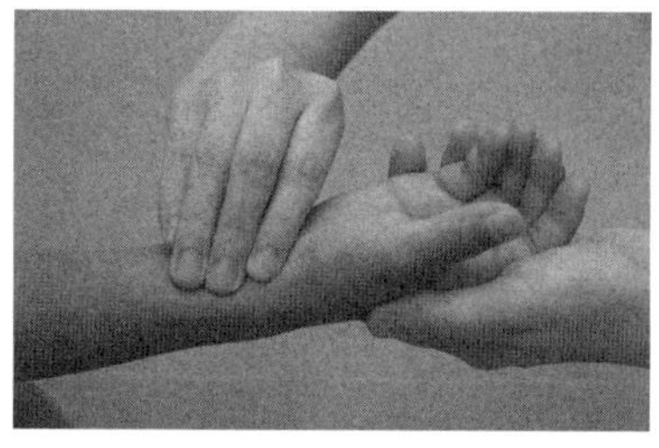

図表 2-3-6　総頸動脈の脈拍測定

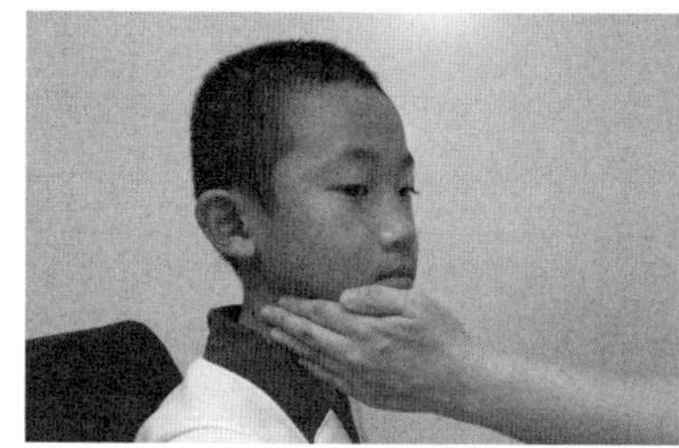

図表 2-3-7　触知可能な動脈

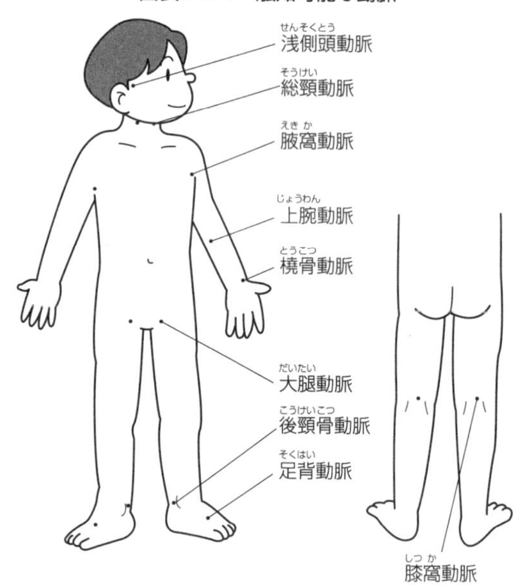

i　測定法

2020（令和２）年を期限として、環境を汚染する水銀を利用した血圧計の製造販売が禁止になったことから、電子血圧計の使用が一般的となり、機器の測定精度も上がっている。日本高血圧学会では、日本の製造会社の製品であれば精度に問題はないと報告している。また、測定部位については、指用は不正確であること、手首については解剖学的特性から動脈の圧迫が困難な場合は正確性に欠くという理由で上腕用を推奨している[7)]。なお、測定法や測定時の留意点は機種により異なるため、取扱説明書を確認し使用する。

ii　アセスメントの視点

高血圧や低血圧に加え、脈圧や平均血圧などの評価を行う（図表 2-3-8）。なお、成人については、日本高血圧学会のガイドライン（2019〈令和元〉年改正）で、診察室で計測された場合と家庭で測定した場合とでは高血圧の基準が異なり家庭の方が低く設定された（図表 2-3-9）。理由として白衣高血圧の影響などを受けない上、長期にわたる多数回の測定が診察室血圧と同等かそれ以上の臨床的価値があることが確認されたからである。一例として、家庭血圧測定は降圧治療における過剰な降圧や不十分な降圧を防ぐとされる。ただし、家庭血圧測定において有用な数値を測定するためには一定の条件や環境などが示されている（図表 2-3-10）。一方、小児高血圧の基準については、一般検診より10～

図表 2-3-8　脈圧・平均血圧

	算出法	アセスメント・評価	
脈　圧	収縮期血圧－拡張期血圧	基準値：40～60 mmHg	動脈硬化は細い血管から起こり、やがて太い血管にも進行する。そのため、まず平均血圧が上昇し、続いて脈圧が大きくなっていく。
		太い血管の動脈硬化の指標	
平均血圧	拡張期血圧＋脈圧÷3	基準値：90 mmHg 未満	
		細い血管の動脈硬化の指標	

図表 2-3-9　成人における血圧値の分類

分　類	診察室血圧(mmHg)			家庭血圧(mmHg)		
	収縮期血圧		拡張期血圧	収縮期血圧		拡張期血圧
正常血圧	<120	かつ	<80	<115	かつ	<75
正常高値血圧	120-129	かつ	<80	115-124	かつ	<75
高値血圧	130-139	かつ/または	80-89	125-134	かつ/または	75-84
Ⅰ度高血圧	140-159	かつ/または	90-99	135-144	かつ/または	85-89
Ⅱ度高血圧	160-179	かつ/または	100-109	145-159	かつ/または	90-99
Ⅲ度高血圧	≧180	かつ/または	≧110	≧160	かつ/または	≧100
(孤立性)収縮期高血圧	≧140	かつ	<90	≧135	かつ	<85

出典）日本高血圧学会高血圧治療ガイドライン作成委員会編：高血圧治療ガイドライン2019、日本高血圧学会、2019、18

MEMO

白衣高血圧

白衣高血圧は、家庭で測定すると正常域血圧であるのに、緊張等から診察室や医療現場で測定すると高血圧(140/90 mmHg 以上)を示す状態である。診察室血圧で高血圧と診断された患者の15～30%が白衣高血圧に相当するといわれる。

図表 2-3-10　家庭血圧測定の方法・条件・評価

1．装　置	上腕カフ・オシロメトリック法に基づく装置
2．測定環境	1．静かで適当な室温の環境*1 2．原則として背もたれつきの椅子に脚を組まず座って1-2分の安静後 3．会話を交わさない環境 4．測定前に喫煙、飲酒、カフェインの摂取は行わない 5．カフ位置を心臓の高さに維持できる環境
3．測定条件	1．必須条件 1）朝(起床後)１時間以内 排尿の後 朝の服薬前 朝食前 座位1-2分安静後 2）晩(就床前) 座位1-2分安静後 2．追加条件 1）指示により、夕食前、晩の服薬前、入浴前、飲酒前など その他適宜、自覚症状のある時、休日昼間、深夜睡眠時*2
4．測定回数とその扱い*3	１機会原則２回測定し、その平均をとる １機会に１回のみ測定した場合には、１回のみの血圧値をその機会の血圧値として用いる
5．測定期間	できる限り長時間
6．記　録	すべての測定値を記録する
7．評価の対象	朝測定値７日間(少なくとも５日間)の平均値 晩測定値７日間(少なくとも５日間)の平均値 すべての個々の測定値
8．評　価	高血圧　朝・晩いずれかの平均値≧135/85 mmHg 正常血圧　朝・晩それぞれの平均値<115/75 mmHg

*1 ことに冬期、暖房のない部屋での測定は血圧を上昇させるので、室温への注意を喚起する
*2 夜間睡眠時の血圧を自動で測定する家庭血圧計が入手し得る
*3 あまり多くの測定頻度を求めてはならない
注1）家庭血圧測定に対し不安をもつ者には測定を強いてはならない
注2）測定値や測り忘れ(ただし頻回でないこと)に一喜一憂する必要のないことを指導しなければならない
注3）測定値に基づき、自己判断で降圧薬の中止や降圧薬の増減をしてはならない旨を指導する
注4）原則として利き手の反対側での測定を推奨する。ただし、血圧値に左右差がある場合などは、適宜、利き手側での測定も指導する
出典）日本高血圧学会高血圧治療ガイドライン作成委員会編：高血圧治療ガイドライン2019、日本高血圧学会、2019、16

図表 2-3-11　小児の年代別、性別高血圧基準

	収縮期血圧(mmHg)	拡張期血圧(mmHg)
幼　児	≧120	≧70
小学校　低学年	≧130	≧80
高学年	≧135	≧80
中学校　男　子	≧140	≧85
女　子	≧135	≧80
高等学校	≧140	≧85

出典）日本高血圧学会高血圧治療ガイドライン作成委員会編：高血圧治療ガイドライン2019、日本高血圧学会、2019、165

15 mmHg 低いため高血圧が出やすい反面、糖尿病や慢性腎臓病など血圧を厳重に管理しなければならない疾患において特に有用である（図表 2-3-11）。

④体　温

体温は、身体の内部温度のことで、部位によって異なる。熱放散のないことから直腸温が最も体内温に近いとされ、直腸温と比較すると、腋窩温は約0.9℃、鼓膜音は約0.4℃、口腔温は約0.5℃低いとされる。近年では、感染対策から直接皮膚に触れさせず、人体表面から出ている赤外線を感知することにより測定する方法も多用されている。

ⅰ　測定法

ⅰ）**腋窩温の測定**：汗をかいているようならタオルで拭きとる。拭きとった後は、２分程度腋窩をしっかりと閉じ、皮膚温をもとに戻してから、体温計の先端部分（センサー部分）を腋窩中央に挿入する。挿入角度は、体軸に対し、前から30～40度の角度で挿入し、しっかりと腋窩を閉じて測定する（図表 2-3-12）。

ⅱ）**口腔温の測定**：体温計の先端を舌下中央部に挿入する。舌小帯の近くに沿わせるようにして行うと体温計が安定する。外気にさらされないよう口を閉じるように説明し、体温計の端を保持する（子供や意識障害のある人の口腔温を測定する時には注意する）（図表 2-3-13）。

ⅲ）**鼓膜温の測定**：耳介部をやや斜め後方に引き上げ、体温計の先端部を外耳道にまっすぐに挿入する。斜めに挿入すると正しく測定できない（図表 2-3-14）。

ⅳ）**非接触性（赤外線）体温計での測定**：測定センサーと皮膚表面を遮蔽するものがないかを確認し、距離を取扱説明書の指示通りに合わせボタンを押す。外気温によっては測定できない場合があるので注意する。

ⅱ　アセスメントの視点

❶体温の上昇、❷体温の低下をみる。

図表 2-3-12　腋窩検温

1．正しい方向
2．誤った方向

図表 2-3-13　口腔検温

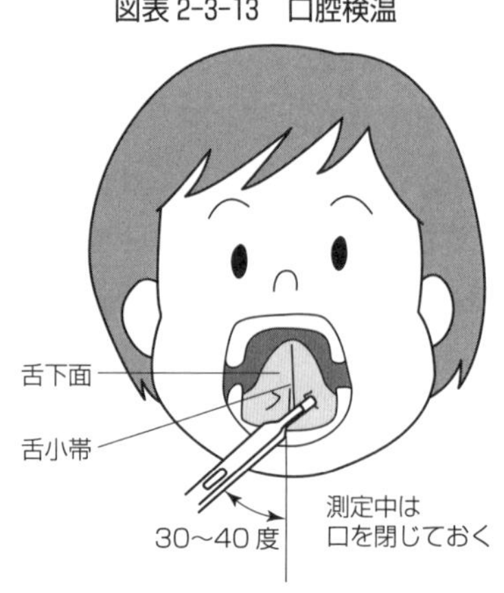

図表 2-3-14　鼓膜検温

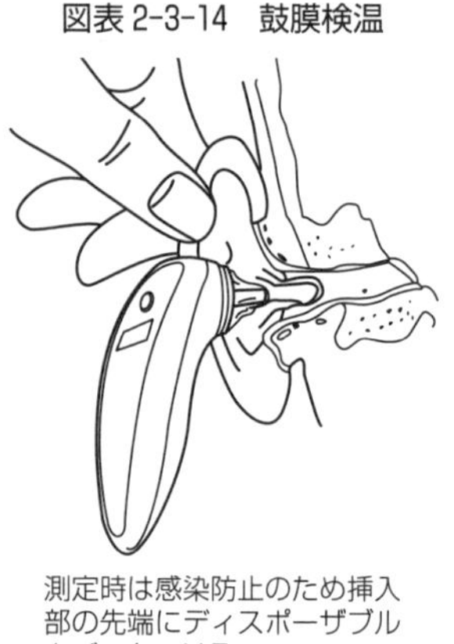

測定時は感染防止のため挿入
部の先端にディスポーザブル
カバーをつける

体温は、熱の産生と放散のバランスで調整されている。熱産生異常として体温上昇が起こる身体的要因には、感染症、甲状腺機能亢進症、膠原病、悪性腫瘍などが、体温低下としては甲状腺機能低下症が考えられる。一方の熱放散異常としての体温上昇は熱中症が、体温低下は寒冷暴露や出血性ショックが考えられる。

⑤意　識

意識があるとは、自身の体内に生じた刺激や体外からの刺激に対して的確に反応できる状態をいう。声かけに対してははっきりしない反応であったり、普段と違うと感じる場合は以下のスケールを用いて判定する。

i　測定法

❶ Japan Coma Scale：JCS(図表 2-3-15)、❷ Glasgow Coma Scale(図表 2-3-16)

ii　アセスメントの視点

意識障害の原因疾患は、頭蓋内病変、全身性疾患、外因性の外傷や中毒、精神疾患と多岐にわたる。また、意識レベルは変化するので、一度、緊急度の判断をしても、脳神経系、循環器系、代謝系など、各部位のアセスメントで絞り込む(または除外していく)過程でも経時的に評価する。なお、緊急度のスクリーニングでは反応があり救急車を要請しなかったとしても、軽度の意識障害があれば必ず医療機関を受診させる。

(2) 顔面のアセスメント

顔貌、顔色などから全身状態、精神状態の変化を把握できることもあるため注意深く行う(図表 2-3-17)。

(3) 眼のアセスメント

問診では、❶見え方(見えにくい、かすむ、二重に見える)や不快な症状(羞明感(しゅうめいかん)、浮遊物、痛み、異物感、乾燥感、掻痒感(そうようかん))の有無、❷既往歴やコンタクトの使用について聞く(図表 2-3-18)。

(4) 鼻のアセスメント

問診では、❶鼻閉や鼻汁、後鼻漏の有無、❷アレルギー性鼻炎の有無、❸副鼻腔炎の既往、❹鼻出血が生じやすいか、等について聞く(図表 2-3-19)。

(5) 耳のアセスメント

問診では、❶痛み、耳漏、耳垢、聞こえ、耳鳴り、めまい等の症状の有無と発症時期、性状、❷手術の経験や中耳炎や外耳炎の罹患歴、近々の聴力検査の結果について聞く(図表 2-3-20)。

(6) 口腔のアセスメント

問診では、❶口唇の痛みや潰瘍、ヘルペスの有無、❷う歯、歯肉炎、歯槽膿漏など歯科疾患の有無、❸歯肉からの出血、❹口内炎、舌の痛み、腫瘤の有無などについて聞く(図表 2-3-21、22、23)。

図表 2-3-15　JCS（Japan Coma Scale：ジャパン・コーマ・スケール）

日本で使われているもので、短時間で簡便に意識レベルの評価を行えるのが大きな特徴であり、緊急時に用いるのに適する。覚醒状態を「患者が開眼し瞬きをしている状態」として、意識を覚醒の程度で大きく3群に分けている。さらに各群を刺激に対する反応様式あるいは意識内容によって小分類する。点数が大きいほど重症である。

点数	状態	意識
0点	正　常	意識清明
Ⅰ．刺激をしなくても覚醒している　（1桁）		傾眠
1点	だいたい清明だが今ひとつはっきりしない	傾眠
2点	時・人・場所がわからない（見当識障害がある）	傾眠
3点	自分の名前や生年月日が答えられない	傾眠
Ⅱ．刺激をすると覚醒する（刺激をやめると眠り込む）　（2桁）		傾眠
10点	普通の呼びかけに容易に開眼する（手を握れ、離せ、握手など簡単な指示に応じるが間違いも多い）	傾眠
20点	身体を揺さぶりながら大きな声で呼びかけると開眼する	昏迷
30点	痛み刺激を加えつつ呼びかけを繰り返すとかろうじて開眼するが、すぐにまた眼を閉じてしまう	昏迷
Ⅲ．刺激をしても覚醒しない　（3桁）		半昏睡
100点	痛み刺激を加えると開眼しないが払いのける動作をする	半昏睡
200点	痛み刺激を加えると開眼しないが、手足を動かしたり、顔をしかめる	半昏睡
300点	痛みや刺激に全く反応しない	昏睡

＊状態に応じてR（restlessness, 不穏状態）、I（incontinence, 便・尿失禁状態）、A（akinetic mutism,　apallic state, 無動性無言・自発性喪失）を併記する。
記載例：200-I, 20-RI など

図表 2-3-16　GCS（Glasgow Coma Scale：グラスゴー・コーマ・スケール）

	開眼機能	点数	言語機能	点数	運動機能	点数
正常	自発的に	4	正確な応答	5	命令にしたがう	6
↓	呼びかけにより	3	混乱した会話	4	痛み刺激を払いのける	5
↓	痛み刺激により	2	不適当な言語	3	痛み刺激に対する四肢屈曲	4
↓	開眼しない	1	理解不能の声	2	痛み刺激に対する四肢異常屈曲（除皮質硬直）	3
↓			発語しない	1	痛み刺激に対する四肢伸展（除脳硬直）	2
低下（意識混濁）			気管挿管・切開	T（点数は1点で計算）	全く動かない	1

・開眼、発語、運動機能の3項目から評価するのでJCSよりやや複雑であり、1項目でも判定困難であると使えない。国際的に通用する評価で亜急性～慢性期の意識障害患者の身体残存機能や予後の評価に有用である。3項目の点数を合計すると3～15点。
・点数が小さいほど意識障害は重症。15点で正常、最低点（3点）で深昏睡。8点以下が重症。

図表 2-3-17　顔面のアセスメント

項　目	方法	アセスメントする内容	評価（予測される病態や疾患など）
顔貌/表情	視診	不安顔貌/無表情	不安障害やうつ状態
顔　色	視診	紅潮/蒼白・チアノーゼ/黄染	発熱/貧血・ショック症状/黄疸
浮　腫	視診	顔全体/眼瞼・眼瞼周囲	アナフィラキシー反応/腎疾患

図表 2-3-18　眼のアセスメント

項　目	方法	アセスメントする内容	評　価　（予測される病態や疾患など）
眼球	視診	眼球突出（16 mm 以上）の有無	バセドウ病（半数が両眼性）、眼窩腫瘍（片眼性）
		結膜充血の有無 毛様充血の有無 〈結膜充血と毛様充血〉 結膜充血　毛様充血	結膜充血：眼球側面と表面に顕著にみられ、鮮紅色で眼瞼結膜の充血も伴う。主な原因は結膜炎。 ＊結膜炎は、流行性角結膜炎や急性出血性結膜炎、クラミジア結膜炎等の感染性のものと花粉やハウスダスト、点眼薬がアレルゲンとなるアレルギー性結膜炎がある。 毛様充血：角膜周囲や深部に充血がみられ、赤紫色で眼瞼結膜の充血はない。主にぶどう膜炎や角膜炎でみられる。
		眼球結膜黄染	結膜全体が黄色くみえる。胆嚢（たんのう）炎・胆管炎・胆石などによる胆汁うっ滞、血液疾患、薬剤性の障害などの黄疸が原因。
眼球運動	検査	正常の場合、両眼ともに顔を動かさずに指先（上下、左右、斜め上下）を追える。	眼球運動は動眼神経や滑車神経などが関与。眼球運動の異常は、筋肉疾患や脳神経麻痺、眼窩底骨折（吹き抜け骨折）を代表とする眼窩骨折や眼窩腫瘍、副鼻腔炎の合併症の時にみられる。
眼位	視診	眼振（がんしん）の有無	先天性の眼振：弱視や斜視などを伴う。 後天性の眼振：内耳や視力障害、中枢神経系の障害 ＊極度の緊張状態、いわゆる「目が泳ぐ」でも起こる。
眼瞼	視診	色、腫脹、分泌物の有無	眼瞼結膜：充血は結膜炎、腫脹を伴う。白色様は貧血。
		浮腫	浮腫：水分の皮下組織への貯留。心不全、腎不全、甲状腺機能低下症でみられる。
		眼瞼下垂の有無	片側：動眼神経麻痺、眼周囲の外傷 両側：重症筋無力症、筋ジストロフィー
瞳孔	視診	瞳孔の大きさ　左右差 対光反射（瞳孔にペンライトで光をあてると瞳孔が縮瞳する） 直接反射：ペンライトをあてた側が縮瞳する 間接反射：反対の目にペンライトをあてた時に一緒に縮瞳する	3 ～ 5 mm が正常。2 mm 以下は縮瞳、6 mm 以上は散瞳。 散瞳：動眼神経麻痺、緑内障 縮瞳：ホルネル症候群＊ 瞳孔不同：0.5 mm 以上。瞳孔不同や対光反射の消失は、頭蓋内圧亢進症状による脳ヘルニア状態により起こる。原因疾患は、脳腫瘍、頭部外傷、脳膿瘍、水頭症など。 ＊ホルネル症候群：視床下部から眼球までの交感神経経路に障害が起きた場合に生じる。症状は片眼の瞼下垂、縮瞳、無発汗、充血など。
視力	検査	視力低下の有無	急性緑内障、糖尿病性網膜症、視神経炎、外傷による網膜裂孔や網膜剥離（もうまくはくり）、転換性障害または詐病。
視野	検査	視野狭窄の有無	緑内障、網膜剥離、中心性網膜炎、脳腫瘍など。
角膜光反射	検査	光をみせながらその瞳孔からの反射光を観察する。正常ならば反射像は左右対称。	左右不同の場合には、斜視、外傷による角膜損傷。

図表 2-3-19　鼻のアセスメント

項　目	方法	アセスメントする内容	評　価　(予測される病態や疾患など)
鼻腔内	視診	鼻汁の有無	正常はピンク色で湿潤 乾燥や白っぽい粘膜：アレルギー性鼻炎 漿液性(水性)鼻汁：アレルギー性鼻炎 膿性(緑黄色)鼻汁：慢性副鼻腔炎、歯性上顎洞炎、鼻腔異物、腫瘍など 血性：悪性新生物など
通気性	触診 検査	鼻翼を片側ずつ押さえて通気を確認する(吸気でも呼気でもよい)。	両側の鼻閉：慢性副鼻腔炎、上咽頭癌 片側の鼻閉：鼻中隔弯曲症、急性副鼻腔炎、鼻腔異物など
副鼻腔	打診 触診	前頭洞・上顎洞の圧痛及び叩打痛 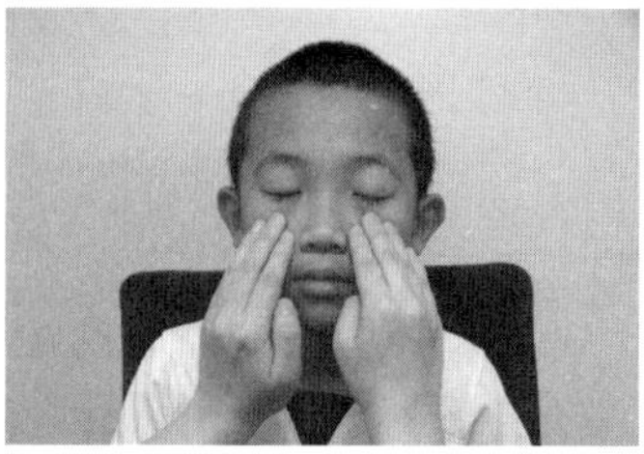 副鼻腔打診 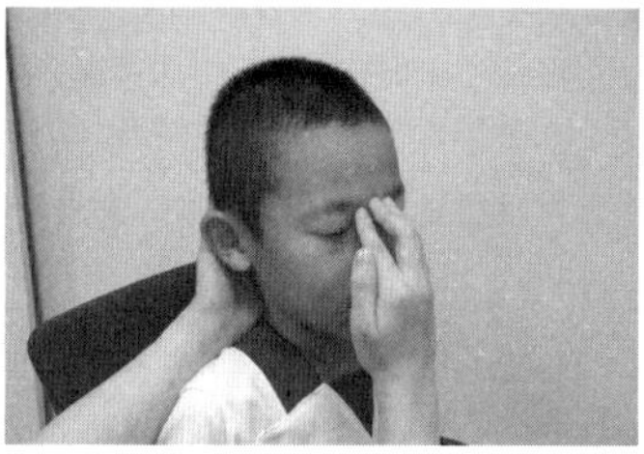 副鼻腔触診	副鼻腔炎 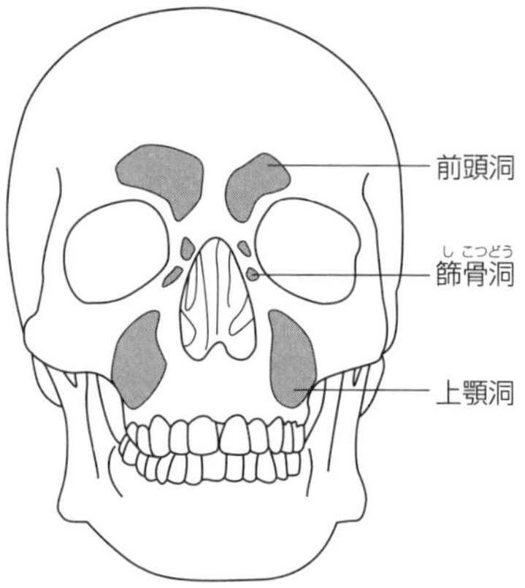 前頭洞 篩骨洞 上顎洞 圧痛や打診痛がある場合、副鼻腔炎を疑う。

図表 2-3-20　耳のアセスメント

項目	方法	アセスメントする内容	評　価　(予測される病態や疾患など)
外観 耳介	視診 触診	形、結節の有無、耳漏の有無	変形は必ずしも病的とはいえないが、多発性軟骨炎などで生じる。耳漏の多くは外耳道や中耳道の炎症で起こる。悪臭を伴う場合は真珠腫性中耳炎を疑う。
		牽引痛(耳介を後上方に引く)	牽引痛がある場合、耳介の炎症は乳突蜂巣炎(p.69参照)を疑う。
耳道 鼓膜	視診	耳鏡で外耳及び鼓膜を観察する。	正常な外耳道はピンク色、鼓膜は真珠色。 鼓膜の発赤と腫脹：急性中耳炎 鼓膜の陥没と鼓膜奥の滲出液の気泡：滲出性中耳炎 鼓膜の穿孔：慢性化膿性中耳炎
聴力	検査	オージオメーターによる検査	軽度難聴：20～40 dB、中等度：41～55 dB、準重度：56～70 dB、重度：71～90 dB、最重度：91 dB～

(7) 頸部のアセスメント

問診では、❶リンパ節の腫脹を伴う疾患の有無、❷甲状腺疾患の既往について聞く(図表 2-3-24)。

図表 2-3-21　口腔のアセスメント

項　目	方　法	アセスメントする内容	評　価　(予測される病態や疾患など)
口唇	視診	潰瘍や水疱、チアノーゼ	口唇の潰瘍、ヘルペス、末梢循環不良
口腔内	視診	舌の色、潰瘍、舌苔(ぜったい)など 咽頭・口蓋の発赤、腫脹	口内炎・舌炎：感染、ビタミン欠乏、歯列などによる機械的刺激、ストレス、過労など 咽頭・口蓋発赤・膿瘍：咽頭炎、口蓋炎などの感染症(図表 2-3-22)
扁桃	視診	扁桃の大きさ、発赤、腫脹	扁桃肥大
顎関節	視診・触診	開口時違和感や痛み、 関節雑音、開口・閉口障害	顎関節症(図表 2-3-23)
歯・歯肉	視診	う歯、歯肉、歯列の状況	う歯、歯肉炎

図表 2-3-22　舌圧子を使った視診

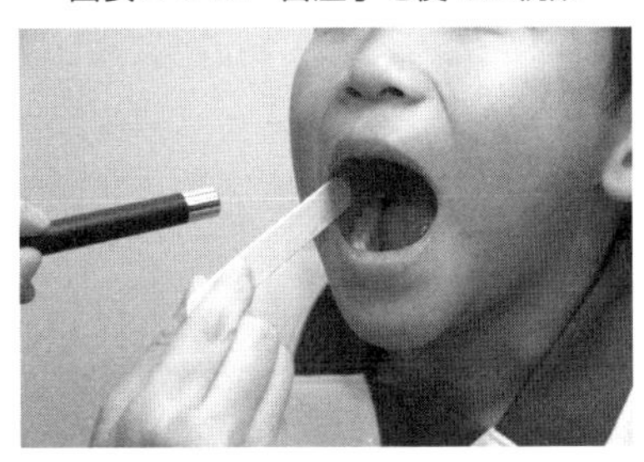

図表 2-3-23　顎関節の触診

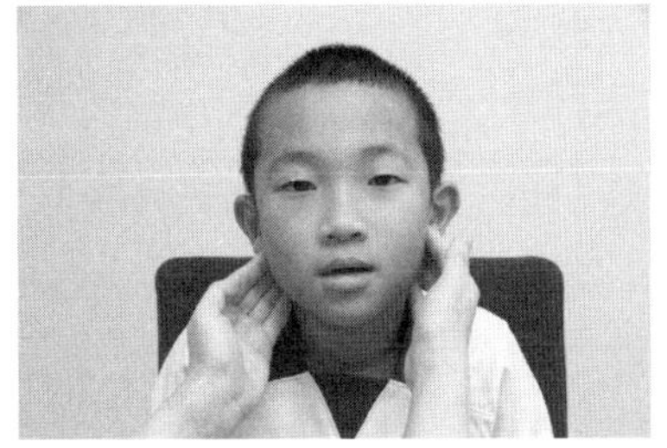

(8)胸部(呼吸器)のアセスメント

①問　診

❶呼吸困難感の有無、❷呼吸に伴う胸痛の有無、❸呼吸音の異常、❹咳嗽(がいそう)・喀痰(かくたん)の有無、❺本人や家族のアレルギーの有無、❻自宅周囲の空気環境(排ガス等)、❼同居家族の喫煙の有無、❽風邪など易感染性、❾腋窩のしこりの有無などについて聞く。

②視　診

第一印象、独歩可能か、顔貌(苦痛や不安な様子)、不穏状態(興奮・錯乱)など。

MEMO

ヘルペス

単純ヘルペスウイルスにはⅠ型とⅡ型があり、口唇ヘルペスはⅠ型を含む唾液による飛沫・接触感染で潜伏期間は2～10日である。初感染では、口内炎や頭部・顔面・上半身の湿疹がみられる。初感染の後、抗体ができても、ウイルスは生涯体外へ排除されずに潜伏し、疲労やストレス等、免疫力が落ちた時に口唇等に小水疱ができる疾患である。

ⅰ　外　観

ⅰ)**表情**：苦痛様顔貌や不穏状態は、呼吸困難感や不安などを抱えていることがある。

ⅱ)**姿勢**：息苦しさを自覚している場合には、自然と起座位になる(横隔膜は仰臥位の時に挙上し、座位や立位の時は下降するため胸郭が拡張し、呼吸がしやすくなる)。

ⅲ)**胸郭の形状**：正常の場合、胸郭の前後径(胸の厚み)と左右径(胸の横幅)の比は、1：1.4から1：2である。樽(たる)状の胸郭は、前後左右径比が1：1で、正常者が大きく息を吸い込んだ時の形に似ている。肺気腫、気管支喘息、気胸、胸水貯留などで樽状となる。

漏斗(ろうと)胸は、胸骨の下半分が背側に陥没する。幼児期のくる病やマルファン症候群でみられる。

図表 2-3-24　頭頸部のアセスメント

項　目	方　法	アセスメントする内容	評　価（予測される病態や疾患など）
頭部	視診・触診	頭部の皮膚、髪の毛	発疹、ふけ、脱毛、頭シラミ
甲状腺	視診・触診	甲状腺肥大の有無	甲状腺機能亢進症
リンパ節	触診	リンパ節腫脹・圧痛の有無(耳介後、耳介前、顎下、オトガイ下、前頸部、後頸部、胸鎖乳突筋部、鎖骨上のリンパ節、等) (顎下リンパ節) (オトガイ下リンパ節)	耳介前：流行性角結膜炎、急性出血性結膜炎 頸部：扁桃炎、流行性耳下腺炎 オトガイ下・顎下：口内炎、歯肉炎、歯髄炎 耳介後：風しん 鎖骨上：悪性新生物(がん)
頸静脈	視診	頸静脈の怒張の有無	座位・立位での怒張：心不全 仰臥位での消失：脱水、失血時

図表 2-3-25　胸郭の形状

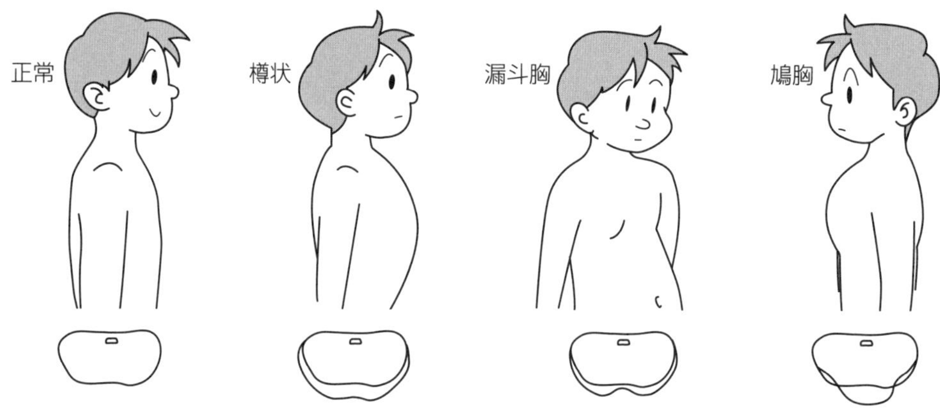

鳩胸は、胸骨の下半分が前方に突出する胸郭で、頻回の咳をする人や、やはり幼児期のくる病やマルファン症候群でみられる(図表 2-3-25)。

ii　呼吸状態

数、深さ・リズム、努力呼吸の有無・呼吸困難の程度を観察する。

i) **呼吸数**：安静時呼吸数の基準値は、児童(17～22/分)、生徒(15～20/分)である。

ii) **深さ・リズム**：正常の吸気と呼気の長さの比は 1 ： 2 であり、呼気の方が長い。異常呼吸のリズムには、前述(バイタルサイン)した、チェーンストークス呼吸、クスマウル呼吸、ビオー呼吸があり、それぞれ予測される病態が異なる(p. 58参照)。

iii) **呼吸困難感の有無と呼吸困難の程度**：努力呼吸については、呼吸補助筋(胸鎖乳突筋など)を使ったり、気流を大きくするために鼻翼(鼻翼呼吸)を動かしたり、気道や肺胞の虚脱をふせぐために口をすぼめた呼吸をする。呼吸困難がひどくなると吸気時に肋骨間や鎖骨上が陥没する(陥没呼吸)。

ⅲ　チアノーゼの有無

全身、顔色、眼瞼、口唇、爪色(そうしょく)を観察し、末消性のチアノーゼか全身性か観察をする。末梢性の場合は、末梢循環不全や動脈硬化、静脈瘤でみられる。一方、全身性のチアノーゼの場合には、重篤な心・肺障害や動脈血酸素飽和度の低下が疑われるので要注意である。

MEMO

乳突蜂巣炎

耳の後ろの隆起した骨である乳様突起の細菌感染症で、急性中耳炎を治療しなかったり治療が不適切だった場合に、感染が中耳から中耳の周囲にある乳様突起という骨へ広がることによって起こる。症状は、急性中耳炎の発症後数日から数週間して、乳様突起の上の皮膚が赤く腫れ、触れると痛み、この他、発熱や分泌物がみられる。適切な治療を行わないと、聾(ろう)、敗血症、髄膜炎、脳膿瘍になったり、死に至る場合もある。

③触　診

ⅰ　皮下気腫

明らかな病的所見であり、胸壁や鎖骨上の皮膚を指先で押すとプツプツという捻髪音(ねんぱつおん)を感じる。気胸に続発する場合がある。

ⅱ　胸郭拡張(図表2-3-26、27)

方法は、前面で行う場合には、両母指を左右肋骨縁におき、背面で行う場合には、第10肋間に母指をおいて深呼吸した時の動きをみる。正常なら成人では4cm程広がる。

胸郭の動きが両側で小さい場合は、肺気腫などの慢性閉塞性肺疾患の可能性があり、片側の動きが小さい場合は、肺炎や急性胸膜炎等の炎症性疾患、気胸、無気肺、胸水貯留の可能性がある。

図表2-3-26　胸郭拡張

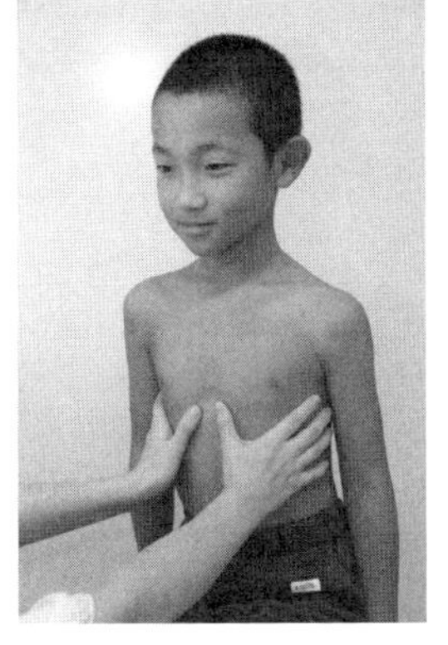

図表2-3-27　胸郭拡張(拡張後)

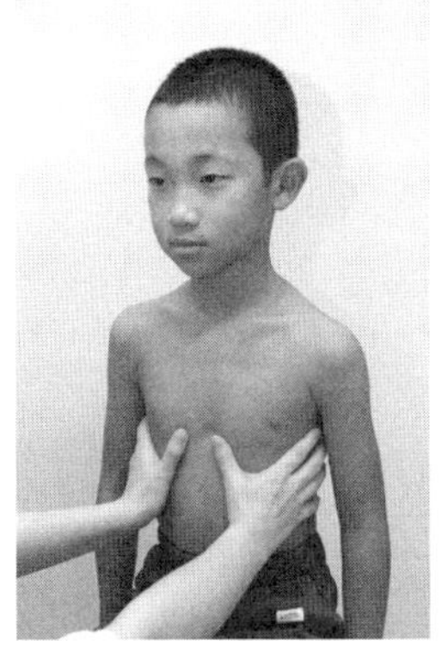

ⅲ　声音振盪

咽頭で発せられた音声の振動を胸壁においた手で感じ、肺の状態を判断する。方法は、肺野に手をおき、「ひとーつ、ひとーつ」または、「ナインナイン、ナインナイン」などと発声させる。両手または片手で比較する。気管支の周囲に声音振盪の減弱や左右差がある場合には、痰や胸水の貯留、無気肺、気胸の可能性がある。

④打　診

胸部の内部の構造を頭に浮かべながら間接打診法を行う。

ⅰ　間接打診法の手技

体壁においた被打診指を体壁に密着させ、打診指は被打診指に直角にあてる。手首は軟らかくスナップをきかせるように動かす。打診指は叩いた瞬間に跳ね返るようにすぐ離す(図表2-3-28)。

図表2-3-28　間接打診法の手技

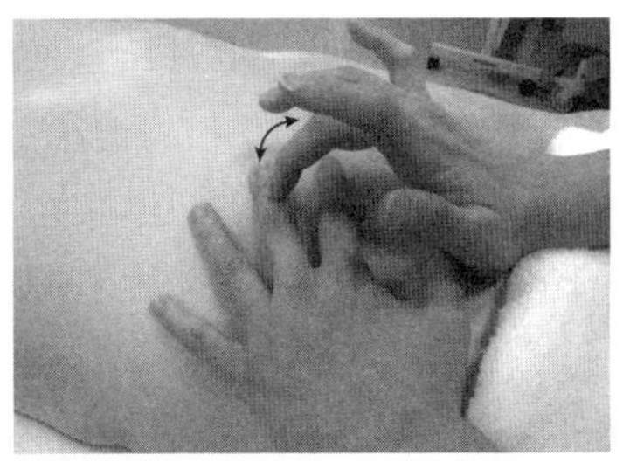

ii　打診音の鑑別

打診音は、❶音の強さ(大きな音か小さな音か)、❷音質(低い音か高い音か)、❸音の長さ(被打診指に長く響いて振動する音か、短くすぐにとぎれる音か)の3つの要素の組み合わせによって区別される(図表2-3-29、30)。

図表2-3-29　打診音の種類と特徴

打診音の種類	音の聞こえ方	特徴及び評価
共鳴音(きょうめいおん) (清音)	音の強さは大きく、音質は低く、音の長さは長い。ポン、ポン、ポンという響いた音。	正常の肺野で聴取される音。含気量の多い部位で聞かれる。音を確認したい場合は、右第2肋間右鎖骨中央線上を打診してみるとよい。
過共鳴音	音の強さは共鳴音より大きく、音質は低く、音の長さは長い。ポーン、ポーン、ポーンとより大きく長く響く。	音の確認方法は、正常であれば、共鳴音と同じ場所で深呼吸して息を止めた時に聞かれる。深呼吸して息を止めて打診した時に過共鳴音が聞かれるのは正常である。しかし、普通の呼吸時にこの音が聞こえる場合は、打診部に肺気腫など含気量が増加するような病変があるか、気胸などのために、片肺がしぼんでしまった場合の健康肺の代償性過膨張などが疑われる。
半濁音 (比較的濁音)	音の強さと音質は中程度、長さは短く聞こえる。	絶対的濁音に比べて、やや含気空間がある部位で聞かれる音。正常では、心臓の位置を前胸部から打診した時に聞こえる。これは、後ろにある左肺の共鳴音と重なるためである。同様に肝臓の大部分は横隔膜を介して肺と重なっており、やはり半濁音が聞かれれば正常である。共鳴音が聞かれるはずの肺野において、半濁音が聞かれる時は、胸水貯留や胸膜の肥厚、無気肺、肺炎等が考えられる。確認できる部位は心臓の位置、肺と重なる肝臓部位である。
鼓音(こおん)	音の強さは大きく、音質は高く、長さは中程度である。	清音より高くて軽い、乾いた太鼓のような音で、左胸郭下部の胃泡のある部分(トラウベの三角形という)やガスの貯留した腹部で聞かれる。正常で確認できる場所は、トラウベの三角形や腹部である。
絶対的濁音	清音や過共鳴音などの含気量の大きい共鳴音とは正反対で、強さは小さく、音質は高い。	ピン、ピン、ピンという極端に短い音。正常で確認できる部位は、大腿など、全く空気を包含していない実質部分である。

⑤聴　診

i　呼吸音の聴診

呼吸に病変があると、呼吸音が減弱・増強するなど性状が変化する。また、正常では聴取されないはずの病的な音(副雑音)が聴取される。

i)**方　法**：上半身を脱ぎ、軽く口を開け、大きく、いつもより早めに深呼吸してもらう。

ii)**聴取部位と聴取順序**：聴取部位は、前胸部と側胸部と背部(肩甲骨より上)で、順序は、図表2-3-31のように左右を聴き比べながら行う。

iii)**呼吸音の種類と評価**

▶正常呼吸音

正常な呼吸に伴い聴取される呼吸音には、気管呼吸音、気管支肺胞呼吸音、肺胞呼吸音の3つがある。聴取部位と特徴を以下に示す。

図表 2-3-30　一般的な打診音領域

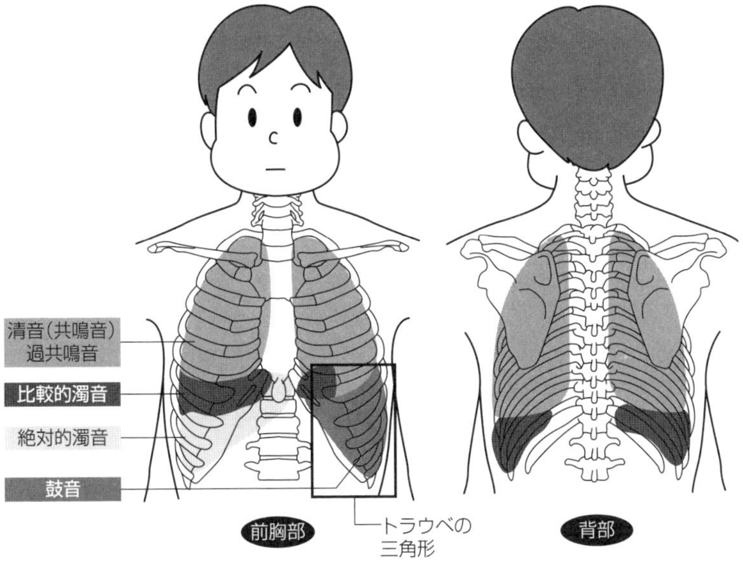

清音(共鳴音)
過共鳴音
比較的濁音
絶対的濁音
鼓音
前胸部
トラウベの三角形
背部

図表 2-3-31　聴取部位順序

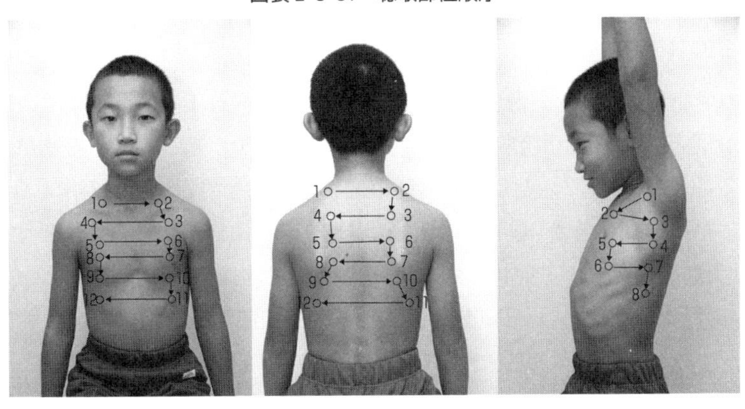

気管呼吸音 (甲状軟骨～気管分岐部の間の気管の上に聴診器をあてて聴く)

吸気　呼気

特徴：

呼気と吸気の持続時間が同じで呼気と吸気の間にポーズ(休止)がある。呼気も吸気もはっきりと聞こえる。

気管支肺胞呼吸音 (気管分岐部から主気管支周辺、背部肩甲骨間)

吸気　呼気

特徴：

呼気が吸気より極端に短く、呼気と吸気の間にポーズ(休止)がない。気管呼吸音より小さく、肺胞呼吸音よりはっきり聞かれる。

肺胞呼吸音 (上記以外の両肺の大部分)

吸気　呼気

特徴：

呼気はほとんど聞こえない。呼気と吸気の間にポーズ(休止)がない。気管呼吸音や肺胞呼吸音より小さい。

図表 2-3-32　呼吸音の異常と種類

【副雑音とその分類】
ラ音：肺内から発声する異常音 その他：肺外から発声する異常音(胸膜摩擦音など)
《連続性ラ音》 ▶類鼾音(太い気管支が閉塞した時に聞かれる：グーグーと聞こえる) 気管支喘息、閉塞性肺疾患、肺気腫・慢性気管支炎の急性増悪、気管支拡張症、喀痰貯留、気管・気管支狭窄、心不全で聴取される。 ▶笛声音(細い気管支が閉塞した時に聞かれる：ピーピー、クークーと聞こえる) 気管支喘息(発作中)、腫瘤による気管・気管支狭窄で聴取される。
《断続性ラ音》 ▶捻髪音(数本の髪の毛を耳元でこすったような音：プツプツ、パリパリと聞こえる) 肺炎初期、心不全初期、塵肺、石綿肺で聴取される。 ▶水疱音(呼吸運動に伴い、気管支壁に張った液体膜が破裂するために起こる音：ポコポコと聞こえる) 肺炎、慢性気管支炎、肺水腫、心不全、気管支拡張症で聴取される。
《その他》 ▶胸膜摩擦音(ギュウギュウと聞こえる) ウイルス性胸膜炎、細菌性胸膜炎、結核性胸膜炎で聴取される。

(9) 胸部(循環器)のアセスメント

①問　診

❶体重や身長の増加が少なくないか(心疾患をもっていると発育不良になりやすい)、❷食事の摂取量が少なくないか(心疾患は、消化吸収障害、疲労、活動の減少が起こり、食事量が減少する)、❸疲れやすく横になることが多いか(活動は心臓の仕事量を増加させ酸素消費量が増し疲労が出現する)、❹顔、眼瞼、足にむくみはあるか(心不全の徴候である)、❺頭痛や、鼻血が出やすいことはないか(頭痛や鼻出血は大動脈狭窄による症状である)、❻関節痛や発熱がないか(リウマチで心臓の弁の障害を起こす)、❼風邪をひきやすいか(細菌感染によって心内膜炎や心筋炎を起こすことがある)、❽チアノーゼや咳がないか(心不全の症状である)、❾心臓疾患の有無を聞く。

②視　診

❶顔色、チアノーゼの有無、❷頸静脈の観察(立位にて頸静脈の怒張が確認できれば、心不全状態、仰臥位にて頸静脈の波動が観察できない場合は、脱水の可能性がある)。

③触診・検査

❶脈拍の数・リズム・緊張度、❷血圧測定を行う。

④聴　診

i　心音の聴取

正常な心音は、房室弁が閉鎖する時に生じるⅠ音と、動脈弁が閉鎖する時に生じるⅡ音が交互に聞かれる。Ⅰ音は、心尖部で強く聞こえ、Ⅱ音は、心基部で強く聞こえる。Ⅲ音とⅣ音が聴取される場合は、異常心音である(ただし、小児の場合、まれに正常でもⅢ音が聴取できることがある)。また、

図表 2-3-33　聴診部位

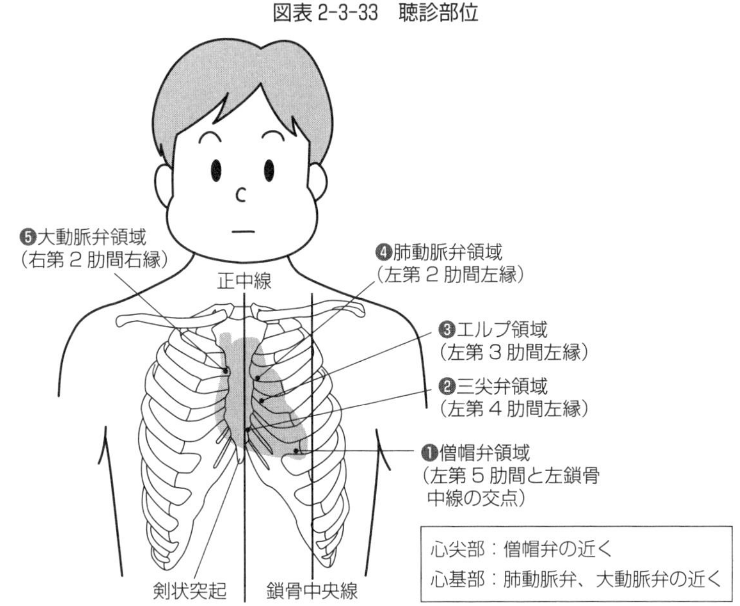

Ⅲ、Ⅳ音とは別に、心音と心音の間に聴かれる雑音も異常である（図表 2-3-33）。

▶ 5 つの聴診領域における I 音と Ⅱ 音の強さ

❶僧帽弁領域（左第 5 肋間と左鎖骨中線の交点）Ｉ音＞＞Ⅱ音　左心房ー左心室

❷三尖弁領域（左第 4 肋間胸骨左縁）　Ｉ音＞Ⅱ音　右心房ー右心室

❸エルプ領域（左第 3 肋間胸骨左縁）　Ｉ音＝Ⅱ音

❹肺動脈弁領域（左第 2 肋間胸骨左縁）　Ｉ音＜Ⅱ音　右心室ー肺動脈

❺大動脈弁領域（右第 2 肋間胸骨右縁）　Ｉ音＜Ⅱ音　左心室ー大動脈

▶異常心音（低調音なので、ベル側で聴取する）

❶Ⅲ音の聴取：心尖部で聞かれる心室充満音。心室負荷、心筋炎、頻脈、心不全などでは左右心室領域で聴かれる。

＊胸壁の薄い若年者の場合、正常でも聞こえることがあるが、その場合はＩ音とⅡ音も大きく聴取される。

❷Ⅳ音の聴取：心尖部で聞かれる心房音。心室の拡張期に左室の血液充満と伸展によって振動が発生する時の音。左心室や右心室の負荷がある状態で生じる。

心負荷、心筋炎、頻脈、心房粗動、ブロックなどでは左心室で聴かれる。

>>>>>コラム 2

学校での心音聴取

学校において養護教諭が異常心音を聴き分けることは求められていないが、インフルエンザなどの感染症に引き続き心筋炎を発症し、子供が死亡する事例が報告されている。心筋炎を起こした際には、脈拍が速くなりⅢ音やⅣ音が聴取されることがわかっている。子供の健康な状態で聞かれる心音（Ｉ音とⅡ音）のリズムなど、耳を慣らしておき、いつもと違う！　何かおかしい？　ということが察知できるとよい。

※実際にはⅢ音とⅣ音の違いを区別できなくてよいが、ギャロップ音(奔馬調律)といい、馬が走っているように聴かれたら異常心音と考えてよい。

(10) 腹部のアセスメント

①問　診

❶食欲、❷胸焼け、❸嘔気・嘔吐、❹便の性状や、色・回数、❺便秘や下痢、❻腹痛、❼胃や腸の手術の経験、❽服薬の有無などについて聞く。

第2章

②視　診

ⅰ　腹部の概観

ⅰ)**腹部膨隆**：ガス貯留による鼓腸や消化器系の良性・悪性腫瘤

ⅱ)**皮膚の色調や発疹の有無**

> **MEMO**
>
> **腸閉塞(イレウス)**
>
> 腸閉塞は、食べ物や消化液の流れが小腸や大腸で滞る状態で、症状は、吐き気・嘔吐を伴う腹痛である。腸管の内腔が機械的通過障害によって発症する「機械的イレウス」と、腸管の神経障害や腸管内の血流の悪化のため蠕動運動が停滞することによって発症する「機能的イレウス」に分類される。なお、機能的イレウスには、腸管の運動麻痺による麻痺性イレウスと腸管の痙攣によって起こる痙攣性イレウスがある。

③聴　診

腹部のアセスメントは、打診や触診を行う前に聴診を行う。聴診は腸蠕動の音を聴取するが、打診や触診を行うことで腸蠕動の音に影響を与えてしまうからである。

ⅰ　腸蠕動音の聴取

ⅰ)**方　法**：腹部のどこか1か所に聴診器の膜面をあて、1分間蠕動音を数える。

ⅱ)**評　価**：正常な場合には、5～15秒間に1回の割合でやわらかい音が聞こえる。腸蠕動が亢進している場合は下痢が、また、亢進した腸蠕動音が金属性である場合は、閉塞性イレウス(腸閉塞)が疑われる。これは、狭窄部にガスや貯留液が通過する

図表 2-3-34　腹部の9区分

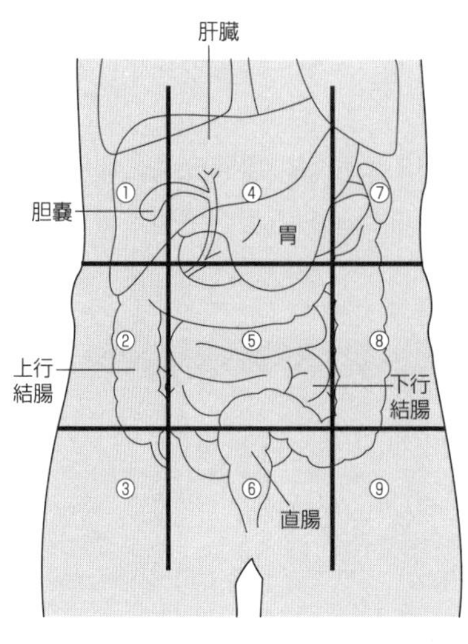

①**右上腹部**　肝臓右葉，胆嚢，十二指腸の一部分，結腸の肝湾曲部，右腎の一部分，右副腎

②**右側腹部**　上行結腸，右腎臓の下半分，十二指腸と空腸の一部分

③**右下腹部**　盲腸，虫垂，回腸（終末部），右尿管，右精索，右卵巣

④**上腹部**　胃の幽門側嘴，十二指腸，膵臓

⑤**臍部**　大網，腸間膜，十二指腸下部，空腸及び回腸

⑥**下腹部**　回腸，膀胱，子宮（妊娠中）

⑦**左上腹部**　胃，脾臓，膵尾部，結腸脾湾曲部，左腎上極，左副腎

⑧**左側腹部**　下行結腸，左腎臓の下半分，空腸及び回腸の一部分

⑨**左下腹部**　S状結腸，左尿管，左精索，左卵巣

時に聞かれる腸蠕動音の特徴である。反対に腸蠕動が減弱した場合は、胃腸機能の低下が考えられる。1分間聴診しても腸蠕動音が認められない場合は、違う部位にて再度聴診を行う。その場合、5分間聴診して聞こえない場合には、麻痺性イレウスや急性腹症の可能性があるため、急ぎ医療機関に受診の必要がある(図表 2-3-34)。

図表 2-3-35　浅い触診

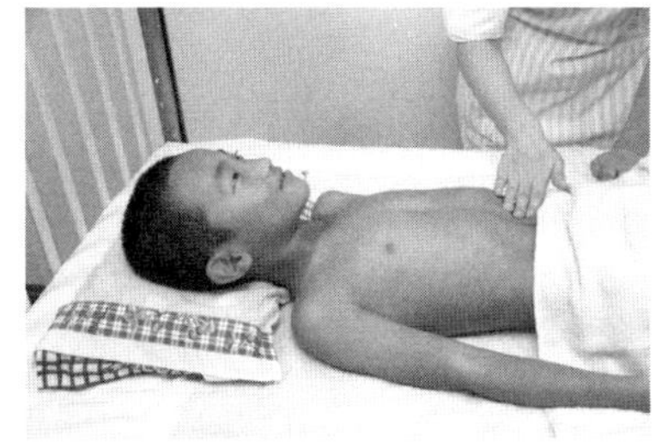

④触　診

触診の際の体位は、仰臥位にて足を立て、腹筋を緩めてから行う。痛むところから遠い部位から触診する。また、腹部を6または9部位に分け、腹部内臓の位置を思い浮かべながら自発痛、圧痛、膨満、緊張(筋性防御)を確認する(図表 2-3-35、36)。

図表 2-3-36　深い触診

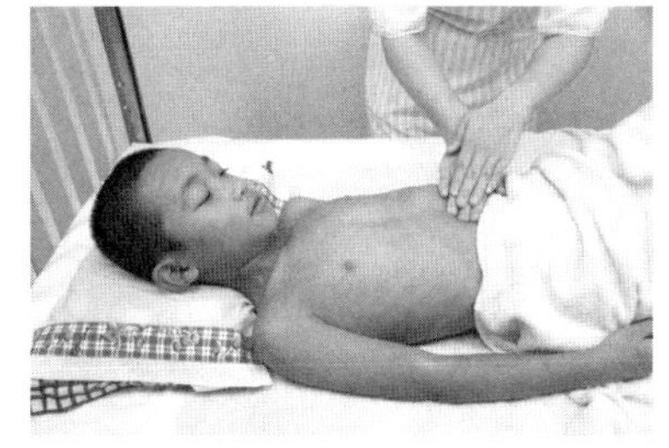

i　**浅い触診**：筋性防御の有無を確認し、認められない場合は、利き手の指を揃え、皮膚を1～2cm押し下げ、表在性の腫瘤や圧痛の有無を確認する。

ii　**深い触診**：浅い触診にて痛む部位が特定できない場合は、上からもう一方の手を重ねて皮膚を3～5cm押し下げる深い触診を行う。腹腔内の腫瘤や圧痛の確認、さらに下行結腸からS状結腸に向かい鉛筆を転がすように触診し、便塊の有無も確認する。

iii　**腹膜刺激症状の有無を確認**：陽性なら急性腹症(内臓損傷を含む)などを疑う。

i）**筋性防御**：腹部が緊張し張って硬い。

ii）**反動痛(反跳痛)**：圧迫した時より、圧迫した手を離す瞬間に痛みを感じる。ブルンベルグ徴候(Blumberg sign)ともいう。

iii）**踵下ろし衝撃試験(図表 2-3-37)**：腹膜炎の際にブルンベルグ徴候の確認より感度が高いといわれる試験。立位で踵を上げて、爪先立ちの姿勢から、踵をトンと下ろさせると、腹部に鋭い痛みが走る。

図表 2-3-37　踵下ろし衝撃試験

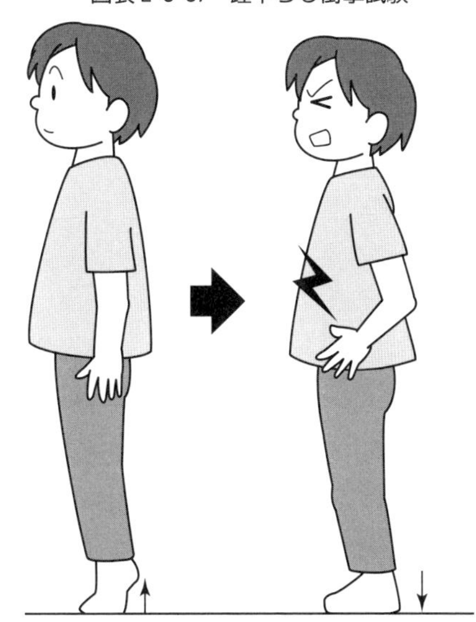

iv　**圧痛点**

圧痛点とは、痛む部位により原因となる臓器を予測できる点のことで、心窩部の圧痛は胃潰瘍・十二指腸潰瘍の疑い、虫垂炎では、マックバーネーやランツの点(p. 182参照)などがある。

(11) 脳神経系のアセスメント

脳神経系のアセスメントには、多くのアセスメントがあるが、学校でも簡易に行える主なものについて図表 2-3-38に示す。

図表 2-3-38　脳神経のアセスメント

脳神経のアセスメント	アセスメントの視点	項　目
①生命維持機能（間脳や脳幹の機能）	生命を維持する機能に変調をきたしていないか	意識レベル（JCS、GCS） 呼吸のリズム（異常リズムの有無）
②脳神経の機能（12対ある脳神経は、目や鼻、耳といった顔の知覚や運動刺激に関与している。唯一第10脳神経（迷走神経）だけは、頭頸部以外の心臓や肺、胃、脾臓、腎臓、腸といった知覚や不随意運動に関与している。）	第１脳神経（嗅神経）	閉眼させ、コーヒーの香りなどがわかるかを評価する。
	第２脳神経（視神経）	対光反射を確認することで評価する。
	第３脳神経（動眼神経） 第４脳神経（滑車神経） 第６脳神経（外転神経）	第３、４、６脳神経は、眼球運動に関与するため、顔を真っ直ぐにしたまま、ペン先を上下や斜めなど６方向に動かし、眼球運動が可能かを検査する。 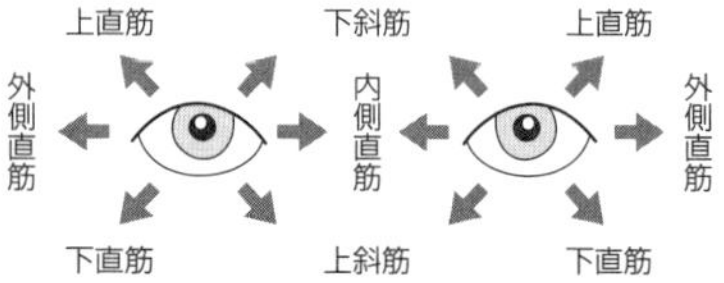 上直筋　下斜筋　上直筋 外側直筋　内側直筋　外側直筋 下直筋　上斜筋　下直筋
	第５脳神経（三叉神経）	額（ひたい）、頬（ほほ）、顎（あご）などを筆毛でなぞり左右の感覚差がないか評価する。
	第７脳神経（顔面神経）	額にしわを寄せられるか、舌の前２/３に、砂糖水や塩水を含んだ綿棒をあて、味覚が正常かどうか検査する。
	第８脳神経（聴神経）	聴力試験で確認できる。
	第９脳神経（舌咽神経） 第10脳神経（迷走神経）	口を大きく開け、「アー」と発声させた時に、口蓋垂（こうがいすい）及び周辺に左右差がないかを観察する。麻痺があれば、麻痺側の動きが悪く口蓋垂も偏位する。
	第11脳神経（副神経）	僧帽筋の運動にて評価：座位の被験者の両肩を上から強く押し、その力に抗い肩を挙上させるよう指示する。正常の場合左右差はない。
	第12脳神経（舌下神経）	舌を大きく「ベー」と出すよう指示する。左右の動きの差や舌の偏りを観察する。正常の場合左右差はない。
③髄膜刺激症状	脳・脊髄を包む髄膜に炎症が起きたり（髄膜炎）、大脳に出血や梗塞、腫瘍ができたことにより、脳圧が亢進すると嘔吐や頭痛を生じる。また、項部硬直やケルニッヒ徴候、ブルジンスキー徴候等の特徴的な症状を示す。	項部硬直：仰臥位に寝かせ、枕をはずし、頭の下に手を入れて頭のみもち上げようとすると下顎が胸に接触せず、抵抗や疼痛がある。無理に上げると、頭と一緒に身体全体が上がってしまう。 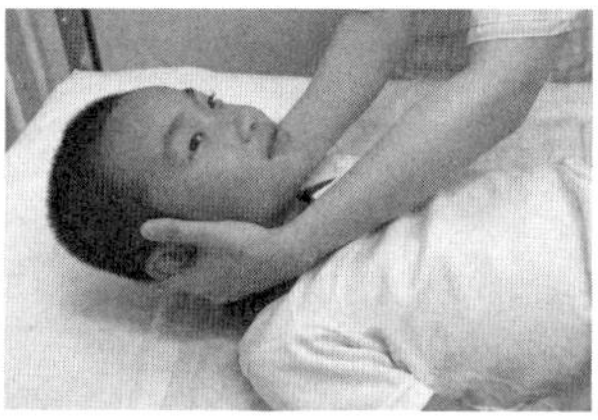 ケルニッヒ徴候：股関節と膝関節を90度に曲げ、下腿を受動的に伸展させた時、上腿と下腿の角度が135度以上にならず抵抗がある。 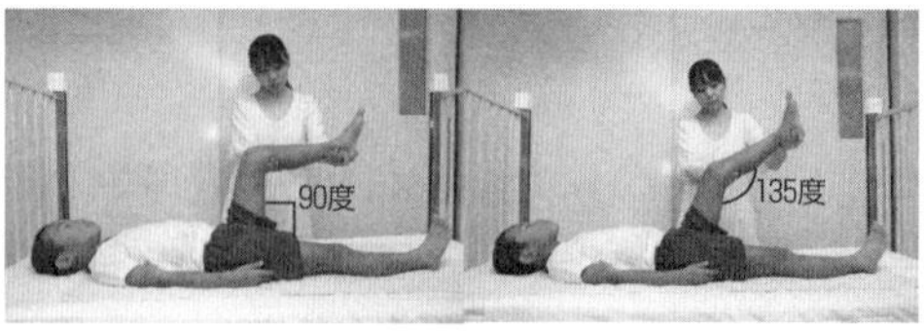 90度　135度 ブルジンスキー徴候：頸部を強く前屈すると股関節や膝関節が屈曲する。小児に出やすい。 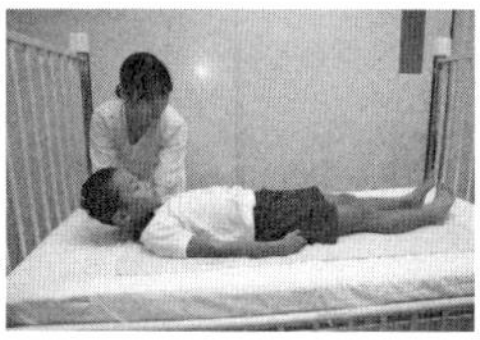

	簡易検査としてネックフレクションテストやジョルトサイン(ジョルトアクセンチュエイション)テストなどもある。	ネックフレクションテスト(neck flexion test)：直立し頭部を前に倒す動作をすると、抵抗があり頸を前胸部につけることができない。 ジョルトアクセンチュエイション(jolt accentuation)：頭部を左右、水平方向に振ると、頭痛が増強する。
④運動機能	運動機能の障害についてアセスメントする。	上下肢挙上試験：運動麻痺の有無を評価する。両手掌を上にして閉眼させる。または腹臥位にて両下腿を45度挙上させ1分間保つよう指示する。麻痺があれば手足の下降がみられる。  手掌を上にして目を閉じさせ、20～30秒以上観察する。 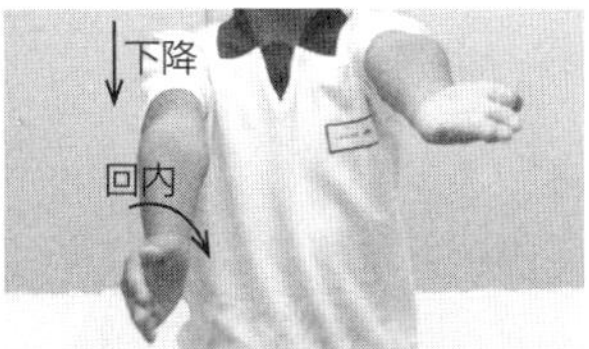 麻痺側は徐々に回内しながら下降する。 **上肢挙上試験** ※下肢挙上試験は腹臥位で行う。
⑤知覚機能	表在知覚と深部知覚についてアセスメントする。	表在知覚、触覚：筆で触っているのがわかるか。 痛覚：つまようじや安全ピンの針などを皮膚にあてて行う。 温度覚：温水と冷水を入れた試験管などを皮膚にあてる。 深部知覚：立位保持試験(開眼立位でふらつきのない人が、閉眼して5秒以内にふらつきを生じるか)、脊髄後索の障害でふらつきが起こる。開眼時から立位保持にふらつきがある場合は小脳機能の障害と考えられる。
⑥反射	反射についてアセスメントを行う。反射には、正常な場合にみられる生理的反射と、正常ではみられない病的反射がある。	生理的反射には、「痛っ」と思った時に瞬間に手をひっこめる逃避反射、打腱器で叩いた時みられる膝蓋腱反射、アキレス腱反射等の腱伸張反射がある。脊髄損傷のような直接の障害では反射が消失し、脳や脊髄の関連部位の障害では反射が亢進する。 **膝蓋腱反射**
		病的反射には、バビンスキー反射やトレムナー反射などがある。錐体路障害があると出現するが、外傷などで下位運動ニューロンが障害された場合には出現しない。 **バビンスキー反射** 仰臥位にて、足底の外縁から図のように、打腱器の持ち手側など適度に尖ったもので強めにこすると、母指が反り(背屈)、他の指が扇状に開く。 **トレムナー反射** 被験者の中指を背屈気味に固定し、指ではじく。母指が内転屈曲すれば陽性。

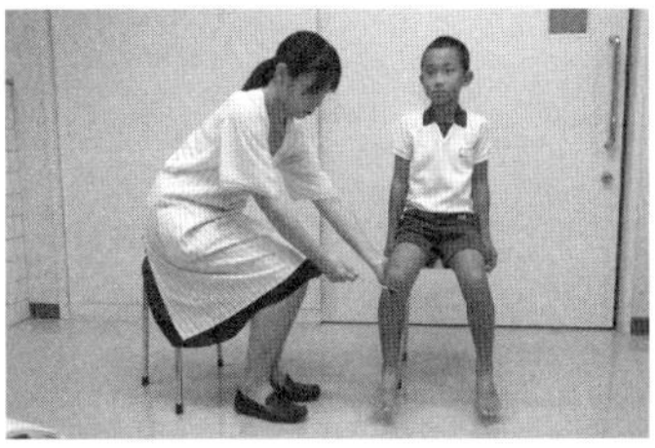

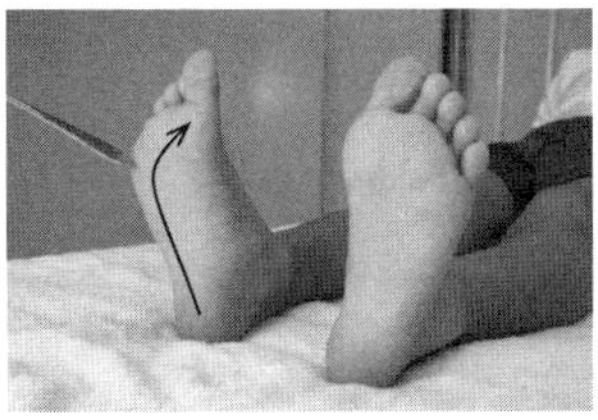

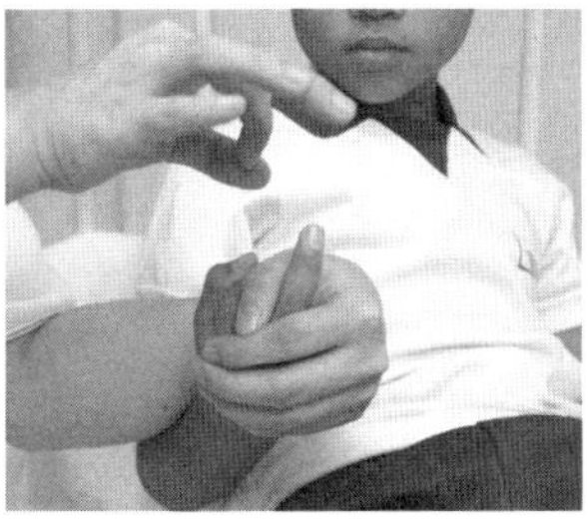

⑦小脳機能	小脳の機能のアセスメント。小脳が障害されると筋肉各部の協調と連動ができなくなり、筋力の低下や麻痺がなくても運動失調が起こる。	小脳機能の評価は、指鼻指試験や急速回内外運動を観察することで評価できる。 指鼻指試験：子供と向かい合って座り、子供の指で、自分の鼻と検査者の指を交互にできるだけ早くタッチできるか、特に検査者が指の位置を動かしても、正確に追ってタッチできるかを観察する。 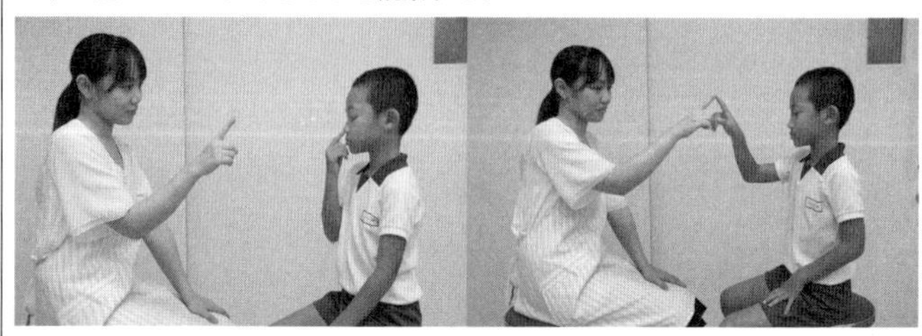 指鼻指試験 急速回内外運動：座位になり、自分の両膝を手掌側と手背側を交互に使って叩いてもらう。これをできるだけ早く繰り返してもらう。障害があると正確に膝を叩くことができなくなる。 回内　回外 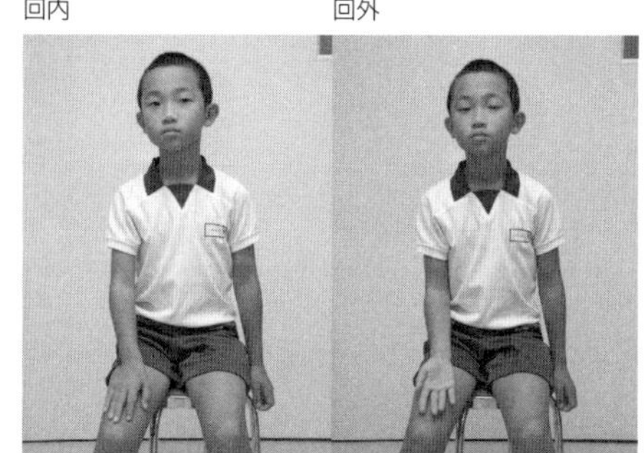 急速回内外運動
⑧高次脳機能	高次脳機能のアセスメントとは、認知、記憶、言語、思考、感情についての評価であり、対象者の様子や会話の内容をよく注意して観察すれば難しいアセスメントではない。	改訂長谷川式簡易知能評価スケールなどが用いられる。 今日が何年何月何日何曜日か、ここは何県何市のどこか、物品の名前を3つ教えた後、回答させる、簡単な計算(100から7引くといくつか)、鉛筆や時計など簡単な物品の名前を聞く、簡単な指示(目をつぶる)、簡単な文章や図形を書かせるといった試験で満点は30点である。なお、20点以下で「認知症」と評価される。

参考文献

1) 日本養護教諭教育学会：養護教諭の専門領域に関する用語の解説集〈第三版〉、2018

2) 遠藤伸子、三木とみ子、大沼久美子他：養護診断開発の方途と養護診断開発システムに関する研究、日本健康相談活動学会誌 4(1)、2009、47-65

3) 和田攻、南裕子、小峰光博編：看護大事典第2版、医学書院、2010

4) 藤崎郁、伴信太郎：フィジカルアセスメント完全ガイド、学研、2007

5) 松尾ミヨコ他編：ナーシング・グラフィカ—基礎看護学(2)　ヘルスアセスメント　第5版、メディカ出版、2017

6) 田邊政裕編：診察と手技がみえる vol.1、メディックメディア、2006

7) 日本高血圧学会高血圧治療ガイドライン作成委員会編：高血圧治療ガイドライン2019、日本高血圧学会、2019、14、17

第3章

学校看護技術

1. 援助関係を形成する技術

1）コミュニケーションとは

コミュニケーションとは、情報や意見の交換だけでなく、感情やニードをも交換する過程[1)]であり、意思決定や情緒的交流は、すべてコミュニケーションによって成立している。教育においてコミュニケーションは、伝達そのものに限らず、相互作用のプロセスであり、対人関係そのものであり、重要な対人関係技術である[1)]。円滑な援助関係を形成するためには、コミュニケーションを通して互いに自分の思いや考えを相手に伝え、情報が交換されることが前提になる。傾聴、受容、問題解決を支えるなどの情緒的支援においては、コミュニケーション自体が信頼関係の基盤となり癒しにもつながる技術となる。

第3章

（1）コミュニケーションの構成要素

コミュニケーションは、一般に「送り手から受け手に意味あるメッセージを送ることである」といわれている[2)]。コミュニケーションは、❶送り手、❷メッセージ、❸受け手、❹フィードバック、❺状況の５つの構成要素から成り立っている[1)3)-7)]。

養護教諭が子供の話を聴く場面では、〈送り手〉である子供は〈メッセージ〉を〈受け手〉である養護教諭に言語や文字、表情、身振り、態度などにより送る。〈受け手〉である養護教諭は、〈メッセージ〉の意味を解釈し、〈送り手〉の子供に〈フィードバック〉する。コミュニケーションの過程は、一方的でなく双方向的なものであり、受け手が送り手に、送り手が受け手にと素早く入れ替わり、メッセージの意味を確認しながら相互理解へと進んでいく[4)]。対人関係を結ぶコミュニケーションでは、特に、その情報が受け手の中でどのように意味づけされたか（解釈）が重要である。この意味を共通に理解する「分かち合う」ことへの努力によって両者のコミュニケーションの質が決まる[4)]。このプロセスにはコミュニケーションが行われる場や時間、関係性などの〈状況〉が関与しており[5)]、コミュニケーションにおいては、メッセージの言葉そのものではなく、文脈の中での解釈と状況を含めた解釈が重要となる。

子供の伝える能力や認知能力は発達過程にある。そのため、子供の発達段階を把握した上で、子供の〈メッセージ〉の意味を解釈し、子供が理解できるように〈メッセージ〉を送ることが大切である。また自分の先入観や思い込みから非効果的なメッセージを送ってしまうこともあるため〈メッセージ〉を送る際、子供は何を求めているのか、子供の反応はどうか、というサインを見逃さないことが大切である（図表 3-1-1）。

①言語的コミュニケーションと非言語的コミュニケーション

〈メッセージ〉は、大きく言語的コミュニケーションと非言語的コミュニケーションに分類される。非言語的コミュニケーション（図表 3-1-2）は、言語的コミュニケーションを補ったり強化したりする

図表3-1-1　子供と養護教諭のコミュニケーション

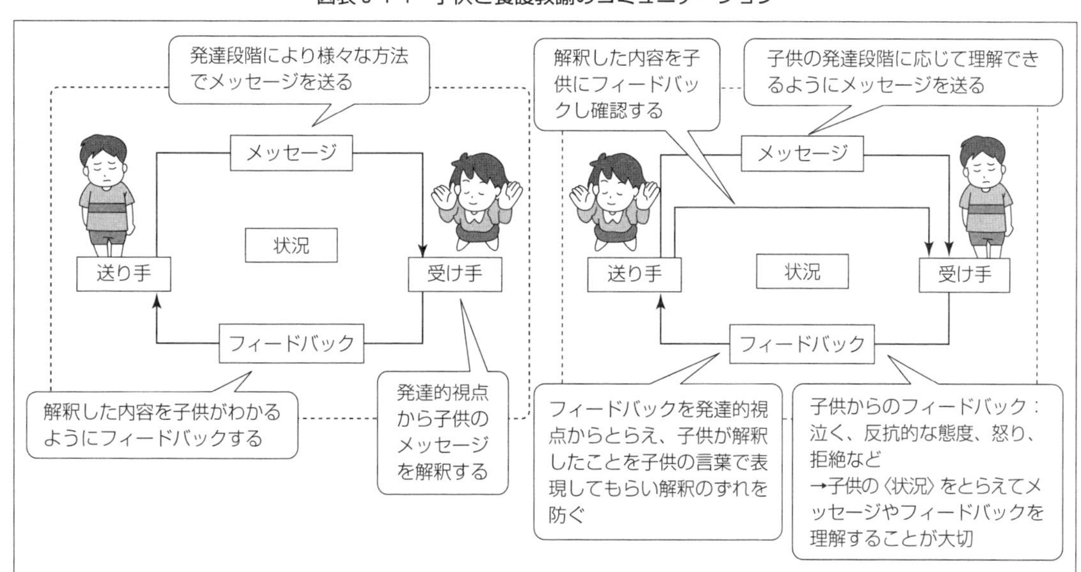

機能がある。また非言語的コミュニケーションは無意識の感情が反映されやすいため、子供の話を聴く時には、子供の非言語的コミュニケーションに注目することで、子供の感情や本心に近づけることが多い。しかし、非言語的コミュニケーションは、メッセージの意味が誤解されて解釈される危険性も高い。そのため関係性や状況の中で解釈した意味内容を確認していくことが重要である。

図表3-1-2　非言語的コミュニケーション

動　作	身振り、姿勢、態度、表情、視線、振る舞い、癖など
音　声	声のトーン、早さ、音質、大きさ、リズム、沈黙、笑い声、あくびなど
空　間	距離のとり方、位置、視線の高さなど
嗅　覚	香り・匂いなど
スキンシップ	身体的接触(タッチング)など
外　観	服装、髪型、装飾品、持ち物、化粧品など

②子供とのコミュニケーションにおける留意点

養護教諭は、子供とコミュニケーションをとる場合、〈状況〉により影響を受けるため、子供の話しやすい場、時間帯などを選ぶ。また言語的コミュニケーションだけでなく、非言語的コミュニケーションも用いて〈メッセージ〉を伝えたり、子供からの非言語的コミュニケーションによる〈メッセージ〉をとらえ、解釈する。また子供の発達段階を理解し、発達段階に応じた言葉遣いやコミュニケーション方法をとるようにする(図表3-1-3)。

(2) 子供と家族(保護者)との援助関係の形成とコミュニケーション

①子供と家族との援助関係の形成(図表3-1-4)

援助関係とは、健康に関わるニーズをもつ子供とその家族に対して養護教諭が専門性を発揮し責務を果たしていくために結ぶ対人関係である。援助関係を形成する上で、子供を一人の人として尊重し、子供と家族の権利を擁護する姿勢で関わり、パートナーシップを確立することが基盤となる。パートナーシップの確立においては、子供と家族の生活背景や発達的特徴を踏まえ、独自の体験を理解しよ

図表 3-1-3　子供の発達段階別にみたコミュニケーションの留意点

◆学童期の子供

・学童期の子供は、勤勉感の獲得という発達課題に取り組んでいる。子供とのコミュニケーションの中で、子供が頑張ったことやできたことを褒め、子供の強みを評価し肯定的にフィードバックする。

・病気により友達と同じように行動できない場合、帰属感をもつことが困難となり自尊感情が低下したり自信を失ったりして他者とのコミュニケーションをとることが難しくなる場合がある。子供が帰属感をもち続けることができるよう支援することが重要である。

◆思春期の子供

・思春期の子供は、抽象的に思考するようになるため、子供が自分のおかれた状況を理解し、判断できるように必要な情報を提供し、話し合うことが大切である。

・思春期の子供は、アイデンティティを獲得するという発達課題に取り組んでいる。健康課題をもつ子供は、他者と比較して「どうして自分だけが」と思い悩んでいる場合がある。子供とコミュニケーションをとる中で、自分の悩みや思いを表出できるよう励まし、友人との関係が保持できるよう支援する。

うとする受容的・共感的姿勢や子供と家族の意思決定の尊重が重要となる。また、家族全体をとらえる視点をもちながら子供と関わること、子供と家族の強みやできていることに注目し認めること、自らの価値観にとらわれないようにすることも重要となる。

②援助関係を形成するコミュニケーション技術

援助関係を形成する上で、まずは相手を尊重し共感的に理解しようとする姿勢が必要不可欠である。ロジャーズ(Rogers)は、援助関係における基本的態度として「共感的理解」「無条件の肯定的配慮」「自己一致」を挙げている(図表 3-1-4)。養護教諭はこれらの姿勢を基盤としながら、様々なコミュニケーション技法(図表 3-1-5)を活用して援助関係を形成する。養護教諭として相手を尊重し共感的に理解する基本的な姿勢を大切にし、援助関係の形成を行うことが重要である。

図表 3-1-4　援助関係の形成

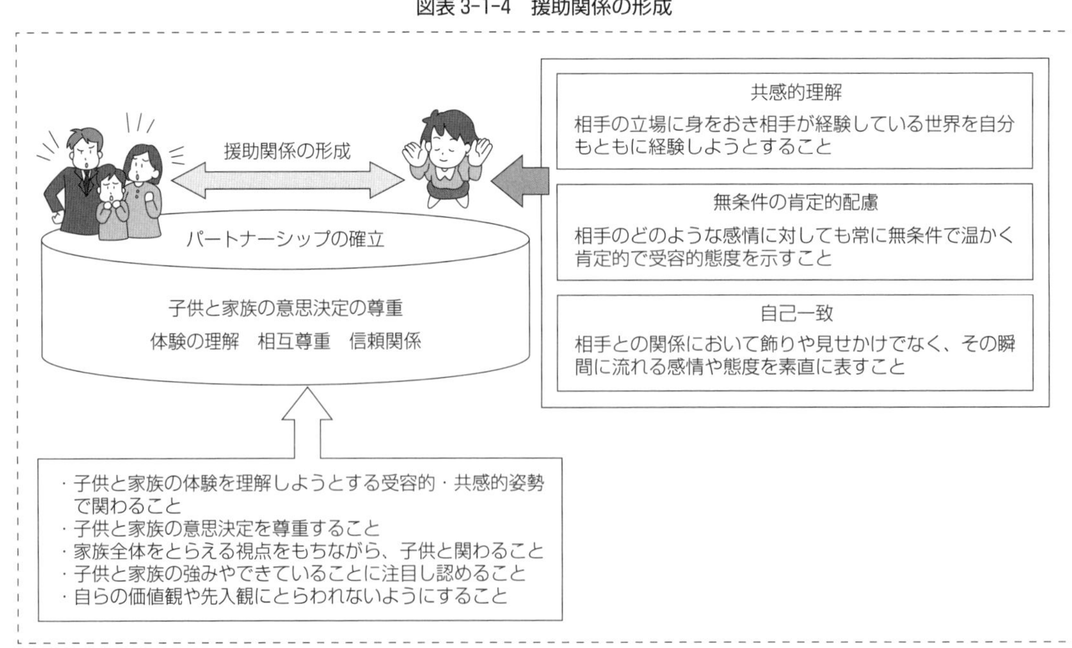

図表3-1-5　コミュニケーション技法の例

技　法	説　明	具体例
傾聴（積極的傾聴）	相手の感じ方や考え方に関心を注ぎながら話を聴くこと	解釈をしない。自分の価値判断を入れない。視線を合わせ続ける。相手が伝えたい内容を感情で受けとめる
受容	相手をありのままに尊重し認め、受け入れること	「よくわかります」「そうですね」 うなずく、相づちをうつなどの態度を示す
幅のある出だし	オープンな切り出し方によって話題の主導権を相手にわたす	「もう少しくわしく話してくれませんか」 「どのように考えていますか」
繰り返し	話の内容や感情をそのまま繰り返して返すこと	『試験のことを考えると不安で眠れない』 「試験のことが不安で眠れないのですね」
言い換え明確化	意味のわからないところや曖昧なところを言い換えて明確にすること	「あなたが言われたことはこういうことですか」
反映	話を聴いて了解したことを言葉で伝え、相手の表現したことと聞き手の理解が一致しているかを確認する	「それはこういうことですか」（内容の反映） 「お母さんが入院することになって、お母さんのことが心配なのですね」（感情の反映）
焦点化	相手にとって重要な話題をくわしく語ってもらう。問題の核心に取り組むことを助ける	「それはとても大切なことだと思うけれどどうでしょう？　もっと時間をかけて考えてみましょうか」
沈黙	沈黙を見守り、意味を汲みとる。考える余裕を与え、洞察を深める	黙ってそばにいる。「何も話さなくていいですよ」

引用・参考文献

1）Friedman,M.M：Family Nursing Theory and Assessment. Appleton & Lange、10章家族コミュニケーションのパターンとその過程、家族看護　理論とアセスメント（野嶋佐由美監訳）、へるす出版、東京、1996、168

2）Harmon Hanson S.M.. Boyd.S.T：Family Health Care Nursing: Theory Practice and Research、家族看護学―理論・実践・研究（村田恵子、荒川靖子、津田紀子監訳）医学書院、東京、2001、202

3）野嶋佐由美：12章看護の対象としての家族　家族関係、山崎智子監修、明解看護学双書１　基礎看護学Ⅰ、金芳堂、京都、1996、180-181

4）小迫冨美恵：３章看護における対人関係とコミュニケーション技術　コミュニケーションの技能、山崎智子監修、明解看護学双書１　基礎看護学Ⅱ、金芳堂、京都、1996、32-35

5）青木典子：看護におけるコミュニケーション；「聴く」技術を中心に、小児看護、26（６）、2003、710-716

6）川野雅資：実践に生かす看護コミュニケーション、学研メディカル秀潤社、東京、2003

7）中野綾美：第１章援助関係を形成する技術、中野綾美編、ナーシング・グラフィカ小児看護学②小児看護技術、メディカ出版、2021、14-27

8）越野由香：C. ロジャーズ　カウンセリング理論の研究、教育科学研究、17、2000、11-23

2. セルフケアに関する技術

1）セルフケアとは

セルフケアとは、「人が生命や健康、そして幸福を維持していくうえで自分のために活動を起こし、やり遂げること(Orem、2001/2005)」である[1)]。すなわち、個人が自らの健康により大きな責任をもち、自分の生命・健康・安寧・良好な状態を目指して、自らの判断に基づいて、自らの能力を駆使して主体的にとる行動である。

第3章

オレム(Orem)は、人がセルフケアをするために行わなければならない活動として、普遍的セルフケア要件、発達的セルフケア要件、健康逸脱に対するセルフケア要件を示している(図表3-2-1)[2)]。

図表3-2-1　セルフケア要件

普遍的セルフケア要件	すべての人間に共通するもので、人間の構造と機能を維持し、人間の発達と成熟をもたらす人間の生活行動 ：空気・水・食物の維持、排泄の維持、活動と休息、孤独と社会的相互作用のバランスの維持、危険を予防し生体の正常を増進すること
発達的セルフケア要件	正常な発達段階を遂げるために必要とされるセルフケア行動 ：発達課題、教育剥奪、親族・友人などの喪失、苦しい生活状態など
健康逸脱に対するセルフケア要件	病気やけがをした時に必要とされるセルフケア行動 ：病院受診、治療の実施、病気療養しながらの生活など

人は、自らの知識や判断力、実行力などのセルフケア能力(図表3-2-2)を用いてセルフケア要件に取り組んでいる。セルフケア能力は後天的なもので日々の学習によって獲得される。成長発達の途上にある子供は、セルフケア要件をすべて自分で行うことができないため、親とともに、あるいは他者に助けを借りながらセルフケア要件に取り組む。

2）成人への移行期にある子供のセルフケアの発達と支援

子供のセルフケアは、その土台に「こどもに生まれながら備わっている生きる力」があり、「こどもの成長発達」「セルフケア能力の発達」が学習を通じて循環し、生活する過程で遂行され、こども自身の意図性も育みながら、セルフケア能力が発達し続けるものである[3)]。すなわち子供は成長発達とともに学習を通じてセルフケア能力を高め、自立していく。特に学童期から思春期にかけては親から子供へとセルフケアの責任が移行する重要な時期である。

(1）学童期の子供のセルフケアの発達と支援

学童期の子供は日常生活における生活習慣を確立していく時期にある。心理社会的にも重要他者が親から友人に移行し、学校生活を中心とした人間関係の中で成長する[3)]。自立に向けてセルフケア行

図表 3-2-2　セルフケア能力

知識
・健康な生活を維持するために必要な知識や方法を他者から情報探索する能力
・得た情報を理解して実際に活用できる能力
・情報を探索し活用する能力
・問題が生じた場合、なぜそのような問題が起こったのかを理解する能力　など
判断力
・どのようなセルフケア行動が必要であるかを判断したり、問題の優先度を的確に見極め判断する力
・適切な対処方法を考え選択し決定する力
・外部の人的・物的資源を調整する力
・健康問題に関わる事柄に対して柔軟に対応し適応していく力　など
セルフケア能力
実行力
・知識を活用して健康的な行動を実際に行うことができる実行力
・セルフケア行動をモニタリングしながら継続する力
・これまでの生活を見つめ、自分に必要なセルフケア行動を創造していく力　など

動は徐々に拡大し、親の見守りとのバランスを変化させながら適切なセルフケアを獲得していく。この時期、親子関係においては親による適切な支援と見守りがあること、できないことは一緒に取り組むことが大切である。養護教諭として、子供のセルフケアの状態をとらえながら、適切なセルフケアの獲得がなされるよう親子関係にも視点を向けながら支援していくことが重要となる。

(2) 思春期の子供のセルフケアの発達と支援

思春期になると自立した存在としてセルフケア能力を獲得する。子供の生活の場は学校生活に加え、クラブ活動や塾、アルバイトなどと広がり、セルフケア行動も変化し、拡大する。またこの時期は飲酒や喫煙などの問題も生じやすく、食事や睡眠などの生活習慣が乱れ、セルフケアが困難な状況に陥りやすいことも特徴である。親子関係においては、親からの心理的自立をはかりながらも、「自分のことを気にかけ、困った時には助けてほしい」という親への依存と自立への葛藤が強い[4)]。親の過干渉や過保護への反抗心が高まる一方、親の無関心や放任に不安や苛立ちを感じやすい。

思春期は、生涯にわたる生活習慣を確立する上で重要な時期である。養護教諭として、飲酒や喫煙など健康に悪影響をもたらすものを避けたり、過食や運動不足など生活習慣病につながる生活習慣を見直したりするなどの支援が重要となる。また、親子関係も含め様々な葛藤や不安にともに向き合い、子供のもつ力を最大限に引き出し、困難に対処できるよう支援していくことが求められる。生活習慣病などの疾病予防においては子供を含む家族への支援も重要である。

3) 健康課題をもつ子供のセルフケア

病気やけがなどの健康障害が生じ、療養生活が必要になった場合、子供は健康障害に伴う新たなセ

図表 3-2-3　健康課題をもつ子供のセルフケア不足の状態

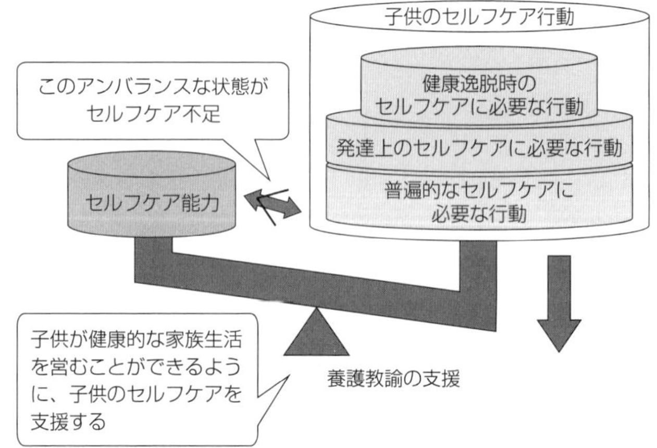
養護教諭として、子供のおかれた状況（精神状態、家族背景、病気の経過、発達段階など）をとらえ、多角的視点から子供のセルフケア状況をアセスメントする。必要に応じて、①子供に代わって支援を行う（セルフケア行動の代償）、②方向づけを行う、③サポート（支持）を行う、④環境を調整する、⑤指導や教育を行う。
このアンバランスな状態がセルフケア不足
セルフケア能力
子供のセルフケア行動
健康逸脱時のセルフケアに必要な行動
発達上のセルフケアに必要な行動
普遍的なセルフケアに必要な行動
子供が健康的な家族生活を営むことができるように、子供のセルフケアを支援する
養護教諭の支援

ルフケア行動（健康逸脱に対するセルフケア要件）が求められるようになる。また子供の有するセルフケア能力は一時的あるいは不可逆的に低下し、セルフケア不足が生じやすい（図表 3-2-3）。養護教諭として、子供自身がセルフケア能力とセルフケア行動のバランスを保っていくことができるよう支援していくことが重要となる。

（1）子供のセルフケアへの支援

①健康障害や療養法についての理解を深める支援

学童期・思春期の子供は、学校など親と離れて生活する場での生活が中心となるため、療養行動や症状出現時などのセルフケア行動を自ら行うことが求められる。子供の発達段階に応じて、健康障害や療養法について理解できるよう支援する。

また長期療養や成長発達に伴い、病状や生活が変化すると療養法も変化する。その都度、子供の理解度に合わせて学校生活における療養法に必要な知識を伝えていくことが大切である。療養法の実施においては連携が重要となる。子供と家族のプライバシーへの配慮を行いながら、学校全体での統一した対応や医療機関との連携の場をつくるなどの個別の病状に合わせた対応が求められる。服薬管理や症状出現時の対応など家族、主治医、学校との共通理解が不可欠である。

②子供の自己効力感や自尊感情を高め、主体的なセルフケア行動への支援

子供が病気をもちながらセルフケア行動を行っていくためには、必要な知識を習得するだけでなく、子供自身が病気を受けとめ、関心を向けることが必要となる。そのためには、子供の自己効力感や自尊感情など子供の心の安定への支援が大切である。療養法の支援において「自分でやれそうだ」と自己効力感や自尊感情を予測できるような目標を見つけ、情緒的支援の提供を行っていく。自己効力感や自尊感情を高めるために、子供のできているところ、頑張っているところを認め、尊重していく姿勢が重要である。

子供なりに考え取り組んでいる「今できている」セルフケア行動を尊重し、取り組んでいる１つひとつの行動を大切にする。そして今後必要な行動や改善が可能な行動について子供とともに考え、でき

ることをスモールステップで取り組むよう支援する。子供とともに歩む姿勢、肯定的なメッセージの発信は、子供の主体的なセルフケア行動を促し、自己効力感や自尊感情の形成につながる支援となる。

③子供にとって「ふつうの生活」を大切にしたセルフケア行動への支援

子供は健康障害により友達と同じように行動できないことにストレスを感じたり、友人関係に影響するのではないかと不安を抱きやすい。そのため、療養法が守れないこともある。発達課題の達成の視点からも、子供が家族や友人等と変わらず過ごせる自分を見出し、セルフケア行動をとっていくことができるよう支援していくことが重要である。子供にとって「ふつうの生活」とは何かを共有しながら、子供が大切にしている生活に適したやり方でセルフケア行動を行っていける方策をともに考え、取り組めるよう支援する。

引用・参考文献

1) Orem, D. E 著、小野寺杜紀訳：Nursing:Concepts of practice, 6th edition. オレム看護論―看護実践における基本概念(第4版)、医学書院、2001/2005、41-42

2) 前掲書1)45-46

3) 片田範子：こどもセルフケア看護理論、医学書院、東京、2019、32

4) 中野綾美編：ナ　シンググラフィカ小児看護学①小児の発達と看護、メディカ出版、大阪、2021

5) 石浦光世：家族から子どもへのセルフケアの責任の移行を支える看護、小児看護、33(1)、へるす出版、2010、42-48

第3章

3．日常生活を支える技術

1）食事と栄養

（1）食事の意義

子供にとって食事は、健康の保持・増進と健全な成長・発達に必要な栄養の摂取として重要である。また望ましい食事行動の獲得や食習慣の基盤の確立、食を通じた豊かな人間性の育成など、心や社会性の発達を促す場ともなる。そして他者とともにする食事は、コミュニケーション能力を育む場、人間関係を形成する場としても重要な役割をもつ。家庭においても家族とともに食べることを通して家族とのコミュニケーションをはかり、豊かな家族関係づくりにつながるとともに、家庭の食文化を伝承する意味もある。

（2）子供の食事と栄養に関する基礎知識

①食事と栄養に関わる学童期・思春期の子供の特徴

食生活の特徴として、学童期では食生活が完成する時期であり、食の自己選択がはじまる。思春期になると食生活が自立し自己選択が増えてくるため、食事や間食の質と量、回数など食事の自己管理力を育むことが重要となる。この時期の食生活は、学校生活やその他の集団活動、家庭生活様式に影響を受けることも特徴といえる。栄養面では、学童期・思春期には発育や身体機能の変化、運動量の増加に対応した十分な栄養素を摂取する必要があり、特にエネルギー、蛋白質、カルシウムの摂取基準は成人を上回っている。また第二次性徴として生理的な男女差が出てくるため、食事摂取基準にも差が出てくる（図表 3-3-1）。

図表 3-3-1　日本人の食事摂取基準（2020年度版）身体活動レベルⅡ（ふつう）における食事摂取基準

年齢（歳）	推定エネルギー必要量(kcal/日)		たんぱく質(g/日)推奨量		カルシウム(mg/日)推奨量	
	男性	女性	男性	女性	男性	女性
6～7	1,550	1,450	30	30	600	550
8～9	1,850	1,700	40	40	650	750
10～11	2,250	2,100	45	50	700	750
12～14	2,600	2,400	60	55	1,000	800
15～17	2,800	2,300	65	55	800	650

MEMO

食事摂取基準

健康な個人または集団を対象として、国民の健康の維持・増進、生活習慣病の予防を目的とし、エネルギー及び各栄養素の摂取量の基準を示すもの。厚生労働省から出されている。

推奨量

ある対象集団において測定された必要量の分布に基づき、母集団に属するほとんどの人が充足している量。

②子供の食事と栄養に関わる健康課題

学童期・思春期では、肥満や欠食による体力の低下、高血圧、脂質異常症、動脈硬化など生活習慣病予備軍の増加が指摘されている。女子では思春期特有の痩せ願望のため偏った栄養バランスになる場合があり、月経の開始とともに貧血傾向になりやすい。さらに外食やインスタント食品の増加も栄養バランスを崩す一因となっている。近年、家族生活の多様化から孤食も指摘され、情緒発達面への影響も示されているように、食事に関わる健康課題は子供の多様な側面に影響をもたらしている。

(3) 子供の食生活への支援(図表3-3-2)

①子供の食事と栄養における観察と理解

子供の食事・栄養状態を把握するために、子供の食欲や栄養バランス、食行動について観察する。子供は家族との生活の中で食事行動を習得していくため、家族の食習慣についても把握する。栄養状態の評価としては、体重と身長の成長曲線パターンの検討やローレル指数がある。これらの観察や分析を通して、子供の健康課題や必要な支援を見極め、子供が自らの力で健康的な食習慣を形成していくことができるよう支援する。

MEMO

ローレル指数

体重(kg)/身長(cm)^3×10^7

[判定基準]

160以上　太りすぎ

115～145　正常

99以下　やせすぎ

②子供の自己決定を尊重した食習慣の形成・自立への支援—セルフケア力の強化

学童期・思春期には、食の自己選択がはじまり、成人期につながる食習慣の形成、自立がなされる。食べ方や食事づくり、食に関する情報への対処、自分に合った適切な食物選択などの食スキルは、食生活に関わるセルフケア力である。これらの力が獲得できるよう支援する。学校においては、知識中心の指導から行動変容へ結びつける、「わかる」から「できる」ことを目指す保健教育が重視されている。子供の行動変容を目指し、主体性を尊重し、動機づけを高める保健教育が求められている。固定した食習慣を変えることは難しい。できそうなことを一緒に探し、自己決定しながら自立した食習慣を形成していくことができるよう、努力を認め、内からのやる気を支える関わりが重要となる。

③学校・家庭・地域の連携を基盤とした食生活への支援

生涯にわたって健康で豊かな生活を送る基本としての、食を育む力を育てる「食育」が取り組まれている。子供の食生活を支援していく上で、家庭と連携しながらともに食生活について考え、効果的な食育を実践していくことが重要となる。生活習慣病予防の点からも、心身の健康に責任をもつ養護教諭は、地域の関連機関と連携しながら保健教育や保健組織活動を通して食生活を支援することが大切である。食事への支援、配慮が必要な子供への個別支援においても、養護教諭がコーディネーターとなり、保護者や医療専門職者と協働関係を形成しながら、子供の食生活を支えることが求められる。

図表3-3-2　子供の食生活への支援

健康的な食生活の形成
セルフケア力の強化

↑

・自己決定を尊重した食習慣の形成・自立への支援
・動機づけを高め行動変容を目指した保健教育の実践
・学校、家庭、地域の連携を基盤とした食育の実践

↑

食に関わる健康課題・必要な支援の見極め

↑

食事・栄養における観察と理解

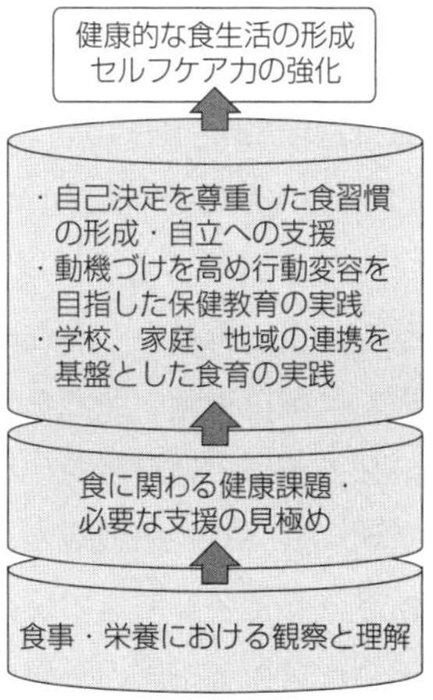

参考文献

1）中村丁次：系統看護学講座 専門基礎分野 人体の構造と機能［３］栄養学 第13版、2021

2）排　泄

（1）排泄の意義

人は水・酸素・栄養物を取り込み、生命維持に必要な物質やエネルギーを産出する。その一方で消化・吸収・代謝のプロセスを経て不要な代謝物や有害物質を体外に排出する。これを排泄という。排泄機能をもつ器官には、皮膚、消化器、呼吸器、泌尿器、生殖器があり、排泄物には、尿、便、汗や不感蒸泄（ふかんじょうせつ）、痰、月経血などがあるが、一般的には尿・便を指す。排泄行動は生命維持に不可欠であるが、日常的な生理的欲求を満たすものである。

（2）排泄に関する基礎知識

①泌尿器系の形態と機能

泌尿器系は尿の生成と排泄をつかさどるものである。腎臓のネフロン（腎小体と尿細管からなる）で尿は生成されるが、尿細管で99％は再吸収され、１日に排泄される尿量は成人で約1,000～1,500 ml である。そして尿は腎臓から尿管を経て膀胱へと送られる。排尿には、血液中から尿素、尿酸、クレアチニンや余分な水分・電解質を除去し、身体の内部環境を維持する働きがある。一時的に尿を貯留する膀胱は平滑筋の袋状の器官で、その粘膜は容積の変化に対応できるようになっている。膀胱内に尿が蓄積されると膀胱内圧が上昇するが、内圧の上昇は緩慢ですぐには尿意を感じない。およそ150～200 ml 以上の蓄尿で尿意を感じはじめる（初発尿意）。そして最大尿量（400～500 ml）に近づくと膀胱内圧は上昇し強い尿意を引き起こし、尿道を経て体外に排出される。膀胱から尿を排出するためには、副交感神経と交感神経が働く。

②尿排泄の異常

水分摂取量の不足、発熱等で水分の蒸散が多いなどの場合には量が減少するなど「乏尿」や「無尿」になることがみられるので、尿量や排尿回数、１回の尿量等を知ることは大切なことである（図表 3-3-3）。排尿回数が１日10回以上に増加するものを「頻尿（ひんにょう）」、回数が極端に少ないものを「希尿（きにょう）」という。膀胱容量は、成長するにつれ蓄積できる尿量が増え、排尿回数は減少する。尿量が少ないことは、発熱や脱水、胃腸炎、急性の腎不全状態などの可能性がある。正常な尿には蛋白や糖、血液などは含まれないが、腎臓に炎症等があった場合にはこれらの成分が出現する。尿の色は、通常淡黄色から淡黄褐色で、水分摂取量が多いとウロビリン量が薄まり、尿の色も無色透明に近づく。摂取量が少ないと濃い色になる（濃縮尿）。臭いは、芳香性の臭いがし、空中に長く放置されるとアンモニア臭が強くなる。尿路感染症などがある場合には、異臭がする。

MEMO

１日の水分出納

分類	intake	output
	食事：600 ml 飲水：1,500 ml 代謝：200 ml	尿：1,500 ml 便：100 ml 不感蒸泄：700 ml
合計	2,300 ml	2,300 ml

通常、排尿は排尿の意思があればすぐに開始し短時間（約30秒程度）で済むが、尿がスムーズに出な

図表 3-3-3　尿の正常範囲と影響因子

	正常範囲内	正常範囲外	影響する因子
量	幼児：500～1,000ml/日 児童：800～1,400ml/日 成人：1,000～1,500ml/日	多尿：2,500～3,000 ml/日以上 乏尿：400 ml/日以下 無尿：100 ml/日未満	インテーク量 運動・発汗 下痢・嘔吐　　など
回　数	5～10回　(個人差あり)	頻尿：10回以上(特に夜間に多いものを夜間頻尿) 尿閉：膀胱に尿は溜まるが排尿できない状態	交感神経を刺激する因子(緊張や寒さなど)
色	淡黄(褐)色　混濁なし	尿量により変化あり 赤色～暗赤色　深黄色～淡茶褐色	尿量、血液の混入、黄疸によるビリルビン尿
におい	芳香臭	異臭(アンモニア臭、甘酸っぱい臭い)	比重、食事内容
pH	5.5～7.0	酸性尿(脱水、アシドーシス) アルカリ尿(尿路感染症、アルカローシス)	食事内容
成分	尿素、アンモニアなど	蛋白質、尿糖、血球、ケトン体　など	腎機能障害、糖尿、尿路感染症など

図表 3-3-4　排尿困難のタイプ

遷延性排尿(せんえんせい)	排尿開始するまでに時間がかかる
苒延性排尿(ぜんえんせい)	排尿しはじめて終了するまでの排尿の時間が長い

図表 3-3-5　失禁のタイプ

腹圧性尿失禁	怒責(どせき)や咳嗽、くしゃみなどの何らかの行動で腹圧が高くなり漏れる
切迫性尿失禁	突然の強い尿意があり不随意に漏れる
溢流性尿失禁(いつりゅうせい)	尿閉の時にみられる　膀胱が収縮していなくても漏れる
反射性尿失禁	尿意や膀胱充満感は感じないが一定の膀胱容量に達した時に反射的に漏れる
機能性尿失禁	排尿を自制できる人が意識や情緒、運動障害がある場合に起こる
遺尿症	夜尿症、昼間遺尿症

い状態、排尿に努力しなければならないような状態を「排尿困難」といい2つのタイプに分けられる(図表 3-3-4)。また、尿失禁は尿を膀胱内に保持できずに無意識に尿が漏れる状態をいう。失禁には症状による分類、排尿機能の障害の有無による分類等がある(図表 3-3-5)。遺尿(いにょう)症には、昼間尿を漏らす昼間遺尿症と夜間就寝中に遺尿する夜尿(やにょう)症がある。

③消化器系の形態と機能

口から摂取された食物は、食道、胃、十二指腸、空腸、回腸を経由し、消化吸収される。そして食物残渣は、蠕動運動、逆蠕動運動、分節運動により大腸、特にS状結腸に移送される。長くS状結腸にとどまり、その間に消化管の内容物から水分が吸収され、糞便が形成される。直腸に糞塊が達すると直腸壁の伸展が刺激となり便意が生じる。直腸壁内圧が高まると、反射的に内肛門括約筋が弛緩し、大脳皮質にも伝達され便意が生じる。しかし、便意が生じても排便反射中枢の活動を抑制できるため排便を我慢できるようになっている。肛門は、不随意筋と随意筋によって排便を調整することができる。便を排出してもよい状況が整うと、腹腔内圧を上げる「いきみ」と内・外肛門括約筋が弛緩し、肛門挙筋を収縮させ便が排出される。

糞便の成分は、消化吸収されない食物残渣、乳酸や脂肪酸などの食物分解産物、消化管壁から剥離した粘膜上皮細胞、胆汁や腸液などの消化管粘膜分泌物、腸内細菌の残骸、大腸粘液からの排泄物などからなっている。

④便の異常

排便は必ずしも毎日一定の量が排泄されるものではなく、個別性が大きい。排便パターンや便の性状から腸の排泄機能をある程度判断するため、排泄習慣を把握することは大切である(図表 3-3-6)。便の量は、摂取した食事量や種類により異なり、重さの約 2/3 が水分で占める。排便回数は、1 日 1～2 回である。色は茶黄色～茶褐色で胆汁色素が還元してできたものによる。上部消化管出血により黒色タール便や脂肪の消化不良により灰色粘土便がみられる。摂取した食物や服用した薬剤により便の着色に影響を受けることもある。正常な便の性状は、バナナ状または半練り状である。便の性状を評価する指標に、「ブリストル便性状スケール」がある。1～7で示し、1～3は固形便、4～5は軟便であり有形便、6は泥状便、7は液状便である(p. 186参照)。通常便の臭いはあまりない。臭いは腸内細菌によって蛋白質が分解された結果発生する。疾患による影響では膵臓疾患では腐敗臭、慢性腸炎では腐敗臭か酸臭がする。

通常の排便と比較し、便の量と回数が非常に少ない状態、硬便で排便が困難状態、排便後の残便感があるような状態を「便秘」という(p. 184～参照)。また、腸蠕動運動が異常に亢進し、液状または液

図表 3-3-6　便の正常範囲と正常範囲外

	正常範囲内	正常範囲外
量と回数	1～2 回/日　100～250 g/日	器質性便秘、機能性便秘
色	茶黄色～茶褐色	タール色、暗赤色：消化管出血 便潜血(+)：潰瘍や腫瘍、消化管出血 乳白色：コレラ、ウィルス性腸炎
におい	悪臭・特異臭がない	腐敗臭、酸臭
固　さ	有形便(水分量70～80%)	便秘：塊～兎糞便 下痢：泥状便～水様便

図表 3-3-7　下痢の分類

種　類	内容・状態	原　因
高浸透圧性下痢	・腸内容物に未消化物が混じった状態となるため高浸透圧状態によって引き起こされる下痢	糖の吸収不良、脂肪の吸収不良、過食、咀嚼力の低下　など
分泌性下痢	・腸内容物の水分量が多くなり、腸粘膜が刺激されやすくなるため、蠕動運動が促進し引き起こされる下痢	腸粘膜の炎症や潰瘍、腸内の細菌感染　など
腸管運動の異状による下痢	・腸内細菌の異常繁殖により水分吸収が低下し下痢になる ・副交感神経の興奮性が高まると蠕動運動は促進し下痢になる ・腸管への水分吸収が阻害され下痢になる	食物の腐敗や発酵、ストレス、過食、糖尿病性ニューロパチー　など

状に近い便を排出することを「下痢」(図表 3-3-7)という(p. 187～参照)。また、神経疾患や加齢により肛門括約筋の収縮力が低下し、排便のコントロールがきかず、便が漏れる「便失禁」がある。気づかないうちに便が肛門周囲に付着している、便秘にも関わらず水様便が漏れる、排尿時、放屁時に便が漏れるなどの徴候がみられる。

通常は軽く腹圧をかけるとすっと排便され、すっきり感がある。

(3) 排尿・排便に対する支援・援助

学校内で排泄に失敗した際、子供は不安感や罪悪感などで動揺しているので、言葉かけには注意しプライバシーに最大限の配慮をする。保健室で着替えをさせ、シャワーがあればシャワーを使わせる。臭いにも配慮する。失禁は本人の自尊心を大きく損なうことであり、精神面に最大の配慮をしなければならない。排泄の失敗が周囲に知られ、そのことからいじめの対象にならないように十分留意する。他者に失禁を知られた際のショックは大変大きく、登校することや人と会うのを避けたりするようになることもあるので支援が必要になる。

また、失禁を気にするあまり、水分摂取を控えてしまうことがないように、十分に水分摂取をしないと脱水症状や便秘になることなど保健指導をする。

更衣の援助の際には、感染予防のために手袋を装着し、処置の前後には速乾性擦式手指消毒剤または石鹸と流水での手洗いを実施する。

排泄の環境は身体的・精神的ストレスとも関連し排泄の状態に影響する。トイレの設置場所、トイレの数、和式便座か洋式便座か、明るさ、清潔さ、臭い、音が聞こえにくいなどは子供が安心して排泄できるかに影響する。学校のトイレはしばしば「臭い・汚い・暗い」の3Kといわれ、子供たちは排泄を我慢してしまうこともあるので、トイレの設備や環境にも配慮が求められる。人前で排泄することは恥ずかしい、知られたくないと思い、排泄自体を「恥」と感じていたり、友人のからかいの対象になることの忌避などから我慢することもあり、排泄行動は生命維持に不可欠な行為であるということを認識させ、排泄行為は「あたりまえ」であることの指導が必要である。

参考文献

1) 深井喜代子、佐伯由香、福田博之編：新・看護生理学テキスト、南江堂、2008
2) 坂井建雄、岡田隆夫：系統看護学講座　解剖生理学、医学書院、2019
3) 香美祥二編：シンプル小児科学、南江堂、2016
4) NPO 法人日本トイレ研究所、小学生の排便と生活習慣に関する調査
(https://www.toilet.or.jp/wp/wo-content/.../11/activties03.pdf、2021年2月13日参照)

3) 清　潔

一般的に、人は日常、入浴、洗髪、朝夕の洗面、歯磨き、整髪、手洗い、爪切り、更衣などを自分で行うことによって清潔を保っているが、疾病や障がい、あるいは何らかの原因でこれらの行為ができなくなった時に他者による援助が必要となる。看護における清潔とは「外界と接している身体の面(皮膚・毛髪・爪・鼻・口腔)をきれいにし、保護すること。物体の表面に病原体が付着していない状

態にすること[1]」とされている。清潔は、学校における救急処置活動にとっても基礎的かつ重要な事項であるとともに、日常生活の状況を把握することや児童虐待などの発見の手がかりになることもある。

また、学習指導要領では学校保健の保健教育における関連教科に体育等が挙げられている。そこには、生涯の健康の保持増進のために獲得するべき知識及び技術を必要とし、状況や自分自身の健康の現状や課題に応じて意思決定・行動決定の力をつけていく事項として記述されている。また、小学校学習指導要領(平成29年告示)特別活動編の〔学級活動〕にも関係する記述がある。このように、教科や領域等に位置づいて学習するということは、清潔であることが、生涯健康で安全に生活していくために必要な知識だからである。自立した生活習慣のための援助とは、「人が生命や健康、そして幸福を維持していく上で自分のために活動を起こし、やり遂げること」であり、その基本的知識や方法について、学校教育の中で習得することが多い。

(1)清潔の意義[1]

清潔には、以下に示す「生理的意義」と「心理・社会的意義」の２つの意義がある。

①生理的意義

皮膚、粘膜、毛髪等からホコリや垢(あか)等の汚れを取り除き、身体を保護し、各器官の生理的機能を円滑にして感染を予防すること。苦痛や倦怠感を軽減し、快適にすること。入浴等による温熱刺激などが、食欲・睡眠・排便などによい影響をもたらすことが挙げられる。

②心理・社会的意義

清潔により気分を爽快にし、安らぎをもたらし、回復意欲・傷病の治療中の人には闘病意欲を高める。清潔が保たれていない場合、他人にも不快感を与えるとともに、「不潔、だらしない」といった印象がその人の評価を下げることにつながることを防ぐ。児童生徒にとって、種々の感染から身を護ることと同時に、一般状態を良好にして疾病を予防することにつながる。併せて、他者に対して良好な印象を与え、人間関係を良好にすることにも通じる。

(2)清潔に関する基礎知識[2)-4)]

前述したように、清潔とは、外界と接している身体の面(皮膚・毛髪・爪・鼻・口腔等)をきれいにし、保護すること、物体の表面に病原体が付着していない状態にすることであり、皮膚の構造や機能等について理解した上で、身体の清潔に加え、身体面に接する衣類や他者の目に見える衣服の清潔に留意することが必要となる。

例えば入浴は、皮膚の清潔をはかり、疲れを癒す目的があり、爽快感が得られ、循環が促進されることで活力が増す効果がある。また食欲・睡眠の改善などにも効果があることに加え、筋緊張、慢性疼痛・疲労の緩和などの効果もあるため、日常の健康管理の一環として指導が必要である。

毛髪の清潔は、毛髪や頭皮の汚れを除去し、清潔が保たれることにより、皮膚の炎症といった二次感染を防ぐことができる。また、頭皮のマッサージにより血行が促進され爽快感が得られたり、外見が整えられたりすることで清潔感が得られるなどの効果がある。

爪は伸びすぎると皮膚を傷つけたり、他者を傷つけたりしてしまうこともある。また、爪の間に汚れや垢がたまって雑菌が繁殖し不衛生になったりして感染につながるなどの問題が生じる。一方、適切な爪切りをしないと巻き爪や爪の変形に悩むことになるため、深爪にならないように切ることや、横にまっすぐ切って角をやすりを使うなどして滑らかにすることなどの留意点を指導することも大切である。

鼻の清潔は、通常、学齢期では鼻をかむなど、鼻に汚れがたまらないように気をつける。鼻の中には黄色ブドウ球菌等の病原微生物が存在するため、鼻の掃除のはじめと終わりは児童生徒本人も、処置を行った者も手洗い・手指消毒が重要である。

口腔(歯と口)の清潔は、う歯予防に加え、種々の疾病予防のためにも重要である。約700種類もの細菌が、痛みや腫れなどを伴うむし歯や歯周病などを引き起こす。近年では、口腔内の様々な細菌が全身の健康に関わっていることが報告されており、生涯にわたる健康と関連が深い。学童期は、乳歯と永久歯が混在する時期であり、この時期には、一本一本丁寧に磨いて、磨き残しがないようにする指導が重要である。青年前期では、永久歯列が完成しているが、萌出間もない第２大臼歯の歯面は幼若(ようじゃく)であり、う歯が発生しやすくなる。不適切な歯磨きによる口腔清掃不良や、性ホルモンの影響を受けることで歯肉炎が発生しやすくなるようにもなる。この時期になると、基本的に歯磨きは自立していることが予測されるが、口腔内の観察を指導することも重要である[5)]。学齢期の歯科保健は、生涯にわたって質のよい生活を営んでいくために重要である。

衣服の清潔は、皮膚の保護や体温の調節、排泄物の吸収だけでなく、手指や外気、ホコリ等の付着を取り除いたり、病原体の付着を防いだり、他者が見た時の印象もある。子供には、運動や気温等に合わせた衣服の調節や下着の着用等について、自分自身で行うことができるように指導する。

(３) 学校における清潔の支援・援助
(「清潔を保つ」ための知識や技術を身につけるために)

清潔を保つために、養護教諭は、保健管理や保健教育、健康相談、保健組織活動等の役割を通して、具体的な管理方法や指導内容を、学校内外の保健組織活動を活用し、協力して進める。その際には、地域の実態や保護者の願い、子供のおかれた状況(地域の実態、精神状態、家族背景、病気の経過、発達段階など)を多面的に把握し、子供のセルフケアの状況をアセスメントする。日常的に保つべき清潔について、皮膚・毛髪・爪・鼻・口腔や更衣について前述した。こうした事項を学校教育の場で、あらゆる教育活動の場面で実施する。なお、関連教科、特に体育の保健領域・保健分野で基礎的な知識や技術を指導し、必要に応じて養護教諭や専門家などと連携して、個別あるいは集団を対象とした指導を行うことができる。子供が知識を得て、意思決定、行動決定し、生涯にわたる健康の保持増進のための行動ができるようにすることが重要である。例えば、毎週の衛生検査の実施や関連教科及び日常生活などにその視点をもち、教育活動全般にわたって指導を進めていくことができる。地域や学校、児童生徒の発達段階に応じる必要がある。他方、清潔の面から児童虐待を把握する手がかりを得ることもあるので、日々の学校生活の中における清潔面のアセスメントも重要である。

参考文献

1）看護学 .com（http://www.kango-gaku.com/2014/01/seiketsu.html、2021年５月17日参照）

2）看護学 .com（http://www.kango-gaku.com/2014/01/category.html、2021年７月21日参照）

3）看護 roo!（カンゴルー）現場で使える看護知識（https://www.kango-roo.com/learning/2589/" https://www.kango-roo.com/learning/2589/、2021年７月19日参照）

4）亀田メディカルセンター　医療法人鉄蕉会　医療ポータルサイト（http://www.kameda.com/patient/topic/dental/02/index.html、2021年７月19日参照）

5）尾形祐己、寺島雅子：特集２ 食事、排泄、清潔ケアの質を高める！小児の口腔ケア、こどもと家族のケア vol.15_no.3（https://www.nissoken.com/jyohoshi/cc/zai/cc153_sample03.pdf、2021年７月21日参照）

第3章

４）休養と睡眠

（１）睡眠の意義

睡眠は、心身の機能回復を促すだけでなく、脳の活動低下に伴う精神機能の回復や成長ホルモンの分泌により成長・発達を促進するなどの役目を担っている。慢性的な睡眠不足や睡眠の質の低下は、作業効率が落ちるだけでなく、情緒不安や体調不良、高血圧や糖尿病などの生活習慣病のリスクが高くなることが明らかになっている。また、最近では、子供がメディアを使用する機会が増加しており、メディア使用が睡眠効率の低下や睡眠習慣に影響を及ぼしていることが報告されている[1)]。

子供が健やかに成長していくためには、睡眠の乱れを個々の家庭や子供の問題とするのではなく、生活習慣の１つとして、学校・家庭・地域が連携して取り組んでいくことが大切である。

（２）睡眠に関する基礎知識

①睡眠の調節

睡眠は、恒常性維持機構（睡眠欲求）と体内時計機構（覚醒力）の２つの仕組みにより維持、調節されている。恒常性維持機構とは、脳の疲れにより眠くなり眠るという仕組みであり、日中活発に過ごした場合、より長い睡眠が必要になることが示されている。なお、覚醒時間が長くなるほど眠気が増大するといわれる[2)]。

また、夜になったから眠るという仕組みが体内時計機構による睡眠である。体内時計は、脳の視床下部に依存する視交叉上核（しこうさじょうかく）にあり、睡眠と覚醒、体温、ホルモンの分泌リズムに関与している。生後、明暗をはじめとした環境要因の影響を受け、外界のほぼ24時間周期のリズムで働いている。この働きのことを概日（がいじつ）リズム、あるいはサーカディアンリズム（Circadian rhythm）とも呼ぶ。

②睡眠リズム

睡眠は、身体や眼球の運動があるレム（REM = Rapid eye movement）睡眠と、動きのないノンレム（Non rapid eye movement）睡眠という２種類の眠りで構成される。レム睡眠時には、記憶の整理や記憶の固定といった情報の処理を行っているといわれる。また、ノンレム睡眠は、眠りの深さによって１～４つの段階に分けられる。新生児では、睡眠の約50%がレム睡眠であるが、幼児期から学童期にかけノンレム睡眠の占める割合が高くなっていく[2)]。

図表 3-3-8　年齢ごとの睡眠の特徴

年齢	睡眠時間	睡眠パターンの特徴
新生児期　0ヶ月	16-20	短時間の睡眠･覚醒
3ヶ月	14-15	昼夜の区別の出現
乳児期　6ヶ月	13-14	
		7-8割の夜間睡眠
1歳		
乳幼児期	12	1-3時間の昼寝
3歳		
幼児期	11-12	昼寝の減少
6歳		
児童期	10-11	
12歳		
思春期	7-8	睡眠相後退
18歳		

出典）厚生労働科学研究費補助金・未就学児の睡眠・情報通信機器使用研究班編：未就学児の睡眠指針、愛媛大学医学部附属病院睡眠医療センター、2018、６

③発達過程による睡眠の生理的変化

睡眠時間や睡眠リズムは年齢によって変化することから、発達や年齢に応じた睡眠の特徴を理解しておくことが支援・援助する上で必要である。

新生児期の睡眠時間は、１日あたり16時間以上であるが、年齢とともに睡眠時間は減少し、幼児期から学童期では１日９～11時間前後の睡眠となる。さらに、10歳代後半では、１日７～８時間に減少する。また、睡眠と覚醒リズムも変化する。新生児期には、昼夜を問わず短いサイクルで睡眠と覚醒を繰り返す多相性睡眠だが、年齢とともに昼夜のリズムをもった睡眠に移行する。午睡（ごすい）（昼寝）の回数や時間も年齢とともに減少し、３～６歳頃には午睡をとらなくなる（図表 3-3-8）。なお、適切な睡眠量について Matricciani は「適切な睡眠量とは心身の健康を維持し、心身機能を最大化（最適化）するための必要な時間」と定義している[3]。

（３）睡眠への支援・援助

睡眠への支援・援助は、睡眠と覚醒（活動）のリズムづくりが基本となる。就寝時には、寝衣への着替えや歯磨き、絵本を読むなど、睡眠前の決まった行動（入眠儀式）でリラックスさせる。また、空調や寝具により温熱環境を整えたり、照明を落としたりするなど、よりよい眠りのための睡眠環境づくりにも配慮する。また、保護者の睡眠習慣が子供の睡眠習慣にも影響するため、子供の年齢に応じた睡眠時間と睡眠リズムを保障することが大切である。

引用文献

1）株式会社リベルタス・コンサルティング、平成26年度文部科学省委託調査「平成26年度『家庭教育の総合的推進に関する調査研究』―睡眠を中心とした生活習慣と子供の自立等との関係性に関する調査―」、平成27年３月（https://www.mext.go.jp/a_menu/shougai/katei/__icsFiles/afieldfile/2015/04/30/1357460_02_1_1.pdf、2021年４月６日参照）

2）厚生労働科学研究費補助金・未就学児の睡眠・情報通信機器使用研究班：未就学児の睡眠指針、愛媛大学医学部附属病院睡眠医療センター、2018（https://www.mhlw.go.jp/content/000375711.pdf、2021年４月25日参照）

3）Matricciani L, Blunden S, Rigney G, Williams MT, Olds TS. "Children's sleep needs: Is there sufficient evidence to recommend optimal sleep for children? Sleep" 36, 2013, 527-534.

参考文献

1) 公益財団法人 日本学校保健会：学校保健の課題とその対応―養護教諭の職務等に関する調査結果から―令和2年度改訂、(公財)日本学校保健会、令和3年3月

5）活動(遊び、学習)

(1) 活動の意義

子供の活動としては、遊びや学習があり、これらは睡眠とともに子供の生活リズムを確立するために重要なものである。特に遊びは、子供の成長発達にとっても意義があり、健全な人格を育成するためにも大切なものである。学童期は、友達との遊びを通して人間関係のあり方、社会のルールや道徳性を身につけたりしている。また、協力や競争、葛藤を解消しようとする方法や自己を制御したりする力も遊びの中で養われるため、遊びのもつ役割は大きい。また、入院中の子供にとっての遊びは、感情を表出したり、自尊感情を取り戻したり、問題への対処能力を高めるためにも欠くことができない活動となる。

(2) 活動に関する基礎知識

①学校生活管理指導表

2002(平成14)年4月の学校教育法施行令一部改正に伴い、それまで特別支援学校に就学していた慢性疾患を有する子供も通常学級へ就学することが可能となった。学校においては、運動によってその病態が悪化する危険性のある疾患をもつ児童生徒に対して、教科体育や部活動への参加の可否のみならず、遠足や体育祭などの学校行事への参加の仕方、休息時間の過ごし方など、日常生活における活動の制限や必要時の医療処置といった保健管理が重要になる。そこで、学校での生活規正のために、運動の強度や参加の可否を示した「学校生活管理指導表」を活用し、支援していくことが求められる。学校生活管理指導表は、学校の生活において特別な配慮や管理が必要な心臓疾患や腎臓疾患をもつ児童生徒について、正しい診断に基づき医師が作成する。

②入院している子供の学びの場

病気療養中であっても、子供には教育を受ける権利がある(日本国憲法第26条)。各医療施設により教育システムは異なるが、入院した際は、病院に併設されている学校(特別支援学校)あるいは院内に設けられた学校・学級(院内学級)に転学することで、当該学校等の教育を受けることができる。しかし、近年、入院期間は短期化する傾向にあり、院内学級を利用できないこともある。さらに、退院しても引き続き通院や経過観察等が必要なために、すぐに通学することができない子供もいる。切れ目のない教育を行うためには、院内学級と入院時の在籍校が連携をはかりながら、入院期間の長短に関わらず児童生徒が安心して授業が受けられるように多様な学習支援の検討、学習支援体制の構築が求められる。

図表3-3-9　遊びの効果

身体的効果	遊ぶことによって身体機能や運動機能、手先の巧緻(こうち)性が発達する。
教育的効果	遊ぶことによって、「情緒」「自我意識」「社会性」「知性」「道徳性」など、様々な精神的発達がもたらされる。
社会的効果	遊ぶことにより他者を認識し、他者とともに過ごすことに喜びや連帯感を感じることができる。
治療的効果	自由な雰囲気の中で遊ぶことによって、怒りや不満など抑圧された情緒を表出したり、現実生活の中では充足することができない願望を満たすことができ、それによって精神的に健康な生活を取り戻すことが可能になる。

出典）中野綾美編：小児看護学①小児の発達と看護、メディカ出版、2021、104、表2-3-4を一部改変

③遊びの分類と遊びの効果

遊びの定義や目的、遊びの種類、その分類については諸説ある。遊びの発達的分類や段階説としては、シュテルン(Stern, W.)やパーテン(Parten, M, B.)の社会的関係からみた分類がある。子供にとっての遊びは、認知能力や言語能力、コミュニケーション能力、運動機能などの発達と深く関係している。

また、遊びについては、ビューラー(Bühler)が心理的機能面から「機能的遊び」、「虚構遊び」、「受容遊び」、「構成遊び」に分類している。さらに、ピアジェ(Piaget, J.)はこれを踏まえて、知的発達の視点から1歳半くらいまでの「感覚運動的遊び」、5、6歳頃までの前操作期の「象徴遊び」、7歳頃からの具体的操作期以降の「規則遊び」の3つの段階に分けている。遊びの効果としては、身体的効果、教育的効果、社会的効果、治療的効果がある(図表3-3-9)。

(3) 活動の支援・援助

遊びの提供や学習への援助は、子供の発達や病状等に合わせることが大切である。また、支援や援助の目的を踏まえた関わり方が求められる。

①学習への支援・援助

学童期における家庭学習への支援・援助としては、学習の時間及び場所を確保することが大切である。慢性疾患をもつ子供に対しては「学校生活管理指導表」をもとに医療機関と連携しながら、病状に合わせた方法で学習指導を行い、子供が学習意欲を失わないように援助することが必要である。

また、長期入院中の子供の場合は、学習の時間を確保するために、リハビリ等の治療時間と重ならないように配慮するとともに、学習意欲を支えることも必要である。なお、病気療養児の教育の意義として、学習の空白によって生じる学習の遅れの補完、学力の保障、積極性・自立性・社会性の涵養(かんよう)、心理的安定への寄与、病気に対する自己管理能力などが挙げられる[1)]。

②遊びへの支援・援助

おもちゃを提供する際には、玩具安全基準合格(STマーク)のものかを確認し、個々の子供の発達に適したものを選ぶ。特に乳幼児期には、誤飲(ごいん)や誤嚥(ごえん)による死亡事故が多いことから、誤嚥防止のために、乳幼児の最大口径を確認できる補助具(スモールパーツテスターや誤嚥チェッカー)を使用する

など、事故防止に配慮する。

学童期になるとルールのある遊びを楽しむようになり、遊びを通して友人づくりをする。また、活動範囲の広がりとともに、不慮の事故(交通事故、転倒・転落、溺死及び溺水など)が増加する。子供の事故の原因は、多面的であることが多いため、多様な手段を講ずることが求められる。

予防策として、便宜上、一次予防策(傷害の発生自体を予防するための対策)、二次予防策(事故によって発生する傷害の重症度を軽減するための対策)、三次予防策に分類される。一次予防策と二次予防策として、法制化による規制と執行(Legislation, regulation and enforcement)、製品の改善(Product modification)、環境の改善(Environmental modification)、家庭訪問による支援(Supportive home visiting)、教育と技術開発(Education, skills development)、地域を基盤とする介入策(Community-based studies)などが挙げられる[2)]。

法制化による規制と執行に関する具体例としては、一般消費者の生活用に供される製品を対象とし特定製品の製造及び販売規制等を目的とした消費生活用製品安全法(PSC マーク制度)や道路交通法の改正がある。また、蒸気による火傷予防のために、蒸気レスの炊飯器や電気ポットなども販売されている。環境の改善としては、交通安全の確保のための歩道の整備などがある。特に、教育、法制化、環境改善等が何らかのかたちで組み込まれている場合に、最大の効果が発揮される可能性が高くなるといわれる。なお、三次予防策とは、事故によって発生した傷害が及ぼす影響を軽減するための対策をいう。

引用文献

1) 病気療養児の教育に関する調査研究協力者会議：病気療養児の教育について(審議のまとめ)、特殊教育、81、1995、23-32
2) CHILD AND ADOLESCENT INJURY PREVENTION A WHO PLAN OF ACTION
乳幼児と青少年の事故による傷病の予防 WHO 行動計画
(https://apps.who.int/iris/bitstream/handle/10665/43267/9241593385_jpn.pdf?sequence=2&isAllowed=y、2021年4月18日参照)

参考文献

1) 中央教育審議会初等中等教育分科会、共生社会の形成に向けたインクルーシブ教育システム構築のための特別支援教育の推進(報告)、平成24年7月23日
(https://www.mext.go.jp/content/20200212-mxt_tokubetu02-000004792_16.pdf、2021年4月18日参照)
2) World Health Organization. “Child and adolescent injury prevention : a WHO plan of action 2006-2015”, World Health Organization, 2006
(https://apps.who.int/iris/bitstream/handle/10665/43267/9241593385_eng.pdf?sequence=1&isAllowed=y、2021年4月18日参照)
3) 厚生労働省、人口動態統計年報 表 8 死因順位別にみた年齢段級・性別死亡率・死亡率・構成割合
(https://www.mhlw.go.jp/toukei/saikin/hw/jinkou/suii09/deth8.html、2021年4月18日参照)

4. 安全・安楽に関する技術

1）学校看護における安全・安楽の意義

安全（safety）とは、一般的には「安らかで危険のないこと、損傷したり危害を受けたりする恐れのないこと」をいう。看護では「患者の生命をおびやかしたり、身体的・精神的に消耗する状況にしないこと[1)]」を意味する。さらにマズロー（A.H.Maslow）によれば、人間の基本的欲求における安全の欲求は、「危険を避け、安心感を求めていくことで、自分の生命を安定的に維持したいという基本的な欲求[2)]」であり、生理的欲求に次ぐ優先度の高い欲求として位置づけられている。

一方、安楽（comfort）とは看護大事典によれば「身体的・精神的に苦痛がなく、快適な状態。居心地の良さ・不自由でないこと・気楽なこと・苦痛や不安がないこと[1)]」を指す。言い換えれば、安楽の意味は身体的苦痛のみならず精神的苦痛もないことであり、社会的にもある程度満足した状態のことが含まれる。このように安楽は、幅広く多面的な要素を含み、主観的かつ流動的な概念である。

以上のことから、看護における安全は優先的に充足・確保されなければならない要素であり、安楽はすべての看護ケアの根底に共通して必要なことである。これらは学校看護においてもあらゆる場面で保証されなければならない。

2）学校看護の安全に影響を及ぼす要因

学校において看護ケアが安全に遂行されるためには、ケアに関わる人、ケアの場の環境、ケアに用いられる材料や用具などの様々な要因が影響する。そして、各々の要因ごとに安全を阻む因子が存在する（図表 3-4-1）。それゆえ、これらの要因に関する状況を把握し、必要に応じた対策を講じなければならない。

（1）安全を守る技術

①危機管理

学校における危機管理は、危険をいち早く発見して事件や事故を未然に防ぎ、児童生徒及び教職員の安全を確保すること（リスクマネジメント）と、万が一事件または事故が発生した場合には迅速かつ適切な対処により災害・被害を最小限にとどめるとともに、事後措置にも怠りなく対応すること（クライシスマネジメント）をいう。事後措置には、教育活動の速やかな正常化、学習活動の保障、再発防止、心のケアなどが含まれる。

養護教諭は学校全体の危機管理を遂行する一員であるだけでなく、看護ケアを提供する際にも、自身のケアに起因する事故を発生させないように、医療的リスクマネジメントに留意する必要がある[3)]。

図表 3-4-1　学校看護における安全の影響要因

要因の分類		影響要因
人的要因	ケアの対象者 （児童生徒）	・疾病や傷害、身体機能 ・思考能力・判断力 ・疾病・傷害やケアに対する知識や考え方、健康習慣
	ケアの提供者 （養護教諭・看護師・保健師）	・疾病や傷害に関する知識 ・観察力・判断力 ・器具・医薬品・衛生材料等の使用に関する知識 ・看護ケアの技術力 ・コミュニケーション能力 ・身体的・精神的疲労度
物的要因	器材・医薬品	・器具・器材・医薬品のメンテナンス
	学校・保健室環境	・保健室の衛生状態（採光・騒音・臭気など） ・ベッド周囲の整備状況 ・校内感染の有無
組織要因	管理体制	・校内外のリスクマネジメント体制 ・教職員の人員配置・連携

②医療器材・医薬品管理の安全対策

学校及び保健室に常備される医療器材には AED（自動体外式除細動器）や担架等があり、医薬品としては殺菌消毒薬とそれ以外の一般用医薬品がある。養護教諭は器材のメンテナンスに精通するとともに、定期点検を年間業務として位置づけ、安全点検のために保健室や教室の安全点検表[4)]をつくり、実施することが望まれる。また薬品の適切な保管を厳守し、更新についてチェックリストを作成するなどして使用期限前の交換を習慣化する。さらに、校内に収納されている工具や医療機器以外の器具・薬品についても危険物になりうることを認識し、それらの保管・管理に協力することが望まれる。

③有害事象の予防方法

学校環境下では転倒・転落・外傷等の事故発生を引き起こす条件、環境、原因が多数存在する。特に小学校においては、けが（外傷）は授業時間以外で多く起きており、休み時間が半数を占めている。また、衝突及び転倒事故は全外傷の 2 / 3 以上を占め、教室や廊下・校庭での休み時間のけがは、不注意や軽はずみな行動、けんかや悪ふざけ等から起きている。一方、学校生活の場に危険な状況が放置されていることも少なくなく、事故防止対策と安全教育が重要である。中でも、外傷の発生は予防意識の向上により抑えられる可能性があるため、安全教育の一環として「危険予知訓練（KYT）」が導入されている。

④事故発生時の対応

学校において児童生徒の健康に関する事故等の緊急事態が発生した場合、養護教諭は発生時の対処や救急及び緊急連絡体制について熟知して迅速に対処しなければならない。校内での事件・事故災害発生時の対処、救急及び緊急連絡体制を策定し全教職員に周知する必要がある。救急及び緊急連絡体制の一例を図表 3-4-2[5)]に示す。

図表 3-4-2　事故等発生時の対処、救急及び緊急連絡体制の一例

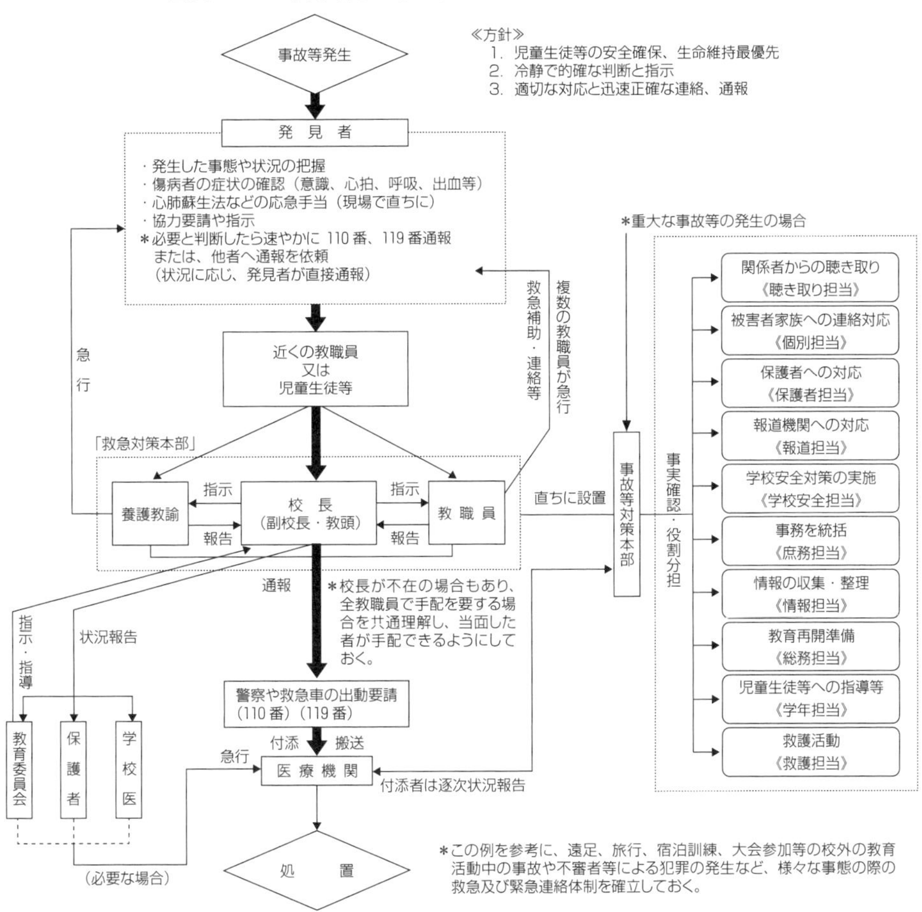

出典）文部科学省：学校の危機管理マニュアル作成の手引、2018

⑤事故発生後の分析・評価

インシデントレポート（ヒヤリハット報告）は事故防止のための最良の材料である。実際に発生したインシデントを題材として、その原因を分析することにより、効果的な予防対策を得ることができる。インシデントレポートの分析・評価の過程は、❶情報の収集、❷データ分析・原因究明、❸予防対策の立案、❹フィードバックに整理できる[6)]。

>>>>>コラム 1

危険予知訓練（KY 訓練；KYT）

産業界で開発された危険予知訓練（KYT）は事故発生を組織的に未然に防ぐ訓練法であり、医療現場をはじめとする多方面で応用されている。その手法は、職場や作業の状況の中に潜む危険要因とそれが引き起こす現象について、写真やイラストを用いて提示して、小集団で話し合い、考え合い、わかり合って、危険のポイントや重点実施項目を確認して、行動する前に解決する訓練である。4 ラウンド法がよく用いられ、①現状把握（どんな危険が潜んでいるか）、②本質追究（危険のポイントと問題点の整理）、③対策樹立（改善策・解決策）、④目標設定（合意とまとめ）の順に検討を進める。

学校 KYT は KYT の手法を学校生活に活用できるように改変し、トレーニング内容は危険の多い学校現場を想定して組み立てられたものである。学校における事故を減少させ、児童生徒や教職員の安全文化を醸成し、安全な学校環境をつくるために欠かせないものとして導入されている。

>>>>>コラム 2

インシデント・アクシデントレポート

インシデントとは事故になる可能性はあったが未然に回避または防止されたことを意味し、ニアミスやヒヤリハットとも呼ばれる。インシデントレポートは、その報告書のこと。事例を分析し、類似するインシデントの再発や事故や過失の発生を未然に防止することが主な目的である。一方、事故となった場合の報告書はアクシデントレポートと呼ばれる。

引用・参考文献

1) 和田攻、南裕子、小峰光博編：看護大事典　第2版、医学書院、2002
2) A.H. マズロー、小口忠彦訳：人間性の心理学　改訂新版、産業能率大学出版部、1987
3) 河野龍太郎：医療におけるヒューマンエラー、なぜ間違える　どう防ぐ、医学書院、2004、61-87
4) 林典子監修、静岡県養護教諭研究会編：養護教諭の活動の実際、東山書房、2010、139
5) 文部科学省：学校の危機管理マニュアル作成の手引、2018
6) 公益財団法人日本医療機能評価機構、薬局ヒヤリ・ハット事例収集・分析事業(www.yakkyoku-hiyari.jcqhc.or.jp、2021年4月30日参照)

3）学校・保健室の環境調整技術

学校全体の環境衛生は学校環境衛生基準により行い、学校環境衛生活動を進めていく際には、学校薬剤師と緊密な連携をはかりながら定期検査及び日常点検を進めていく。学校全体の環境調整は養護教諭だけが進める活動ではないが、養護教諭は環境衛生活動に関する各検査項目や検査器具、検査の方法、結果の報告及び事後措置等についての知識や技術を備えているので、学校保健のうち物的管理として活動を推進するにあたっても中核的役割を果たす。学校全体の環境整備については、管理職のリーダーシップのもとに、教育活動が実施される各教室や特別教室、実験室など校舎内外の各所の管理責任者が日々責任をもって確認し、管理するとともに、子供の気づきなどにも耳を傾けて気づくことも大切である(環境衛生項目及び検査時期、検査方法等の詳細は学校保健安全法及び学校教育法施行規則、施設整備指針等を参照)。

(1）学校・保健室の環境調整の意義

学校は、発育発達の途上にある児童生徒等が1日の大半の時間を過ごす場所であり、学校の衛生環境は、心身の健康及び学習能率に大きな影響を及ぼす。保健室は、学校保健安全法第7条に「健康診断、健康相談、保健指導、救急処置その他の保健に関する措置を行うため、保健室を設けるものとする」と定められていることからも、学校という教育機関の中に保健室が明確な目的をもって設置されていることを忘れてはならない。なお、学校環境衛生の法的根拠(学校環境衛生の基準等)は、学校保健安全法に示されている。学校の環境を衛生的に保持し、かつ必要に応じて改善をはかる目的は、以下の通りである。

①学校環境衛生の目的[1)]

❶児童生徒等の健康を保護し、心身の発育発達を促し、健康の保持増進をはかること。

❷児童生徒等の学習能率の向上をはかること。

❸児童生徒等の豊かな情操の陶冶をはかること。

また、学校は教育の場として衛生的であるばかりでなく、安全でなければならない。学校安全の目的は、児童及び生徒が自他の生命尊重の基盤として、自ら安全に行動し、かつ安全な環境づくりができるようにすることであると、文部科学省の学校安全資料(「生きる力」をはぐくむ学校での安全教育〈平成31年3月〉)に記述がある[2)]。

②様々な児童生徒の健康状態に配慮した環境調整

各学校、各学級には、様々な心身の健康状態の児童生徒が在籍している。一人ひとりの健康状態を考慮しながら環境調整を行い、工夫を施していくことも求められる。配慮が必要な児童生徒も、周囲の児童生徒も安全に学校生活を送るための環境調整の工夫は、学校環境衛生活動の検査値を保持することを基準としながらも、それだけではなく、保護者や当該児童生徒の状態や願いを確認しながら、学校教職員全体、場合によっては学校の設置者なども含めて、教室(内外)配置の工夫、指導方法まで踏み込んで検討する必要がある。

(2)学校・保健室の環境調整の基礎知識

現実的には各学校の保健室の構造や広さ、児童生徒の実態等は一様でない。そうした中でも実態に応じつつ保健室の設置目的を機能的に果たしていくことができるように整備、工夫することが重要であり、保健室経営計画に「保健室の環境整備(環境調整)」を位置づけるべきである。保健室の環境調整の基本は、「清潔であること」「静かであること」「不快な臭気がないこと」「精神的に落ち着くことができること」「きれいな空気であること」が挙げられる。しかし、病院等医療機関の病室との違いとして、保健室の環境調整を検討する場合、男女問わず、発達段階(学年)問わず、不特定多数の児童生徒や教職員等が利用すること、1つの場・空間で健康診断、健康相談、保健指導、救急処置その他の保健に関する措置を行うことが前提であることのほか、保健室という場には、養護教諭と児童生徒はもちろんのこと、養護教諭と教職員、来室した児童生徒どうし、児童生徒と学級担任等もしくは保護者などの人と人の相互作用が生じ、その相互作用を利用して生徒指導や健康相談につなげることもある等の特徴がある。そうしたことから、保健室の整備には医療機関と同様の考え方を導入すると同時に、教育の視点をもつ必要がある。

2004(平成16)年に公益財団法人日本学校保健会から発刊された、「養護教諭の専門性と保健室の機能を生かした保健室経営の進め方」[3)]に示された保健室の位置や広さ・構造、保健室の機能を発揮するための施設・設備と備品、保健室の雰囲気について、その概要を参考として図表3-4-3にまとめた。時代や社会情勢、健康課題は刻々と変化するため、その時の状況を踏まえて、優先度を見極めた環境調整を行っていく必要がある。例えば、新興感染症の流行がみられる状況下においては、新興感染症の罹患と拡大予防の観点からの保健室内のゾーニングや人の動線を考慮したり、感染症対策に適した薬剤や衛生材料を備えたりすることが求められる。

(3)学校・保健室の環境調整における備品・衛生材料及び薬品の管理

①施設・設備・備品の管理

保健室の備品については、1958(昭和33)年の体育局長通達「学校保健法および同法施行令等の施行にともなう実施基準について」の別紙で示され、その後、1986(昭和61)年に体育局長通知「保健室の備品について」により改定された。この文書が発せられた当時と現在では、児童生徒の実態や種々の法改正、保健室の機能や養護教諭の果たす役割等についても変化してきている。1986(昭和61)年に示された保健室の備品等を見ると、現在はほとんど使用しない物品や、地域によっては教育委員会や学校薬剤師会が所有して各学校に貸し出しを行っている物品も見受けられる。公文書に示されている物品を参考にしながらも、学校や児童生徒の実態、予算などを考え、学校医や学校歯科医、学校薬剤師、そして管理職等とよく相談して備えていくこと、並行して廃棄していくことが重要である。例えば、2020(令和2)年頃から世界レベルで問題となっている新型コロナウイルス感染症の罹患・拡大があり、その対策として、学校においてもマスクや消毒液、防護服、相談時に使用する透明ビニールシート(あるいはアクリル板)などの設置、感染が疑われる児童生徒や教員と、通常の傷病発生や相談等で保健室に来室する者が交錯しないようにするためのゾーニングの工夫などが迅速に求められた。そうしたことにより、保健室内外の設備や物品の整備、人の動線を考慮した物品等のレイアウトを変更しなくてはならない場合もある。そのような場合、文部科学省から出されるガイドラインに基づき、教育委員会や学校管理職他、学校薬剤師等とよく相談し、専門的な指示を仰いで行うことが大切である。

図表 3-4-3　施設・設備・備品の整備における留意の例

項　目	留意する点の例
保健室の位置	・南側に面し、通風、採光がよく、静かで児童生徒が来室しやすい位置にある。 ・救急処置活動の観点から、校舎の1階で、運動場、体育館、トイレ等に近い(屋内外の児童生徒の活動が見やすい。急な傷病発生に対して迅速に対応しやすい)。 ・教職員との連絡・情報交換・協力要請のしやすさ、養護教諭不在時の管理などの面から職員室に近い位置。
保健室の広さ	・健康診断、健康相談、保健指導、救急処置その他の保健に関する措置を円滑に実施できる広さ。
保健室の構造	・保健室の設置目的を果たしうるほか、保健室利用者のプライバシーを守る配慮。 ・感染症発生時には、感染症罹患・拡大防止のためのゾーニングを行う。
保健室の機能を十分に発揮するための施設・設備と備品	・救急処置、休養、相談(室)、学習、身体計測、委員会活動、養護教諭の執務等の各コーナー等、目的に応じて必要な施設・設備や備品、書籍や資料を備えておく。特に、保健室来室記録、健康診断結果や心身の健康管理に特に留意が必要な者のリストは個別ファイル、学校生活管理指導表、健康相談の記録、近隣の医療機関、相談機関、専門医に関する資料・情報も重要(格納場所には十分注意を払う)。 ・PCの設置、校内LAN・インターネットの接続、ICTが活用できる状況、同時に情報管理とセキュリティの徹底(各自治体、学校のセキュリティマニュアルを遵守する)。 ・冷暖房、空気清浄装置、外線・内線電話等が設置されているとよい。 ・水道(手洗い・足洗い用)、給湯、温水シャワー、付随したトイレ、洗濯機、製氷機等が設置されているとよい。 ・校内緊急通報システム、警報装置、防犯性の高い強化ガラス窓、防犯用ライト等の設置ができるとよい。 ・医師から指示を受け、保護者や本人・担任及び管理職との健康相談を経て同意の上で対応している、特定の疾患や障がいなどを有する児童生徒の補助食や内服薬(約3日分)の与薬などの対応を整理しておく。
保健室の雰囲気	・安心できる心の居場所としての環境づくり。 ・掲示物(目的・内容・色彩・掲示期間など留意)の作成、植物や絵画、ぬいぐるみ、クロスなどの利用(植物やぬいぐるみは数量や香り、害虫の発生などに注意する)。 ・児童生徒の視線の高さ、心理的な効果を考慮した安全で安心できる観点での備品の配置。 ・保健室利用者、養護教諭の行動範囲や動線を考慮した設備・備品の配置。 ・教室にはない家庭的なアイテム(ソファや丸テーブル、ベッドカバーの色彩などの配慮)の設置を心がける。

文献[3)]を参考に筆者作成

また、児童生徒が保健室登校をしている場合もあるし、感染症に関係する相談や、通常の悩みや不安に関する相談もあることから、プライバシーの保護にも十分留意しなければならない。

②保健室が下記に示す「場」としてよりよく機能するための整備

ⅰ　健康診断、発育測定などを行う場としての機能を果たす観点

・健康診断時に必要な器械・器具を必要時に支障なく使用できるようにしておく(数量や故障の点検)。
・身長計や体重計等、日常よく使用する物品は、必要に応じてすぐ取り出せるようにしておく。

ⅱ　個人及び集団の健康を把握し、健康情報のセンター的機能を果たす観点

・健康診断結果、保健調査票、各種記録等を整理してファイリングし、情報が漏洩しないように施錠できる棚などに格納する。併せて、必要時にはすぐに閲覧できるように整備しておく。
・個人情報の取り扱いを注意しなければならない書類等は、養護教諭にとっては活用しやすく、児童生徒の目に触れにくく、取り出すことができないように鍵のかかる棚や引き出しに格納する。使用者台帳を作成することも工夫の１つである。

ⅲ　健康教育推進のための調査及び資料等の活用・保管の場としての機能を果たす観点

・学習の参考になる資料や児童生徒の心に語りかける詩集や画集などは、児童生徒が手にして閲覧できるように、コーナーを決めて配架しておく。
・授業などに活用する教材・教具は、次の活用に備えて、指導内容あるいは学年別などに分類・整備しておき、必要時にすぐに活用できるようにしておく。
・自分の体に興味関心をもたせる教育手段の１つとして、保健室内に「自分で測ってみようコーナー」等を設置するなどの工夫も例として挙げられる。

ⅳ　疾病や感染症の予防と管理を行う場としての機能を果たす観点

・日常の健康状態把握のために、各学級の健康観察表等の様々な健康情報を収集し、資料を整理する。
・心臓病、腎臓病、アレルギー疾患など配慮を要する疾病等の管理のための関係資料を、随時確認することができるよう個別にファイルを作成し、格納しておく。特に、アナフィラキシーショックへの対応に必要な個別の資料やエピペン®の保管場所、糖尿病等の低血糖時に必要な補食の管理場所などについて、養護教諭だけでなく全教職員と本人がどこにあるか認識し、共通理解している必要がある。
・薬剤の保管(消毒用エタノール、次亜塩素酸ナトリウム等)は、法に則り、鍵のかかる棚に格納する。
・ディスポーザブルゴム手袋、ビニール袋、マスクなどは備蓄し、常に在庫を点検する。
・学校環境衛生管理に必要な石鹸や洗剤や必要物品・検査試薬及び環境衛生活動に関する記録簿を整理する。購入にあたっては、学校薬剤師の指導をうける。

ⅴ　児童生徒が委員会活動等を行う場としての機能を果たす観点

・委員会活動に必要な物品を整備しておく(活動記録ノートや諸用紙、マジック、色鉛筆など)。
・委員会への所属意識を高め、責任をもって委員会活動を行うことができるように、保健委員会の活動を可視化するなどの工夫をする(例：委員の写真や自己紹介掲示など)。

vi　心身の健康について特に配慮が必要な児童生徒に個別の指導や健康相談を行う場としての機能を果たす観点

・保健室内に来室してきた利用者から見えないエリアや、保健室に隣接する相談室等を設置し、プライバシーに配慮し、安心して相談できるように工夫する(相談内容によっては場所を変えて実施することも必要)。(例：保健室内のレイアウトの工夫、衝立の設置、隣接する部屋の設定・利用など)

vii　傷病発生時に救急処置活動を行ったり休養させたりする場としての機能を果たす観点

・傷病者や救急処置活動を行う者の動線を考慮して各コーナーの設置を決める。

・寝具は重要な設備・備品であるが、病院と異なり不特定多数の人が活用するので常に清潔にする。その際、リネンの素材や枕の中身、カバー類の交換など、詳細を検討し準備する。

・緊急持ち出し用救急箱・救急バッグ(校外学習用、日帰り用、宿泊行事用、災害時もち出し用等)、もち出し用毛布、担架、救急本部の目印旗、車椅子等を養護教諭以外の人でもすぐにもち出せるように格納し、教職員間で共通認識をはかっておく。

・電話の近くに、救急車要請時に伝えるべき内容を箇条書きにして、誰でも落ち着いて活用できるようにしたり、医療機関の連絡先、診療科等を見やすくしたり、掲示するなどの工夫をする。

【参考】

【騒音】　音の感覚は個人差があり、健康状態にもよる。大きな音だけでなく生理的に嫌な音、感情を逆なでるような音、人の話し声も時には騒音となる。健康状態がよくない時には、通常では気にならない音や小さな音でもひどく気になったりもする。保健室に出入りする人の声の大きさや態度を含め、ドアの開け閉めの音など、保健室内外の音源に配慮する。保健室に来室する児童生徒の態度や声の大きさなどについては、保健室利用時のきまりとして校内で共通理解した上、随時継続して指導していくことも環境調整の1つとなる。

【心地よさへの配慮】　心地よい音楽は、交感神経の緊張を緩和し、感情の鎮静化や気持ちを紛らわせる効果があるとされているが、心地よさは人によって違うため、保健室にBGMが必ずしも必要ではなく、流す場合は、BGMが必要なのか否かを判断する。流す場合は音楽のジャンルと音量に注意が必要である。

【色彩】　気持ちを落ち着かせる、眼精疲労を少なくする等、色のもたらす心理的な作用、生理的作用を考慮するが、養護教諭の趣味に傾くことなく、不潔に気づきやすく、傷病者の顔色の変化や出血及び吐物等の状態を正しく観察判断するために白(薄い色)を基準とするのがよい。

【掲示】　保健室は学びの場でもある。教育的側面も考慮して環境整備を行う必要がある。保健室における掲示には、「心身の正しい知識を得る」「新しい情報を得る」「保健室の活用を円滑にする」「児童生徒の活動をあらわし意欲を高める」「創造性を養う」「心を耕す働きかけ」という視点がある。

【保健室におくもの】　生花や観葉植物は心理的によい作用をもたらし、季節感を味わうことができるが、花粉や香りなどにアレルギーや好みがあることを考慮して、種類を吟味したり花粉の処理を行ったりする。室内に羽や毛を有する動物を飼育することはやめる。教材や心理作用を目的としたぬいぐるみや人形などをおく場合、数量や清潔に注意する必要がある(ダニの発生やホコリなどがないようにする)。

【様々な動線への配慮】　保健室の設置目的を果たし、保健室で執務を行う養護教諭、傷病発生時に傷病者搬送に関わる人々やストレッチャーなどの動線を考慮し、物品のレイアウトを考慮する。

【備品等の格納場所についての教職員の共通理解】　保健室は養護教諭の職務を遂行する拠点であるが、養護教諭不在時や養護教諭が保健室以外の場所で対応や指導及び作業等をしている時もある。救急バッグの他、AED、エピペン®、補食、主治医の指示により保護者から預かっている個々の薬剤といったものも、使用する児童生徒の学年、組、氏名他必要事項を記入の上、緊急時には誰でもすぐにもち出せるように工夫して保管しておく。そうしたことについては日頃から教職員間で理解しておくことが必要である。

文献[4)]をもとに筆者作成

③寝具の整備

i ベッドの配置及び周辺への配慮

保健室の広さにもよるが、ベッドは2～3台あるとよい。プライバシーを保つため、ベッド間をカーテンや衝立などで仕切る。ベッドで休養している間に急に嘔吐してしまったり、出血したりすることもあるので、ベッドの近くにガーグルベースンやポリ袋、ティッシュペーパー、嘔吐物処理セット等を準備しておく。養護教諭はいつでも休養者を観察できるように、養護教諭の執務スペースと休養コーナーの視界が完全に遮断しないようにしながらも、休養者のプライバシーを保護し、安心して休養できるようにする。また、ベッドの近くに書庫や薬品庫、棚を設置せざるを得ない場合、地震などでそれが倒れないか、格納しているものが落下したりしないか十分注意する。

ii 寝具の清潔

保健室の寝具は不特定多数が活用することを前提に、清潔の保持を心がける必要がある。敷・掛け布団や毛布は、天気のよい日にはできるだけ日光にあてるようにする。日光消毒だけではダニは死滅しないといわれている[5)]ので、1年に一度、長期休業の期間を利用して布団の丸洗いをすると、雑菌もダニもダニの死骸も洗い流すことができる。寝具の消毒が必要な場合は、次亜塩素酸ナトリウムやプール消毒剤の塩素消毒剤を希釈して使用する。

参考文献

1）学校保健・安全実務研究会編著：新訂版 学校保健実務必携 第5次改訂版、第一法規株式会社、2020
2）文部科学省：学校安全資料「生きる力」をはぐくむ学校での安全教育、2019
3）財団法人日本学校保健会：養護教諭の専門性と保健室の機能を生かした保健室経営の進め方、財団法人日本学校保健会、2004
4）三木とみ子編集代表：改訂保健室経営マニュアル その基本と実際、ぎょうせい、2012、238
5）上村元子：布団に付着した微生物の生成に及ぼす日光照射の影響、22(4)、防菌防黴、1996、205-211

4）感染予防技術

（1）学校における感染予防・対策の考え方

①感染予防・対策の動向

かつて結核をはじめとする感染症は、死亡率の上位を占めたが、医学・医療や衛生水準の向上、国民の健康意識の向上により、その多くが克服されてきた。しかし、近年のグローバル化、都市化により、人と物が短時間で移動し、病原体（病原微生物）の移動も容易になったことで、再び感染症は身近な問題となっている。例えば、1996（平成8）年に日本各地で集団発生した腸管出血性大腸菌感染症O-157、2003（平成15）年の重症急性呼吸器症候群（SARS）、2007（平成19）年に高等学校・大学を中心とした麻しんの流行、そして2020（令和2）年の新型コロナウイルス感染症（COVID-19）の世界的流行は記憶に新しい。

日本における感染症の予防・対策の中核をなすのは、1999（平成11）年に施行された「感染症の予防及び感染症の患者に対する医療に関する法律（感染症法）」である。感染症法は、新たな感染症（新興感染症）の出現や既知の感染症の再興（再興感染症）等の感染症をめぐる状況の変化や、過去にハンセン病、後天性免疫不全症候群等の感染症の患者等に差別や偏見が存在した状況を踏まえ、人権の尊重、良質かつ適切な医療の提供の確保、感染症への迅速かつ適確な対応のため、これまでの感染症の予防に関する施策を抜本的に見直したものである。それに伴い、かつての「伝染病予防法」や「性病予防法」、「後天性免疫不全症候群の予防に関する法律」は廃止となり、2007(平成19)年には「結核予防法」も感染症法に統合された。その後も感染症法は随時改正が行われている。

学校看護は、歴史的にトラコーマの対策のため、児童の洗眼を担当する学校看護婦が配置されたことに端を発し、以後も結核やインフルエンザ等、学校における感染予防・対策に重要な役割を果たしてきた。近年は、新型コロナウイルス感染症(COVID-19)の世界的流行により、子供たちが健康に学校教育を受けるために、感染症対策はより一層重要な役割を担っている。

MEMO

新興感染症

「かつては知られていなかった、新しく認識された感染症で、局地的に、あるいは国際的に公衆衛生上の問題となる感染症(WHO)」である。重症急性呼吸器症候群(SARS)、中東呼吸器症候群(MERS)、ジカウイルス感染症、新型コロナウイルス感染症(COVID-19)などがある。

再興感染症

「既知の感染症で、既に公衆衛生上の問題とならない程度までに患者が減少していた感染症のうち、近年再び流行しはじめ、患者数が増加したもの(WHO)」である。結核、デング熱などがある。

第3章

②学校保健安全法における感染予防・対策

現在の学校における感染症の予防・対策は、「学校保健安全法」に基づいている。学校は、児童生徒等が集団生活を営む場であるため、感染症が発生した場合は、感染が拡大しやすく、教育活動にも大きな影響を及ぼす[1)]。そのため、学校保健安全法では、感染症の予防のため、出席停止(第19条)等の措置を講じること、学校保健安全法施行令では、校長が出席停止の指示を行うこと(第6条第1項)、出席停止の期間は省令で定める基準によること(第6条第2項)等が規定されている。そして、学校保健安全法施行規則では、学校において予防すべき感染症(学校感染症)を規定し(第18条)、出席停止の期間の基準(第19条)等を定めている。

学校感染症の第一種は、感染症法第6条に規定する一類並びに結核を除く二類感染症、新型インフルエンザ等感染症、指定感染症及び新感染症である。第二種は空気感染または飛沫感染するもので、児童生徒等の罹患が多く、学校において流行を広げる可能性が高い感染症である。第三種は、学校教育活動を通じ、学校において流行を広げる可能性がある感染症である。学校感染症の出席停止の期間は、感染様式と疾患の特性を考慮して、人から人への感染力を有する程度に病原体が排出されている期間を基準に規定されている。詳細は、図表3-4-4を参照のこと。

(2)感染予防・対策の基礎知識

①感染とは

感染とは、病原体(病原微生物)がヒトの体内に侵入し、定着・増殖することをいう。感染後に症状が出現した状態が発症であり、感染徴候や症状がないまま感染が持続している状態を不顕性感染という。不顕性感染の者は保菌者(キャリア)となり、病原体を排泄し感染源となり得るので、病原体の特性を踏まえた上で対応する。

感染が成立するには、❶感染源、❷感染経路、❸感受性宿主(しゅくしゅ)が必要である(感染の3要素)。❶感染源は、病原体が生存、増殖できる場所であり、ヒト、器具、環境(特に、人が頻繁に手で触れるドアノブ、机、椅子、蛇口などの高頻度接触環境表面〈High-touch surfaces: HTS〉)などがある。❷

図表3-4-4　学校において予防すべき感染症の種類と出席停止期間(令和3年4月30日現在)

種　類	対象疾病	出席停止期間の基準
第一種	エボラ出血熱、クリミア・コンゴ出血熱、痘そう、南米出血熱、ペスト、マールブルグ病、ラッサ熱、急性灰白髄炎、ジフテリア、重症急性呼吸器症候群(病原体がベータコロナウイルス属SARSコロナウイルスであるものに限る)、中東呼吸器症候群(病原体がベータコロナウイルス属MERSコロナウイルスであるものに限る)及び特定鳥インフルエンザ(特定鳥インフルエンザに限る) 新型インフルエンザ等感染症*1、指定感染症*2及び新感染症*3	治癒するまで
第二種	インフルエンザ(特定鳥インフルエンザを除く)	発症した後五日を経過し、かつ、解熱した後二日(幼児は三日)を経過するまで
	百日咳	特有の咳が消失するまで又は五日間の適正な抗菌性物質製剤による治療が終了するまで
	麻しん	解熱した後三日を経過するまで
	流行性耳下腺炎	耳下腺、顎下腺又は舌下腺の腫脹が発現した後五日を経過し、かつ、全身状態が良好になるまで
	風しん	発しんが消失するまで
	水痘	すべての発しんが痂皮化するまで
	咽頭結膜熱	主要症状が消退した後二日を経過するまで
	結核及び髄膜炎菌性髄膜炎	病状により学校医その他の医師において感染のおそれがないと認めるまで
第三種	コレラ、細菌性赤痢、腸管出血性大腸菌感染症、腸チフス、パラチフス、流行性角結膜炎、急性出血性結膜炎その他の感染症	病状により学校医その他の医師において感染のおそれがないと認めるまで
その他	・第一種若しくは第二種の感染症患者のある家に居住する者又はこれらの感染症にかかっている疑いがある者については、予防処置の施行の状況その他の事情により学校医その他の医師において感染のおそれがないと認めるまで。 ・第一種又は第二種の感染症が発生した地域から通学する者については、その発生状況により必要と認めたとき、学校医の意見を聞いて適当と認める期間。 ・第一種又は第二種の感染症の流行地を旅行した者については、その状況により必要と認めたとき、学校医の意見を聞いて適当と認める期間。	

*1　「新型インフルエンザ等感染症」とは、新型インフルエンザ(新たに人から人に伝染する能力を有することとなったウイルスを病原体とするインフルエンザであって、一般に国民が当該感染症に対する免疫を獲得していないことから、当該感染症の全国的かつ急速なまん延により国民の生命及び健康に重大な影響を与えるおそれがあるもの)と再興型インフルエンザ(かつて世界的規模で流行したインフルエンザであってその後流行することなく長期間が経過しているものであって、一般に現在の国民の大部分が当該感染症に対する免疫を獲得していないことから、当該感染症の全国的かつ急速なまん延により国民の生命及び健康に重大な影響を与えるおそれがあるもの)をいう。

*2　「指定感染症」とは、既に知られている感染性の疾病(一類感染症、二類感染症、三類感染症及び新型インフルエンザ等感染症を除く。)であって、当該疾病のまん延により国民の生命及び健康に重大な影響を与えるおそれがあるものをいう。(令和3年4月現在、新型コロナウイルス感染症を含む)

*3　「新感染症」とは、人から人に伝染すると認められる疾病であって、既に知られている感染性の疾病とその病状又は治療の結果が明らかに異なるもので、当該疾病にかかった場合の病状の程度が重篤であり、かつ、当該疾病のまん延により国民の生命及び健康に重大な影響を与えるおそれがあるものをいう。

感染経路は、病原体が感染源から排出され、感受性宿主に伝播する経路をいう。感染経路には、主に空気感染、飛沫感染、接触感染、一般媒介物感染、ベクター(媒介生物)感染がある(図表3-4-5)。❸感受性宿主は、感染を起こす可能性が高い生物を指し、リスク因子(内因性〈年齢、性別、基礎疾患、免疫機能［ステロイドの使用等］、栄養状態など〉、外因性〈体液等に触れる器具の使用、使用者の技術や感染予防策の遵守状況など〉)に左右される。これらの3要素に、病原体、病原体の排出門戸、病原

図表 3-4-5　感染経路

種　類	特徴と主な感染症
空気感染	病原微生物を含む直径 5μm（μm= 1 /1000 mm）以下の飛沫核が、長期間空中を浮遊し、空気の流れにより広範囲に伝播される。空調設備を介した伝播を防ぐため、病室は周囲の区域に対し陰圧に設定し、個室管理となる。 【主な感染症】結核、麻しん、水痘・播種（はしゅ）性帯状疱疹など
飛沫感染	病原微生物を含む直径 5 μm（μm= 1 /1000 mm）以上の飛沫が、短い距離（ 2 m 以内）を飛び、伝播される。飛沫は床に落下し、通常 2 ～ 3 m 離れた人には届かない。 【主な感染症】インフルエンザ、流行性耳下腺炎、風しん、マイコプラズマ感染症、新型コロナウイルス感染症など
接触感染	病原微生物が皮膚どうしの接触、処置時などにより直接接触して伝播される（直接接触感染）、または汚染された器具や環境を介して伝播される（間接接触感染）。 【主な感染症】腸管出血性大腸菌、急性出血性結膜炎、ウイルス性胃腸炎、MRSA、緑膿菌など
一般媒介物感染	汚染された食物、器具、機器（加熱式でない加湿器など）、水（プールや温泉施設の水、飲料水など）を介して伝播する。病原微生物を媒介しアウトブレイクにつながらないように日常的な管理が重要である。 【主な感染症】ノロウイルス感染症などの食中毒、レジオネラ症、クリプトスポリジウム症など
ベクター（媒介生物）感染	蚊、ノミ、ダニなどの感染性因子を保有するベクター（媒介生物、多くは吸血性の節足動物）を介し、伝播される。ベクターの多くは、感染した宿主を吸血する際に感染性因子を獲得し、別の宿主を吸血する際に感染性因子を注入、伝播する。 【主な感染症】疥癬、シラミ、デング熱、重症熱性血小板減少症候群（SFTS）、マラリアなど

体の侵入門戸を加えた 6 つの要素により感染が成立するメカニズムを感染（成立）の連鎖（chain of infection）といい、これらの鎖の 1 か所でも断ち切ることができれば感染を防ぐことが可能と考えられている。

②標準予防策（スタンダードプリコーション）と経路別対策

ｉ　標準予防策（スタンダードプリコーション）とは

標準予防策（スタンダードプリコーション）は、あらゆる血液、体液、分泌物、排泄物（汗を除く）、外傷のある皮膚、粘膜には感染性微生物が含まれる可能性があるという原則に基づいてすべての患者（対象者）が行う標準的な感染対策である[2)]。学校における標準予防策の適応を図表 3-4-6に示す。手指衛生、個人防護具（personal protective equipment: PPE/手袋、マスク・ゴーグル・フェイスシールド、エプロン・ガウンなど）、器材・器具・機器、周辺環境・リネン、体調不良者の配置（休養場所）について、必要な対策を講じる。これは、養護教諭等の援助者の身を守ることに加え、他の子供に病原体を伝播させないためにも重要である。

ｉ）手指衛生

手指衛生は、標準予防策の基本となる。手指衛生は、石鹸と流水（手荒れ予防のためには温水でない方がよい）による手洗い（図表 3-4-7：スクラブ法）と擦式アルコール製剤による手指消毒（図表 3-4-8：ラビング法）が含まれる。洗い残しの多い部位（図表 3-4-9）に特に注意して行う。

WHO の推奨する手指衛生の 5 つのタイミング[3)]を参考にすると、学校において特に手指衛生が推奨されるタイミングは、❶子供に触れる前、❷清潔操作（救急処置や医療的ケアなど）の前、❸体液暴露のリスク後、❹子供に触れた後、❺ベッド周囲の環境に触れた後である。手袋を使用してい

図表3-4-6　学校における標準予防策の適応

標準予防策	適　応
手指衛生	・体調不良の子供との接触の前後 ・血液、体液、分泌物、排泄物、汚染されたものに触れた後 ・手袋を外した直後
手袋	・血液、体液、分泌物、排泄物、汚染されたものに触れる前 ・粘膜や外傷のある皮膚に触れる前
マスク・ゴーグル・フェイスシールド	・血液、体液、分泌物、特に吸引などの飛沫または噴霧を生成する可能性のある処置やケアの前
エプロン・ガウン	・衣服や皮膚が、血液、体液、分泌物及び排泄物と接触することが予想される処置やケアの前
器材・器具・機器	・汚染した器材等は、皮膚や衣服、環境を汚染しないように取り扱う。 ・滅菌や消毒に先立ち、有機物を処理するため洗浄する。再使用する器材は、安全に使用できるように適切に処理する。 ・再利用の場合は、清潔であることを確認の上、使用する。
周辺環境・リネン	・保健室等は汚染やホコリがないように清掃する。 ・特に手がよく触れる高頻度接触環境表面(ドアノブ、机、椅子、水道の蛇口、ベッド周辺など)は頻回に清掃する。 ・使用済みのリネンは汚染を周囲の人や環境に広げないように速やかに処理する。 ・感染性のリネンは80℃の温水で10分間または次亜塩素酸ナトリウムによる消毒をする。
体調不良者の配置	・症状等により環境を汚染する可能性が高い場合は、個室を利用する。 ・やむを得ず個室を利用できない場合は、ベッド間の間隔を2m以上保つ、あるいはパーテーションやカーテンによる仕切りを設け、十分な換気などで対応する。

注：個人防護具の使用後は、ただちに外して手洗いをする。　　文献[2)4)5)]を参考に筆者作成

図表3-4-7　スクラブ法の手順：抗菌入り石鹸または消毒液で洗浄する衛生的手洗いの手順

①流水で洗浄する部分を濡らす。

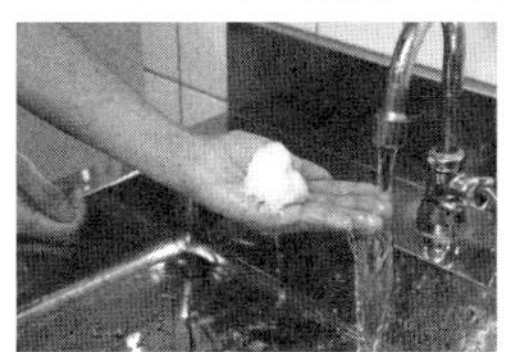
②薬用石鹸または消毒薬などを手掌にとる。

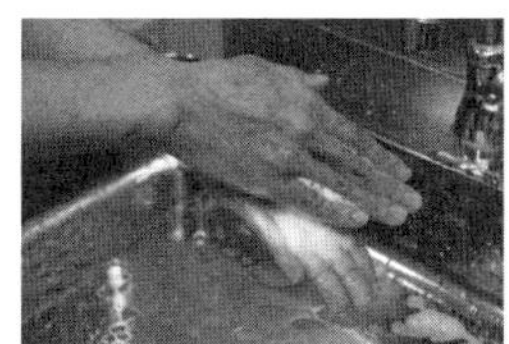
③手掌を洗う。

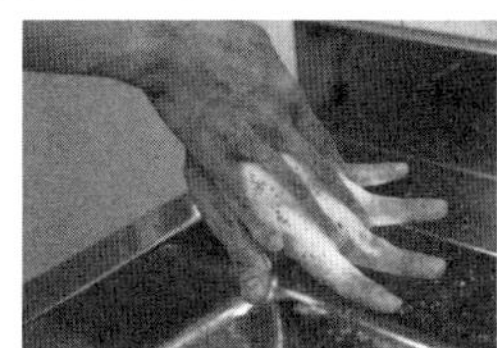
④手掌で手の甲を包むように洗う。反対も同様に。

⑤指の間もよく洗う。

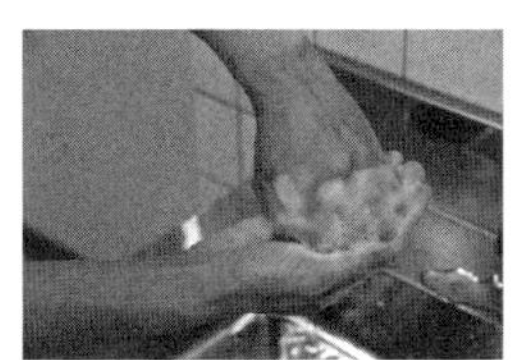
⑥指までよく洗う。

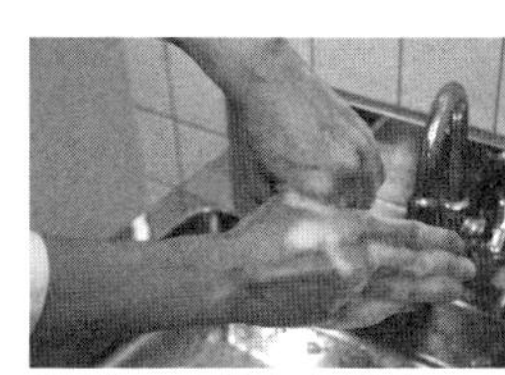
⑦親指のつけ根もよく洗う。

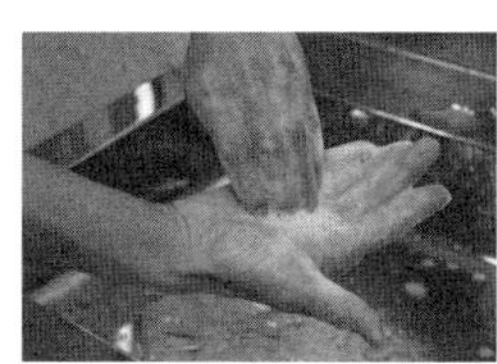
⑧指先、爪もよく洗う。

⑨手首も洗う。

⑩流水で洗い流す。

⑪ペーパータオル等で拭く。水道の栓は手指を使わずペーパータオルまたは肘で閉める。

図表 3-4-8　ラビング法の手順：速乾性手指消毒薬による衛生的手洗いの手順

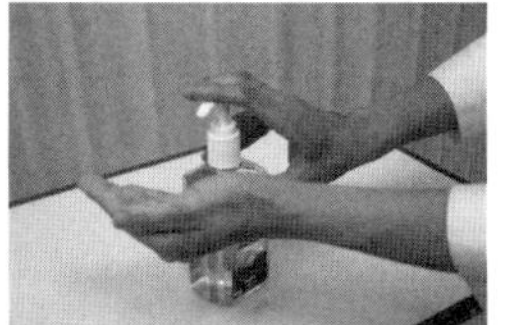

①消毒薬の規定量を手掌に受けとる。
（注）規定量の目安は15秒以内に乾燥しない程度の量。

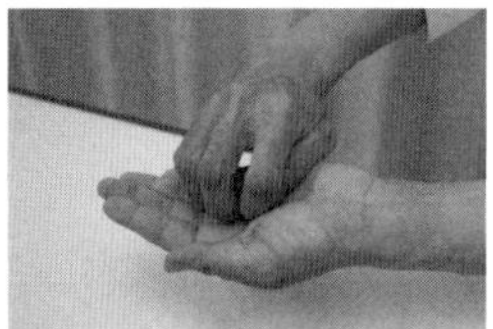

②はじめに両手の指先に消毒薬を擦り込む。

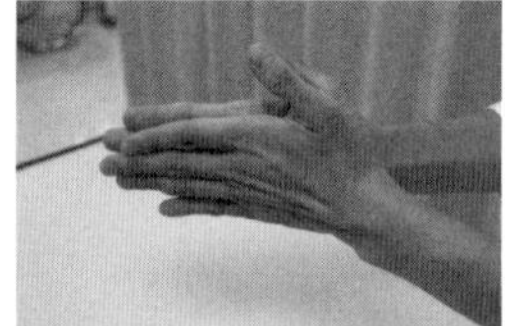

③次に手掌によく擦り込む。

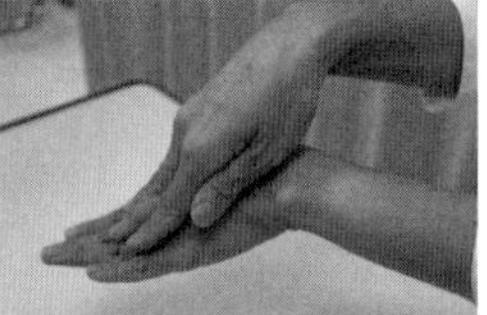

④手の甲にも擦り込む。反対も同様に。

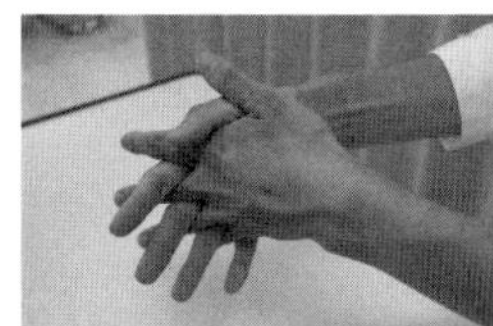

⑤指の間にも擦り込む。

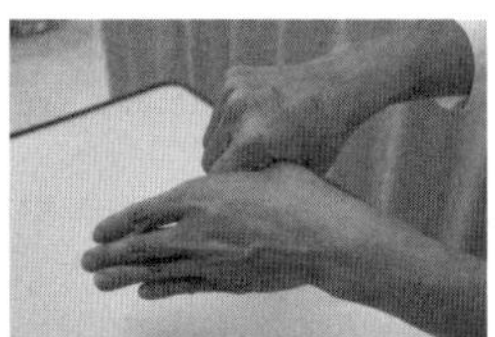

⑥親指にも擦り込む。

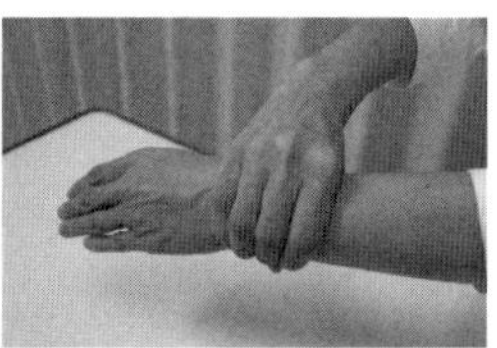

⑦手首も忘れずに擦り込む。乾燥するまでよく擦り込む。

図表 3-4-9　手洗いミスの発生部位

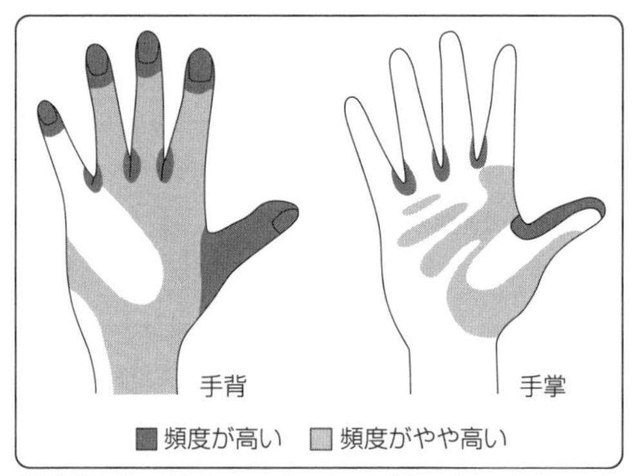

出典）Taylor, LJ. An evaluation of handyyashing technique, 1. Nursing Times 74(2). 1978. 45-55

た場合でも、ピンホールや破損により手指が汚染される可能性があるため、手袋を外した後に手指衛生を実施する。近年は、血液や体液、創面皮膚・粘膜に触れた場合や、目に見える汚染がある場合を除き、簡便さや除菌効果などから擦式アルコール製剤による手指消毒が推奨されている。

効果的な手指衛生[3)4)]のためには、手荒れにより手指衛生が不十分にならないように保湿剤を使用すること、爪の間に微生物が付着しやすくなるため爪は短く切ること、湿ったハンカチやタオル等は手指の細菌で汚染されやすいため、繰り返しの使用や共用は避けることが推奨されている。また、石鹸液は細菌汚染を生じることがあるため、継ぎ足しをしない。ポンプ式は石鹸液がなくなったら容器を廃棄することが望ましいが、難しい場合は洗浄と消毒を行い、十分に乾燥させてから石鹸液を充填する。固形石鹸は水に浸からないように管理する。

ii）個人防護具（personal protective equipment: PPE）

個人防護具は、感染性微生物から身を守るために使用し、目的により単独または組み合わせて使用する。以下では手袋、マスク、ゴーグル・アイシールド、エプロンの着脱方法について説明する。

なお、個人防護具着脱の一連の手順は以下の通りである。病原体の拡散の予防を意識して着脱することが重要である。

【着ける順序】	【外す順序】
❶手指衛生	❶手袋を外す。
❷マスクを着用する。	❷手指衛生
❸エプロンを着用する。	❸ゴーグルを外す。
❹ゴーグル(アイシールド、フェイスシールド)を両手でもって装着する。	❹エプロンを脱ぐ。
❺手袋を装着する。	❺マスクを外す。
	❻手指衛生

(i)　**手　袋**

血液、体液、分泌物、排泄物(汗を除く)、外傷のある皮膚、粘膜に触れる可能性のある場合は、接触感染予防のため手袋を着用する。使用後は手袋表面(外側)に触れないように速やかに外し、手指衛生を行う。以下では未滅菌手袋の着脱方法を説明する。

【着ける順序】

①自分に合ったサイズを選び、手袋の端をもって手を挿入する。 ▶	②手袋の手首付近を引っ張り装着する。 ▶	③両手を握り、指先までフィットさせる。

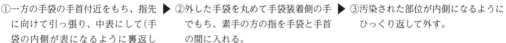

【外す順序】

①一方の手袋の手首付近をもち、指先に向けて引っ張り、中表にして(手袋の内側が表になるように裏返して)外す。 ▶	②外した手袋を丸めて手袋装着側の手でもち、素手の方の指を手袋と手首の間に入れる。 ▶	③汚染された部位が内側になるようにひっくり返して外す。

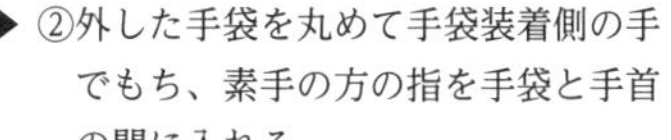

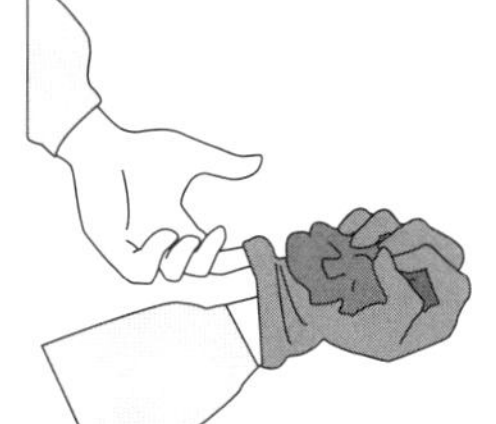

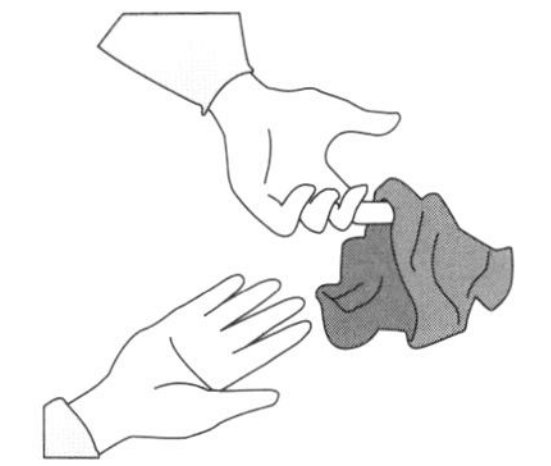

(ii)　**マスク**

飛沫感染、空気感染の可能性のある場合に使用する。以下では、通常学校で使用するサージカルマスクの着脱方法を説明する。

【着ける順序】

①マスクの裏表・上下を確認し、ノーズワイヤーを上に、プリーツが下向きになるようにしてゴムバンドを耳にかける。 ▶	②鼻を抑えながらマスクのプリーツを顎まで伸ばし、ノーズワイヤーを鼻梁(びりょう)にフィットさせる。 **注意**：鼻や顎下周囲に隙間が空きやすいので注意する。

【外す順序】

①両手で耳側のゴムバンドをもち、マスクの表面に触れないようにして外す。	**注意**：マスク外側(表面)は病原体を含んだ飛沫、内側は着用者の口腔内常在菌や皮膚常在菌等で汚染されているとみなし、触らない。

(iii)　**ゴーグル・アイシールド・フェイスシールド**

エアロゾルなどにより眼、鼻、口の粘膜を汚染する可能性がある場合に、マスクに加え、ゴーグルまたはアイシールド、フェイスシールドを使用する。ゴーグルは眼の防護に、フェイスシールドは眼、鼻、口の粘膜を目的に使用する。

【着ける順序】	
①フレームを両手でもって装着する。	
【外す順序】	
①前面(レンズ表面、フィルム部分)は汚染されている可能性があるため、フレームをもって外す。 ▶	②使い捨てでない場合、フレームやレンズ表面(使い捨てでない場合)をアルコール浸漬クロスで拭く。

ⅳ エプロン

皮膚や衣服が汚染される可能性がある場合に使用する。接触部位が体幹の場合はエプロン、体幹と上肢の場合は袖つきのガウンを使用する。以下ではエプロンの着脱を説明する。

【着ける順序】		
①エプロンの首ひもをもって頭を通す。 ▶	②エプロンを広げ、腰ひもを縦結びにならないようにして結ぶ。	
【外す順序】		
①首ひもを左右に引きちぎり、エプロンの内側が表になるように上半身部分を前面に垂らす。 ▶	②裾を両手でもち、汚染部分を内側にして下半身部分を折りたたむ。 ▶	③腰ひもを前方に引っ張るようにしてちぎる。

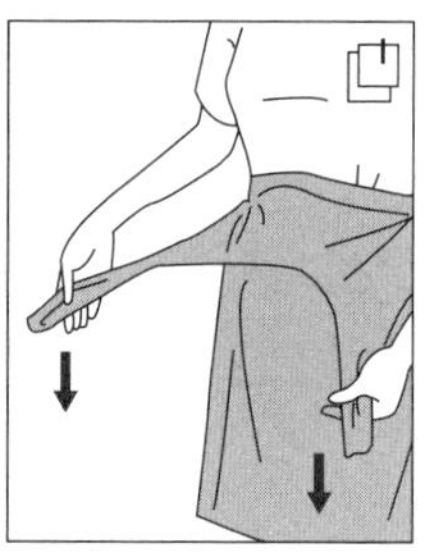

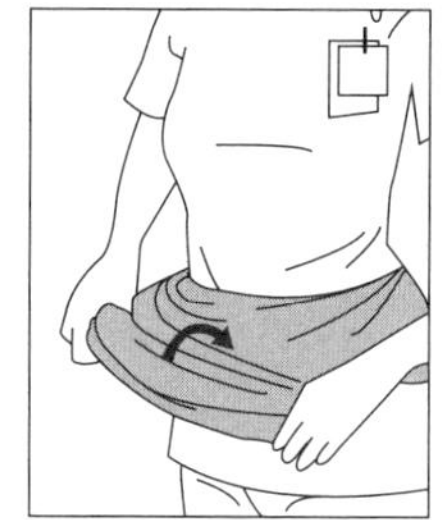

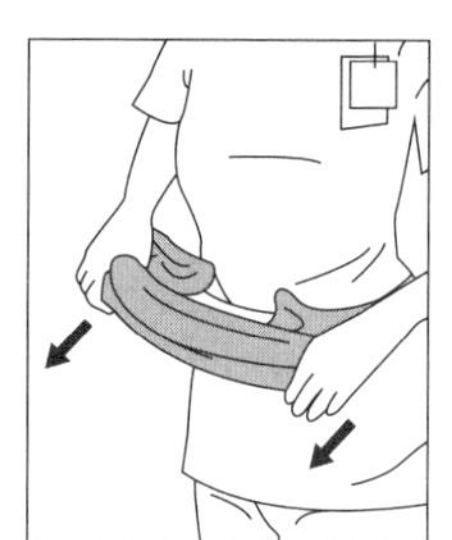

ii 感染経路別予防策

感染経路別予防策は、感染経路の遮断のために標準予防策に加えて実施する。感染経路別予防策には空気予防策、飛沫予防策、接触予防策が含まれ、複数の感染経路のある感染症(インフルエンザ、新型コロナウイルス感染症、ノロウイルス感染症等)には、複数の感染経路予防策を組み合わせて実施する。具体的には図表3-4-10に示す。学校では医師による診断前に対応することが多いが、子供の症状や状況、学校や地域での感染症の発生動向等から、感染経路を予測し、必要な対策を行う。ただし、必要以上の対策は費用と労力の消費となるため推奨されない。

図表 3-4-10　感染経路別予防策

感染経路	経路別予防策
空気予防策	・マスク(N95微粒子用マスク) ・個室隔離(部屋は陰圧、6回/時以上の換気、HEPAフィルター換気)
飛沫予防策	・距離を2m確保またはサージカルマスク ・個室隔離または集団隔離(ベッド間を2m以上離す)
接触予防策	・エプロン、ガウン ・できる限り患者専用の器具を使用 ・個室隔離または集団隔離

③洗浄・消毒・滅菌

感染源の除去の方法は、固体の表面から有機物質を除去する洗浄、医療衛生的に問題とならず、疾病や感染伝播が抑止可能な程度まで病原体を減少させる消毒、芽胞を含むすべての微生物を除去する滅菌がある[5)]。洗浄は病原体除去の補助的手段であり、器具・器材の消毒・滅菌の前には必ず洗浄する。スポルティング(Spaulding)の分類[6)]では、器具の使用目的と部位による感染リスクに応じて、処理方法がクリティカル(高リスク)、セミクリティカル(中リスク)、ノンクリティカル(低リスク)の３つに分類されている(図表 3-4-11を参照)。また、近年は使い捨てのディスポーザブル製品が普及しているため、可能な範囲で積極的に使用する。

i　洗　浄

洗浄方法には、浸漬洗浄(器材を洗浄剤に漬ける)、用手洗浄(有機物を含んだ水の飛散による感染リスクを最小限にするため、洗浄液をためた容器の中でスポンジやブラシでこする)、機械洗浄(自動洗浄装置、超音波洗浄器を使用する)などがある。器材に付着した血液や汚れが乾燥すると洗浄が困難となり、錆や腐食につながるため、使用後速やかに洗浄する。基本的には、製造元が推奨する濃度で洗浄剤を調整し、温度と浸漬時間を管理し[4)]、よくすすいで乾燥させる。有機物が固着している場合は、器材を酵素系洗浄剤に浸漬してから洗浄する[4)]。用手洗浄でスポンジなどを用いた場合は使用後廃棄するか、洗浄後に乾燥させて定期的に交換する。洗浄時に飛沫を暴露しないように個人防護具を着用して行う(洗浄剤の種類と特徴は、図表 3-4-12を参照)。

図表 3-4-11　スポルティングの分類に基づく処理方法

分　類	使用部位・用途	具体例	処理方法
クリティカル	無菌の組織や血管系に挿入するもの	埋め込み器具、手術用器具、注射針など	洗浄＋滅菌
セミクリティカル	粘膜または創のある皮膚と接触するもの	呼吸器系に接触する用具など(ネブライザーを含む)	洗浄＋高～中水準消毒(耐熱・耐湿の場合は熱水消毒)
ノンクリティカル	正常な皮膚に接触するもの	体温計(口腔・直腸体温計はセミクリティカル)、爪切り、血圧計のマンシェット、聴診器の膜面、パルスオキシメーター、氷枕、洗面器、便座、処置台、車椅子など	洗浄＋乾燥または低水準消毒(消毒範囲が狭いものはアルコールによる清拭)
	消毒が求められるノンクリティカル器材	リネン	80℃10分以上の熱水消毒または中～低水準消毒薬への浸漬
		食器など	食器洗浄機などによる熱水消毒または次亜塩素酸ナトリウム液への浸漬
	頻繁に手が触れる環境(HTS)	ベッド柵、ドアノブ、スイッチ、キーボードなど	低水準消毒による清拭
	皮膚に触れない環境表面	床、壁など	日常清掃

※高水準消毒は大量の芽胞(炭素菌、破傷風菌などの一部の細菌が増殖に適さない環境になった時に菌体内に形成する耐久性の高い構造物)を除いたすべての微生物を殺滅する。中水準消毒は芽胞以外のすべての微生物を殺滅する。低水準消毒は殺滅できない微生物(結核菌、芽胞、B型肝炎ウイルスなど)が存在する[5)]。消毒薬の水準と特徴の詳細は図表 3-4-14を参照のこと。

※ノンクリティカルは、通常は感染源となりにくいため、洗浄と乾燥が基本の処理である。しかし、状況により感染リスクとなり得る場合は、熱水消毒または中～低水準消毒が必要となる[4)]。

文献[4)5)]をもとに筆者作成

図表 3-4-12　洗浄剤の種類と特徴

種　類	特　徴
酸性洗浄剤	・無機物（錆、水垢など）の洗浄に適している ・金属腐食性が強い ・皮膚への影響が強い
中性洗浄剤	・被洗浄物の材質への影響が比較的少ない ・皮膚への影響が比較的少ないため、浸漬洗浄や用手洗浄に適している ・環境への影響が比較的少ない
アルカリ性洗浄剤	・洗浄力が優れており、医療器材の洗浄に適している ・被洗浄物の材質への影響があるため、取り扱いに注意が必要である ・皮膚への影響が強いため、主に機械洗浄に用いる

文献[4)5)]を一部抜粋して筆者作成

第3章

ii　消　毒

消毒には、加熱（煮沸消毒、熱水消毒、蒸気消毒など）や紫外線等による物理的消毒法と、消毒薬を用いる化学的消毒法がある。消毒においては熱消毒が第一選択であり、熱消毒が行えない場合に消毒薬を使用する。血液等で汚染されたものを消毒すると消毒の効果は減弱するため、消毒する前に洗浄によって可能な限り汚れや微生物を除去する。

i ）物理的消毒

(i)　煮沸消毒

煮沸消毒は、シンメルブッシュ煮沸消毒器を使用（なければ鍋で代用）し、沸騰水に器具を15分以上入れて消毒する方法である。栄養型細菌、結核菌、真菌、ウイルスを殺滅できるが、芽胞は殺滅できない。注意点として、❶破損しやすいガラス類はガーゼに包み、水から入れる。❷金属製品は沸騰してから入れる。沸騰水に１～２％の重曹を加えると防錆効果がある。

シンメルブッシュ消毒器

(ii)　熱水消毒

熱水消毒は、80℃10分間の処理により、芽胞を除くほとんどの細菌、ウイルスを感染可能な水準以下に死滅または不活性化できる。リネン類（シーツ等）に使用する熱水洗濯機や食器洗浄機などがある。医療施設等では、ウォッシャーディスインフェクター（washer disinfector）が使用され、洗浄、消毒、乾燥が可能である。

ii ）化学的消毒

消毒薬の主な使用方法は、浸漬法、清拭法、散布法、還流法がある。具体的な方法と注意点と消毒薬の種類と特徴を図表に示す（図表 3-4-13、14）。消毒薬は器具を腐食、変色、変質させるものがあるため、材質を考慮し、適応、希釈濃度等を確認の上、正しい方法で使用する。消毒作業の際は PPE を着用し、換気して実施する。消毒後の器具等は水で十分に洗浄する。

消毒薬をガーゼや綿球等に浸漬させて使用する場合は細菌汚染を受けやすいため、毎日つくり替えるか、滅菌済みの単包装製品の使用が望ましい。消毒薬の保管は直射日光や高温となる場所を避

図表 3-4-13　消毒薬の主な使用方法

方　法	要　点
浸漬法	消毒薬に器具を浸漬する。
清拭法	消毒薬をガーゼ等に浸漬させ、清拭する。
散布法	消毒薬をスプレーボトル等に入れて散布する。隙間等の消毒に用いる。

文献[5)]を一部抜粋して筆者作成

図表 3-4-14　消毒薬の水準と特徴

水準	消毒薬(主な製品)	一般細菌	結核菌	芽胞	真菌	ウイルス		用途(可能なものに濃度%記載)					
						一般/HIV	HBV/HCV	手指/皮膚	創傷/皮膚	粘膜	排泄物	医療器具	環境
高水準	過酢酸(アセサイド®)	○	○	○	○	○	○	×	×	×	×	0.3	×
高水準	グルタラール(ステリハイド®など)	○	○	○	○	○	○	×	×	×	×	0.5～2.0	×
高水準	フタラール(ディスオーパ®など)	○	○	○	○	○	○	×	×	×	×	0.55	×
中水準	次亜塩素酸ナトリウム(ハイター®、ミルトン®など)注1)	○	○	△	○	○	○	※	×	×	0.1～1	0.02～0.05	0.02～0.05
中水準	アルコール系消毒薬(消毒用エタノール、消毒用イソプロパノール®70%など)注2)	○	○	×	△	○	○	原液	×	×	×	50～70	原液
中水準	ポピドンヨード(イソジン®(10%)など)注3)	○	○	×	○	○	○	原液	原液	原液	×	×	×
低水準	クロルヘキシジングルコン酸塩(ヒビテン®など)	○	×	×	△	×	×	0.1～0.5	0.05	×	×	0.1～0.5	0.05
低水準	ベンゼトニウム塩化物(ハイアミン®など)	○	×	×	△	×	×	0.05～0.1	0.01～0.025	0.025	×	0.1	0.05～0.2
低水準	ベンザルコニウム塩化物(逆性石けん、ザルコニン®、オスバン®など)	○	×	×	△	×	×	0.05～0.1	0.01～0.025	0.02～0.05	×	0.1	0.05～0.2
低水準	両性界面活性剤(テゴー51®など)注4)	○	○	×	△	×	×	0.05～0.2	※	※		0.05～0.2	0.05～0.2

○有効　△十分な効果が得られない場合がある。　×無効　※一般的に使用しない。

注1)　金属には使用できない。粘膜、創傷・炎症部位に使用しない。

注2)　新型コロナウイルス対策としては、濃度70% 以上が望ましいとされる。アルコール過敏と引火性に注意して使用する。

注3)　ヨード過敏症、甲状腺機能異常、重症熱傷には禁忌である。

注4)　結核では医療器具は0.2～0.5%で10～15分間浸漬する。

文献[4)]、新体系看護学全書基礎看護学②基礎看護技術Ⅰ、メヂカルフレンド社、東京、2017、259-260をもとに筆者作成

け、学校薬剤師の助言を得ながら適正に管理する。

【消毒薬の調整法】

消毒薬は、種類や使用目的により濃度が異なるため、調整が必要な場合がある。その場合、❶必要な原液量を計算し、❷必要な水または精製水量を求める。計算式は以下の通りである。

$$\text{必要な原液量}(x) = \frac{\text{希釈濃度}(\%)}{\text{原液濃度}(\%)} \times \text{作成量}$$

例えば、10%オスバン®を用いて手指消毒に使う0.1%オスバン液2,000 ml を作成する場合は、以下の計算式で求める。

$$x = \frac{0.1}{10} \times 2000 = 20\ \text{ml}$$

よって、10%オスバン®20 ml に、水または精製水1,980 ml を加えれば0.1%オスバン液2,000 ml を作成できる。

iii 滅 菌

主な滅菌法は、加熱法(高圧蒸気滅菌など)、照射法、ガス法がある。高熱、蒸気、高圧、高湿度などで劣化しない器材は、高圧蒸気滅菌(オートクレーブ)が望ましいとされる。高圧蒸気滅菌は、一定の温度と圧力の飽和水蒸気で加熱することで、微生物の蛋白質を変性させ殺滅する。短時間かつ経済的に確実な滅菌が可能であり、残留毒素がなく安全である。適応は鋼製小物、繊維製品(リネン類など)、ガラス製品、一部のプラスチック製品、一部のゴム製品、液体(薬液など)であり、耐熱性・耐水性がないもの、無水油や粉末は適応外である。

オートクレーブ

高圧蒸気滅菌の滅菌効果は、温度、圧力、作用時間により異なり、日本薬局方によると115～118℃で30分、121～124℃で15分、126～129℃で10分とされる。滅菌性が保てるように包装し(図表 3-4-15)、配置の際は器材を入れすぎず、均一に蒸気が接触するように留意する。機械の作動中や終了直後の取り出しは熱傷の危険性があるため行わない。

図表 3-4-15 滅菌物の作成

種 類	方 法
殺菌パックによる単包	①物品の大きさに合わせて殺菌パックを準備する。 ②殺菌パック用シーラーで封をする。 ①滅菌パックの準備　②滅菌パックシーラーにて封をする　③封をした綿球 舌圧子 鑷子 鑷子立て

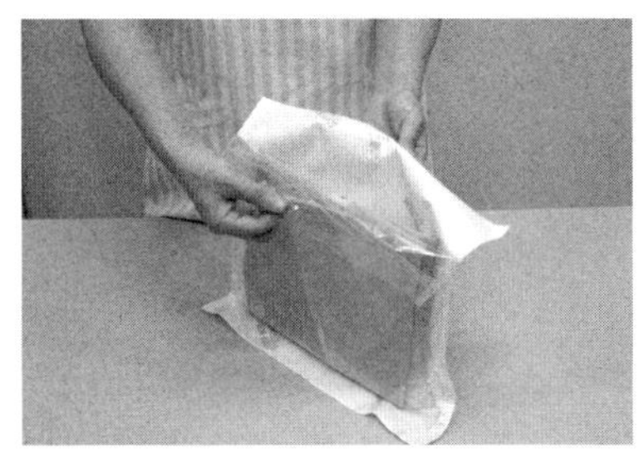
図表 3-4-16　滅菌パックの開け方①

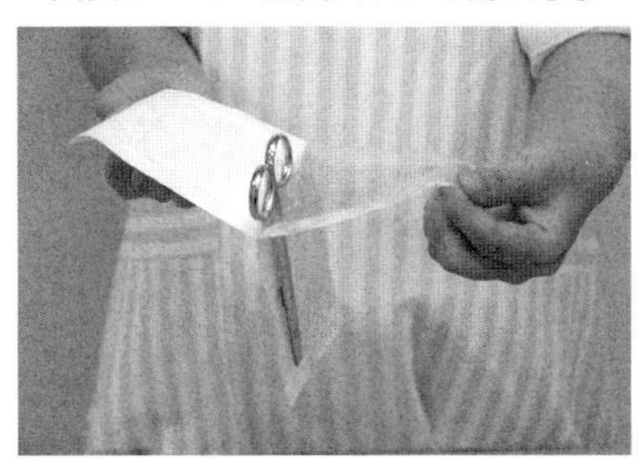
図表 3-4-17　滅菌パックの開け方②

滅菌済みの滅菌パックを開封する際は、滅菌パックのインジケーターの色を見て滅菌済みであることを確認し、破れ、破損、水濡れなどの汚染がないかを確認する。次に、滅菌パックの開け口を外側に折り返し、滅菌物が開け口に触れないように注意して取り出す(図表 3-4-16、17)。

(3)学校における感染予防・対策

感染予防・対策の基礎知識を踏まえ、本項では学校における感染予防・対策の実践について述べる。

①咳エチケット

咳エチケット[7)]は、咳やくしゃみの飛沫から他者に感染させないために、個人が咳やくしゃみをする際に、マスクやティッシュ・ハンカチ、マスクやティッシュペーパーが間に合わない場合は腕(上着の内側や袖)を使って、口や鼻をおさえることである。咳エチケットをせずに咳やくしゃみを手でおさえると、手に病原体が付着し、ドアノブ等を介して接触感染につながる恐れがある。また、何もせずに咳やくしゃみをすると、2mほど飛沫が飛散する可能性があり、他者に感染させるリスクがあるため、集団感染の予防において咳エチケットは重要である。特に、電車や職場、学校など人が集まるところで実践することが重要とされる。学校においては、咳エチケット啓発のポスターを掲示したり、ほけんだよりで周知したりし、一人ひとりが咳エチケットの重要性を理解し、徹底できるように指導する。

注意点としては、使用したティッシュペーパーは速やかに廃棄し、飛沫に触れた後は手指衛生をする。また、呼吸器症状のある者はサージカルマスクを着用することが推奨される。

②ゾーニング

ゾーニングとは、清潔区域とウイルス等によって汚染されている汚染区域を区分することである。感染症に罹患している可能性のある体調不良者は汚染区域のみを利用し、その他は清潔区域を利用す

>>>>>コラム3

新型コロナウイルス感染症(COVID-19)の感染経路は、主に飛沫感染、接触感染であるため、感染経路別予防策として、手洗いや咳エチケット、換気、清掃・消毒に加え、感染拡大リスクが高い「3つの密(密接、密集、密閉)」を避けるために、身体的距離の確保(ソーシャルディスタンスあるいはフィジカルディスタンス)が推奨されている。また、接触予防策として、無自覚に顔を触らないようにすることも重要とされている[8)]。

る。体調不良者とその他の者の動線が交差しないように明確に区分することが重要である。学校においては、体調不良者が保健室等に向かう動線とその他の者が利用する動線を分けることや、出入口を分けること等が考えられる。養護教諭等の援助者が汚染区域に入る際は必要な個人防護具を着用し、個人防護具を着脱する場所を準汚染区域とする。適切なゾーニングの実施のため、ポスター掲示や、ビニールテープ、衝立等を利用する。

③換　気

学校における換気方法は、主に窓を常時開けて、連続的に換気を行う方法が推奨される(難しい場合には30分に１回以上、少なくとも休み時間ごとに窓を全開にする)。常時換気の場合、窓を開ける幅は居室の温度と相対湿度により調節する。窓を十分に開けられない場合は、窓からの換気に加え、可搬式の空気清浄機(HEPAフィルタによるろ過式で、かつ、風量が毎分５m^3程度以上のもの)を併用する。二段階換気(人がいない部屋の窓を開け、廊下を経由して、少し暖まった状態の新鮮な空気を人のいる部屋に取り入れること)も、室温変化を抑えるのに有効である。感染症予防の観点では、換気をする場合も室内の温度及び相対湿度を18℃以上かつ40% 以上に維持することが望ましいとされる[9)]。気温の低い時期は開けている窓の近くに暖房器具を設置し、室温の低下を防ぐ工夫等をして換気する。

④保健室・校内の清掃・消毒

保健室・校内の清掃・消毒は、床や壁などの接触することのない部分と、頻繁に手で触れるドアノブ、机、椅子、キーボード、蛇口等の高頻度接触環境表面で分けて対応する必要がある。基本的に、床や壁などは汚染やホコリがないように定期的に清掃する。高頻度接触環境表面は低水準消毒薬(中水準の消毒用エタノールでも可)を使用し(図表 3-4-14の消毒薬の濃度を参照、COVID-19の環境消毒は70%エタノールまたは次亜塩素酸ナトリウム0.05%を推奨)、下痢・嘔吐症状のある者が使用した場合は0.1%(1,000 ppm)次亜塩素酸ナトリウムにより１日１回以上清拭する。万一、環境表面が血液や体液で汚染された場合は、個人防護具を着用しペーパータオルで拭きとり、次亜塩素酸ナトリウムで清拭する。消毒作業の際は、目、鼻、口、傷口等に触れないようにし、換気をしながら行う。ブラインドや窓、その他環境は、目に見える汚染があれば清掃する。換気口や窓の格子等もホコリが蓄積しないように日常の清掃を行う。

⑤リネンの取り扱い

シーツ等のリネンは、個人防護具を着用して取り扱う。使用後のリネンを取り扱う際は、ホコリがたたないようにし、身体や周囲の環境に触れないようにしてランドリーバッグなどに入れて運ぶ。基本的には、80℃10分の洗濯によりリネンの感染性は消失する。ただし、広範囲の汚染がある場合は廃棄する。洗濯後のリネンは、清潔な場所(密閉された戸棚)で保管する。マットレスは、洗浄できなければ防水性カバーを使用し、体調不良者ごとに洗濯することが望ましい。また、ベッド周囲のカーテンは、高頻度に手が触れるため、定期的に洗濯する。

⑥吐物・下痢便の処理

吐物・下痢便の処理[1]は、近くにいる人を別室などに移動させ、換気した上で行う。まず、使い捨て手袋、マスク、ビニールエプロンをして、可能であればゴーグル、シューズカバーを着用し、汚物をペーパータオルや新聞紙、使い捨ての雑巾などで外側から中央に向かって拭きとる。便や吐物を拭きとった箇所に新しいペーパータオルを敷き、0.1％(1,000 ppm)次亜塩素酸ナトリウム消毒液(500 ml のペットボトル水１本に塩素系消毒薬10 ml〈ペットボトルのキャップ２杯〉)をまいて10分間放置する。残った次亜塩素酸ナトリウムを中央に向かって拭きとる。吐物処理に使用したペーパータオル等は、ごみ袋に入れ口をしっかり縛り廃棄する。処理後、石鹸、流水で必ず手を洗う。

なお、次亜塩素酸ナトリウムは、木や紙などの有機物に触れると消毒効果が下がるため、ペーパータオルを使ったり木の床を消毒したりする場合には、0.2％(2,000 ppm)以上の濃度の次亜塩素酸ナトリウム消毒液を使用する。消毒液をスプレーで吹きかけると、逆に病原体が舞い上がり、感染の機会を増やしてしまうことや、人体毒性があるため噴霧しない。

⑦保健教育

感染予防において、日頃より食事、運動、睡眠、ストレス対処といった抵抗力の増強につながる指導が求められる。中でも手洗いは感染予防に重要とされており、特に外から教室に入る時、咳やくしゃみ、鼻をかんだ時、給食(昼食)の前後、掃除の後、トイレの後、共有の物を触った時は手洗いをするように指導する[8]。また、各種感染症の流行が予測される時期の前に、感染症の知識や予防策等に関する指導を行うことも必要である。

さらに、集団感染の予防において、体調不良時に他の人を感染させないという意識を一人ひとりがもつように指導することも重要である。子供には登校前に自分自身の体調について健康観察を行い、体調不良時は無理に登校しないように指導することが求められる。

⑧予防接種

学校において人から人への伝播が問題となる感染症の多くは、ワクチン接種により発症や重症化の予防が可能な感染症(vaccine preventive diseases: VPD)である。よって、学校で感染症の流行を予防するには、子供や教職員が予防接種法で定められた予防接種を受けているかを確認し、必要時に情報提供をすることが求められる。

予防接種には、予防接種法や感染症法で定められた予防接種を一定の年齢において受ける定期接種と、予防接種法で規定されていない予防接種や規定の年齢以外で接種を受ける任意接種がある。定期の予防接種として、現行の予防接種法では、Ａ類疾病とＢ類疾病が定められている。Ａ類疾病の予防接種は、集団予防と重篤な疾患の予防の観点から努力義務が課されており、公費で接種可能である。ジフテリア、百日せき、破傷風、急性灰白髄炎(ポリオ)は、第１期で４種混合(DPT-IPV)として接種できる。 また、第２期では、ジフテリアと破傷風のワクチンを２種混合(DT)として接種できる。麻しんと風しんは、MRワクチンとして一度に接種できる。そのほか、Ｂ型肝炎、Hib 感染症、小児の肺炎球菌感染症、結核、日本脳炎、ヒトパピローマウイルス(HPV)感染症(図表 3-4-18 注１参照)、水痘、ロタウイルス感染症がＡ類疾病である。ロタウイルスワクチンは、2020(令和２)年10月１日から定期接種化された。B類疾病は主に個人の予防の観点から高齢者のインフルエンザ、肺炎球菌感染症が定められており、予防接種の努力義務はない。なお、学校において予防すべき感染症(学校保健安全法施行規則第18条)の第二種に規定される流行性耳下腺炎、髄膜炎菌性髄膜炎のワクチンは任意接種である。新型コロナウイルス感染症は、臨時接種として2021(令和3)年2月17日から開始された。図表3-4-18に、予防接種の推奨スケジュールを示す。

異なるワクチンの接種間隔について、注射生ワクチンどうしを接種する場合は27日以上あけ、その他の経口生ワクチンや不活化ワクチンの組み合わせについては、一律の日数制限は設けない(2020〈令和2〉年10月1日から)。同じ種類のワクチンの接種を複数回受ける場合は、ワクチンごとに決められた間隔を守って実施する。

学校においては、就学時の健康診断においては予防接種歴を確認することとなっているが、就学時のみならず、定期の予防接種が確実に行われているか、健康診断における保健調査等の機会を通じて把握することが求められる。

⑨各種感染症への対応

学校における感染症の予防・対応については、体制整備(指揮系統、校内組織・連携、教職員等や子供への教育など)、感染症の発生動向の把握や陽性者・濃厚接触者等の把握を前提として、原因となる病原体の特徴、感染経路、潜伏期間、症状、診断・治療、法律上の取り扱い、学校での対応をおさえておく必要がある。各種感染症への対応の詳細は、「学校において予防すべき感染症の解説」[1)]、「学校における麻しん対策ガイドライン(第2版)」[10)]、「学校における結核対策マニュアル」[11)]、「学校における新型コロナウイルス感染症に関する衛生管理マニュアル」[8)]などを参照されたい。

文　献

1) 公益財団法人日本学校保健会：学校において予防すべき感染症の解説、(公財)日本学校保健会、2018

2) CDC: 2007 Guideline for Isolation Precautions: Preventing Transmission of Infectious Agents in Healthcare Settings(Last update: July 2019)
(https://www.cdc.gov/infectioncontrol/guidelines/isolation/index.html、2021年2月5日参照)

3) WHO & WHO Patient Safety: Hand hygiene technical reference manual: to be used by health-care workers, trainers and observers of hand hygiene practices, 2009
(https://apps.who.int/iris/handle/10665/44196、2021年2月5日参照)

4) 坂本史衣：基礎から学ぶ医療関連感染対策—標準予防策からサーベイランスまで　改訂第3版、南江堂、2020

5) 国立大学附属病院感染対策協議会：病院感染対策ガイドライン　2018年度版、じほう、2019

6) Spaulding EH (Seymour SB): Chemical disinfection of medical and surgical materials, Disinfection, sterilization and preservation 2ndEd, Lea & Febiger, 1977, 654-84

7) 厚生労働省、咳エチケット
(https://www.mhlw.go.jp/stf/seisakunitsuite/bunya/0000187997.html、2021年2月5日参照)

8) 文部科学省：学校における新型コロナウイルス感染症に関する衛生管理マニュアル～「学校の新しい生活様式」～(2021.4.28 Ver.6)、2021

9) 厚生労働省、冬場における「換気の悪い密閉空間」を改善するための換気の方法
(https://www.mhlw.go.jp/stf/newpage_15102.html、2021年2月5日参照)

10) 国立感染症研究所感染症疫学センター作成、文部科学省・厚生労働省監修：学校における麻しん対策ガイドライン(第2版)、2018

11) 文部科学省：学校における結核対策マニュアル、2012

図表 3-4-18　予防接種スケジュール（国立感染症研究所、2021年２月24日現在）

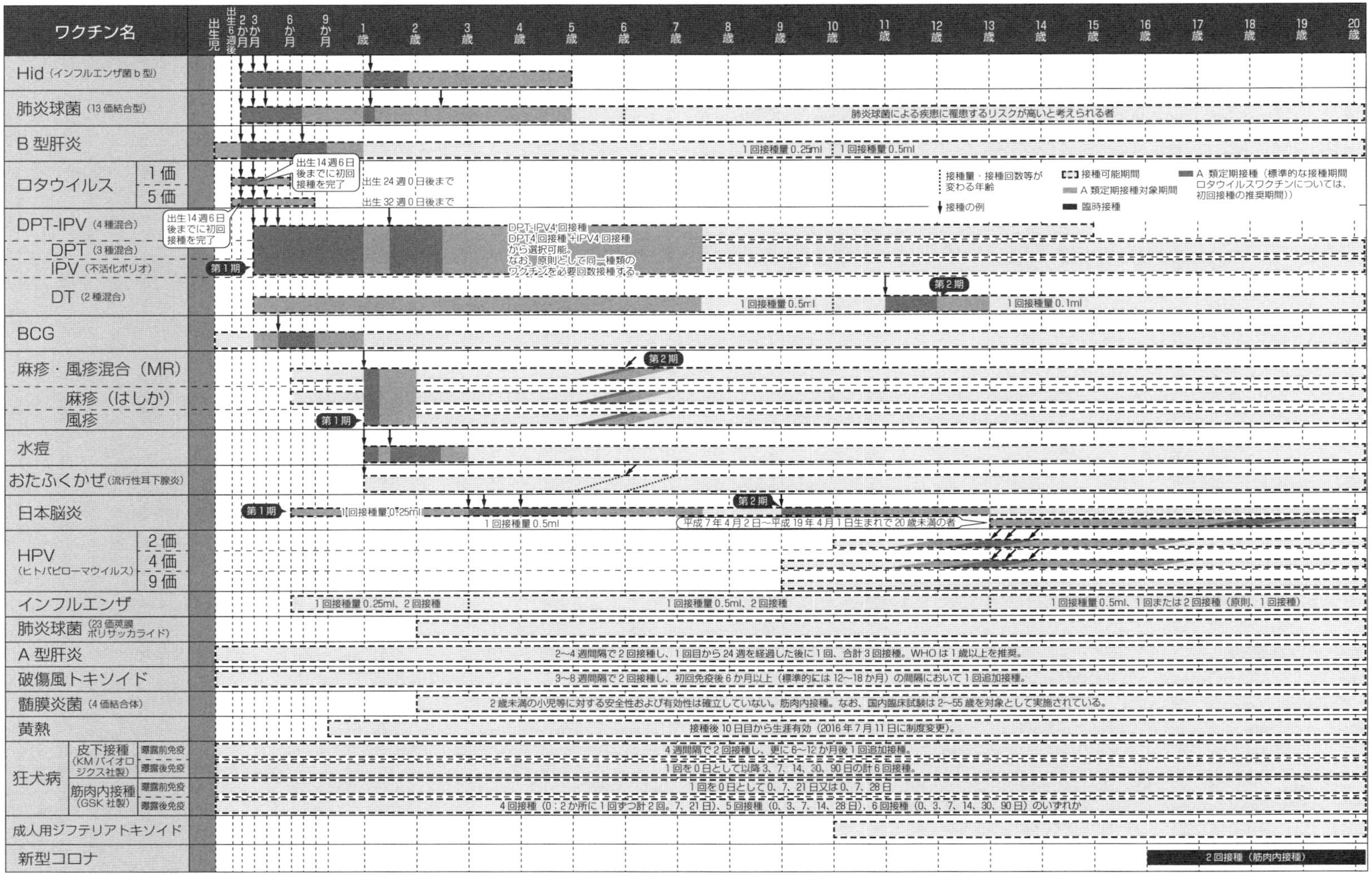

ワクチン名｜出生児｜出生6週後｜2か月｜3か月｜6か月｜9か月｜1歳｜2歳｜3歳｜4歳｜5歳｜6歳｜7歳｜8歳｜9歳｜10歳｜11歳｜12歳｜13歳｜14歳｜15歳｜16歳｜17歳｜18歳｜19歳｜20歳

- Hid（インフルエンザ菌ｂ型）
- 肺炎球菌（13価結合型）：肺炎球菌による疾患に罹患するリスクが高いと考えられる者
- Ｂ型肝炎：１回接種量 0.25ml ／ １回接種量 0.5ml
- ロタウイルス　1価：出生14週6日後までに初回接種を完了／出生 24 週 0 日後まで
- ロタウイルス　5価：出生 32 週 0 日後まで
- DPT-IPV（4種混合）：出生14週6日後までに初回接種を完了／第１期／DPT-IPV4 回接種、DPT4 回接種＋IPV4 回接種から選択可能。なお、原則として同一種類のワクチンを必要回数接種する。
- DPT（3種混合）
- IPV（不活化ポリオ）
- DT（2種混合）：１回接種量 0.5ml ／ 第２期 ／ １回接種量 0.1ml
- BCG
- 麻疹・風疹混合（MR）：第１期／第２期
- 麻疹（はしか）
- 風疹
- 水痘
- おたふくかぜ（流行性耳下腺炎）
- 日本脳炎：第１期／１回接種量 0.25ml ／ １回接種量 0.5ml ／ 第２期 ／ 平成７年４月２日～平成 19 年４月１日生まれで 20 歳未満の者
- HPV（ヒトパピローマウイルス）　2価／4価／9価
- インフルエンザ：１回接種量 0.25ml、２回接種 ／ １回接種量 0.5ml、２回接種 ／ １回接種量 0.5ml、１回または２回接種（原則、１回接種）
- 肺炎球菌（23価莢膜ポリサッカライド）
- Ａ型肝炎：2～4 週間隔で２回接種し、１回目から 24 週を経過した後に１回、合計３回接種。WHO は１歳以上を推奨。
- 破傷風トキソイド：3～8 週間隔で２回接種し、初回免疫後６か月以上（標準的には 12～18 か月）の間隔において１回追加接種。
- 髄膜炎菌（4価結合体）：２歳未満の小児等に対する安全性および有効性は確立していない。筋肉内接種。なお、国内臨床試験は 2～55 歳を対象として実施されている。
- 黄熱：接種後 10 日目から生涯有効（2016 年７月 11 日に制度変更）。
- 狂犬病　皮下接種（KMバイオロジクス社製）　曝露前免疫：４週間隔で２回接種し、更に 6～12 か月後１回追加接種。
- 狂犬病　皮下接種（KMバイオロジクス社製）　曝露後免疫：１回を０日として以降３、７、14、30、90 日の計６回接種。
- 狂犬病　筋肉内接種（GSK 社製）　曝露前免疫：１回を０日として０、７、21 日又は０、７、28 日
- 狂犬病　筋肉内接種（GSK 社製）　曝露後免疫：４回接種（0：２か所に１回ずつ計２回、７、21 日）、５回接種（0、3、7、14、28 日）、６回接種（0、3、7、14、30、90 日）のいずれか
- 成人用ジフテリアトキソイド
- 新型コロナ：２回接種（筋肉内接種）

凡例：
- 接種量・接種回数等が変わる年齢
- 接種の例
- 接種可能期間
- Ａ類定期接種対象期間
- 臨時接種
- Ａ類定期接種（標準的な接種期間ロタウイルスワクチンについては、初回接種の推奨期間））

※接種期間は添付文書の内容を参考に作成（一部改変）。
注1）ヒトパピローマウイルス（HPV）感染症の予防接種は、定期接種の積極勧奨は差し控えられている（2021年4月現在）。
出典）国立感染症研究所ウェブサイト「日本の予防接種スケジュール」

5）安楽確保の技術

(1) 罨　法

①罨法の目的と生体への影響

罨法には、温熱刺激を与える温罨法と、寒冷刺激を与える冷罨法がある。罨法は、身体の一部に温熱刺激または寒冷刺激を与えることによって、循環器系・神経系・筋系に作用し、病変の治癒過程を促進させる治療法である。また、随伴症状などの苦痛を緩和し、不安を軽減するなど安楽を目的とした看護ケアである。

罨法による生体への影響について、循環器、皮膚組織、感覚器、筋・神経系への影響を、図表3-4-19に示した。

第3章

②罨法の種類と方法

i　罨法の種類

学校の保健室でよく使われる温罨法には、湯たんぽ、カイロ(使い捨てカイロなど)、電気毛布、温湿布などがある。また冷罨法では、氷枕、冷却ジェル枕、氷嚢、アイスバッグ、冷湿布などがある。

図表 3-4-19　罨法の生体への影響

	温熱刺激	寒冷刺激
循環器への影響	身体の一部が温熱刺激を受けると、その部位の表在血管は一時的に収縮し血流が減少するが、すぐに拡張し血流はよくなる。持続的に作用した場合、皮膚の発赤や充血を生ずる。また、深部の血管は短時間の温熱刺激では拡張するが、長時間になると逆に収縮する。これは、表在血管の拡張による血圧低下を防ぐための反応である。	寒冷刺激を受けると、皮膚表面の温度は急激に下降し、それに伴い血管の収縮がみられ、血流が低下し、皮膚色は蒼白となる。10分以下の短い寒冷刺激では、血管は収縮し続けるが、10～30分になると逆に拡張する。刺激が一定であれば、刺激を受けている間は、血管の収縮、拡張が繰り返される。また、局所的な寒冷刺激はその部位以外の血管を反射的に収縮させたり、交感神経を刺激して血圧を上昇させることもある。
皮膚組織への影響	60～65℃以上の温熱刺激では、組織細胞のタンパク質は熱凝固し、細胞は死滅し、熱傷を生じる。 生体の温度への順応や罨法の貼用部位と面積、刺激時間、個体の特徴により、60℃以下であっても低温熱傷を発生することがある。	－4～－5℃以下の寒冷刺激では、凍結壊死(凍傷)を起こす。 生体の温度への順応や罨法の貼用部位と面積、刺激時間、個体の特徴によって、3～10℃であっても凍傷を発生することがある。
感覚器への影響	一度感じた刺激が一定時間持続すると、それに対する感覚は弱くなっていく。20～40℃の範囲での温度刺激は順応が生じやすく、特に33℃前後は無感温度域であり、低温熱傷を生じる可能性が高くなる。	
筋・神経系への影響	温熱刺激は血管を拡張し、皮膚・皮下組織及び筋の温度を上昇させ、筋や結合組織を弛緩させる。体温程度の温熱刺激は知覚神経の興奮を鎮め、鎮痛・鎮静効果がある。その他、腹部や腰部、臀部の温罨法は自律神経を刺激して腸の蠕動運動を促進し、排便や排ガスを促す。	寒冷刺激は、血管を収縮し血流を減少させることで、出血や炎症、化膿を抑制する作用がある。また、寒冷刺激は冷たさから痛覚を刺激して痛みを生じるが、すぐに感覚を鈍麻させるので、鎮痛に用いられる。

文献[1)]を引用し、一部改変して筆者作成

ii　温罨法の実施方法

i）湯たんぽ

(i)　必要物品

・湯たんぽ　・湯たんぽカバー　・ピッチャー　・お湯　・温度計　・タオル

(ii)　実施方法

❶ピッチャーにお湯を入れ、温度計で測定し60～70℃にする。

❷ピッチャーのお湯を湯たんぽに2/3程度入れ、栓をする。

❸湯たんぽを逆さまにして、栓から湯漏れがないかを確かめる。

❹湯たんぽを湯たんぽカバーに入れて、カバーの口を結ぶ。

❺子供の足もとから10 cm 離しておく(図表3-4-20)。お湯漏れしないように、栓は上を向ける。

図表3-4-20　湯たんぽのあて方

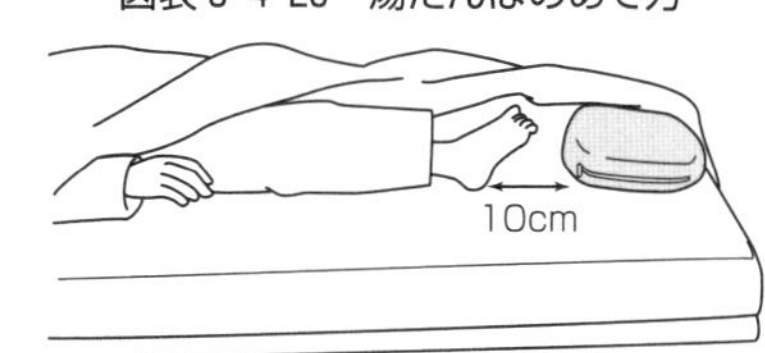

ii）救急処置場面での温罨法の実際

(i)　月経時痛での温罨法[2)]

月経時、下腹部にカイロや湯たんぽを貼用することで、月経痛を緩和することができる。

(ii)　便秘時の温罨法[3)]

胃腸管への温熱刺激は、蠕動を亢進させるので、腹部や腰部・臀部の温罨法は神経を刺激して胃結腸反射や腸の蠕動を亢進し、排便や排ガスを促す。

iii　冷罨法の実施方法

i）目　的

・高熱時や頭痛時に頭皮の皮膚温を下げ、疼痛の緩和や心身の安静をはかる。

・体温の下降をはかりたい時は、総頸動脈、腋窩動脈、大腿動脈、膝窩動脈などの部位に氷嚢を貼用することで、身体に寒冷刺激を与える。

・捻挫・打撲・肉離れなどの受傷部位に氷嚢を貼用することで、出血や腫脹の軽減、疼痛の緩和をはかる。

ii）アイスバッグ

(i)　実施方法(図表3-4-21)

❶アイスバッグの3/4くらいまで氷を入れ、少量の水を加える(①)。

❷アイスバッグの空気をできるだけ抜いて、蓋をしっかり閉める(②)。

❸カバーをかける(③)。

❹患部にあてる(④)。

❺さらに、弾性包帯等を巻き、圧迫・固定する(⑤)。

> **MEMO**
>
> ビニール袋に氷を入れて氷嚢の代用とし患部に貼用し、使った後は廃棄する。感染予防の観点から推奨される。

iii）救急処置場面での冷罨法の実際[4)]

(i)　捻挫・打撲・肉離れの救急処置：RICE(ライス)療法

RICEは、組織の出血や腫脹をできるだけ少なくし、治癒を早めることを目的としている。受

図表 3-4-21　アイスバッグ

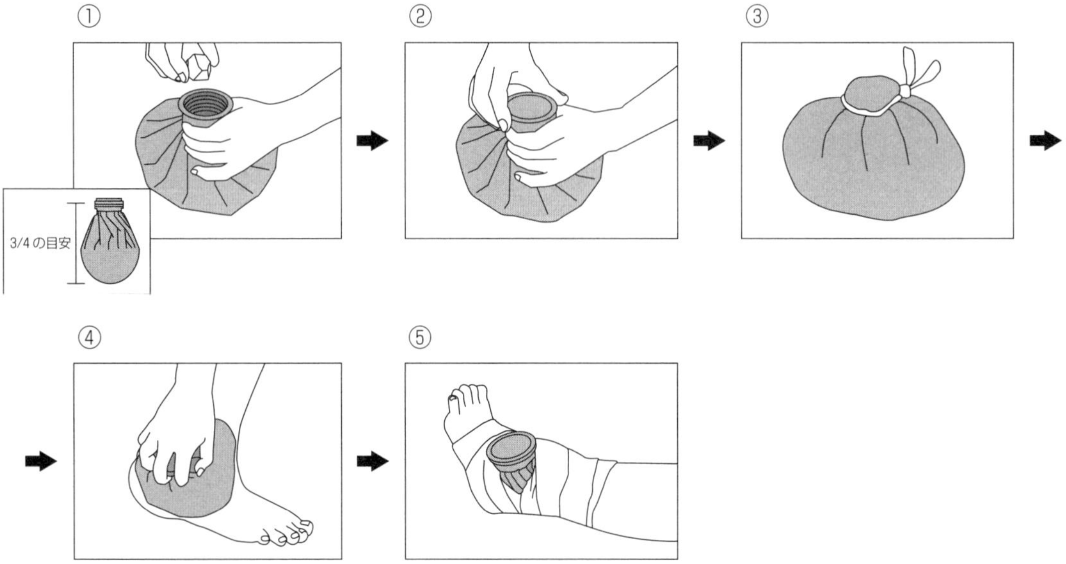

①

3/4 の目安

②

③

④

⑤

傷直後から行う方がよい。

R（Rest、安静）：患部を包帯などで固定する。
I（Ice、冷却）：アイシングにより血管の収縮をはかり、内出血による腫脹を抑えることを目的とする。同時にアイシングにより疼痛が軽減する。
C（Compression、圧迫）：患部を弾性包帯などにより圧迫固定し、出血や腫脹の軽減をはかる。
E（Elevation、挙上）：受傷部位を心臓より高く上げ、内出血の予防、腫脹の軽減をはかる。

(ii)　骨折時の救急処置

骨折の可能性がある場合は、圧迫(Compression)を除いて実施する。骨折に対しての救急処置は、骨折周辺部に氷嚢を貼用の上、副子固定する。冷却により、出血を予防し、疼痛の緩和をはかることができる。

>>>>>コラム 4

発熱時、額に冷却ジェルシートを貼用することがあるが、貼用部の皮膚の温度は－2℃ほど低下させる効果はあるが、体温は低下しない。あくまでも、冷感による心身の安楽を期待するものである。また、捻挫・打撲などの患部の冷却に、保冷剤を用いているのを見かける。冷凍した保冷剤は、硬く凝固しており、患部に貼用しても、皮膚との接着面は少なく、冷却効果は低い。患部の冷却は、氷嚢が最も有効である。

さらに、捻挫や打撲の受傷直後の救急処置に、市販のパップ剤を貼用しているのをよく見かける。一般に市販のパップ剤には、メントールが配合され、皮膚に接触させると冷やりとした感覚を得るが、実際に温度が低下するわけではない。受傷直後は、まずはアイシングをすることである。インドメタシンなどの非ステロイド性消炎鎮痛剤配合のパップ剤は、15歳未満の子供には使用できない。

引用・参考文献

1）中橋苗代：罨法、3罨法の生体への影響、角濱春美・梶谷佳子編著、看護実践のための根拠がわかる基礎看護技術 第2版、メヂカルフレンド社、2015、399-400

2）小西清美、戸匹綾香、高津三枝子：月経痛に対する温罨法による効果と自律神経活動の変化、名桜大学紀要、第14号、2009、307-315

3）井上智子：罨法、阿曽洋子、井上智子、伊部亜希著、基礎看護技術 第8版、医学書院、2019、327

4）守屋秀繁：スポーツ障害の現場での緊急処置、山内裕雄、真角昭吾、辻陽雄、桜井実編、今日の整形外科治療指針 第3版、医学書院、1995、246-247

（2）安楽な体位

①ボディメカニクスの活用

ボディメカニクスとは、「物理や力学の原理を取り入れ、援助者や援助される人の双方に対して姿勢・体位や動作に応用する技術である。よいボディメカニクスとは人間の身体的特性が十分に活かされて、正しい姿勢や動作が円滑に行われる状態である。ボディメカニクスの活用によって、援助が安全・安楽に行われる[1)一部改変]」。ボディメカニクスの活用ポイントを図表3-4-22に示した。

②良肢位

日常生活を送る上で最も便利な、苦痛の少ない肢位は、各関節でほぼ一定している。この肢位を良肢位[2)]という。これは、関節が仮にその位置で動かなくなったとしても、日常生活に及ぼす影響が最も少ない肢位である。良肢位は、上肢では利き手は肛門に手が届き、反対側の手は物を押さえるような肢位であり、下肢ではほぼ「休め」の肢位が基本である。主要な関節の良肢位となる角度は図表3-4-23となる。

図表3-4-22　ボディメカニクスの活用ポイント

⑴基本動作を考える	①動作の数はできるだけ少なくする ②動作の距離はできるだけ少なくする ③人間の自然な動作を利用する
⑵身体の機能を生かす	①身体各部の自然の位置からはずれないように、特に看護師の作業域を利用する ②大きな動作では大きな筋力を利用する ③一部の筋力に負担をかけず、上半身と下半身、または、両上肢や両下肢に分散させる ④動作の急激な方向転換を行わず、軌道を描く ⑤筋収縮が維持する静的筋活動を避ける ⑥脊柱や腰をひねらないように体軸に沿って回転させる ⑦筋力をかけやすい方向を生かして、上肢は引く力を、下肢は伸ばす力を用いる
⑶運動力学を用いる	①安定を保つために基底面積を最大にする。逆に移動時は基底面積を小さくする ②安定を保つために重心を下げる ③安定を保つために重心を基底面積の中央に位置させ、移動時は重心（体重）を移動させる ④移動において重力を利用する ⑤移動において慣性を利用する ⑥てこの原理、振り子の原理、トルクの原理を利用する ⑦摩擦力の高さ（滑りにくさ）や低さ（滑りやすさ）を利用する

出典）片山由加里：ボディメカニクスの活用、角濱春美・梶谷佳子編著、看護実践のための根拠がわかる基礎看護技術 第2版、メヂカルフレンド社、2015、66[1)]

③体位[3)]（図表 3-4-24）

ⅰ　立　位

立位は、足底部を基底面として立っている状態であり、基底面積が小さいので、一般的な体位の中では最も疲れやすい体位である。

ⅱ　臥　位

ⅰ）仰臥位

背部を下にして仰向けに臥床した体位である。重心が低く、体重を支える基底面積が広く安定した安楽な体位である。

ⅱ）側臥位

左右どちらかを下にして臥床する体位である。側臥位では、下側になる面が右側か左側かによって、右側臥位・左側臥位と呼ぶ。仰臥位より重心が高く、基底面が小さく不安定である。

ⅲ）腹臥位

うつぶせになる体位である。この体位をとる時は、窒息しないように顔を横に向ける。

ⅲ　座　位

ⅰ）正　座

膝を約160度曲げ、足関節を底屈して両母指を重ね、その上に臀部をのせる体位である。

ⅱ）長座位

上体を起こして足を投げ出して座る体位である。

図表 3-4-23　各関節の良肢位

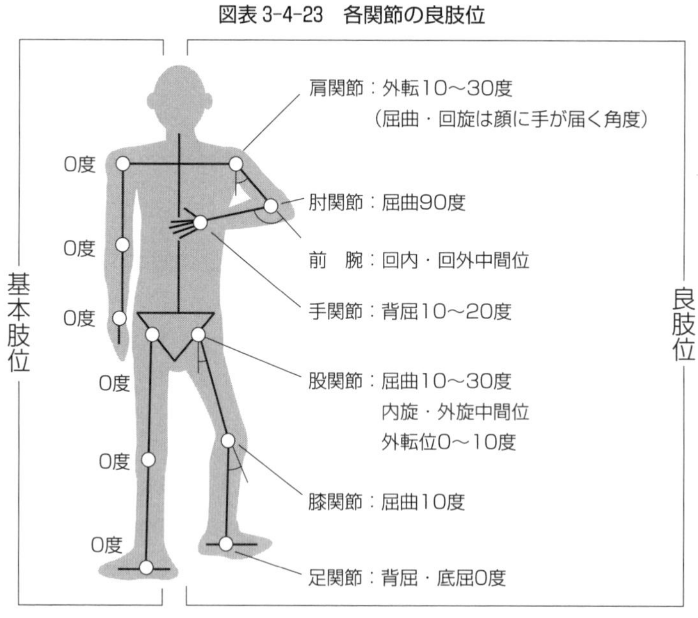

>>>>>コラム 5

整形外科における四肢・関節の治療においては、良肢位を保持しての治療がなされる。救急処置として、骨折を疑い固定する場合は、無理に良肢位を保持することはせず、本人の苦痛の少ない状態で固定するのがよい。

iii）椅座位

椅子に腰をかけて座る体位である。

iv）半座位（ファーラー位）

ベッドの上部を上げて上体を45度程度起こした体位である。15～30度の場合をセミファーラー位と呼ぶ。

④学校救急処置場面での体位の実際

i　ショック時の体位

ショック[4]とは、何らかの原因によって起こる急性全身性障害で、重要臓器や細胞が機能するのに十分な血液循環が得られず、低酸素状態に陥ることによって生じる様々な異常状態をいう（第4章2節7）ショックの項参照）。ショック症状を示した場合、ショックの原因に応じた、適切で安楽な体位をとる必要がある。循環血液量減少性ショックや神経原性ショックでは、体幹を水平にして両下肢を

図表 3-4-24　体位の種類

30～40度挙上したショック体位(図表 3-4-25)をとる。この体位は、静脈還流量を増やし、心拍出量を増加させる。アナフィラキシーショック時[5)]もこの体位をとる。嘔吐することを考慮し、顔は横向きにする。心原性ショックでは、心臓への負担をかけない水平仰臥位(図表 3-4-26)とする。うっ血性心不全による呼吸困難がある場合は、半座位(ファーラー位)(図表 3-4-27)とする。仰臥位にすることで静脈還流量が増加し、肺うっ血が増強して心停止に陥ることがあるため、注意が必要である。

図表 3-4-25　ショック体位

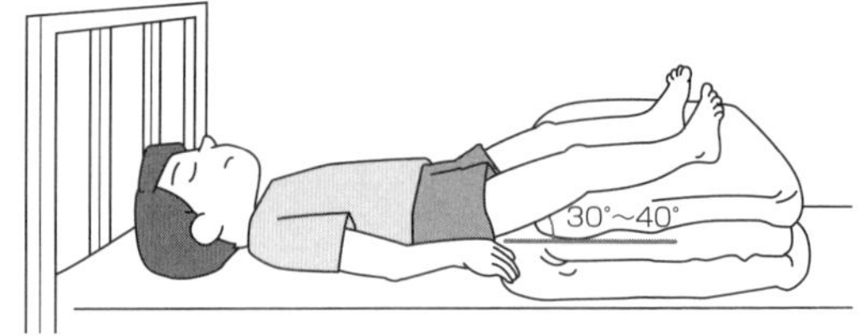

図表 3-4-26　仰臥位

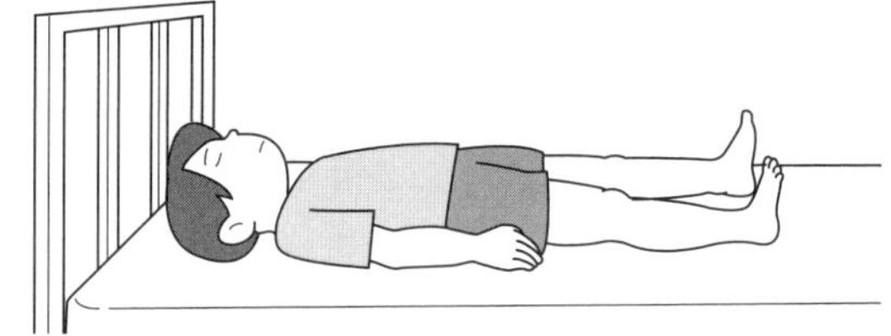

図表 3-4-27　半座位(ファーラー位)

第3章

ⅱ　回復体位

呼吸のある意識障害者や、心肺停止の傷病者で一次救命措置を実施し呼吸が回復した後は、窒息しないように気道を確保した回復体位(図表 3-4-28)にする[6)]。この体位は、舌根沈下や吐物の誤嚥を予防することができる。側臥位にし、上側の下肢は膝を軽く曲げ前方に出し、安定させる。上側の上肢は顔の下におき、気道確保の状態を安定させる。

ⅲ　起座呼吸の体位

起座呼吸とは、仰臥位では呼吸困難が増強するために、座位の姿勢をとる呼吸をいう(図表 3-4-29)。気管支喘息の発作時やうっ血性心不全では、起座の姿勢をとると呼吸が楽になる。気管支喘息の発作では、前傾姿勢の座位をとることで横隔膜や呼吸補助筋を最大限に活用して呼気を補助する。また、うっ血性心不全では座位をとることで心臓への静脈還流を減少させ、呼吸をしやすくする。

図表 3-4-28　回復体位

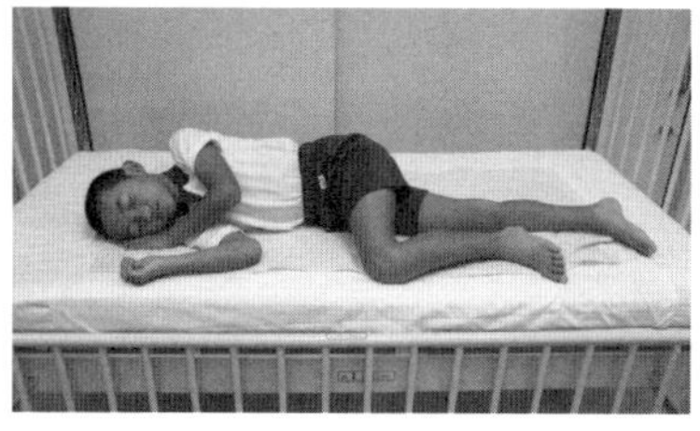

図表 3-4-29　起座呼吸の体位

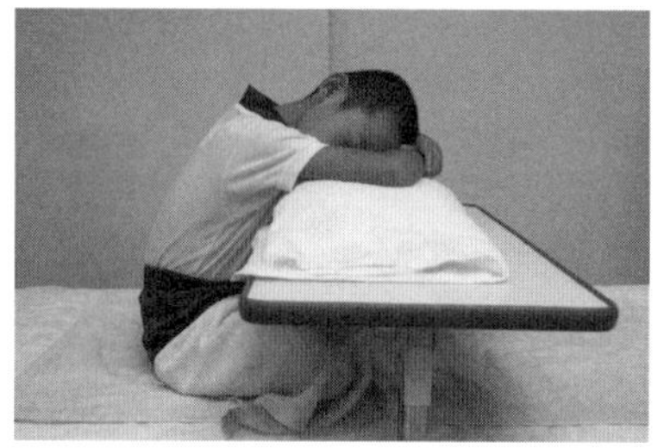

引用・参考文献

1) 片山由加里：：ボディメカニクスの活用、角濱春美・梶谷佳子編著、看護実践のための根拠がわかる基礎看護技術 第2版、メヂカルフレンド社、2015、66

2) 加藤光宝、小林ミチ子、小林優子：良肢位と身体各部の相互位置関係、加藤光宝 著者代表、系統看護学講座 専門分野Ⅱ 成人看護学10　第13版、医学書院、2012、197-198

3) 阿曽洋子：看護場面の姿勢と動作、阿曽洋子、井上智子、伊部亜希著、基礎看護技術　第8版、医学書院、2011、117-120
4) 日本アレルギー学会、アナフィラキシーガイドライン
(https://anaphylaxis-guideline.jp/pdf/anaphylaxis_guideline.PDF、2021年4月25日参照)
5) 佐藤憲明：心肺停止状態への対応、山勢博彰 著者代表、系統看護学講座 別巻 救急看護学　第5版、医学書院、2014、162
6) 菅原美樹：呼吸器系、山勢博彰 著者代表、系統看護学講座 別巻 救急看護学　第5版、医学書院、2014、125

(3) タッチング

①タッチングとは

「タッチング」とは、非言語的コミュニケーションの1つであり、子供の体に触れることをいう。養護教諭が行うタッチングは、子供の体に触れる行為(非言語的コミュニケーション)とカウンセリング的な言葉かけ(言語的コミュニケーション)を組み合わせて行うことでより効果を上げる。

第3章

②タッチングの意義

養護教諭が行うタッチングは、教育活動の一環として、教育的意図や目的をもって行う特徴がある。むやみやたらに子供の体に触れるのではなく、教育職員免許法施行規則第9条「養護に関する科目」に裏づけられた専門性を発揮して行う。

例えば、「子供の痛みや苦しみに共感する」という意図をもって、「痛かったね」「つらかったね」と共感的な言葉かけを行いながら痛みの部位をゆっくりさする。そうすることで子供を慰め、寄り添い、苦痛を緩和する。子供は「養護教諭が自分の痛みや苦しみ、つらさをわかってくれた」と認知し、安心や安楽を得る。

また、「受傷部位や痛みの部位を観察する」という目的をもって触れたりさすったりして養護教諭の見立てを子供に言葉で伝える。子供は「よく診てもらえた」「先生は自分のことを心配してくれている」「受傷部位の状態を説明してくれたので安心した」と感じ、養護教諭に信頼を寄せる。

このように教育的で意図的なタッチングは、養護教諭と子供に相互関係を生み、結果として安心・安楽・信頼をつくり出す養護教諭の独自性を発揮した教育技術といえる。

③タッチングの種類と効果

タッチングには、子供が痛みを訴えた部位をさすったり、マッサージしたり、指圧したりして苦痛を緩和するケア的タッチング、バイタルサインの測定・痛みや腫れ、かゆみの部位等を観察する検査・診断的タッチング、苦痛・不安の軽減や励まし・労(ねぎら)いなどのコミュニケーションを主体とした共感・支援的タッチングなどがある。

④タッチングの留意点と具体的な対応

養護教諭がタッチングを行う際には、カウンセリング的な応答の技法(受容・共感・支持・質問・繰り返し・明確化など)を駆使した言葉かけをしながらタッチングを行うと効果的である。また、子供の肌に直接触れる際は、手を温めたり、触れる前後は手洗い・消毒を行ったりするなどの感染対策を行う。当然のことながら子供の尊厳を守るため子供に触れる際は「痛い部分を触ってもいいですか？」、「脈拍を測定するために手首に触ってもいいですか？」など子供に許可を得ることも重要であ

る。子供がタッチングを拒否した場合には、無理に触れずタッチングを拒否した要因を探るよう心がける。

以下、タッチングの種類別に留意点や方法を述べる。

ⅰ　ケア的タッチング

ⅰ）**目　的**：子供が痛みを訴えた部位をさすったり、マッサージしたり、指圧したりして苦痛を緩和すること。

ⅱ）**方　法**：直接子供の肌に触れなくても衣服の上から「手をあてる」「さする」「圧迫する」「揉む」などの方法がある。手をあてる際には、手掌を使うとともに、ある程度の「圧」を必要とする。さする際には、末梢から心臓に向かってさするようにする。圧迫したり揉んだりする際は、子供に苦痛が生じないよう言葉を交わしながら「気持ちがいい」と感じるくらいにとどめる。痛みの部位に遠い場所から行う。

ⅱ　検査・診断的タッチング

ⅰ）**目　的**：バイタルサインの測定、痛みや腫れ、かゆみの部位等を観察すること。

ⅱ）**方　法**：橈骨動脈や頸動脈等による脈拍の測定、打撲や捻挫等の外傷による内出血や腫れの状態確認、皮膚のかゆみや乾燥、熱感や冷感などの確認のために直接患部や肌に触れたり動かしたりする。触れる際は「触れて痛みが生じる時は言ってください」や「痛いよね」など痛みや苦痛に寄り添う言葉かけを行いながらアセスメントを行う。

ⅲ　共感・支援的タッチング

ⅰ）**目　的**：苦痛・不安を軽減し、安心させたり励ましたり、労い・勇気づけをすること。

ⅱ）**方　法**：苦痛や不安が高い時は、子供の苦痛や不安を傾聴しながら衣服の上から背中をゆっくりさする、手掌を肩や上腕にあてて安心させる。不安感が高い時は、毛布やタオルケットで子供をすっぽり包み、その上から背中や上腕をさする。

子供が元気を取り戻してきた際には、子供の頑張りを認めたり、労ったりする言葉かけ（「よく頑張ったね」「すごいね」「えらいよ」など）を行いながら、「君ならできるよ」、「一緒に頑張ろう」などと背中を押す言葉かけを行い、背中を押す・勇気づける意図をもって背中や肩を軽くトントンと叩く。子供が頑張った際には「よく頑張ったね」、「すごいね」と称賛し、ハイタッチやグータッチなどのタッチングコミュニケーションにより子供を承認する。

>>>>>コラム6

おまじない?!　「痛い痛いの飛んでいけ」に科学的根拠あり！

子供の頃、ちょっとしたけがをした時に、お母さんが「痛いの痛いの飛んでいけ」と言いながらやさしくさすってくれると、不思議と痛みがやわらいだという経験があるのではないか。これは、子供向けの単なるおまじないのように思えるが、実は本当に効果がある。「さする」という刺激が、痛みを伝わりにくくする。人間は体の中に、痛みを伝わりにくくする「内因性疼痛抑制系」というシステムがある。けがなどをすると、痛みを伝える信号は脊髄を通って脳にいくのだが、この時「さする」という刺激が、痛みを伝わりにくくするブレーキとなる。

5. 移動・移送に関する技術

1）車椅子の移乗と移動

（1）車椅子による移動の目的

車椅子による移動の目的は、座位をとることはできるが歩行ができない、または歩行してはいけない子供(傷病者)を、目的の場所に安全かつ安楽に移動することである。

MEMO

車椅子は、定期的にタイヤの空気は入っているか、スムーズに動くか、ブレーキは効くかなどの点検をしておく。

（2）車椅子への移乗(図表 3-5-1)

❶子供の健足側に、車椅子をベッドに対して斜め30度くらいにおく。ブレーキをかけ、フットサポートを上げる。
❷子供を端座位にして、履物をはかせ、足底をしっかり床につかせる。
❸子供の両腕を実施者の首の後ろから肩にかけてもらい、実施者は子供の腰部に両腕を回し手を組む(①)。
❹実施者は子供を引き寄せて、しっかり体重を支え、車椅子近くに立たせる(②)。
❺車椅子に座れるように、子供の向きを変える(③)。
❻子供を車椅子に腰かけさせる。
❼実施者は子供の後ろに回り、子供の腋の下から腕を入れ、子供の両腕を握る。子供には前傾姿勢をとらせ、実施者の方に引き寄せ、深く腰かけさせる(④)。
❽フットサポートを下ろして、子供の足を乗せる。
❾ブレーキをはずし、握り(グリップ)をもって、車椅子を押す。

図表 3-5-1　車椅子への移乗

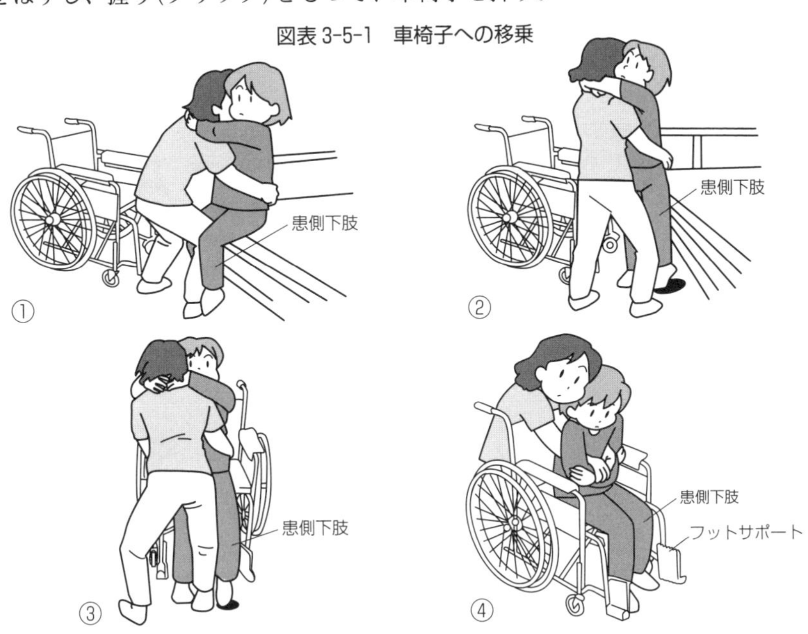

（3）車椅子での移動

①段差での操作

i　段差を上がる(図表 3-5-2)

段差を上がる時は、車椅子は前向きにする。前輪(キャスタ)をもち上げ、それを段に上げ、押す。そして後輪を段に上げる。

図表 3-5-2　段差を上がる

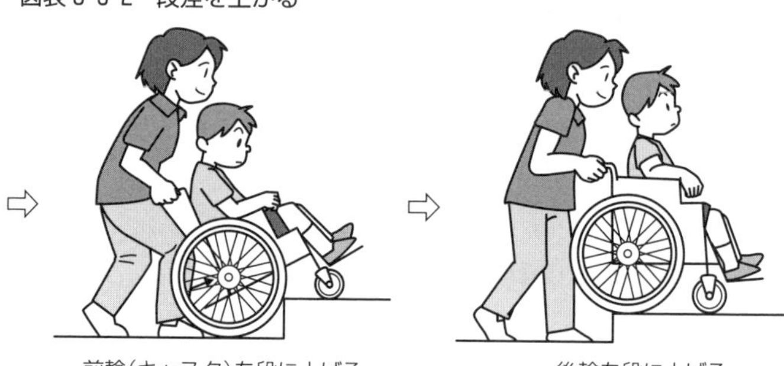

ティッピングレバー
ティッピングレバーを踏み
前輪(キャスタ)を上げる
前輪(キャスタ)を段に上げる
後輪を段に上げる

ii　段差を下がる(図表 3-5-3)

段差を下がる時は、車椅子を後ろ向きにする。後輪を段から下ろし、後ろに下がる。その後、前輪(キャスタ)を段から下ろす。

図表 3-5-3　段差を下がる

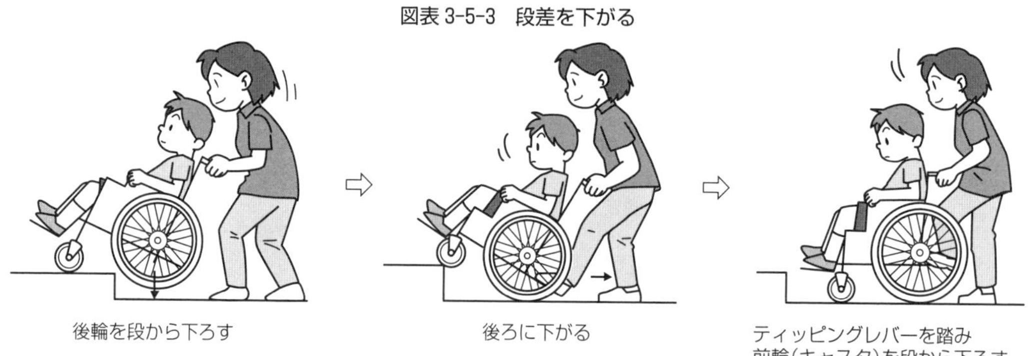
後輪を段から下ろす
後ろに下がる
ティッピングレバーを踏み
前輪(キャスタ)を段から下ろす

②急な下り坂での操作(図表 3-5-4)

急な下り坂では、ブレーキを軽くかけ、後ろ向きでゆっくり下りる。

図表 3-5-4　急な下り坂での操作

③エレベーターでの操作(図表 3-5-5)

エレベーターを使用する時には、「開延長」ボタンを押し、出入り時間を十分に確保する。基本的には、後ろ向きに入り、前向きで出る。

図表 3-5-5　エレベーターでの操作

2）担架による移乗・移送

(１) 担架による搬送の目的

傷病者が発生した場合、二次災害を防止するために安全な場所に避難させたり、傷病者の状態の悪化を防ぐために一時的に移動させたりする場合に担架を用いる。

(２) 担架への乗せ方、降ろし方(図表 3-5-6)

❶必ず指揮者を決め、指揮者は傷病者の頭側に近いところに位置する。指揮者の号令にしたがって動く。

❷救助者が傷病者の片側に３人、反対側に１人が位置する(①)。

❸救助者の３人の膝の上に傷病者を上げる。反対側の救助者１人は膝に上げる補助をする(②)。

❹反対側の１人が担架をもってきて、傷病者の下におく。

❺４人でできるだけ動揺させないように、傷病者を担架の上に降ろす(③)。

図表 3-5-6　担架への乗せ方、降ろし方

（3）担架で搬送する際の注意事項（図表 3-5-7）

❶担架は、人手があれば４人で搬送する。

❷指揮者の合図でもち上げる（①）。

❸指揮者の合図で、傷病者の左右に位置する救助者が足側に寄り、担架を支えたら合図をする。傷病者の足側の救助者は、向きを変えて担架をもち直し、「よし」と合図する（②）。

❹傷病者の左右に位置する救助者は、担架の中央に戻る。

❺指揮者の合図で傷病者の左右に位置する救助者は、片手で担架を支えて進行方向を向く。傷病者の足側が進行方向となる。

❻指揮者の「右足進め」の号令で、３人の救助者は右足から歩き出す。この時、指揮者は左足から歩き出す（③）。

第3章

図表 3-5-7　担架での搬送

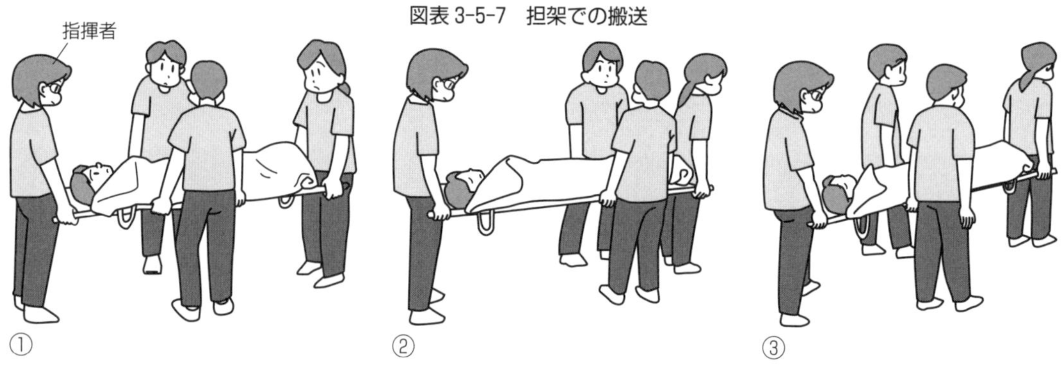

（4）担架で傾斜を搬送する際の注意事項

❶階段や斜面を上がる時は、頭側を先にし、降りる時は、足側を先にする。担架を水平に保つように注意を払う（図表 3-5-8）。

❷指揮者は、担架での搬送中も傷病者の状態を観察する。

図表 3-5-8　担架での階段の昇降時

>>>>>コラム 7

傷病者が子供の場合、短い距離であれば、バスタオルを敷き、その上に乗せて運ぶこともできる。

図表 3-5-9　バスタオルでの搬送

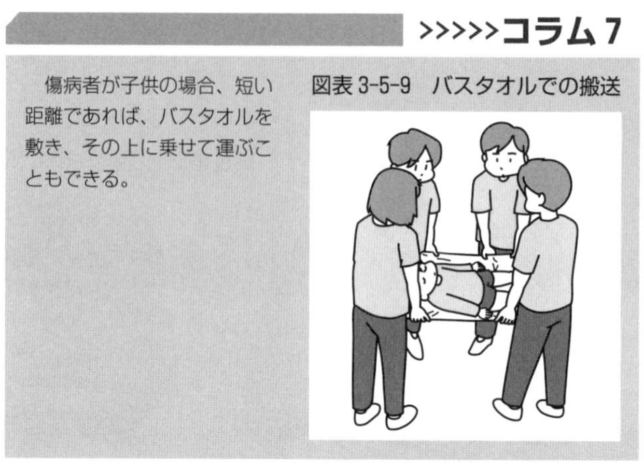

3）松葉杖歩行

（1）松葉杖歩行

骨折・外傷・捻挫等で松葉杖歩行をしている傷病者がいた場合、養護教諭は、適した松葉杖を使用し、安全な歩行をしているかを観察し、必要時その指導をしなければならない。

MEMO

けがをした側の下肢を患側（かんそく）下肢といい、けがをしていない側の下肢を健側（けんそく）下肢という。松葉杖は、患側下肢の歩行の助けをする。

（2）松葉杖の名称

松葉杖の名称を図表 3-5-10に示した。

図表 3-5-10　松葉杖の名称

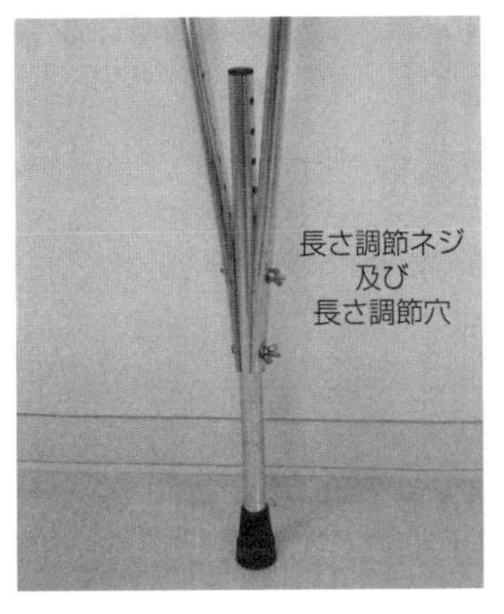

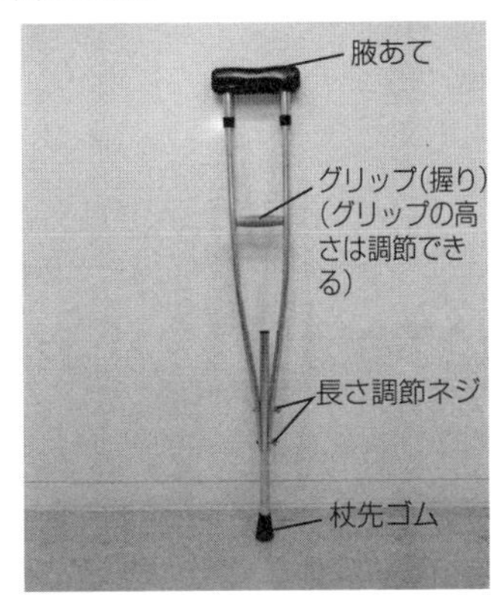

（3）松葉杖の長さ・グリップの高さ

松葉杖は、腋あてが腋窩から2～3横指下にあり、杖先は足の先端から前方15 cmと足の中央線から外側15 cmの交点にある長さとする。グリップ(握り)を握った時、肘が約30度屈曲し、グリップの位置は大転子の高さが目安となる(図表 3-5-11)。

図表 3-5-11　松葉杖の長さ・グリップの高さ

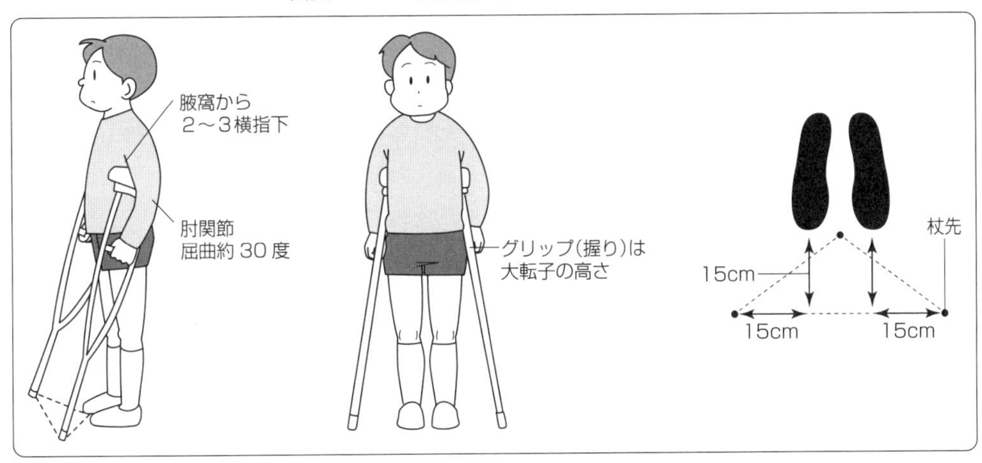

（4）松葉杖歩行の型

松葉杖の歩行には、三点歩行、四点歩行、二点歩行、引きずり歩行、小振り歩行、大振り歩行がある。

一側の下肢に体重負荷ができない場合は、両側松葉杖と健側下肢で前進する三点歩行(図表 3-5-12)が行われる。患側下肢は、体重をかけることなく両側松葉杖の動きに合わせる。

> **MEMO**
>
> 松葉杖で体重を支える時は、腋窩を走行する神経や動脈を圧迫しないように、グリップを握った手から上腕全体に体重をかける。腋あてには体重をかけず、上腕と身体の側面で挟み込むようにする。

図表 3-5-12　三点歩行

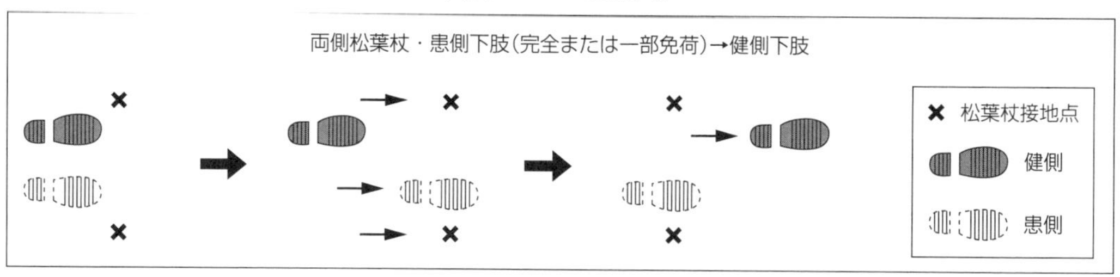

（5）松葉杖歩行での階段の上り下り（図表 3-5-13）

①階段を上る場合

上段に健側下肢を踏み出し、身体を持ち上げ、健側下肢の膝が伸びきったら、その段に両側松葉杖をつく。患側下肢の膝を軽く屈曲させ、階段に接触しないようにする。

②階段を下りる場合

下段に両側松葉杖をつき、身体をやや前傾し両上肢に体重をかける。次にその段に健側下肢を乗せる。患側下肢は、両側松葉杖の動きに合わせる。

図表 3-5-13　階段の上り下り

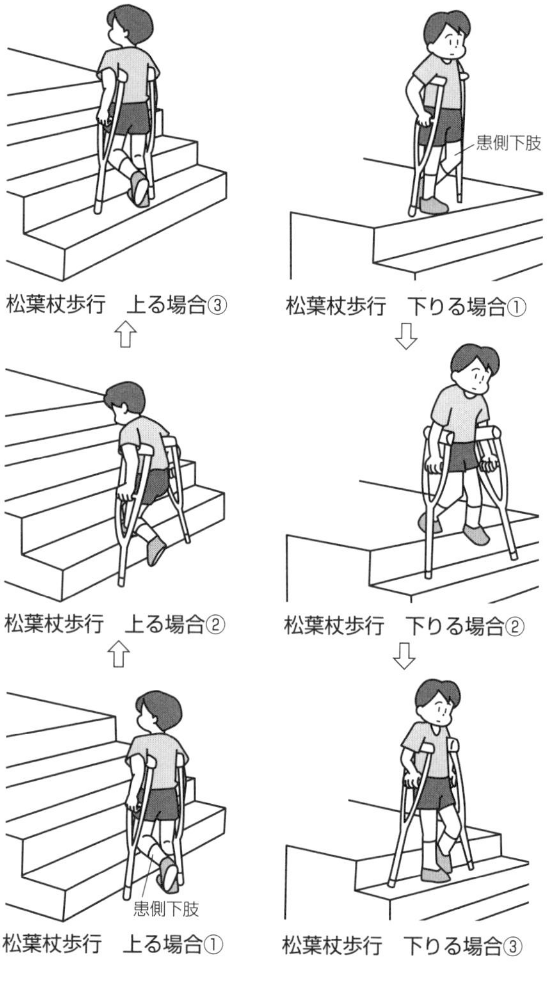

患側下肢

松葉杖歩行　上る場合③　　松葉杖歩行　下りる場合①

松葉杖歩行　上る場合②　　松葉杖歩行　下りる場合②

患側下肢

松葉杖歩行　上る場合①　　松葉杖歩行　下りる場合③

（6）一本杖歩行

患側下肢にいくらかの体重負荷ができる場合、一本杖での二点歩行をする。患側下肢が右側の時は、松葉杖は健側下肢外側に位置し、左上肢で支える(図表 3-5-14)。歩く時は、松葉杖と一緒に、患側下肢を踏み出す。次に健側下肢を踏み出す。歩行時、重心は健側下肢におく。

図表 3-5-14　一本杖歩行

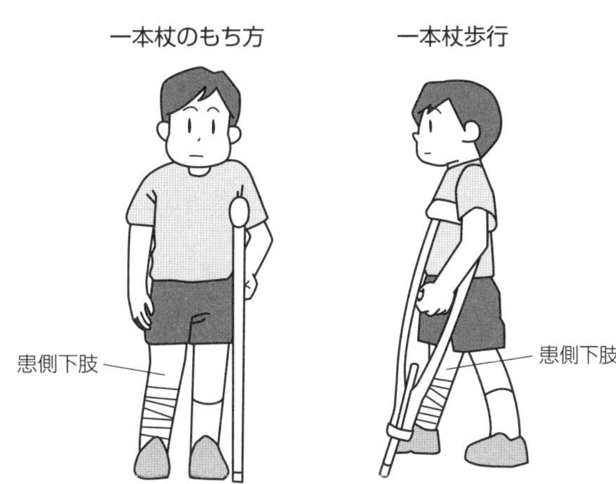

6．救急処置に関する技術

1）一次救命処置

一次救命処置（Basic Life Support：BLS）とは、突発的に起こった心停止や心停止に至る可能性の高い気道異物等による窒息に対してはじめに行われる救命処置である。心停止に至った場合には、BLSを早期かつ効果的に行い、必要に応じて医療機関で行われる高度な救命処置（二次救急処置）につなげる必要がある。この一連の流れを「救命の連鎖」（図表3-6-1）という。

図表3-6-1　救命の連鎖

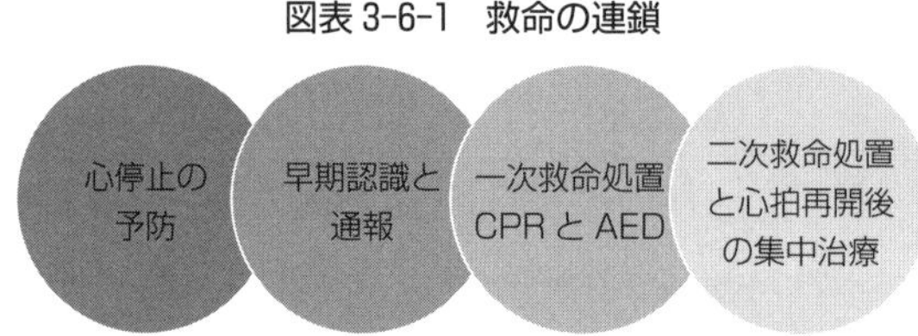

BLSは、呼吸と循環をサポートするための一連の処置である。BLSの要素のうち、胸骨圧迫と人工呼吸を組み合わせた心肺蘇生（cardiopulmonary resuscitation: CPR）と気道異物の除去は、特別な医療器具を必要とせず、誰もがすぐに行える処置である。また、近年設置が進んでいる自動体外式除細動器（Automated External Defibrillator：AED）を用いた電気ショックを併用する場合もある。

BLSの手順は、図表3-6-2の通りである。BLSの対象が乳児・小児である場合の手順を図中の1から8に沿って解説する。

「1」安全確認を行う。「2」傷病者に反応がない場合、あるいは反応の有無の判断に迷う場合は、「3」119番への通報と同時にAEDを依頼する。「4」呼吸の確認をし、普段通りの呼吸がない、あるいは呼吸の状態の判断に迷う場合は、「5」胸骨圧迫を開始する。「6」訓練を受けており、救助者にその意思がある場合は人工呼吸と組み合わせて行う。人工呼吸を行う場合には、頭部後屈あご先挙上法により気道確保を行う必要がある（図表3-6-3）。胸骨圧迫は、適切な位置を適切な深さ（約5cm：小児は胸の厚さの1/3）・テンポ（100-120回/分）で絶え間なく圧迫することが重要である。人工呼吸と組み合わせて行う場合は、胸骨圧迫30回と人工呼吸2回の繰り返しで行う。「7」AEDが到着したらただちに装着する。「8」救急隊が到着するまで強く、速く、絶え間なく胸骨圧迫（CPR）を続ける。

子供に対する心肺蘇生は、基本的には成人の場合と同じであるが、年齢によって体の大きさや体型が異なるため、次の注意が必要である。

・胸骨圧迫：幼児は片手または両手で胸の厚さの約1/3くぼむ程度、乳児は、中指と薬指で胸の厚さの約1/3くぼむ

> **MEMO**
>
> **呼吸の確認：死戦期呼吸**
>
> 死戦期呼吸とは、下顎呼吸やあえぎ呼吸といった、いわゆる普通の状態ではない呼吸のことである。死戦期呼吸に陥ると、口は下顎だけでパクパクと開いたり閉じたり、口をわずかに開いたまま「ハッ…ハッ…ハッ」という、あえぐように見えたり、しゃくりあげるような呼吸になる。一見呼吸をしているように見えるが、実際に呼吸はできていない状態、つまり呼吸をしていない状態と同じで、ただちに胸骨圧迫を開始する必要がある。

図表 3-6-2　一次救命処置の手順(※COVID-19流行下の手順)

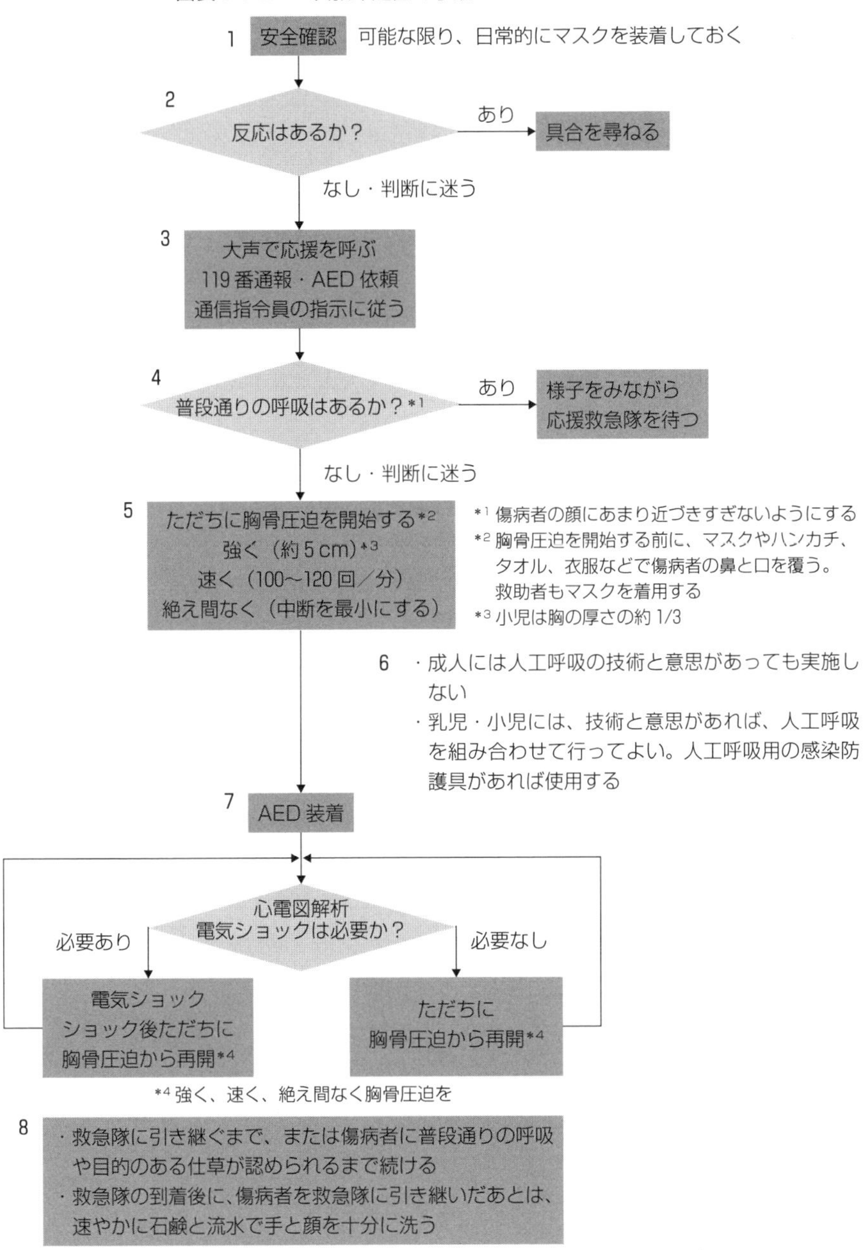
1 安全確認 可能な限り、日常的にマスクを装着しておく
2 反応はあるか？
あり
具合を尋ねる
なし・判断に迷う
3 大声で応援を呼ぶ
119 番通報・AED 依頼
通信指令員の指示に従う
4 普段通りの呼吸はあるか？*1
あり
様子をみながら
応援救急隊を待つ
なし・判断に迷う
5 ただちに胸骨圧迫を開始する*2
強く（約 5 cm）*3
速く（100～120 回／分）
絶え間なく（中断を最小にする）
*1 傷病者の顔にあまり近づきすぎないようにする
*2 胸骨圧迫を開始する前に、マスクやハンカチ、タオル、衣服などで傷病者の鼻と口を覆う。救助者もマスクを着用する
*3 小児は胸の厚さの約 1/3
6 ・成人には人工呼吸の技術と意思があっても実施しない
・乳児・小児には、技術と意思があれば、人工呼吸を組み合わせて行ってよい。人工呼吸用の感染防護具があれば使用する
7 AED 装着
心電図解析
電気ショックは必要か？
必要あり
必要なし
電気ショック
ショック後ただちに
胸骨圧迫から再開*4
ただちに
胸骨圧迫から再開*4
*4 強く、速く、絶え間なく胸骨圧迫を
8 ・救急隊に引き継ぐまで、または傷病者に普段通りの呼吸や目的のある仕草が認められるまで続ける
・救急隊の到着後に、傷病者を救急隊に引き継いだあとは、速やかに石鹸と流水で手と顔を十分に洗う

出典）一般社団法人日本蘇生協議会監修：JRC 蘇生ガイドライン2020、医学書院、2021、490[1]

図表 3-6-3　頭部後屈あご先挙上法

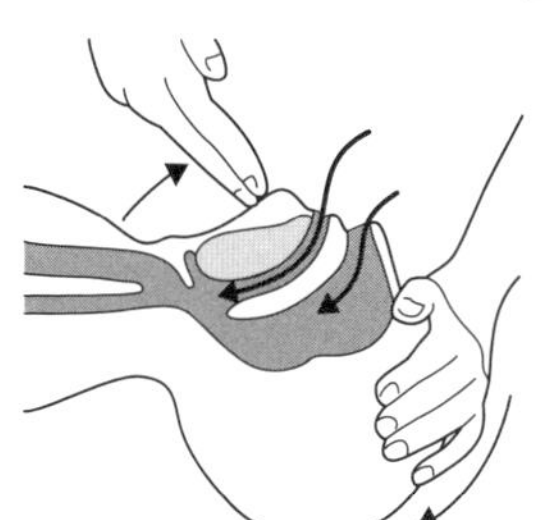

1. 頭側の手を傷病者の額におく
2. 足側の手の指先（人差し指と中指）を傷病者のあご先にあてる
3. あご先をもち引き上げながら、静かに頭を後ろにそらせる

程度、押し下げる。圧迫のテンポは成人と同じ。

・気道確保：子供の首はやわらかいので、後方に傾けすぎないようにする。

・人工呼吸：肺容量が少ないので、吹き込む量の目安は、子供の胸が上がるのがわかる程度にする。

・AED：６歳以上すなわち小学校就学児以上はすべて大人用パッドを使用する。

参考文献

1）一般社団法人日本蘇生協議会監修：JRC 蘇生ガイドライン2020、医学書院、2021、490

2）厚生労働省：新型コロナウイルス感染症の流行を踏まえた市民による救急蘇生法について（指針）、2020年５月

２）止血法

外傷（けが）等により出血した場合、速やかに止血する必要がある。人は、一時に全体の１/３以上の出血があると生命に危険がある（体重 1 kg あたり80 ml）。特に、大出血の際にはただちに止血を行う必要がある。その際、出血を止める方法を止血法という。出血の種類は、次に示すものがある。

【出血の種類】

・毛細血管性出血：じわじわとにじんでくる出血（擦過傷等のけが）

・静脈性出血：だらだらと出てくる出血（創傷面の静脈の損傷：暗紅色）

・動脈性出血：拍動性のどくどくと吹き出すような出血（創傷面の動脈の損傷：鮮紅色）

止血法には、直接圧迫止血法、間接圧迫止血法がある。外傷から活動性の出血がある場合、失血を防ぐために行われる処置である。出血により急速に大量の血液を失うとショック状態（出血性ショック）に陥り、生命に危険が生じるため、ただちに止血を行う必要がある。

（１）直接圧迫止血法

出血に対する基本の方法である。体表からのすべての出血に対し適応し、特に頭部、顔面、四肢などの深部に骨が存在する部位で効

MEMO

出血性ショック

出血性ショックとは、出血によって生命維持に必要な循環が得られず、種々の異常を呈する極めて危険な状態をいう。

（症状）

・ぼんやりとした表情
・皮膚は蒼（あお）白く冷たくなる
・呼吸は速く浅くなる
・目がうつろとなる
・唇は白っぽいか紫色になる（チアノーゼ）
・体が小刻みに震え冷や汗が出る

果が大きい。ガーゼやタオルを用いて、指、もしくは手掌や包帯で出血部位を直接圧迫する(図表 3-6-4)。指で止血する場合は、出血点を示指、中指、薬指の3本の指を使って、できる限り強い力で圧迫する。片手で止血できない場合は、両手で圧迫したり、体重をかけ圧迫したりして止血する。また、包帯や三角巾を使用し、少しきつめに巻くことで止血することができる。感染防止のためゴム手袋(ビニール袋でもよい)を着用して行う。完全に止血されていることが確認できるまで継続して圧迫する。毛細血管性出血や静脈性出血の多くはこの方法で止血できる。静脈性出血の場合は5～15分程度である。

MEMO

母指は感覚が鈍く、小指は力が入りにくいため、示指、中指、薬指の3本の指を使い止血するようにする。

図表 3-6-4　直接圧迫止血法

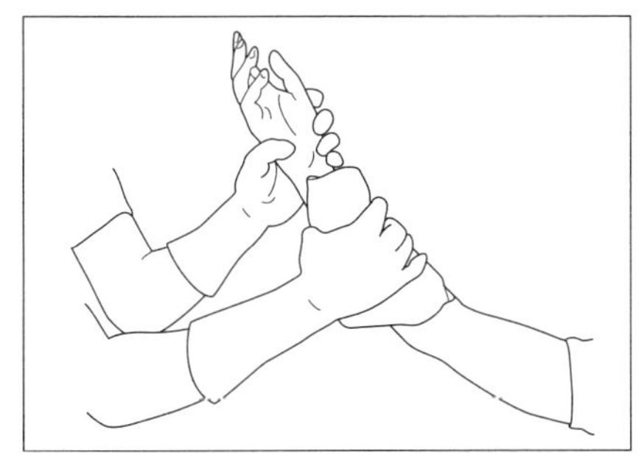

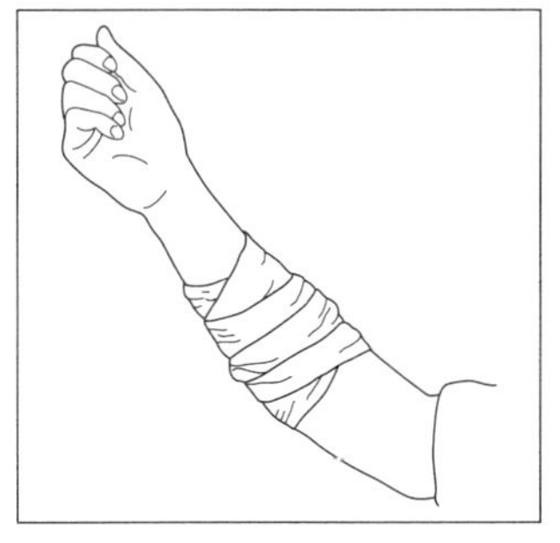

(2) 間接圧迫止血法

最初に直接圧迫止血法を行い、それでも出血のコントロールができない場合は、間接圧迫止血法を行う。基本的には、頭部の一部と四肢の出血に対し有効である。動脈性出血や直接圧迫止血法がすぐに行えない時に行う。出血している部位より心臓側(中枢側)に近い動脈(止血点)を手や指で圧迫して末梢の血流を遮断して止血する方法である(図表 3-6-5)。

図表 3-6-5　止血点

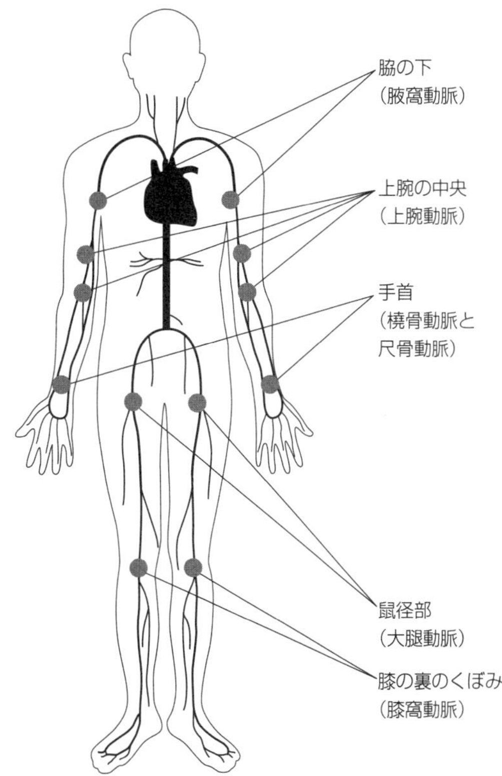

出典）ナース専科「圧迫止血とは　直接圧迫止血法と間接圧迫止血法の手順と注意点～根拠がわかる看護技術」(nurse-senka.jp)

(3) 止血帯法

直接圧迫止血法や間接圧迫止血法では困難な状況で生命に危険が及ぶ場合に行う。圧迫部の皮膚や神経の損傷のリスクがあるため、実施の際には注意が必要となり最終手段である。出血部位に近い心臓側(中枢側)の動脈を幅の広い(5cmくらい)止血帯で強く縛り、止血の開始時間を記録する。30分以上止血を続ける場合には、30分に1回止血帯を緩め、血流を再開させる。出血がまだ続いているようであれば、再び止血帯法で止血する。止血帯を施した場合は、速やかに医師につなぐ必要がある。ショック症状に留意し対応する(ショック時の対応は p. 192～参照)。

MEMO

止血の際の留意点

・スタンダードプリコーションに準じ、手指衛生を行い、血液による感染や汚染を防ぐため手袋などを装着する。
・止血部位は、原則として心臓より高くする。
・傷病者が不安にならないよう、声かけをする。

参考文献

1) 木野毅彦：止血法、Emergency Care 2012；25(3)、2012、28-29
2) 日本救急看護学会監修：外傷初期看護ガイドライン 第4版、へるす出版、2018

3) 創傷の処置

(1) 洗 う

創傷の種類には、擦過創(さっかそう)(すり傷)、切創(せっそう)(きり傷)、刺創(しそう)(さし傷)、咬創(こうそう)(咬み傷)がある。いずれの傷であっても、水道水で十分に創傷部を洗い、創傷に付着した汚れや創傷部周囲の皮膚に付着した血液等を洗い流すことが基本的な処置である。ただし、刺創の場合、何が刺さっているのかによって、より深く刺さらないように、傷口を悪化させないように注意して洗う必要がある。刺さっている物をむやみに抜かないことも大切である。抜くことで、出血が増す、傷口が悪化することがある。傷の中に異物(特に草の破片、木の破片、体から剥がれ落ちた自分の細胞など)があるとそれを培地に細菌が増え化膿してしまう。洗うことで化膿を予防することができる。また、洗うことで創傷部の周囲の皮膚に付着した汚れや出血が除かれ、創傷部の箇所、程度も明らかとなり、その後の処置を適切に行う判断もできる。洗う際には、必ずゴム(ビニール)手袋をする。どんな状況であろうとも素手では行わない(感染予防)。

(2) 閉鎖療法・湿潤法

湿った状態の方が早く治るというのが閉鎖療法・湿潤法である。湿った状態(湿潤環境)では線維芽細胞やコラーゲンが増え、その表面を表皮細胞が覆い、速やかに皮膚が再生する。ところが、皮膚が乾燥していると傷の表面がかさかさになって、かさぶたができ、表皮細胞が増えることを妨げるため、皮膚の再生が遅れる。皮膚が損傷を受けると、治そうという反応が働き、創面から浸出液が出る。浸出液には様々な細胞成長因子やサイトカイン(血小板増殖因子、上皮細胞増殖因子、トランスフォーミング増殖因子など)が含まれており、創傷の治癒に大切な役割を果たしている。湿潤環境とは、細胞を育て、新しい線維をつくるための重要な因子を含んだ培養液のようなものである。乾燥環境ではこの重要な因子がなく、細胞の増生が遅れるため、治癒が長びく。

医療機関では湿潤状態を保つための様々なドレッシング材(創傷被覆材)を用いて褥そう(とこずれ)、

火傷や外傷に閉鎖療法が用いられている。被覆材には防水機能がついているものもあり、その被覆材を使っている場合は、そのまま入浴することができる。閉鎖療法・湿潤法は正しく行えば痛みも少なく、治りも早い。

学校や家庭では、浅い傷の処置として、軟膏をつけて創面を乾燥させない方法や市販のハイドロコロイドの傷テープを貼る、食品用ラップにワセリンを塗った物を貼るなどで閉鎖療法の応用ができる。ただし、食品用ラップの使用については、医療用ではないため使用すべきではないという考え方もある。水道水できれいに洗浄しても閉鎖した後の感染が心配であれば、創傷部を避け、創傷周囲の正常な皮膚(ドレッシング材で覆える範囲)に消毒液を含ませた綿棒等で消毒をする。その後ドレッシング材を貼付する。浸出液が多い創傷や完全に止血していない創傷には、一次ドレッシング材(非固着性ドレッシング：メロリン〈商品名〉等)をあてた上に二次ドレッシング材(フィルム材：テガダーム〈商品名〉等)を被覆する。浸出液が多い場合は、湿潤を保つよりも過剰な浸出液を排除し、過湿潤にしない必要があるため、滅菌ガーゼ(滅菌ケーパイン〈商品名〉等)を貼付し、その上から二次ドレッシング材を被覆し、適度な湿潤環境を保つようにする方法もある。

いかなる衛生材料、方法であっても大事なことは、細菌感染(化膿)の原因(砂や汚れ等)が創傷に付着した状態で被覆しないということである。創傷を湿らせた状態でおくことは、創傷が治りやすい状態であるとともに、細菌も繁殖しやすい環境になる。創傷から出る水分が非常に多い、壊死(えし)組織(死んでしまった組織)が創傷部にある等の状態で、閉鎖療法・湿潤法を行うと爆発的に細菌が繁殖(細菌感染)し逆効果となる危険性がある。また糖尿病など免疫力が低下している人に行うことも同様に危険だといわれている。繁殖した細菌が創傷から血液の中に入り込み敗血症性ショックを起こすことがある。創傷の状態がきちんと評価できない、清潔操作ができない場合には、簡単で安価だからといって気軽に閉鎖療法・湿潤法を行わないように注意する必要がある。

(3) 禁　忌

閉鎖療法・湿潤法を行うことができない場合がある。顔の傷の場合、傷口が2 cm以上または深い等で縫合する必要がある場合、異物(ガラス、砂等)が混入している場合、何かが突き刺さっている場合、出血が止まらない場合、創傷部周囲が腫れている場合、創傷部周辺が発赤している、化膿している、熱をもっている、痛みが強い、皮膚が変色している、異臭がする場合等である。

>>>>>コラム8

消毒やガーゼで覆う処置はいいの？

創傷を流水で洗浄した後、消毒薬で消毒してしまうと、傷を治そうとして出てくる皮膚になる細胞までも殺してしまい、結果として傷の治癒を遅らせることになる。本来、消毒薬は細菌を殺して感染から傷を守る目的で使うものだが、殺菌の効果をもつのは一時的で速やかに殺菌力はなくなる。よって、十分に流水で洗浄されれば消毒は必要がない。

傷を保護するためにガーゼを用いると、ガーゼが傷の水分を吸いとってしまい、乾燥状態にしてしまう。傷の治癒には乾燥状態はとても都合の悪いことで、皮膚になる細胞が増殖していける環境を奪ってしまっている。さらにガーゼを剥がす時に増殖した細胞も一緒に剥がしてしまうこともある。乾燥したガーゼで覆い、何度も交換することはかえって治りを遅くしてしまう可能性がある。

参照）これで傷が治る！　きらり健康生活協同組合
www.kirari-hcoop.com/shinsatsushitsu/shinsatsushitsu..

（4）ドレッシング材

閉鎖療法・湿潤法を行う際に使用するドレッシング材は、ハイドロコロイド素材を使用した絆創膏や防水パットつきのフィルム材で保護すると効果的である。一般的な衛生材料（綿ガーゼ）は、出血や浸出液を吸収し創傷が湿潤しにくいためである。

創傷被覆材
（ハイドロコロイド素材など）

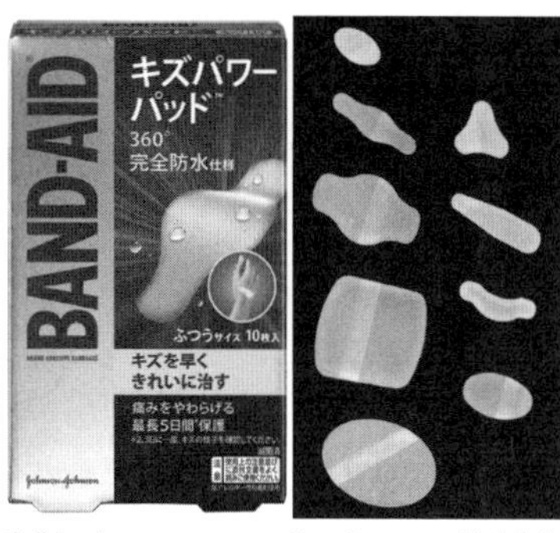

出典）ジョンソン・エンド・ジョンソン株式会社

非固着性ドレッシング

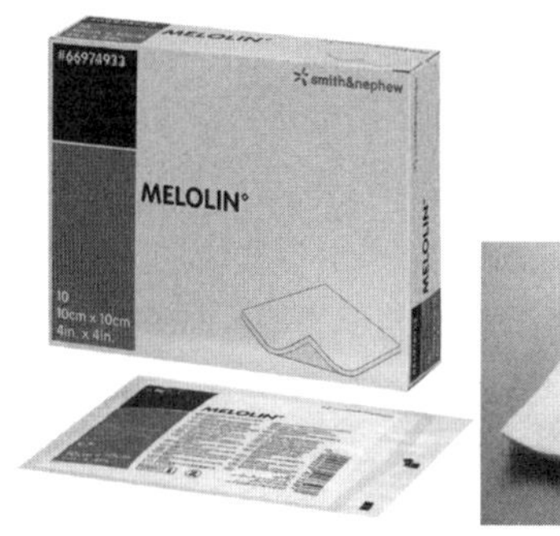

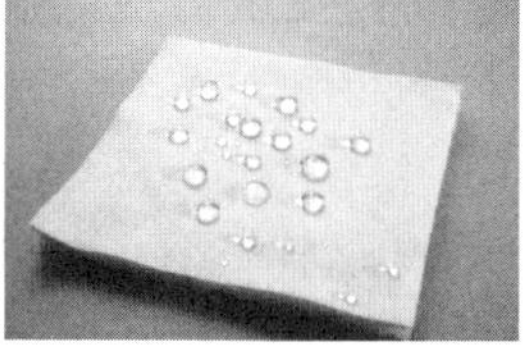

出典）スミス・アンド・ネフュー株式会社

滅菌ガーゼ

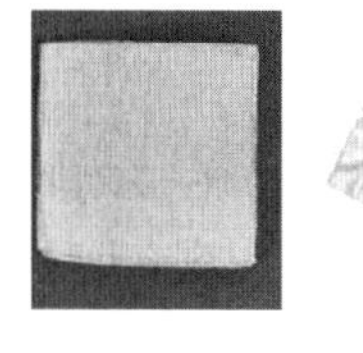

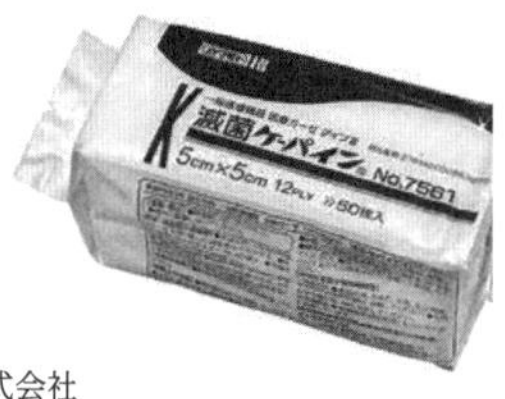

出典）川本産業株式会社

フィルム材

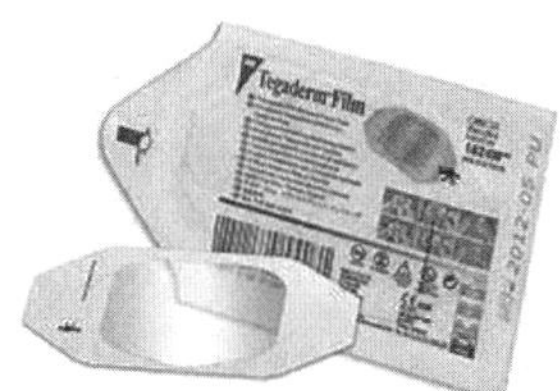

出典）スリーエムジャパン株式会社

参照文献

1）ちゃのき皮膚科クリニック、創傷の閉鎖療法（https://chanokihifuka.jp/column/ 創傷の閉鎖療法）
2）三川信之：創部消毒とガーゼ交換・簡単な切開　排膿皮膚縫合法のコツ～Dr. 三川の臨床メモ、日本医事新報社、2019
3）鈴木善幸、皮膚外傷マネジメント講座（https://uonuma-medical.jp/koide/cmsdir/wp-content/uploads/2021/02/e2_20180623_2.pdf）
4）水原章浩：傷の正しい治し方 PART 1 ～ 3、金原出版、2005/2006
5）公益財団法人日本学校保健会、不適切な湿潤療法による被害　いわゆる‘ラップ療法’の功罪（https://www.woundhealing-center-jp/whatsuew/11406.php、2011年4月6日参照）

4）包帯・固定法

（1）包帯法

包帯法とは、負傷部位に対しての治療や症状の安楽を目的にネット、巻軸帯、三角巾等を使用して保護、固定、支持、圧迫をする方法のことである。

①保護ガーゼ(傷を覆う布)

けが等をしたら、傷口を流水等できれいに洗うことが前提である。その上で傷を保護するために清潔で吸水性、通気性のある布「保護ガーゼ」をあてる。

②包　帯

包帯を巻く上で、包帯は適切な大きさ・長さのものを選び、材料は吸湿性に富み、やわらかで清潔なものを選ぶ。巻く部位は良肢位にし、末梢から中枢側に向かう(静脈の血流の妨げ、包帯の緩み防止)。血液循環を悪くしない適度な締め具合と苦痛にならない緩み、すっきりとした覆い加減、見た目の美しさ、手早さを心がける。

MEMO

保護ガーゼの効果
・止血
・血液等の吸収
・感染防止

包帯の目的
・保護ガーゼの固定
・副子の固定
・手や腕のつり

絆創膏等を貼る時の注意
・貼る面に適合させる
・循環の妨げにならないような強さ
・皮膚の２面が接しない
・貼る部位の皮膚や体の動きの妨げにならない
・特に顔に貼る時は見た目に美しく

巻軸帯(幅)の規格
２号　14cm
３号　９cm
４号　７cm
５号　5.5cm

③包帯の種類とその特徴

種　類	特　徴
絆創膏	保護ガーゼの固定、小さな切り傷の皮膚の両側を寄せてとめ、自然治癒を助けることを目的とする場合が多い。
ネット	円筒状のネットになっていて伸縮性があり患部が適度に圧迫され通気性がある。包帯や三角巾と比較して簡便であるため、包帯では行いにくい部位や関節の動きを妨げたくない場合にも用いる。 １号(指)、２号(手、足)、３号(腕、肩、下腿)、５号(頭)がよく用いられる。
巻軸帯	普通包帯(さらし木綿)と伸縮包帯がある。目的や部位に応じて適した幅のものを選ぶ。 ３号(９cm)、５号(5.5cm)、８号(3.5cm)をよく用いる。普通包帯は部位に適した巻き方をしないとずれやすい。 伸縮包帯の巻き方は簡便であるが、布を伸ばしすぎてきつく巻いてしまうと循環を妨げることがある。
三角巾	一辺がおよそ１ｍの正方形の木綿布を対角線に切ったもの。巻軸帯では包帯しにくい部位、大きな部位の保護や支持等の応急処置に用いると便利である。ない時は風呂敷や大判のハンカチ、パンティーストッキング等で代用することもできる。
副　子	骨折を疑う時に患部の固定、疼痛軽減、変形、出血防止のために用いる。骨折部の上下の関節を含めることのできる十分な長さ、強さ、幅をもつものが有効である。市販、手づくり(ボール紙に脱脂綿、包帯を巻いたもの)の副子の他、身近にある雑誌、段ボール、棒、杖、傘、バット、毛布、座布団等も副子となる。
その他	手術後の傷や陰、臀部を保護する腹帯やＴ字帯がある。

④包帯の巻き方

i　ネット包帯

＊頭

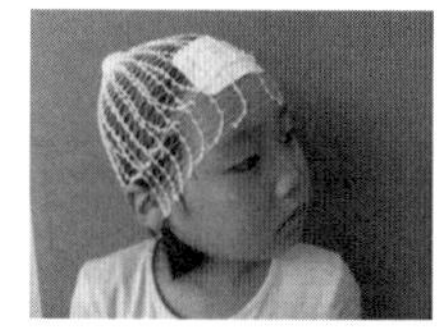

手でネット包帯を広げて帽子をかぶせる要領でネットをかぶせ、額まで覆い、余った頭頂部のネットを引っ張って結ぶ。両耳が出るようにネットに穴をあける。

＊肘・膝

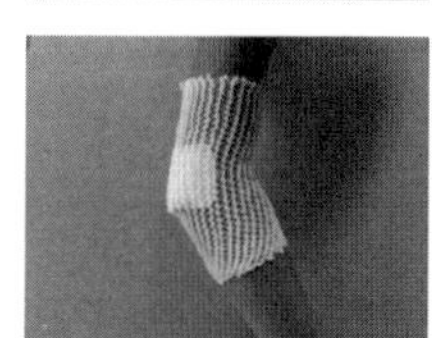

患部側の手(足)から通し、患部の上下を十分に覆う。

＊手背(手掌)

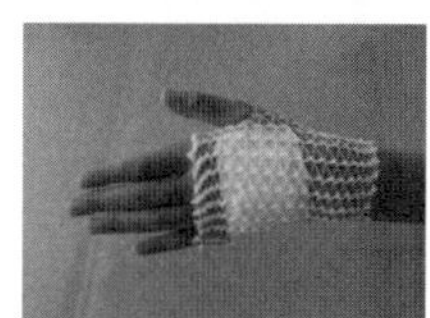

筒に手を通し、母指の部分に穴をあけて母指を出す。指先の方まで覆う長さがある場合は折り返す。

＊手指

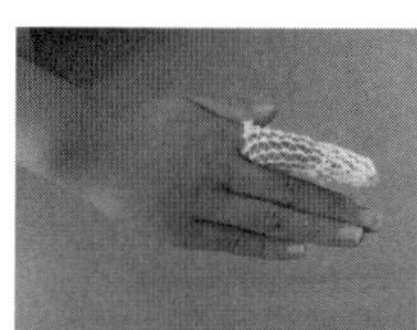

指の長さの2倍を目安に切り、指を入れた後、先の余りを1回ねじり、裏返しにして指先にかぶせる。

＊足

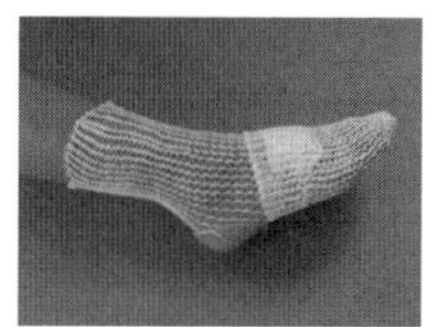

足首から爪先までよりやや長めに切り、切り込みを入れる。靴下をはく要領で筒に足を通す。切り込みから踵(かかと)が出るようにする。爪先から先の余りは1回ねじり、裏返しにして足先を覆う。

ii　巻軸帯

＊包帯の名称

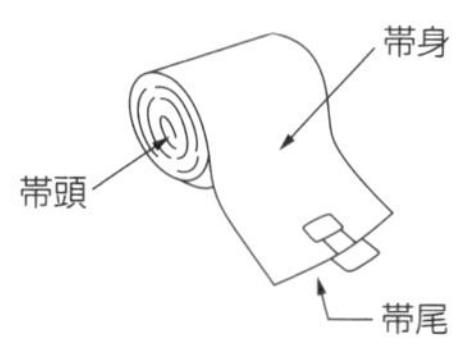

帯尾：包帯の端　**帯身**：包帯部分　**帯頭**：巻きの部分

※写真で使用した包帯、三角巾はわかりやすくするため、縁に色をつけた。

＊環行帯(かんこうたい)(巻きはじめ・巻き終わり)

❶巻いた包帯の外面を皮膚にあて帯身を密着させて巻きはじめる。帯尾をやや斜めにあて、1周巻いた時に端が中枢側に出るようにする。❷出た帯尾の端を末梢側に折る(折り目は三角の様になる)。❸さらに1周巻く。

❶ 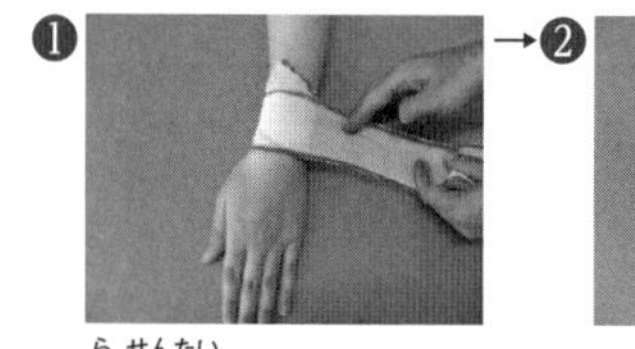 →❷ 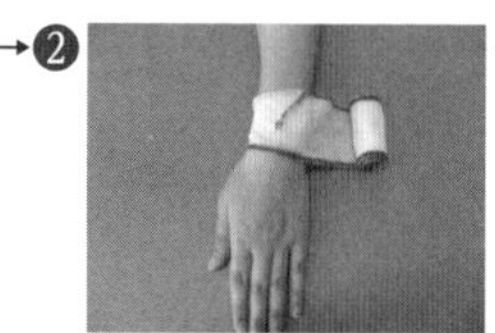 →❸ 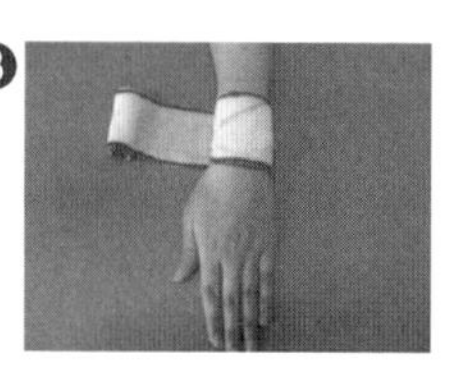

＊螺旋帯(らせんたい)(太さが均一の部位)

環行帯の後、1/2～1/3程度重ねて中枢に向かって螺旋を描くように巻いていく。最後は環行帯をする。

＊蛇行帯（副子の固定等）

環行帯の後、螺旋状に等間隔をあけて巻く。最後は環行帯をする。

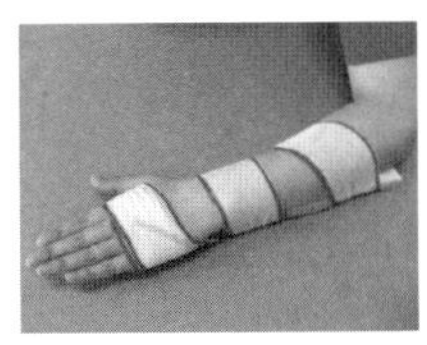

＊折転帯（前腕、下腿のような太さが均一ではない部位）

❶環行帯の後、❷螺旋帯の要領で1/2～1/3ずらして中枢に向かって巻きながら、❸傷口の上を避けて同一箇所で末梢側に折り返す。❹折り返す時に指先で包帯をおさえると緩まずに返しやすい。❺折転部を備えて巻き、❻最後は環行帯をする。

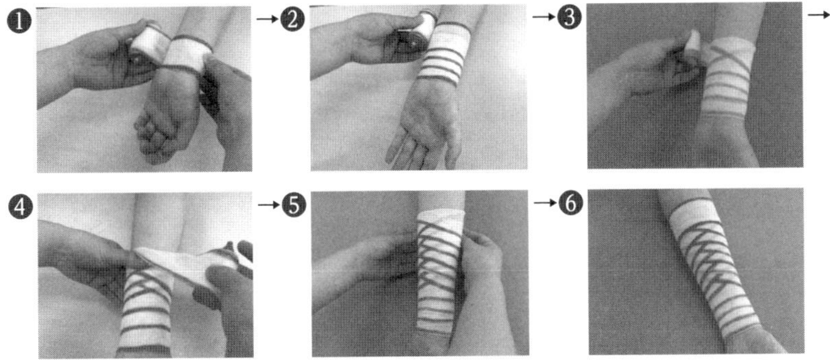

＊麦穂帯・8字帯（手や手指、肩等の部位）

❶環行帯の後、❷末梢から巻き、ずらしながら中枢に向かって8の字を描くように巻く。麦の穂のようになる。❸最後は環行帯をする。

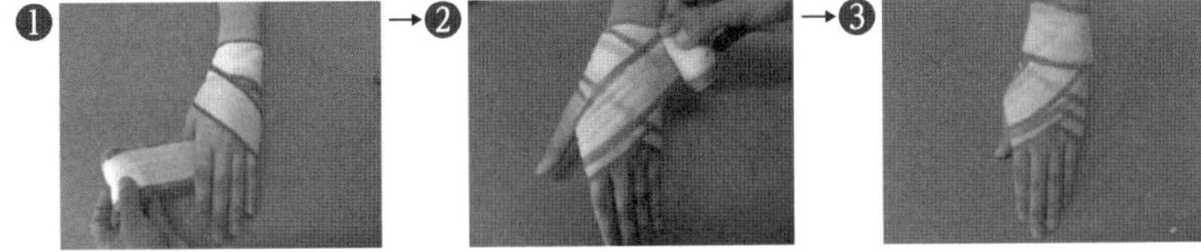

＊集合（求心）亀甲帯（膝や肘の部位）

❶関節を楽な位置で曲げ、末梢側から巻きはじめる。次に中枢側に巻く。❷関節の内側で交差させ8の字を描くようにして1/2～2/3ずつずらしながら関節中央部に向かって巻く。関節を深く曲げた時、包帯の重なりの隙間から皮膚の露出がないようにする。❸最後は関節中央部に環行帯をする。

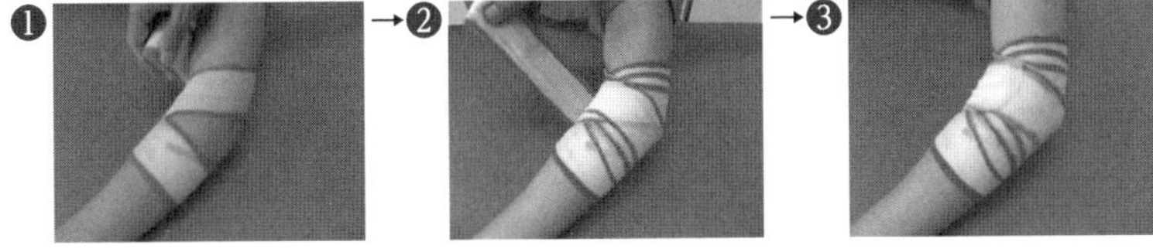

＊離開（遠心）亀甲帯（膝や肘の部位）

❶関節を楽な位置で曲げ、関節中央部から巻きはじめる。❷関節の内側で交差させ8の字を描くようにして1/2～1/3ずらしながら上下交互に巻く。❸関節を深く曲げた時、包帯の重なりの隙間から皮膚の露出がないように注意する。❹最後は関節の中枢側で環行帯をする。

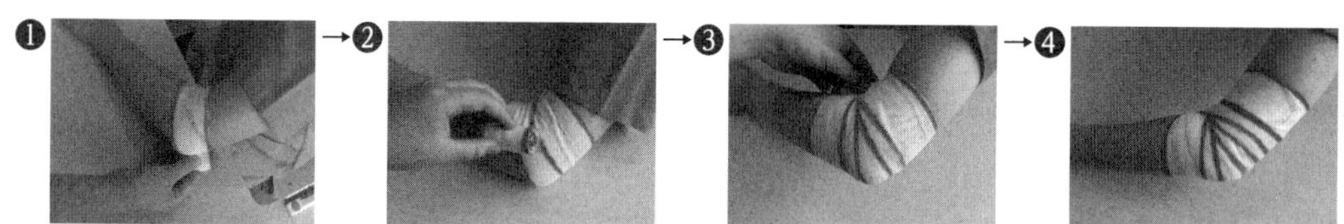

＊反復(指ほうか)帯

❶指の爪側、指紋側を 2 ～ 3 回反復する。❷指先で折転し、❸指先から螺旋帯で❹指全体を巻く。❺指のつけ根で最後は環行帯をする。

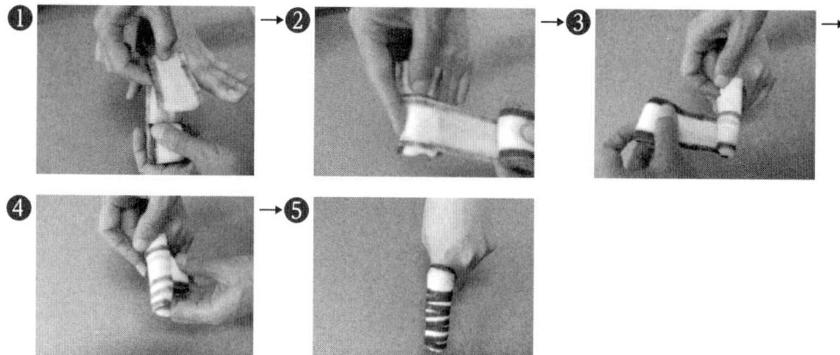

＊巻いた包帯の解き方

❶患部に動揺を与えないように静かに包帯を外す。❷帯身と帯頭を左右の手の平にもちかえ❸まとめながら解く。保護ガーゼの上の包帯を取る時は血液や分泌物が包帯に付着していることがあるので特に注意をする。

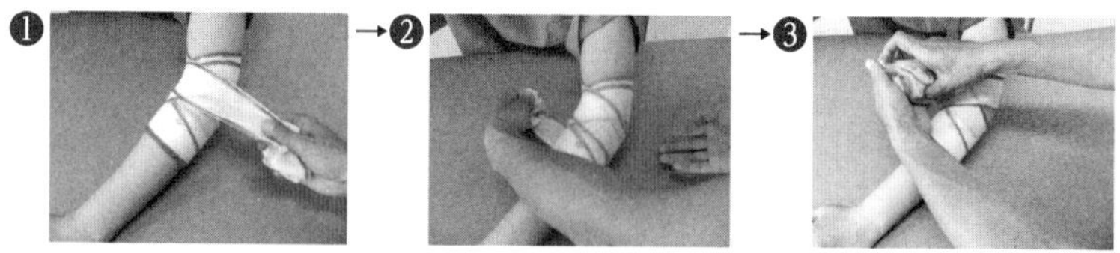

iii　三角巾

＊三角巾の名称

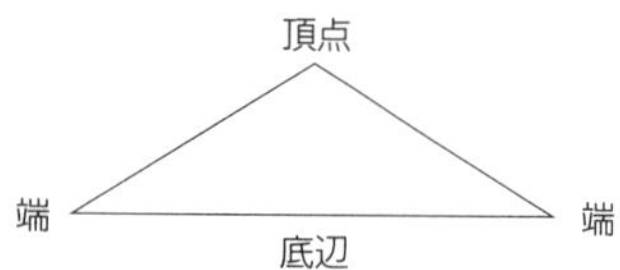

＊たたみ方

❶三角巾の両端を重ねて二つ折りにする。❷底辺側に両端と頂点を寄せる。この時両端の先端を少し出しておく。❸正方形様になった三角巾を二つ折りにして長方形様にする。❹長方形様の三角巾の両側を中央に向かって折る。❺中央をさらに折る。

❹ →❺
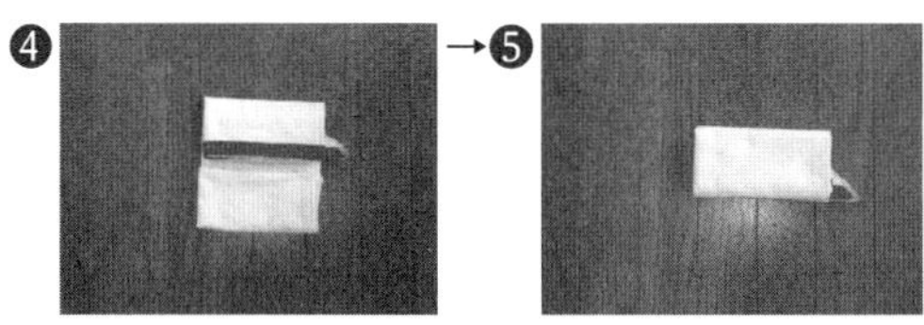

＊結び方

本結びで結ぶ(結び終わりの端が上下にならないようにする)。

❶ →❷ →❸ →❹
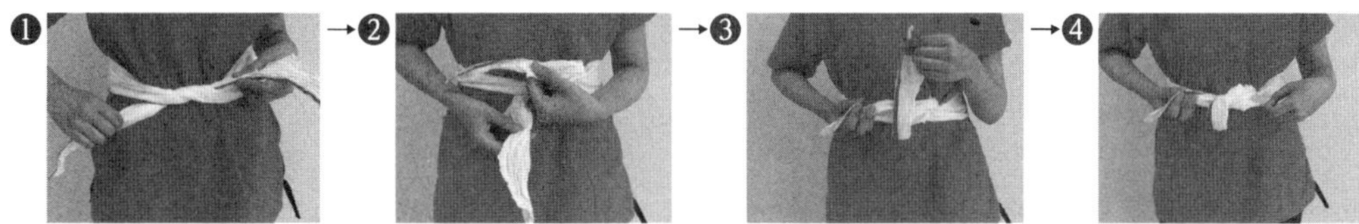

＊解き方

❶片側の端をもう片側に引っ張り寄せる。❷輪になっている根元を指で押さえる。❸反対の片側を引く。

❶ →❷ →❸
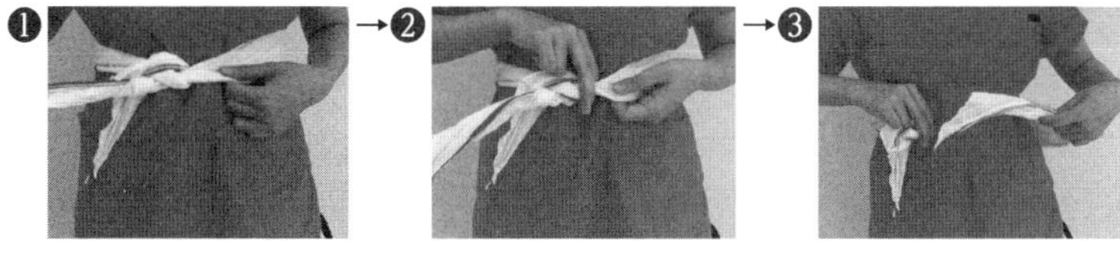

MEMO

巻く時の注意

- 三角巾は覆う患部に適した幅にたたむ。
- 患部に保護ガーゼをあて、三角巾の中央部をあてる。
- 保護ガーゼが露出しないように注意して巻く。
- ずれないように適度なきつさで巻く。
- 結びは患部の上を避ける。

＊額

❶患部に三角巾をあて、❷それぞれ耳が隠れないようにして耳の上を通り、❸後頭部(やや下側)で交差させ、❹前で結ぶ(患部の上は避ける)。

❶ →❷ →❸ →❹
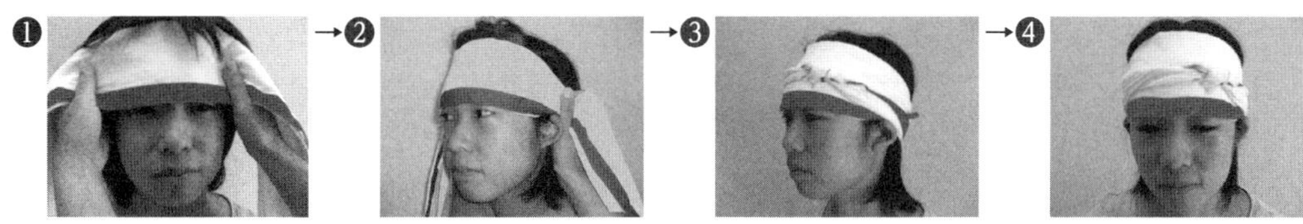

＊耳(頬、顎、頭頂部も同様)

❶患部に三角巾をあて一方の端は顎の方へ、他方は頭頂部へもっていく。❷顎側の端と頭側の端を健側の耳のやや上で交差させ、❸一方を額に他方を後頭部に回す。❹両端を患部側で結ぶ。

❶ →❷ →❸ →❹
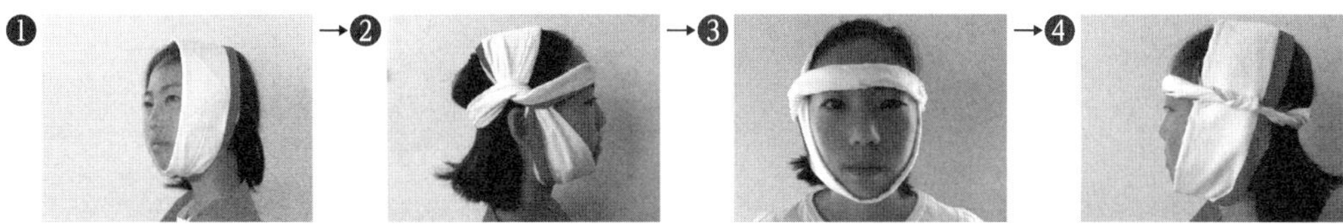

＊目及び目の周囲

❶健側の目の方にたたみ三角巾(ひもでもよい)をかけ、❷その上からたたみ三角巾で両目を覆い、前にもってきて健側で結ぶ。❸健側の目が見えるように前に垂れている健側の三角巾(ひも)を引き上げ、頭頂部で結ぶ。

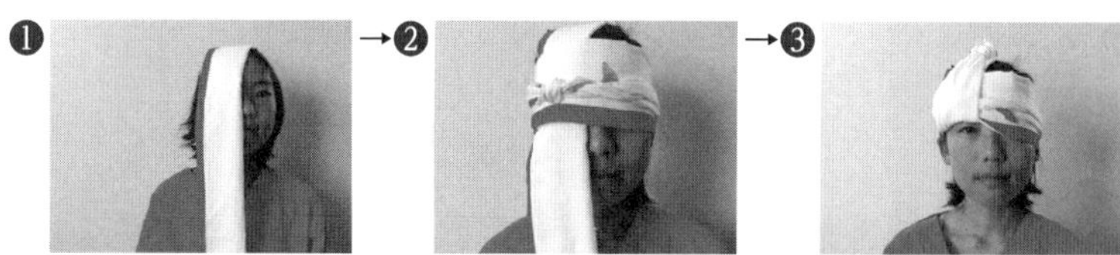

＊頭

❶開き三角巾の底辺を折り返し、折った方を外側にして額にあて、❷頂点が後ろにくるように頭全体を三角巾で覆う。❸底辺を押さえながら耳の後ろに指をずらしていき、耳が出るように三角巾を耳にかける。❹端を片手ずつ後頭部に回して前までもってきて、❺両端を額の中央で結ぶ。❻救助者は後ろに回り、垂れている三角巾を静かに引く(頭の三角巾のたるみをとるため)。❼頂点を2回程度折り返し後頭部に巻いた三角巾の中に差し込む。

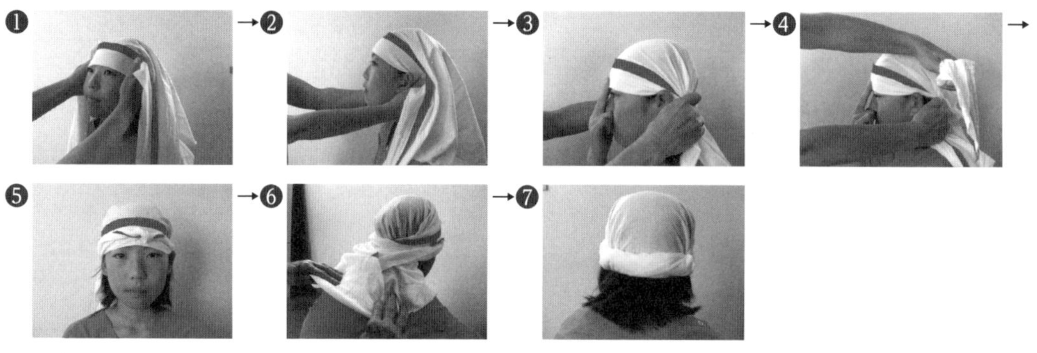

＊手(足)

❶救助者は掌を上にして開き三角巾の頂点が上腕にくるように広げ、患部を手の上におく。❷頂点で手を包むようにし、❸両端を手の甲側で交差させ、❹手首に巻いて❺結ぶ。❻結んだ三角巾に頂点を折り込む(足の場合もこの方法に準じて行う)。

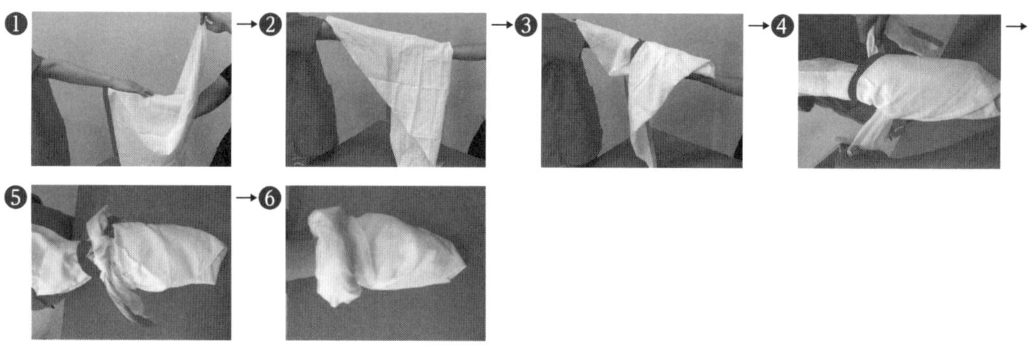

＊前腕 a

❶患部に斜めにかける(三角巾は手首側を長くしておくと巻きやすい)。❷肘側の短い方はそのままにして、手首側の長い方の三角巾を螺旋巻きで肘まで覆う。❸肘側の端と巻き上げた端を前腕の外側で結ぶ。

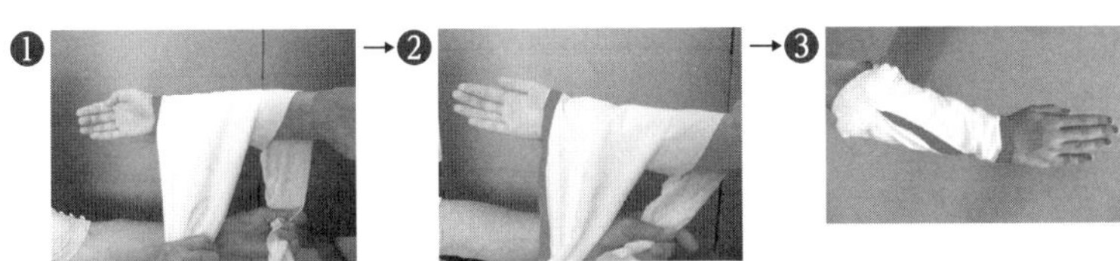

＊前腕 b

患部に三角巾を斜めにかける。手首側と肘側にそれぞれ巻き両端を結ぶ。

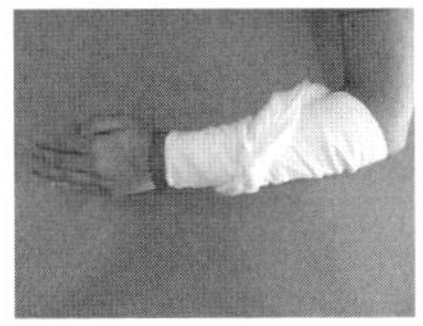

＊腕のつり方 a

❶三角巾を健側に底辺、患部の肘側に頂点がくるように胸腹部前にあてる。❷足側の端を患部側の肩にかけるように折り上げる。❸患部側の肩の端は首の後ろを通り、健側の鎖骨あたりで健側の端と結ぶ。❹肘をつっている三角巾から指先が出るように調整し、患部前腕を覆っている三角巾のしわを伸ばす。❺頂点を結び、先の部分が長い時は三角巾の中に入れる(頂点を結ばず折り曲げて安全ピンでとめる方法もある)。❻別の三角巾等で体幹に固定するとより動揺を防ぐことができる(傷病者が疼痛を訴えた場合は無理に行わない)。

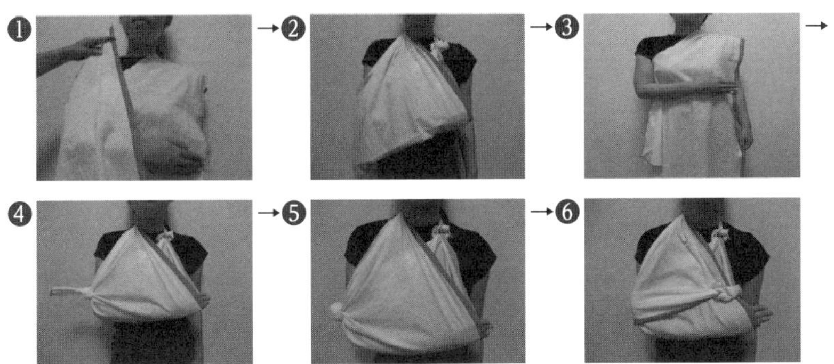

＊腕のつり方 b

開き三角巾での固定では、苦痛な場合やネクタイ等の幅のものしかない場合は、手首をつる方法でもよい。三角巾がもう1本あれば、体幹と上腕を固定でき動揺を防ぐことができる(傷病者が痛がる場合は無理に行わない)。

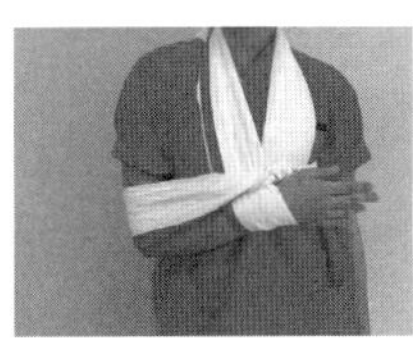

＊膝(肘)

❶患部にたたみ三角巾をあて、端を膝の後ろに回し交差する。❷一方の端を膝の下方に、❸もう一方を膝の上方に回す。❹膝の大腿寄り外側で結ぶ。

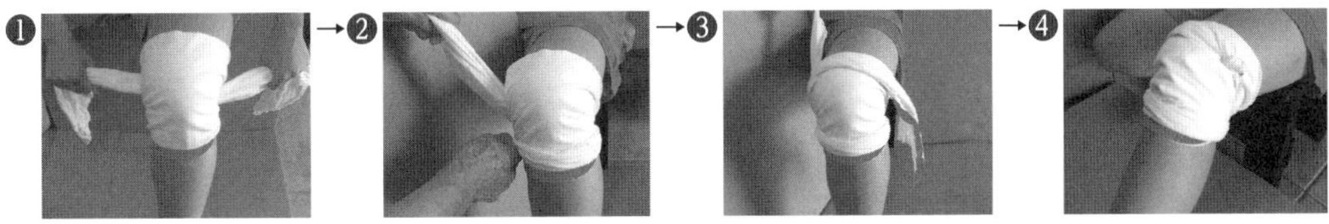

＊下腿(大腿・上腕)

❶二つ折りにした、たたみ三角巾の底辺を足首側にあてる。❷膝側の端は膝内側に巻いておき、足首側の長い方を螺旋状に巻き上げ膝下まで覆う。❸膝側の端と巻き上げた端を膝の下外側で結ぶ(大

腿、上腕の場合もこの方法に準じて行う)。

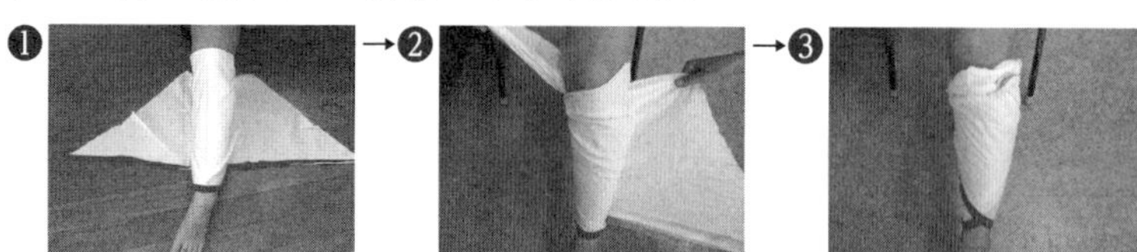

ⅳ 副子包帯

MEMO

副子包帯をあてる時の注意

・救助者が複数の場合は処置中救助者の1人が骨折部を動揺させないように支える。
・副子は骨折部上下の関節を含む部位にあてる(2枚ではさむ場合もある)。
・皮膚と皮膚、筋肉や脂肪の少ない部位(関節、踵、足首、膝、手首、肘等)や副子と患部等の空間にはやわらかいタオルなどの布を隙間のないように入れる。緩み、摩擦、動揺を防ぐ。
・患部の動揺を防ぐことは患部の痛みを和らげ、出血や新たな傷がつくことを防ぐ。
・副子包帯は骨折部の上下を固定し、末梢の血行を妨げない強さで巻く。
・骨折部に腫脹等がみられないか、固定した後も観察を続け、腫脹等の変化があった場合は患部が動揺をしないように静かに緩める。

＊指

❶指先から手首までの長さの副子(厚紙、隣の指と固定する方法もある)を指の内側にあて❷副子と手を螺旋巻きと麦穂帯を組み合わせた巻き方で固定する。❸掌側の副子が保護されるように工夫して巻く。

＊手首

❶手首、指の自然(安楽な形)な状態が維持できるように、副子にタオルをおく。❷指が曲がっている時は指の形に合わせてロール状にするとよい。❸親指を出し指が見えるようにして手に三角巾を巻く。❹手首の部分をあけ前腕に三角巾を巻く。❺前腕を三角巾でつる。

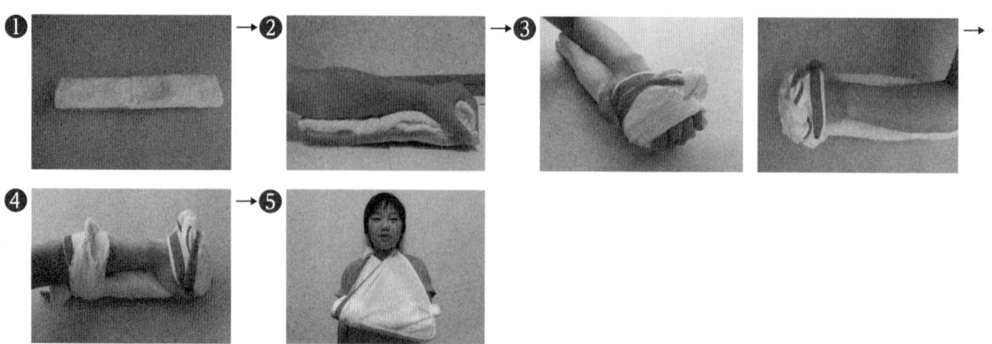

＊前腕

❶肘から手首の先までの長さの副子を、骨折部をはさむようにして2枚あて固定する(副子が1枚

の時は手の甲側にあてる)。❷肘が動揺しないように前腕をつる(可能な時は体幹と固定するとなおよい)。

❶ 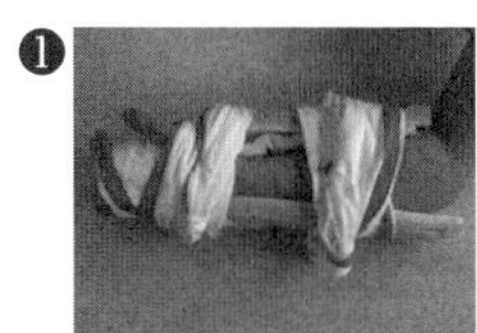 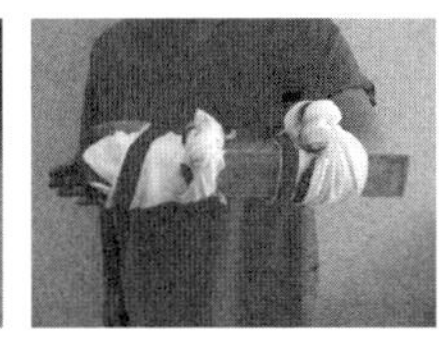 →❷ 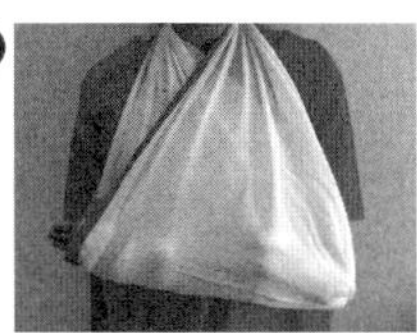

＊上腕

❶肩から肘までの長さの副子を骨折部の外側にあて固定する。❷肘が動かないように手首をつる。肩が上がらないように注意する。上腕と体の間に隙間がある場合は、タオルをはさみ空間を埋めるとより固定される。❸可能な時は体幹と固定するとなおよい。

❶ 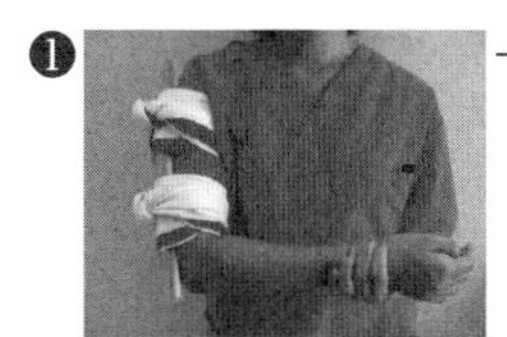 →❷ 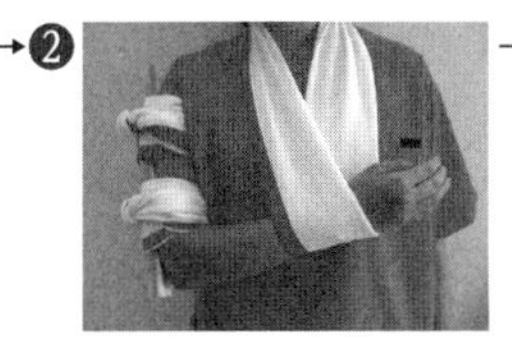 →❸ 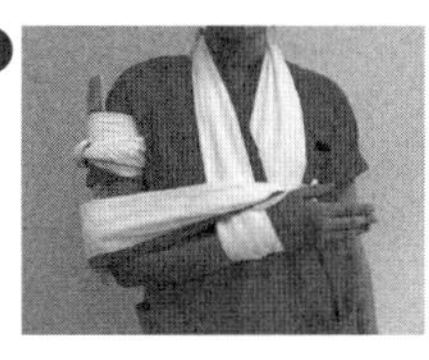

＊肘関節

肘が伸びて骨折している時は、腋の下から指先までの長さの副子を肘の内側にあてて固定しさらに体に固定する。副子がない時はタオル等をあてて体に固定する。肘が曲がっている時は掌に副子をあて、手をつる。

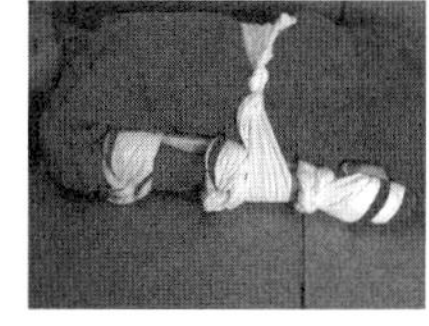

＊鎖骨

❶患部側の肘側に頂点がくるように、開き三角巾を胸腹部前におく。❷下側の端を受傷側の腋の下から背中側に通し、❸頂点を肩で結ぶ。三角巾から指先が見えるようにする(血液循環の確認のため)。❹受傷側の肩関節が動揺しないように、他の三角巾で体幹に固定する。

❶ 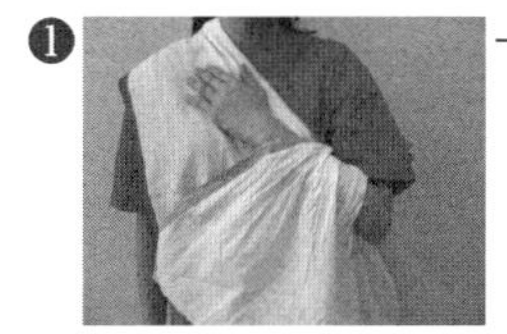 →❷ 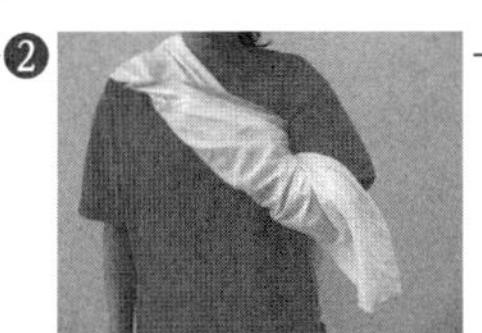 →❸ 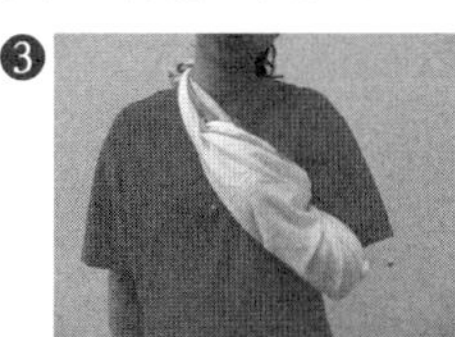 →❹ 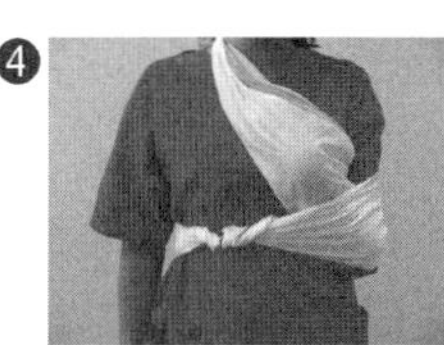

＊下腿

❶靴を脱がせる。❷大腿の中間から足の先までの長さの副子を外側に、内股から内踝(うちくるぶし)までの長さの副子を内側にあてる。❸固定する時は骨折部の上下から外側で結ぶ(健側の下肢に固定する方法もある)。

下腿の固定
(下腿外側から見た写真)
シーネは2枚使っている。三角巾の結ぶ側を揃える。シーネの上で下腿の外側とする。

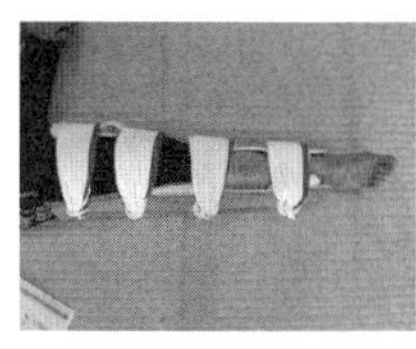

下腿の固定
(上から見た写真)

＊膝

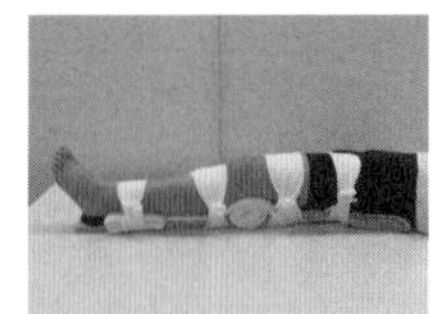

❶靴を脱がせる。❷臀部から踵の先までの長さの副子を下肢の下に入れ、膝関節の裏、アキレス腱のあたりと踵の部位には、タオル等のやわらかなものをあてて固定する(特に膝関節の裏は厚めにあてて膝関節を楽にし、緊張が和らぐようにするとよい)。

> **MEMO**
>
> **下腿固定の三角巾の使い方**
>
> 三角巾は部位に応じた巾のたたみ三角巾をつくり二つ折りにする。副子の下に輪を差し入れ患部を巻く。足の外側で左右の端を輪に入れて患部と副子が固定されるように端を引いて結ぶ。

＊足・足首

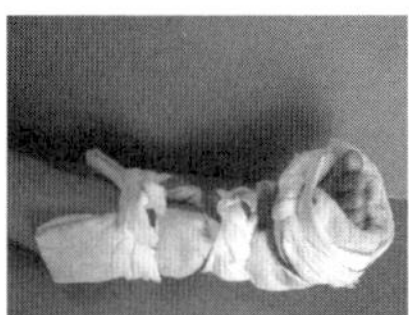

バスタオル等で足首が動かないように固定する(ダンボールや座布団でもよい)。

＊足首の捻挫

❶靴の上からたたみ三角巾の中央を土踏まずにあて、足首の後ろで交差し前に回す。❷足首の前で交差し、両端を土踏まずから足首後ろへ行く三角巾に、左右それぞれ内側から通す。❸足首を約90度に曲げ、三角巾を手前に引き締めてから足首の前で結ぶ。余った端は踏まないように巻いた三角巾の隙間に差し込む。

❶ 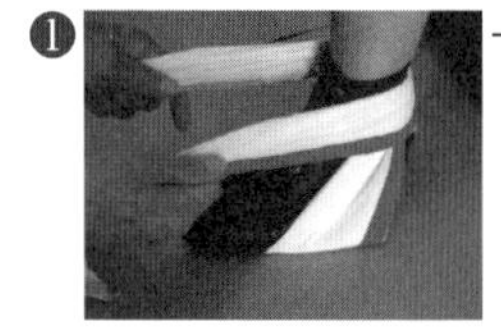 →❷ 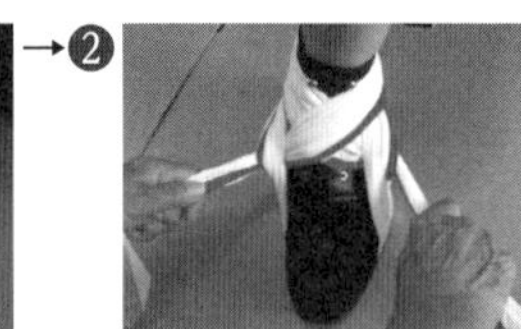 →❸ 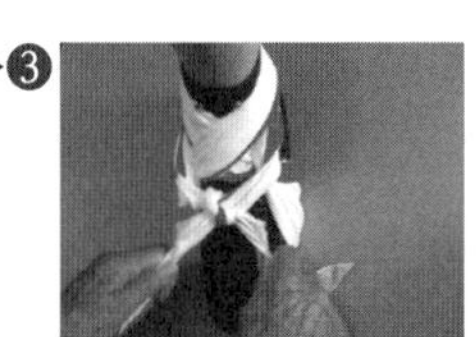

＊アキレス腱の断裂

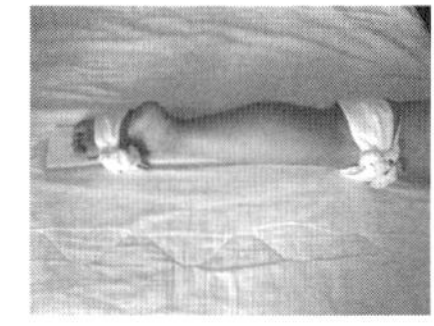

足の向きをアキレス腱が上になるようにして副子を足の下に敷く。足底と膝上をたたみ三角巾で固定する。下腿の後ろ側の筋肉に力が入らないように注意する。足が上向きで固定する時でも、爪先を伸ばした状態にする。

参考文献

1) 日本赤十字社：赤十字救急講習教本、日本赤十字社、2009
2) 川島みどり監修、大吉三千代、鈴木美和、東郷美香子、平松則子：基礎看護技術ガイド、照林社、2010
3) 中桐佐智子、天野敦子、岡田加奈子編：最新看護学、東山書房、2006
4) 藤井寿美子、山口昭子、佐藤紀久榮：養護教諭のための看護学、大修館書店、2010
5) 杉浦守邦：養護教諭講座2　救急処置、東山書房、2006
6) 藤原文夫：包帯の巻き方、南江堂、1975
7) 石山俊次、石山功：図説包帯法、医学書院、2010
8) 衛藤隆、田中哲郎、横田俊一郎、渡辺博：最新Q＆A教師のための救急百科、大修館書店、2006
9) 山本保博、黒川顕：アトラス応急処置マニュアル、南江堂、2005
10) 山本公弘：改訂イラストでわかる応急処置のすべて、東山書房、2010
11) 加藤啓一監修：覚えておこう応急手当、少年写真新聞社、2009

5）学校における救急処置の実際

（1）頭部の外傷

①総　論

子供の頭部外傷は、ぶつけた衝撃が大きいほど頭蓋内に及ぼす影響が大きいことが多い。どのような環境下で受傷したのか、ぶつけた物のかたさや形、転落の場合はどの程度の高さからか、受傷部位はどこかなど、受傷時の状況を可能な限り詳細に把握することが重要である。

頭部外傷は、軟部組織損傷、頭蓋骨骨折、頭蓋内損傷に大別できる(図表3-6-6)。

図表3-6-6　頭部外傷の種類

軟部組織損傷	頭皮の切傷・刺傷、頭蓋外血腫(皮下血腫、帽状腱膜下血腫、骨膜下血腫)
頭蓋骨骨折	線上骨折：線上骨折そのものは治療を要しないが、骨折に伴い硬膜動静脈が破綻し、急性硬膜外血腫を合併することがあるため注意が必要。 陥没骨折：頭蓋内と外界に交通がある開放性骨折となった場合は、感染予防のためにただちに手術が必要。 頭蓋底骨折：耳出血や鼻出血があれば頭蓋底骨折を疑い、髄液漏の有無を確認する。髄液漏がある場合は、気脳症を疑い逆流性の頭蓋内感染に注意する。
頭蓋内損傷	硬膜外血腫：意識清明期を伴うことがあり、血腫の増大につれ時期経過とともに高度な意識障害を呈する。 硬膜下血腫：脳挫傷を伴うことが多いため、硬膜外血腫に比べ予後が不良。 びまん性損傷：一時的に軽度の神経症状を示す脳震盪から脳幹障害を伴うような重度のびまん性軸策損傷(受傷直後から重度な意識障害を呈し、遷延することが特徴)まで、幅広い臨床症状を含む。 脳震盪：受傷直後に、一過性の混乱や見当識障害を起こすことが特徴。受傷時のことを覚えていなかったりする。頭蓋内圧亢進症状の前駆症状となることもあるため、注意深い観察を要する。 脳挫傷：外傷により脳実質が損傷したもの。前頭葉、側頭葉に好発する。 外傷性脳内出血：脳挫傷による出血が癒合して脳内血腫に進展することが多い。前頭葉や側頭葉に好発する。 くも膜下出血：多くは、びまん性脳損傷に合併する。外傷所見やその対側、脳底槽の一部にみられることが多く、主要血管の脳血管攣縮を起こすことは少ない。 穿通(せんつう)性脳損傷：異物が頭蓋内へ穿通し、損傷を負ったもの。異物除去のタイミングや感染管理が重要となる。

文献[1])を参考に筆者作成

②アセスメント

頭部外傷で注意が必要な状態は、頭蓋骨骨折と頭蓋内損傷である。頭蓋内損傷の場合は、受傷後に意識が清明であっても、時間の経過により血腫が増大し、頭蓋内圧亢進症状がみられることがある。そのため、経時的に意識状態、バイタルサイン、呼吸状態、嘔気・嘔吐やけいれんの有無、瞳孔不同、麻痺(四肢の動きの左右差)などを観察する必要がある。

意識レベルの確認：Glasgow Coma Scale(GCS)、3-3-9度方式(Japan Coma Scale; JCS)による意識障害の評価

視診：全身状態、顔面(蒼白などのショック症状の有無)、瞳孔異常の有無(左右差、大きさ)、麻痺(四肢の動き)、けいれん、嘔吐、開放性骨折、髄液や血液の耳漏・鼻漏、除皮質硬直・除脳硬直の有無、創部出血の有無・量(頭部の創は毛髪や凝血に隠れ見逃しやすいので注意)、頭蓋

> **MEMO**
>
> **頭蓋内圧亢進症状**
>
> 頭蓋内圧亢進症状とは、血腫や脳浮腫などで頭蓋内の容積が増すことによって生じる頭蓋内圧の上昇に伴う症状であり、頭痛、嘔吐、血圧上昇、緊張の強い徐脈、片麻痺、瞳孔不同などがある。

> **MEMO**
>
> **瞳孔不同**
>
> 瞳孔不同とは、左右の瞳孔径に0.5 mm以上の差がある場合をいう。動眼神経の損傷以外で散大した場合は、散大した側の動眼神経麻痺が疑われる。

骨の変形、異物の存在、血腫の有無、顔面の損傷

バイタルサイン測定：意識状態、脈拍、血圧(脈圧の差)、呼吸数・呼吸の状態、体温

問診：受傷機転(いつ、何をしている時、どのように、何が、どこが、どこを)、受傷時の状況(受傷直後の意識消失・健忘、嘔吐、失禁など)、自覚症状(どこが痛い、どのように痛い、受傷時と現在の痛みの変化、頭痛、吐き気、左右の見え方、手足のしびれ、頸部痛)、年齢、既往歴、常用薬など

触診：頭部の皮下出血

検査：瞳孔(対光反射)、眼球運動、視野障害、知覚障害、聴力障害、麻痺(四肢の動き、上下肢挙上試験)、言語障害(構音障害、失語症)、髄膜刺激症状の確認(項部硬直、ケルニッヒ徴候、ブルジンスキー徴候、ネックフレクションテスト、ジョルトアクセンチュエイション〈p. 77参照〉)

第3章

③症状の段階ごとの対応

症状	対応
意識消失、意識障害、四肢の運動・神経障害、けいれん、瞳孔不同、対光反射、視力障害、呂律障害、悪心・嘔吐、開放性骨折、髄液や血液の耳漏・鼻漏	緊急性・重症度が高いため、ただちに[**救急車要請**] 救急車が到着するまでの対応：意識障害がある場合は、舌根沈下や吐物などによる気道閉塞を起こしやすいため、気道の開通性及び呼吸状態を確認する。意識がない、呼吸停止、脈が触れない場合は一次救命処置を行う。髄液や血液の鼻漏・耳漏がみられる場合は、頭蓋底骨折が考えられるため、頭部を挙上し安静を保つ
腫脹(皮下血腫)、既往歴に凝固能異常、脳疾患などがある、抗凝固薬を服用している、脳疾患・脳神経外科の手術の経験がある、骨折の可能性、次第に増強する頭痛、嘔吐、視野障害、聴力障害、手足のしびれ、知覚鈍麻、健忘症、ぼんやりしている、ふらつきなど	速やかな[**医療機関受診**]
腫脹(皮下血腫)、嘔気・嘔吐、頭痛、気分不良	帰宅後でもよいが保護者に[**医療機関受診**]を助言
明らかな症状はないが、強い不安がある	保健室で[**経過観察**]
痛み・症状・不安感の改善、意識清明	[**教室復帰**]

④学校における救急処置・対応

❶救急車の要請・一次救命処置の実施…緊急性・重症度が高いと判断した場合は、救急車を要請し、必要時は心肺蘇生、自動体外式除細動器(AED)を用いた不整脈の除細動を行う。

❷止血と創部の保護…創部からの出血がある場合は圧迫止血を行う。開放性骨折の場合は骨折部位を直接圧迫しないように注意して滅菌ガーゼで創部を保護する。

❸打撲部位の冷却…打撲による腫脹がある場合は冷却(氷枕などをタオルで覆う)する。冷却は間欠的に行う(20分の冷却後に一時中断)。

❹体位管理…頭部外傷時に脊椎・脊髄損傷を併発している可能性を考慮し、頭部及び頸部を固定して、安静を保持する。

❺経過観察…頭蓋内損傷を見逃さないために、頭部打撲後は意識レベルの変化、頭痛、嘔吐、混乱、複視、傾眠などの経過観察を行う。これらの症状がある場合は、速やかに医療機関を受診する。

❻保護者への連絡…頭部外傷時は、最低24時間は経過観察が必要となるため、家庭で引き続き観察をお願いする。頭蓋内出血を起こしている場合、時間経過とともに血腫が脳を圧迫し、意識レベルの低下、傾眠、嘔吐がはじまる。これらの症状が出た場合は、速やかに頭部のCT検査ができる医療機関(脳神経外科)を受診するよう説明する。

❼その他の留意事項

・創部に異物がある場合は無理に除去せず、異物が動かないように保護する。

・頭部打撲部位の痛み、腫脹、受傷時の健忘がある場合は、医療機関を受診する。

・頭部外傷で心配な場合は、医療機関を受診する。

・頭蓋内圧が上昇すると、嘔吐中枢が刺激され、吐き気をもよおすことなく、突然嘔吐(頭蓋内圧亢進症状の1つ)することがあるため、嘔吐物による窒息に注意する。

参考文献

1) 一般社団法人日本救急看護学会監修、一般社団法人日本救急看護学会ファーストエイド委員会編：Ⅲ章ファーストエイド各論　2.外傷　2頭部外傷、改訂第2版 ファーストエイド すべての看護職のための緊急・応急処置、へるす出版、2020、99-102

2) 永廣信治、谷諭、荻野雅宏ほか：スポーツ頭部外傷における脳神経外科医の対応―ガイドライン作成に向けた中間提言―、神経外傷36、2013、119-128

3) 一般社団法人日本救急看護学会監修、一般社団法人日本救急看護学会　フィジカルアセスメント編集委員会編：第4章初期の系統別フィジカルアセスメント　Ⅲ脳神経系、救急初療看護に活かすフィジカルアセスメント、へるす出版、2018、76-93

(2) 顔部の外傷

顔部の外傷は、子供によく起こる外傷の1つである。顔には、眼・鼻・歯などの重要な器官があり、対応が遅れると傷跡が残ったり、視力障害などの各器官の機能不全が起こったりするなど重大な結果をまねくことにつながる。また、外傷に関わる当事者どうしのトラブルに発展することもあるので、早期に適切な対応をすることが重要である。

①眼の外傷

i　総　論

子供は、眼部に野球やバスケットボールなどのボール類があたったり、肘、膝、指などの人体の一部があたったりする打撲を受けることがよくある。また、種々の異物(砂粒、薬液、石灰等)が眼の中に入ったり、周囲の人がもっていた鉛筆や定規の先が眼の中に入ったりするなど、異物による外傷もまれにみられる。眼の外傷は、このように打撲と異物外傷の頻度が高い。打撲の原因やその強度によ

>>>>>コラム9

セカンドインパクト症候群とは

セカンドインパクト症候群とは、脳震盪を起こした後に、完全に回復する前、または短期間で2度目の脳震盪を起こした後、脳が急速に膨張し、重症になることをいう。そのメカニズムはまだ解明されていないが、致死率はほぼ50%といわれている。頭部打撲後の運動は、一定の期間は禁止する必要がある。頭部外傷を繰り返し起こす可能性が高いスポーツとして、ボクシング、柔道、相撲、ラグビーなどが挙げられる。

って、眼窩底骨折や視神経管(視束管)骨折を引き起こしたり、眼に入った異物の種類や大きさによって、角膜損傷や眼球損傷を起こしたりするなど視力障害が生じることもある。また、受傷直後だけでなく、しばらく経ってから網膜剥離を起こし視力障害が残るケースもまれではないため、継続的に対応することが求められる。

ii　アセスメント

問診：いつ(受傷時期)、どこが(受傷部位、眼球部が痛いか、眼窩の骨部が痛いか)、どんなに(痛みの状態、見え方に変化はないか)、どうして(作用した外力・眼に衝突した物体は何か、固いものか・軟らかいものか、物体の大きさ、衝突した強さや方向、異物感の有無、眼に入った異物は何か、メガネやコンタクトレンズの使用の有無)、受傷の様子、その他の徴候・自覚症状

視診：外傷の程度(静かに眼をつぶらせ外表部を慎重に観察する)、眼瞼部外傷の有無、眼瞼腫脹の有無(左右を比較する)、皮下出血の有無、眼球損傷の有無(検者の母指と示指で静かに上下両眼瞼を開け角膜と結膜を観察する。この時、特に眼球を圧迫しないように心がける〈コラム11参照〉)、角膜(黒眼の部分)に損傷はないか、結膜(白眼の部分)下に出血はないか、前房出血はないか、虹彩に変形はないか、角膜または強膜の部分に穿孔を思わせるような創口はないか、創口から眼球内容が脱出していないか、眼異物の種類や部位の確認

触診：眼窩骨部の圧痛の有無(上縁、下縁を軽く触ってみて痛みの有無を聞く。下縁に痛みがある時は眼瞼気腫〈ぶつぶつした手触り〉がないか調べる)(図表 3-6-7)、左右の比較

図表 3-6-7　眼窩骨部の触診（眼瞼気腫触診）

検査：眼球の運動検査(子供の目の前に指をかざしてこれを見つめさせ、次いで左右、上下にゆっくり動かして眼で追わせ、よく追跡することができるか調べる。眼窩底骨折では眼球の上下運動が妨げられる)、視野検査、複視(物が二重に見える)の有無、対光反射の異常(視神経管骨折では直接対光反射に異常がみられる)、視力検査(打撲当日だけでなく1か月間は何回も繰り返す)

バイタルサイン測定：血圧・脈拍・呼吸の状態、意識レベル

>>>>>コラム 10

角膜損傷の視診

角膜または強膜の部分に、穿孔や組織欠損が疑われるような創口はないかを診るには、右手にペンライトをもって、斜め横の方角から照らすようにする。こうすると表皮の剥離や穿孔、異物刺入がある場合はよくわかる。そのために、すぐに使用できるようにペンライトを常に準備しておく(図表 3-6-8)。

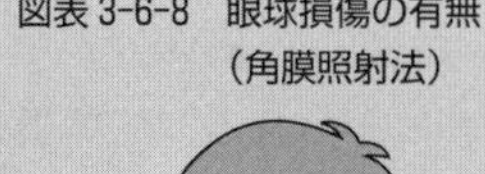
図表 3-6-8　眼球損傷の有無（角膜照射法）

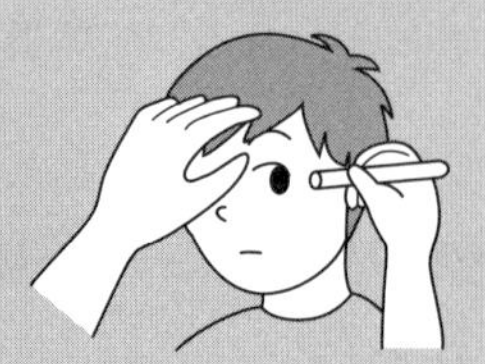

iii　症状の段階ごとの対応

症　状	対　応
激痛、ショック症状、重篤な呼吸・循環障害、意識障害、眼周囲のひどい外傷・出血・変形、化学眼外傷、穿孔性眼外傷	緊急性・重症度が高いため**［救急車要請］**
強い痛み、眼瞼裂傷、眼球損傷（前房出血・虹彩損傷、角膜損傷・網膜損傷、眼球穿孔創）、視力障害、眼球運動障害、複視、視野障害、眼瞼皮下出血があり腫れが強く、結膜下出血がある	器質的疾患の可能性、速やかな**［医療機関受診］**
見え方の異常な症状はみられない、眼瞼皮下出血があり、腫れもみられるがごく軽度で痛みも少ない、結膜の充血がある	器質的疾患の疑い、保護者に**［医療機関受診］**を勧める
軽い打撲で痛みも薄らぎ眼瞼部にも眼球部にもほとんど異常が認められず、視力検査でも異常がない、ゴミ・まつ毛などの結膜異物が除去できた	**［経過観察］**・**［教室復帰］**、念のため保護者に受診を助言

iv　学校における救急処置・対応

症状が重度の場合は、ベッドに横臥させ安静にし、次の処置を行いながら医療機関送致の準備を進める。

強酸や強アルカリなどの化学物質が眼の中に入った場合は、一刻も早く大量の水で洗い流す。外傷があるものには、眼部全体を覆うような大きい滅菌ガーゼをあて、絆創膏で止める。眼球穿孔創の疑

>>>>>コラム 11

網膜損傷

眼球の中心をなす硝子体は半流動性のある粘液体であるから、前方から衝撃を受けると次々と波及して眼球後壁にある網膜を傷つける。特に中心部にある黄斑部（神経末端が最も多く分布し視力の最もするどいところ）に浮腫や出血が起こった場合や網膜の裂創、網膜剥離が起こった時は、すぐに視力が低下するとともに眼球の運動障害がみられ、複視の症状が現れる。また、黄斑部以外の網膜の浮腫や出血では、しばらく経ってから視力低下が現れるので気づきにくい。繰り返し視力検査をする必要がある（図表 3-6-9）。

図表 3-6-9　網膜剥離

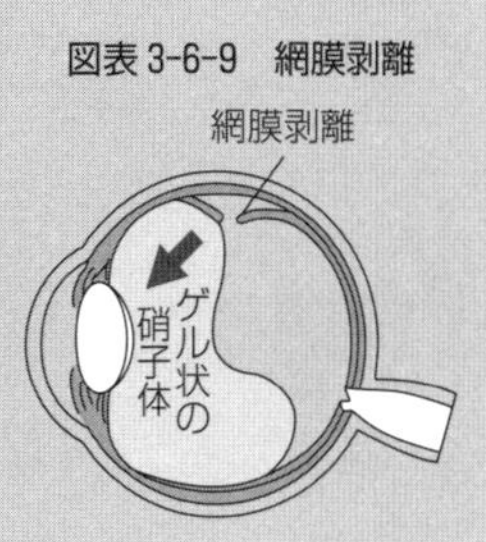

MEMO

眼窩底骨折（吹き抜け骨折）

打撲によって鈍的な外力が加わると眼球を含む眼窩内容物が後方に移動する。眼窩内圧が亢進すると瞬間的に眼窩壁の抵抗の弱い眼窩底の骨がくだけ骨折が生じることがある。その結果、眼球陥凹や眼球運動障害が起こり、左右の眼球の位置がずれて複視の症状を訴える（図表 3-6-10）。

図表 3-6-10　吹き抜け骨折

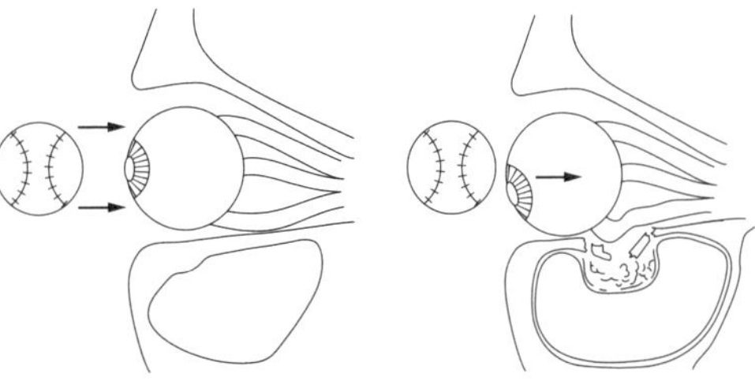

視神経管骨折（視束管骨折）

眉毛外側部（こめかみ）を強打すると、視神経管部の浮腫や変形、循環障害、出血などの損傷が認められることがある。まれに視神経管骨折がみられ、受傷直後から高度の視力低下と視野障害の症状が現れる。この場合は、患側の眼の直接対光反射は減弱または消失するが、間接対光反射は正常である。数週間後に視神経萎縮が起こってくる場合があるので注意を要する。

いがある場合は絶対に眼球を圧迫しない。圧迫すると眼球内容が一層流出するのでガーゼまたは紙コップを軽くあて絶対安静にする。外傷がないものには、冷湿布(冷水に浸したガーゼをあてる)を行い、何度もとり換える。鉄片・ガラス片の刺入の場合は紙コップをあて刺入部位を圧迫しないよう保護するとともに、眼球の動きを抑制するために反対側の眼も遮蔽する。見え方に異常がなく、症状も軽度の場合は、眼球・角膜損傷の可能性を考慮し、保健室で1時間程度安静にして、見え方や痛み、腫れなどの経過観察をする。打撃部位の安静、冷湿布をする。

経過観察後は、痛みの増強・見え方の異常が出現した場合は、救急車の要請や医療機関に搬送する。痛みが持続する場合は、保護者に連絡し速やかに医療機関を受診するように勧める。痛みの消失・見え方の異常なし・異物が除去された場合は、保護者に連絡し受診を勧める。外傷がなければ冷湿布をし、外傷があれば圧迫しないようにして軽く消毒ガーゼをあてる。当日は安静にし運動はさせない。安静を保ち、その後の経過観察を続ける。視力検査は少なくとも1か月間は繰り返し行う。見え方の異常もなく、本人の症状の訴えも消失した場合は、教室に復帰させ、保護者には連絡する。

参考文献

1) 水流忠彦：看護のための最新医学講座眼科疾患、中山書店、2001、198-205
2) 杉浦守邦：学校救急処置マニュアル、東山書房、2006、217-232
3) 杉浦守邦：養護教諭のための診断学(外科編)、東山書房、2010、202-205
4) 山内豊明ほか：保健室で役立つステップアップフィジカルアセスメント、東山書房、2013、122-129
5) 永井利三郎ほか：初心者のためのフィジカルアセスメント、東山書房、2013、34-35
6) 前掲5)107-111
7) 石原昌江ほか：フローチャートを使った救急処置と保健指導、東山書房、2002、53-73
8) 洲崎春海、鈴木衛、吉原俊雄：サクセス耳鼻咽喉科、金原出版、2007、123-125

②鼻の外傷

i 総 論

鼻は顔の中央にあり突出した形をしているため、物があたったり、転倒したりした際に外力が鼻に直接かかることはよくあり、鼻骨の骨折を起こしやすい。鼻骨骨折では、大量の鼻出血、目から鼻にかけての腫脹・痛み、鼻の変形などがみられる。また、子供のけがのうち鼻出血を主訴として訴える事例は多く(コラム12参照)、日常的によくみられる症状であるが、原因は外傷性と非外傷性があり様々であるので対応には注意を要する。

ii アセスメント

問診：いつ(受傷時期)、どこが(出血部位、痛みの部位)、どのように(痛みの状態)、どうして(外傷性、非外傷性)、受傷の様子、その他(血液疾患、既往歴、体調等)

視診：外傷の有無、鼻の変形・陥没、出血の程度、腫脹の有無、出血の部位(キーゼルバッハ部位、後鼻孔)、顔色、表情

触診：痛みの部位、圧痛の程度

バイタルサイン測定：血圧・脈拍・呼吸の状態、意識レベル

iii　症状の段階ごとの対応

症　状	対　応
激痛、ショック症状、重篤な呼吸・循環障害、意識障害、大量の鼻出血、鼻骨の変形、著しい腫脹	緊急性・重症度が高い状態であり**[救急車要請]**
強い痛み、外傷や原因不明の鼻出血で量が多く止まりにくい、血液疾患、循環器疾患の疑い	器質的疾患の可能性、速やかな**[医療機関受診]**
痛みが少なく腫れも軽度、鼻出血の出血量は少ないが20～30分で止まる	器質的疾患の疑い、保護者に**[医療機関受診]**を勧める
腫れ、痛みはほとんどない。軽い打撲や鼻ほじりなどで出血量が少なくすぐ止まる	**[経過観察]**・**[教室復帰]**、念のため保護者に受診を助言

iv　学校における救急処置・対応

子供の体位は座位で頭高位を保ち、顎を引き顔を下向きの姿勢にする。咽頭に流下する血液は必ず喀出させる。仰臥位は、血液が下気道に流れ込む恐れがあるので適切ではない。血液、凝血塊による気道閉塞に注意して気道の確保をする。鼻部の著しい腫脹や大量の出血がある場合は鼻骨骨折の可能性があるので、鼻栓をして出血を止め、鼻根部を冷やしながら医療機関を速やかに受診する。出血部位を確認して、前方にある場合は、指圧法により出血を止める。経過観察をして、保護者に連絡して医療機関の受診を助言する。出血量が少なくすぐ止まり、腫れも見られない場合は、教室に復帰させる。鼻出血をたびたび繰り返し、出血が止まりにくい時は、非外傷性の血液疾患や循環器疾患の疑いがあるので保護者に伝える。

参考文献

1) 洲崎春海、鈴木衛、吉原俊雄：サクセス耳鼻咽喉科、金原出版、2007、87-91
2) 山内豊明ほか：保健室で役立つステップアップフィジカルアセスメント、東山書房、2013、94-101
3) 前掲2)122-129
4) 永井利三郎ほか：初心者のためのフィジカルアセスメント、東山書房、2013、107-111
5) 石原昌江ほか：フローチャートを使った救急処置と保健指導、東山書房、2002、75-89
6) 杉浦守邦：学校救急処置マニュアル、東山書房、2006、224-232

③歯の外傷

i　総　論

学校生活では、転倒やスポーツによる衝突・打撲など、不測の事故による歯や口の外傷の発生は少なくない。外傷には唇や口の中を切って出血を伴うことも多く、その際は唾液と混ざって出血量が多

>>>>>コラム 12

鼻出血

学童期には、鼻中隔粘膜の前方のキーゼルバッハ部位からの出血が多い。この部位は細い血管が多い上に粘膜が薄く、指で容易に届く位置にあるため刺激を受けやすく鼻出血の好発部位となっている。子供をうつむかせた時、キーゼルバッハ部位などの前方から少量出血する場合は出血程度も軽度であるが、血液が絶えず出て咽頭に多く回る時は出血部位が後方で出血程度も重症になる。子供には、原因が何であれ鼻血が出たら指圧法で母指と示指で鼻翼上部をやや強く鼻中隔に向かってつまみ、うつむき加減にして歩いて保健室に来るように指導しておく。

図表 3-6-11　脱臼・陥入

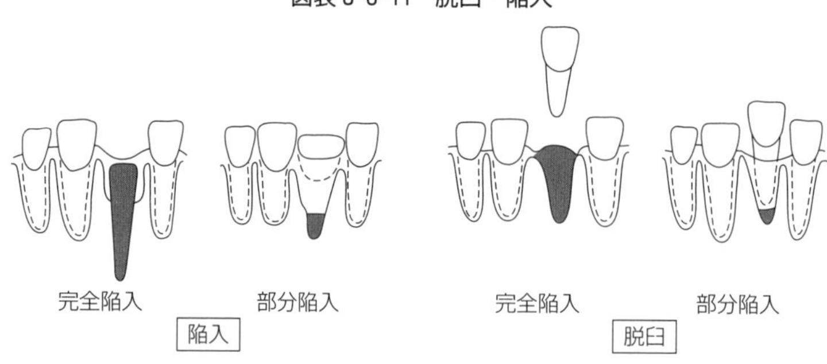

く感じるので、受傷した歯及び口腔の状態を冷静に観察する必要がある。歯の外傷は大きくは、破折（はせつ）と脱臼に分けられる。歯の脱臼には、歯の位置がずれ下方にめり込む陥入や上方に飛び出す不完全脱臼と、歯が脱落した完全脱臼がある。また、歯の動揺（ぐらつき）が見られる場合は、歯の損傷の疑いがあるので対応には注意を要する（図表 3-6-11）。

ii　アセスメント

問診：いつ（受傷時期）、どこが（痛みの部位）、どのように（歯牙の損傷の有無、痛みの程度、口の開閉状態）、どうして（衝突した強さ・物体）、受傷の様子、その他の徴候

視診：顔色、表情、口の開閉ができるか、口腔内の傷、歯列や歯の位置、歯の欠損、歯冠の欠損・破折線の有無、歯肉の腫脹・出血

触診：歯の動揺の有無（指先で歯冠部をつまんで動揺を確認）、痛みの部位、痛みの程度

検査：顎関節運動

バイタルサイン測定：血圧・脈拍・呼吸の状態、意識レベル

iii　症状の段階ごとの対応

症　状	対　応
激痛、ショック症状、重篤な呼吸・循環障害、意識障害、口腔裂傷、大量の出血	緊急性・重症度が高い状態であり[**救急車要請**]
歯の脱臼、歯の破折、歯の動揺、口腔裂傷10 mm 以上、顎骨骨折の疑い	器質的疾患の可能性、速やかな[**医療機関受診**]
口腔裂傷10 mm 以下で出血が多い、出血はないが強い痛み	器質的疾患の疑い、保護者に[**医療機関受診**]を勧める
口腔内の傷口が小さく、すぐに出血が止まる	[**経過観察**]・[**教室復帰**]、念のため保護者に受診を助言

iv　学校における救急処置・対応

汚れがある場合は軽く口腔含嗽（こうくうがんそう）を行う。出血が見られる場合は滅菌ガーゼなどをたたんで噛ませ圧迫止血処置を行いながら、血を拭きとって観察する。また、歯肉や唇の腫れがひどい場合は、皮膚面から冷湿布する。歯が脱落する完全脱臼の処置は、脱落した歯を見つけ汚染状態、脱落した場所（室内か屋外か）、脱落からの時間、歯牙保存液の有無などを調べ、ただちにもとの位置に歯を挿入するか、保存液に浸すかを判断する（コラム13参照）。脱落歯が汚れていた場合は、歯冠部をもってためた水の中でやさしく振り洗いする。歯髄部をこすったり、強流水を直接あてるなどすると傷つくので注

意する。

不完全脱臼では、歯をもとの位置に押し込むことで予後もよく、止血にもなるので試みる。もとの位置に戻せない場合は、速やかに医療機関に搬送する。歯の動揺が見られる時は、歯根破折もしくは歯の脱臼を起こしている可能性があるので、医療機関に搬送し長期に経過を観察する。口の開閉ができない場合は、下顎骨骨折の疑いがあるので、顎を動かさないようにして医療機関を受診させる。歯の破折や動揺が見られない場合や出血が止まった場合は、教室に復帰させる。ただし、外見的に異常が見られない場合も、後になって症状が出ることがあるので、医療機関の受診を保護者に助言する。口腔裂傷では、10 mm 以上の大きく深い傷はガーゼをあてて止血し、医療機関を受診させる。傷が小さく止血した場合は、保健室で経過観察をして教室に復帰させ、保護者には連絡をする。歯や口の外傷は、スポーツによって起こることが多いので予防について指導することが大切である。

参考文献

1) 石原昌江ほか：フローチャートを使った救急処置と保健指導、東山書房、2002、53-73
2) 山内豊明ほか：保健室で役立つステップアップフィジカルアセスメント、東山書房、2013、122-129
3) 永井利三郎ほか：初心者のためのフィジカルアセスメント、東山書房、2013、36-37
4) 前掲3) 112-115
5) 赤坂守人、第３回学校での応急処置・対応『受傷状況と処置方法』
(https://www.gakkohoken.jp/special/archives/82、2021年４月15日参照)

（３）腹部損傷（腹部：肝臓・脾臓・腎臓の外傷）

①総　論

子供は腹腔内に占める腹腔内臓器の割合が大きいので、わずかな外力で損傷を受ける危険性が高い。体表面に損傷がなくても肝臓、腎臓、膵臓、脾臓、十二指腸などに損傷を受けている場合があり、後

図表 3-6-12　受傷機転から損傷が推定される腹部損傷

車のハンドル外傷（正面衝突）	肝臓、膵臓、十二指腸、横行結腸など
単車、二輪車のハンドル外傷	膵臓、十二指腸、横行結腸、横行結腸間膜、小腸、小腸間膜、膀胱など
シートベルト外傷	小腸、小腸間膜、Ｓ状結腸、腹部大動脈、下大静脈など
側面衝突、側腹部強打	肝臓、脾臓、腎臓など
墜落外傷	肝臓、腎臓、脾臓など

出典）一般社団法人日本外傷学会、一般社団法人日本救急医学会監修、日本外傷初期診療ガイドライン改訂第６版編集委員会編：改訂第６版　外傷初期診療ガイドライン JATEC、102、へるす出版、2021を一部改変

>>>>>コラム 13

歯の保存方法

脱落した歯の歯冠部をもち、汚染している場合は流水で軽く洗う。歯根部にある歯根膜を傷つけないように注意する。歯牙保存液に保存することが望ましいが、保存液がない場合は生理食塩水あるいは牛乳に浸して、乾燥させないことが大切である。それらのいずれもない場合は、飲み込まないように患者本人の頬の内側と歯茎の間に抜けた歯を入れて口の中で保存し、早急に医療機関を受診する。

から症状が出現することもあるので、注意を要する(図表3-6-12)。

腹部には血液の豊富な実質臓器(肝臓、脾臓、腎臓など)と消化液などを含む管腔臓器(胃、小腸、大腸)が存在する。そのため、腹部外傷は、臓器損傷による多量な出血に伴うショックと腹腔内の汚染による腹膜炎の危険性が潜んでいる。腹部外傷時の救急対応として、止血及び管腔臓器の損傷による腹膜炎の早期発見が求められる。

②アセスメント

腹部の臓器損傷の受傷機転は、大別すると非穿通性(鈍的)、穿通性(鋭的)、爆傷によるものがある。非穿通性の臓器損傷は、腹部への直接圧迫(シートベルトなど)、交通事故、墜落、暴力などの鈍的外力によって生じる。学校生活では、ジャングルジムや、階段の踊り場などの高所からの転落や他の子供とぶつかる、飛んできたボールがあたる、などが原因となり得る。

穿通性の臓器損傷は、銃器による銃創やナイフなどによる刺創、鉄筋や杭などによる杙創(よくそう)がある。爆傷は爆発テロや工場の爆破事故などで起こり得る。

体表面に外傷がなくても臓器損傷や腹腔内出血があることがある。臓器損傷は腎臓(側腹部、背部)や肝臓(右上腹部)の損傷が最も多く、他に膵臓(左上腹部)や脾臓(左上腹部)もある。これらの臓器が損傷した場合は、腹腔内で出血が続くため緊急を要する。また、最初は全身状態がよくても、時間の経過とともに症状が現われることがあるため、経過観察が必要である。

実質臓器である肝臓・腎臓・脾臓は、大きな外力を受けると破裂することがあり、さらに、これらの実質臓器は、多量の血液を含んでいるため、腹腔内に大出血を起こし、ショック状態に陥る危険性がある。腎臓損傷の場合は血尿が出ることがあり、膵臓損傷は消化酵素があふれ出すことがある。

また、管腔臓器である十二指腸・小腸・大腸に損傷を受けると穿孔により、腹膜炎を起こすことがある。そのため、受傷直後に明瞭な症状がなくても、時間の経過とともに発熱・嘔吐・激しい腹痛や下痢などの症状に注意が必要である。

問診:受傷機転(いつ、何をしている時、どのように、何が、どこが、どこを)、受傷時の状況、自覚症状(どこが痛い、どのように痛い、受傷時と現在の痛みの変化)、腹痛(部位、性状、時間経過、持続的か間欠的か、放散痛の有無)、嘔気、年齢、既往歴、常用薬、血尿の有無など

視診:全身状態、顔面(蒼白などのショック症状の有無)、体表面の打撲痕、タイヤ痕、シートベルト痕、挫創、刺創、杙創、皮下出血、異物の刺入、創部出血の有無・量、腹部膨隆、血尿(腎臓などの損傷時に血尿が出現する可能性がある)など。腰背部(腎臓損傷)、臀部(直腸損傷)も十分に観察する。

バイタルサイン測定:意識状態、脈拍、血圧(脈圧の差)、呼吸数・呼吸の状態、体温

聴診:腸雑音の有無及び減弱

打診:腸内ガスと腹腔内液体貯留(腹腔内出血)の確認、鼓音の確認(急性の胃拡張では左上腹部に、腸管麻痺による腸管内ガス貯留では臍部を中心に観察される)

触診:皮下気腫、皮下血腫、圧痛

> **MEMO**
>
> **腹部膨隆**
>
> 腹部膨隆は、腹腔内への多量出血や、後腹膜血腫・腹膜炎に伴う腸閉塞、腸管浮腫などにより発生する。しかし、腹腔内に多量の出血が存在しても腹部膨隆や腹囲の明らかな変化を呈しない場合がある。

検査：腹膜刺激症状の有無(反跳痛、筋性防御など)

③症状の段階ごとの対応

症　状	対　応
意識障害、循環異常(ショック状態)、激しい腹痛、繰り返しの嘔吐、嘔吐物・便や尿への血液の混入、刃物などが刺さったままの状態、創傷部から臓器が見える、臓器の脱出、活動性出血の持続	緊急性・重症度が高いため、ただちに[**救急車要請**] 救急車が到着するまでの対応：意識がない、呼吸停止、脈が触れない場合は一次救命処置を行う。異物の固定、腸管脱出時は腸管の被覆
腹膜刺激症状がある(筋性防御、反跳痛など)、圧痛、嘔気・嘔吐、血尿、排尿痛	速やかな[**医療機関受診**]
腫脹(皮下血腫)、嘔気・嘔吐、軽度の腹痛、気分不良	帰宅後でもよいが[**医療機関受診**]
明らかな症状はない。腹部を強打した時は、体表面に損傷がなく、軽症に見える場合でも、後から状態が悪化することもあるため、保健室で安静を保ちながら、経過観察をして様子をみる	保健室で[**経過観察**]
痛み・症状・不安感の改善、意識清明	[**教室復帰**]

④学校における救急処置・対応

❶救急車の要請・一次救命処置の実施…緊急性・重症度が高いと判断した場合は、救急車を要請し、必要時は心肺蘇生、自動体外式除細動器(AED)を用いた不整脈の除細動を行う。

❷止血と創部の保護…開放創がある場合は、滅菌ガーゼで保護する。創部からの出血がある場合は止血を行う。

❸安静を保つ…肝臓・腎臓・脾臓などの損傷は、体を動かすことで損傷した臓器が破裂する危険性があるため、安静を保つ。

❹経過観察…受傷後は、明らかな症状がない場合でも、時間の経過とともに症状が出現する場合がある。そのため、意識レベルの変化、呼吸状態の変化、腹部膨隆、血尿、嘔吐、嘔気、腹膜刺激症状などの経過観察が必要である。これらの症状が出現した場合は、迅速に医療機関に受診する。

❺保護者への連絡

体表面の損傷がなくても安静と観察が必要であること、症状が翌日以降になって出ることもあることを保護者へ説明する。

❻その他の留意事項

・創部に異物がある場合は無理に除去せず、異物が動かないように保護する。

・臓器損傷の受傷機転(外力を受けた部位・方向・程度、場所、体のどの部分から着地したか)によって、損傷部位の予測ができることもあるため、目撃者などからも確認する。

参考文献

1）一般社団法人日本外傷学会、一般社団法人日本救急医学会監修、日本外傷初期診療ガイドライン改訂第6版編集委員会編：第6章腹部外傷、改訂第6版 外傷初期診療ガイドラインJATEC、へるす出版、2021、99-111

2）一般社団法人日本救急看護学会監修、一般社団法人日本救急看護学会ファーストエイド委員会編：Ⅲ章ファーストエイド各論　2.外傷　6腹部外傷、改訂第2版 ファーストエイド すべての看護職のための緊急・応急処置、へるす出版、2020、116-119

（4）四肢外傷

①総　論

四肢の外傷は、外傷の中でも一番多い外傷である。四肢の外傷の種類等について以下に示す。

四肢の外傷の種類	骨折、捻挫、突き指、脱臼、肉離れ、腱の断裂、関節の炎症等
成長期に発症しやすいもの	大腿骨頭すべり症、ペルテス病、腰椎すべり症、オスグッド、野球肘、ジャンパー膝、シンスプリント
発生件数の多い順	①男子、小学校高学年(10～12歳) ②男子、小学校低学年(７～９歳) ③男子、中学生(13～15歳)
好発部位	小・中学生、手・指と足関節 高校生以上、手・指や足関節に加え、膝関節
外傷の種類	中学生までは骨折 高校生以上は捻挫

文献[1)]より抜粋して筆者作成

MEMO

シンスプリント

陸上中・長距離選手やサッカー等、走ることの多い競技で中学・高校生の選手に多くみられる。疲労性骨膜炎とも呼ばれてきたように運動時や運動後、脛(すね)の内側に痛みが起こる障害。治療は慢性化を防ぐためには運動量を減らし、アイスマッサージ、外用薬、足関節周囲の筋力強化、ストレッチを行う。クッション性のよい踵の安定した靴を選ぶことも重要。

②アセスメント

視診：顔色、表情、外傷の箇所と範囲、出血の有無、皮膚の色、腫脹、変形の有無・程度

問診：受傷部の状態(どこが、どのように、どんなか、その程度、受傷部の熱感や冷感の有無、しびれや麻痺、圧痛の有無)、機能の状態(足は動かせるか、立てるか、どの姿勢がつらいか)、受傷部以外の状態(吐き気やめまい)

打診：介達痛(患部から離れた部位を叩く等の刺激を加え患部に生じる疼痛)の有無

触診：熱感、腫脹の有無

バイタルサイン測定：体温、脈拍、血圧、呼吸、意識

③症状の段階ごとの対応

症　状	対　応
・転落や交通事故、強い衝撃を受けた時 ・四肢外傷に加え、全身状態が悪化(大量の出血、意識不鮮明、バイタルサインの異常等) ・頸椎損傷、骨盤骨折、大腿骨骨折、大きな骨の骨折 ・開放骨折やショック状態を伴っている時等 ・大出血を伴う外傷、四肢(指)切断、四肢の変形や損傷、強い痛みにより体を動かせない時	緊急性・重症度が高いため、ただちに[**救急車要請**]
・骨折疑い、脱臼、肉離れ、腱の断裂 ・強い痛み、腫脹、熱感を伴う時 ・頸部の損傷、頭部外傷 ・止血はしたが、傷の大きさが２cm以上の時、傷が深い時	速やかな[**医療機関受診**]
・捻挫、突き指、関節の炎症	帰宅後でもよいが、保護者に[**医療機関受診**]を勧める
・捻挫、突き指、浅い切り傷	保健室で[**経過観察**]
・打撲、軽い捻挫、軽い突き指、軽い切り傷、擦り傷	[**教室復帰**]

④学校における救急処置・対応[2)]

基本的には、RICE(Rest= 安静、Ice= 冷却、Compression= 圧迫、Elevation= 挙上)を行う(p. 128参照)。冷却方法は、ビニール袋に氷と水を入れたもので20分程度冷やす。その後冷却を一旦やめる。皮膚の冷感がなくなり痛みが出現するようであれば再度冷やす。シーネ(副子)と包帯や三角巾等で患部を圧迫、固定し、三角巾や寝具等で挙上をする。痛み、腫れの軽減がみられない場合は整形外科に受診することも考えながら様子をみていく。担任(教科の先生)への連絡、保護者への連絡をする。その際に迎えにきてもらい受診でよさそうか学校から整形外科に受診する必要があるのかをアセスメントしておく。

転落や交通事故、強い衝撃等で四肢外傷だけでなく全身状態が悪化(大量の出血、意識不鮮明、バイタルサインの異常等)している場合には、バイタルサインの測定の後、救急車要請(家族への連絡も)をしてから、全身状態への救急処置(一次救命処置、回復体位、止血等)と四肢外傷部の救急処置(RICE)を行う。

参照文献

1) 公益財団法人スポーツ安全協会、公益財団法人日本スポーツ協会：スポーツ外傷・障害予防ハンドブック 第1版第2刷、2018

2) 草川功監修、全養サ書籍編集委員会：ここがポイント！学校救急処置　基本・実例、子どものなぜに答える、農山漁村文化協会、2018

3) 遠藤伸子、成川美和編著：学校の事例から学ぶフィジカルアセスメントワークブック、北樹出版、2018

4) MEDLEY、コンパートメント症候群—基礎知識
(https://medley.life/diseases/551298f06ef4582d3f85cda0)

>>>>>コラム 14

コンパートメント症候群

見た目上の損傷から予想される重症度よりも疼痛が強い場合、コンパートメント症候群を疑う。コンパートメント症候群は、骨折や打撲、強い圧迫によって起こることがあるので症状の出現がないか観察することが大事である。コンパートメント症候群は、手や足の骨折や出血などの影響を受けて筋肉が腫れ、血管が押しつぶされて血液が流れなくなること(急性阻血─動脈血の血流が妨げられたこと)から出現する様々な症状のことである。

＊コンパートメント症候群(急性阻血症状)の最も初期に現れる5つの症状[3)]

Pain	急性に発症し進行する患肢の疼痛
paresthesia	知覚鈍麻
pallor/paleness	蒼白
pulselessness	脈拍消失
paralysis/paresis	運動麻痺

これに虚脱(prostration)を加えて“6P”とする場合もある。

この状態が続くとその部分が酸素・栄養不足から壊死がはじまる。コンパートメント症候群が起こると、筋肉の他動的伸展による疼痛の増悪があるため、それがないかを確認し、区画が触知できる場合は、緊張がないか確認する。

コンパートメント症候群が疑われる場合には筋区画内の圧力検査が行われる。コンパートメント症候群と診断された場合には筋膜切開といって圧力を外に逃がす治療が必要になる。コンパートメント症候群は一刻をあらそう病気なので、疑った場合は整形外科や救急科を受診する必要がある[4)]。

第4章

急性期にある子供と家族の理解と援助

1. 子供に多い急性期症状の理解と援助

1）子供に多い急性期症状について

救急処置の内容別保健室利用状況[1)]をみると、「打撲」、「すり傷」、「ねんざ」、「腹痛（胃・腸）」、「頭痛」、「風邪様症状」、「発熱」、「気持ちが悪い（悪心）」の利用者数の割合が多い。外科的な利用を除き、子供に多い急性期症状としてみれば、「発熱」、「腹痛」、「頭痛」、「嘔気・嘔吐」、「便秘」、「下痢」が挙げられる。感冒などの感染症や生活習慣、精神的な原因で調子を悪くすることが多いことが理解できる。しかし、緊急度・重症度の高い症状や徴候も内在するため、養護教諭には緊急対応できる幅広い判断が求められる。子供の訴える主観的情報と客観的情報、観察から総合的にアセスメントすることが重要である。

第4章

2）症状の理解と支援・援助の進め方

（1）症状の理解

子供に起こりやすい頻度の高い状態と、見逃してはいけない状態について理解を深めることは、判断やアセスメントを実施する上では不可欠である。

（2）アセスメントと症状の段階ごとの対応

養護教諭は、まず子供の訴えからアセスメントを行う。主観的情報と客観的情報を組み合わせ、緊急性の優先度を段階的に考えて対応を行う必要がある。

まず、「視診」と「バイタルサイン」の測定により、緊急対応が必要な状態かどうかを判断する。また、問診や保健調査票などから情報収集を行い、触診や聴診などのフィジカルアセスメントにより絞り込んでいくことは、その後の対応につなげる上で必要である。

症　状	対　応
緊急性の高い状態（緊急視診）	緊急性が高い状態であり、**［救急車要請］**
バイタルサイン測定、問診、個人の基本健康情報記録、症状の程度、随伴症状の有無 フィジカルアセスメントの結果	器質的疾患の可能性があり、保護者へ連絡し、**［医療機関受診］**
症状の程度、随伴症状の有無、フィジカルアセスメントの結果	器質的疾患の可能性が疑われるため、**［医療機関受診］**を勧める

（3）養護教諭の行う援助の実際

医療機関受診の必要はないと判断した場合、保健室で経過観察を実施する。しかし、その場合も、子供の状態は繰り返し観察し、医療機関受診の必要性について対応の再評価を行う。養護教諭には、苦痛の軽減や回復への援助とともに、子供への教育、周囲と連携して対応することが必要である。

参考文献

1）公益財団法人日本学校保健会：保健室利用状況に関する調査報告書（平成28年度調査結果）、（公財）日本学校保健会、平成30年２月

2．多様な急性期症状の理解と援助

1）頭　痛

（1）頭痛の基礎知識（症状の定義、原因、子供の発生状況等を含む）

①頭痛の分類

頭痛は、大別すると一次性頭痛（器質的異常がない機能性頭痛）、二次性頭痛（器質的異常を伴う症候性頭痛）、頭部顔面の神経痛に分類される（図表 4-2-1）。二次性頭痛には、脳出血、くも膜下出血、脳腫瘍、脳震盪、自己免疫疾患、細菌性髄膜炎、頭部外傷、熱中症、中毒、副鼻腔炎、う歯などがある。

図表 4-2-1　頭痛の分類（国際頭痛分類第３版による大枠）

1. 一次性頭痛
・片頭痛　・緊張性頭痛　・三叉神経・自律神経性頭痛 ・その他の一次性頭痛疾患
2. 二次性頭痛
・頭頸部外傷・障害による頭痛　・頭頸部血管障害による頭痛 ・非血管性頭蓋内疾患による頭痛　・物質またはその離脱による頭痛 ・感染症による頭痛　・ホメオスターシス障害による頭痛 ・頭蓋骨、頸、眼、耳、鼻、副鼻腔、歯、口あるいはその他の顔面・頸部の構成組織の障害による頭痛または顔面痛 ・精神疾患による頭痛
3. 有痛性脳神経ニューロパチー、他の顔面痛及びその他の頭痛
・脳神経の有痛性病変及びその他の顔面痛　・その他の頭痛性疾患

文献[1)]を参考に筆者作成

②子供の頭痛の主な原因と発生状況

子供の頭痛の原因を年齢別にみると、小学校低学年以下では、感染症による頭痛が多数である（図表 4-2-2）。どの年代でも多いのは片頭痛であり、その多くは軽度の頭痛であるが、中には嘔吐を伴う頭痛発作を起こす子供もいる。思春期では、学校生活や家庭環境などによる心理社会的要因で頭痛を起こすこともある。

学校生活に支障をきたす頭痛として、慢性連日性頭痛がある。慢性連日性頭痛とは、１日４時間以上、１か月に15日以上、３か月以上持続する頭痛である。「慢性連日性頭痛」自体は国際頭痛分類第３版では採用されていないが、頭痛を正確に分類できない場合に、包括的に評価できる利便性があり、臨床ではよく用いられている。慢性連日性頭痛は、心理社会的要因が関与し、薬物治療に抵抗し難治であり、不登校につながる可能性もある。

図表 4-2-2　外来診療における年齢から見た頭痛の種類

●幼児～小学校低学年 ・片頭痛(軽度・中等度・重度)　・感染症による頭痛　・てんかんに関連した頭痛
●小学校高学年～中学生・高校生 ・片頭痛(軽度・中等度・重度)　・緊張型頭痛(頻発反復性・慢性) ・起立性調節障害に伴う頭痛　・心理社会的要因が関与する頭痛　・精神疾患が共存する頭痛
●あらゆる年齢(上記の疾患に加えて) ・炎症性疾患、高血圧を伴う疾患　・耳鼻咽頭科、眼科、歯科疾患　・脳腫瘍など脳神経外科疾患

出典）藤田光江：わかってほしい！子ども・思春期の頭痛、南山堂、2019、57を一部改変

(2) 頭痛のアセスメントと援助の実際

学校における子供の頭痛で、見極めが必要なのは、感染症による頭痛、頭部打撲による頭痛など、何らかの原因がある二次性頭痛かどうかである。二次性頭痛の疑いがある場合は、保護者に連絡をして、医療機関への受診を勧める。原因疾患がない場合は、一次性頭痛の可能性がある。また、頭痛を訴えて、遅刻・早退・欠席が長期化している場合は、慢性連日性頭痛の可能性がある。これらの種類の頭痛を見極めて、適切な判断と対応が求められる。

①アセスメント

視診：全身状態、顔面(蒼白などのショック症状の有無)、瞳孔異常の有無(左右差、大きさ)、麻痺(四肢の動き)、けいれん、嘔吐、頭部・顔面外傷の有無、眼症状(眼瞼下垂、結膜充血など)

バイタルサイン測定：意識状態、脈拍、血圧(脈圧の差)、呼吸数・呼吸の状態、体温

問診：頭痛の発症状況(いつ、何をしている時、急性発症か否か)、自覚症状(痛みの部位・程度・性状・頻度・持続時間、痛みの変化、過去にも経験した痛みであるか、吐き気、左右の見え方、手足のしびれ、頸部痛)、年齢、既往歴、常用薬、頭蓋内圧亢進症状の有無、発症前の環境(寒冷、高温多湿、心理的環境)、生活環境の変化(新学期、引っ越し、家族の関係性)、友人関係、睡眠時間など

触診：頭部の皮下出血

検査：瞳孔(対光反射)、眼球運動、視野障害、知覚障害、聴力障害、麻痺(四肢の動き、上下肢挙上試験)、言語障害(構音障害、失語症)、髄膜刺激症状の確認(項部硬直、ケルニッヒ徴候、ブルジンスキー徴候、ネックフレクションテスト、ジョルトアクセンチュエイション〈p. 77参照〉)

聴診：呼吸状態の確認(肺雑音、喘鳴の有無)

②症状の段階ごとの対応

症　状	対　応
意識消失、意識障害、四肢の運動・神経障害、けいれん、瞳孔不同、対光反射、視力障害、呂律障害、嘔気・嘔吐、開放性骨折、髄液や血液の耳漏・鼻漏	緊急性・重症度が高いため、ただちに[**救急車要請**] 救急車が到着するまでの対応：意識障害がある場合は、舌根沈下や吐物などによる気道閉塞を起こしやすいため、気道の開通性及び呼吸状態を確認する。意識がない、呼吸停止、脈が触れない場合は一次救命処置を行う
腫脹(皮下血腫)、既往歴に凝固能異常、脳疾患などがある、抗凝固薬を服用している、脳疾患・脳神経外科の手術の経験がある、骨折の可能性、次第に増強する頭痛、嘔吐、視野障害、聴力障害、手足のしびれ、知覚鈍麻、健忘症、ぼんやりしている、ふらつき	速やかな[**医療機関受診**]
腫脹(皮下血腫)、嘔気、気分不良	帰宅後でもよいが[**医療機関受診**]
強い不安感がある	保健室で[**経過観察**]
痛み・症状・不安感の改善、意識清明	[**教室復帰**]

③学校における救急処置・対応

❶安静が保持できる環境を整える…保健室のベッドに寝かせ、安静を保つ。周囲の音や光などの刺激を避ける。体熱感が強い場合は、衣服を緩め、体表に近い動脈(腋窩、鼠径部)を冷却する。室温を調整する。

❷体位・姿勢の工夫…嘔気・嘔吐がある場合は、誤嚥を防止するため、側臥位をとる。意識清明である場合は、本人が好む体位をとらせる。

❸水分補給…経口摂取が可能であれば水分を補給させる。

❹不安の除去…頭痛の原因が心理的ストレスの場合もある。また、現在起きている頭痛により不安を増幅させる恐れもある。そのため、傾聴やタッチング、痛みの部位に手をあてるなどして、精神的に安心感を与える。

❺痛みの緩和…氷枕などで痛みの部位を冷やす。本人が嫌がる場合は行わない。

❻経過観察…意識状態、頭痛の程度や質、嘔吐、嘔気、呼吸状態、四肢末梢の冷感などの経過観察を行う。症状が改善しない、または悪化した場合は、医療機関に受診する。

❼心理的ストレスの理解と軽減…頭痛の原因には、友人関係や苦手な教科など心理的ストレスが原因の場合もあるため、それらストレスを理解するとともに軽減できるような声かけや環境整備を行う。

❽保健指導…頭痛時の対処方法や、頭痛の予防方法(睡眠時間の重要性、規則正しく栄養バランスのとれた食事、生活リズムの整え方、スマホやゲームの使用方法、ストレスとのつき合い方、対人関係の保ち方)などについて保健指導を行う。

❾保護者への連絡

・頭部外傷による頭痛の場合は、最低24時間は経過観察が必要となるため、家庭で引き続き観察をお願いする。

・頭痛は、睡眠不足と関連している場合もあるため、十分な睡眠時間の確保を含めた生活リズムを整えることの大切さについて、保護者にも理解してもらう。また、電子メディア(インターネット、スマホ、オンラインゲームなど)の使用には取り決めが必要であることを理解してもらい協力を得る。

❿その他の留意事項

・子供の場合、年齢によっては頭痛の程度を正確に表現できないことがあるため、随伴症状と合わせて総合的に頭痛の程度を判断する。

・頭痛は、緊急性の高い髄膜炎や脳炎などの内因性による疾患の他、事故、暴行、虐待などの外因により引き起こされて発症する場合もあるため、しっかりとアセスメントを行い、これらの要因を見逃さないようにする。

参考文献

1) 一般社団法人日本頭痛学会、国際頭痛分類第3版(ICHD-3)日本語版(https://www.jhsnet.net/kokusai_new_2019.html、2021年4月30日参照)
2) 藤田光江：第1章 子ども・思春期の頭痛の特徴、わかってほしい！子ども・思春期の頭痛、南山堂、2019、53-92
3) 桑原健太郎：1知っておきたい小児・思春期の頭痛の種類　第1章小児・思春期の頭痛の特徴、藤田光江監修、荒木清、桑原健太郎編、小児・思春期の頭痛の診かた これならできる！頭痛専門小児科医のアプローチ、南山堂、2019、1-12
4) Silberstein SD, et al "Classification of daily and near-daily headaches : proposed revisions to the IHS criteria" Headache, 34 : 1994, 1-7.
5) 一般社団法人日本救急看護学会監修、一般社団法人日本救急看護学会ファーストエイド委員会編：Ⅲ章ファーストエイド各論　6.小児、7小児の頭痛、改訂第2版 ファーストエイド すべての看護職のための緊急・応急処置、へるす出版、2020、181-183

2) 腹　痛

子供は体調を言葉で表現することが難しいため、「腹痛」や「頭痛」といった体調不良を訴えて来室することが多い。また、「痛み」には個人差があるため、訴えの中には緊急な判断を要する症状が含まれていることもある。そのため、迅速な対応をすることが大切である。

(1) 腹痛の基礎知識

腹部は横隔膜から恥骨結合上部までの部分を指し、多くの臓器があるため、的確な判断とアセスメントをすることが重要である。一過性の疼痛で痛みが消失する軽度のものから、緊急手術を必要とする重篤なものまであり、その原因は多岐にわたる(図表4-2-3)。

腹痛は内臓痛、体性痛、関連通の3つに分類される(図表4-2-4)。腹痛が出現した際に、疼痛の特徴は原因を推測する1つの指標になる。

図表 4-2-3　子供に多い急性腹痛の主な原因

	6〜12歳	12〜15歳
よくみられる疾患	感染性胃腸炎　便秘　急性胃炎　急性虫垂炎　急性上気道炎	感染性胃腸炎　便秘　急性虫垂炎　過敏性腸症候群　月経痛
時々みられる疾患	胃・十二指腸潰瘍　回腸末端炎　腹筋痛　アナフィラクトイド紫斑病　尿路感染症	胃・十二指腸潰瘍　回腸末端炎　腹筋痛　急性腎盂腎炎
見逃してはならない疾患	鼠径ヘルニア　精巣捻転症　卵巣嚢腫の茎捻転　外傷(虐待含む)　糖尿病性ケトアシドーシス	妊娠 骨盤内感染症 卵巣嚢腫の茎捻転　糖尿病性ケトアシドーシス 外傷(虐待も含む)

文献[2)]をもとに筆者作成

図表 4-2-4　腹痛の分類

	内臓痛	体性痛	関連痛
原因	腸管の急激な収縮や、圧迫による内圧上昇、臓器被膜の伸展により生じる。	壁側腹膜、腸間膜、横隔膜に消化液や細菌感染による刺激や、炎症が及び生じる。	内臓痛を伝達する神経線維からの信号を、同じ脊髄後根を通じる皮膚からの信号と間違えて伝達する。
疼痛の特徴	・局在のはっきりしない痛み(鈍痛) ・刺し込むような痛み(疝痛) ・悪心、嘔吐、冷汗を伴うこともある。	・局在のはっきりした持続的な鋭い痛み ・壁側腹膜に及ぶ炎症では腹膜刺激症状を伴う。 ・体動によって憎悪することが多い。	・皮膚の一定の領域に限局した痛み ・関連痛のうち、疼痛の原因となる病巣と疼痛を感じる部分が離れているものを放散痛という。 ・触診による疼痛の増強はない。

文献[1)]159を参考に筆者作成

(2) 腹痛のアセスメントと援助の実際

①アセスメント

腹部のアセスメントは、腹部の体表区分(図表 4-2-5参照)を用いて、臓器の構造をイメージし、腹痛の部位と原因を考えられる疾患を併せて考えることが大切である。

腹部のアセスメントは、視診、聴診、打診、触診の順で腹部の内部がどのような状態かを把握する。聴診の前に打診や触診を行うと、打診や聴診の刺激で腸蠕動に影響を与えることがある。

子供の訴えは様々であるため、重症度に関わらず、注意深い観察が必要であり、便の性状や吐物などの観察を記録しておくことが大切である。

視診：顔色(顔面の色、蒼白、ショック症状の有無)、表情、入室時の様子(姿勢：体が屈曲していないか)、歩行の状態(独立歩行か歩行の介助が必要か)を観察する。腹部を上から視診して、腹部全体の輪郭や形状、皮膚の色、腹壁の動きに異常がないか観察する。

バイタルサイン測定：体温、脈拍(微弱、徐脈、頻脈)、呼吸(頻呼吸)、血圧(ショック状態では低下)、酸素飽和度を測定する。

問診：腹部にみられる症状は、消化器疾患が考えられることが多いが、泌尿器疾患や生殖器疾患、また心理的な要因、妊娠の可能性、月経周期との関連が考えられることもある。

図表 4-2-5　部位からみた主な腹腔内臓器疾患による腹痛

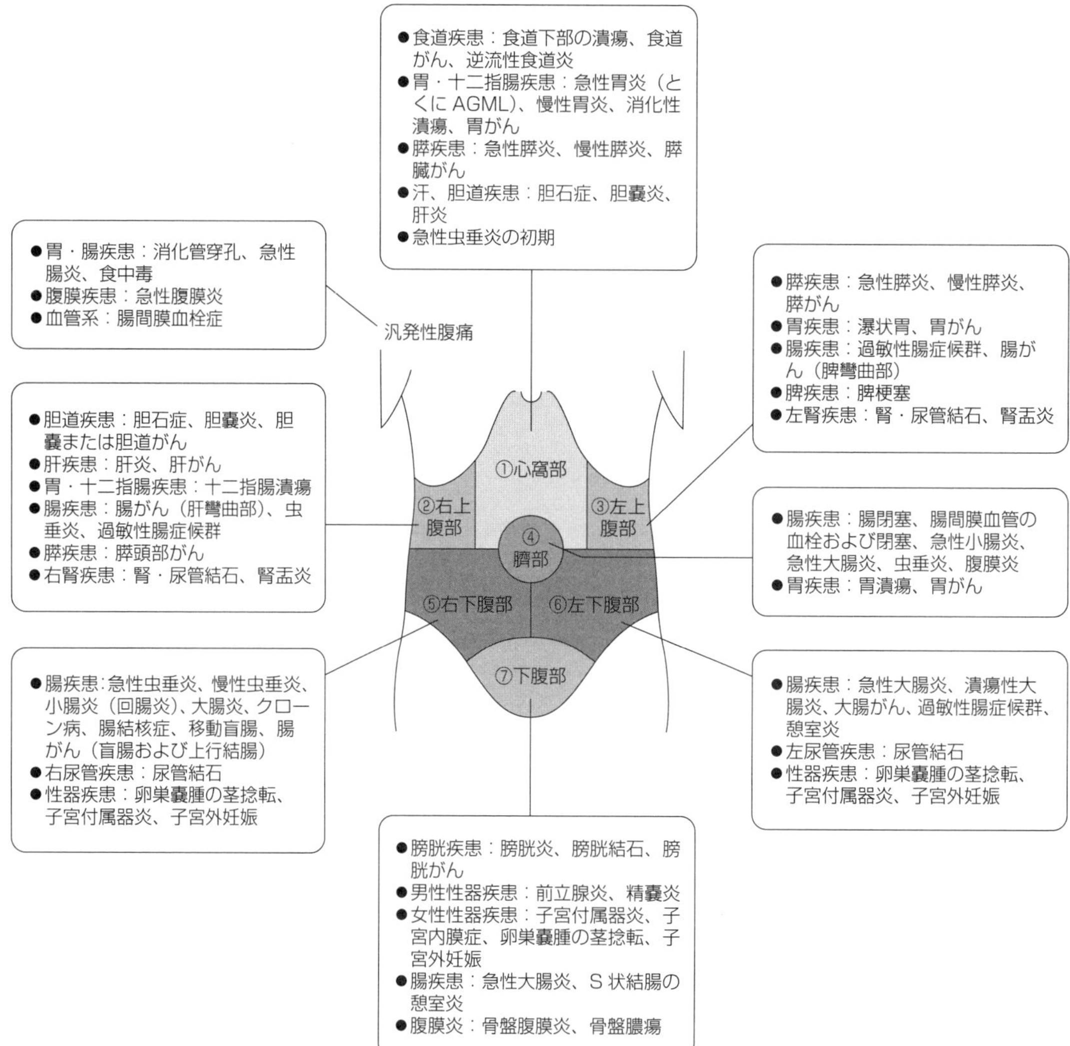

●食道疾患：食道下部の潰瘍、食道がん、逆流性食道炎
●胃・十二指腸疾患：急性胃炎（とくに AGML）、慢性胃炎、消化性潰瘍、胃がん
●膵疾患：急性膵炎、慢性膵炎、膵臓がん
●汗、胆道疾患：胆石症、胆囊炎、肝炎
●急性虫垂炎の初期
●胃・腸疾患：消化管穿孔、急性腸炎、食中毒
●腹膜疾患：急性腹膜炎
●血管系：腸間膜血栓症
汎発性腹痛
●膵疾患：急性膵炎、慢性膵炎、膵がん
●胃疾患：瀑状胃、胃がん
●腸疾患：過敏性腸症候群、腸がん（脾彎曲部）
●脾疾患：脾梗塞
●左腎疾患：腎・尿管結石、腎盂炎
●胆道疾患：胆石症、胆囊炎、胆囊または胆道がん
●肝疾患：肝炎、肝がん
●胃・十二指腸疾患：十二指腸潰瘍
●腸疾患：腸がん（肝彎曲部）、虫垂炎、過敏性腸症候群
●膵疾患：膵頭部がん
●右腎疾患：腎・尿管結石、腎盂炎
①心窩部
②右上腹部
③左上腹部
④臍部
⑤右下腹部
⑥左下腹部
⑦下腹部
●腸疾患：腸閉塞、腸間膜血管の血栓および閉塞、急性小腸炎、急性大腸炎、虫垂炎、腹膜炎
●胃疾患：胃潰瘍、胃がん
●腸疾患：急性虫垂炎、慢性虫垂炎、小腸炎（回腸炎）、大腸炎、クローン病、腸結核症、移動盲腸、腸がん（盲腸および上行結腸）
●右尿管疾患：尿管結石
●性器疾患：卵巣囊腫の茎捻転、子宮付属器炎、子宮外妊娠
●腸疾患：急性大腸炎、潰瘍性大腸炎、大腸がん、過敏性腸症候群、憩室炎
●左尿管疾患：尿管結石
●性器疾患：卵巣囊腫の茎捻転、子宮付属器炎、子宮外妊娠
●膀胱疾患：膀胱炎、膀胱結石、膀胱がん
●男性性器疾患：前立腺炎、精囊炎
●女性性器疾患：子宮付属器炎、子宮内膜症、卵巣囊腫の茎捻転、子宮外妊娠
●腸疾患：急性大腸炎、S 状結腸の憩室炎
●腹膜炎：骨盤腹膜炎、骨盤膿瘍

出典）高木永子監修：腹痛、看護過程に沿った対症看護―病態生理と看護のポイント 第 4 版、学研メディカル秀潤社、2010、652[3)]

【問診のポイント】

発症様式	はじまり方(突然、急に、気がついたら)、頻度、食事内容(生食の摂取：胃アニキサス症、肉の摂取：O-157)、外傷の有無(部位・程度・場所)など
随伴症状	発熱(炎症性の病変では発熱を伴う)、悪心・嘔吐(胃炎、虫垂炎、十二指腸潰瘍など)、便通異常(下痢・便秘、便の回数、血便の有無)、嘔吐・下血、排尿障害(尿の回数、尿の色)など
痛みの様子	痛みの部位(腹部全体か限局性か)、痛みの程度と性質(持続性か間欠性か)、痛みの持続時間と経過(持続時間と痛みの変化、日内変動)など
その他	既往症の有無、服薬の有無、ストレスの有無、外傷の有無、月経周期・月経困難症の有無、妊娠の可能性の有無など

聴診：聴診器で腸音の動きや腹部の主要な動脈に異常がないか確認する。腸蠕動音は腸管内のガスや液体が移動する時の腸の音であり、腸の動きを把握する指標となる。蠕動音の亢進(グル音、腹鳴、雷鳴音)、蠕動音の減弱、消失を確認する。

打診：腸管の内容物や腫瘤の有無など腹部内部に異常がないか確認する。腹部の４区分あるいは９区分を打診(間接打診)し、鼓音と濁音を聞き分ける。打診により疼痛が生じる場合は、腹腔内に炎症がある可能性がある。

触診：腹部内部に異常がないかを詳細に確認する。腹部の触診は「浅い触診」と「深い触診」を行う(p. 75参照)。まず、浅い触診で腹部表面の状態を確認し、激しい疼痛がなければ、続けて深い触診で腹部深部の状態を確認する。子供は痛みの部位をはっきり示すことができない場合がある。そのため、痛い部位を指で示させるなど具体的に痛みのある部位を確認することが大切である。痛みのある部位と病気の部位が相違することもあるため、総合的に判断することが必要である。

MEMO

痛みの程度の確認

痛みの程度を確認するために、発達段階に応じてフェイススケール、数値スケールを指標にするなど、わかりやすい言葉で具体的に問診をすることが大切である。

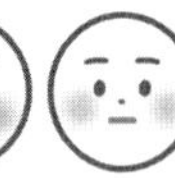

MEMO

腹部触診のコツ

上肢を身体の横におき、膝を軽く曲げて腹部の力を抜いてもらう。膝を曲げることが困難な場合は、枕などを膝の下におくとよい。

②症状の段階ごとの対応

症　状	対　応
ショック症状(頻脈・四肢冷感、意識レベルの低下、血圧低下)、腹膜刺激症状(筋性防御、反動痛、圧痛)、身体の屈曲、疝痛、苦悶様顔貌、転落、強打による外傷	緊急性・重症度が高いため、[**救急車要請**]
痛みの持続・激しい腹痛、冷や汗、悪寒戦慄、発熱、歩行困難、吐き気・嘔吐、血尿、排尿痛、性器出血	速やかな[**医療機関受診**]
歩行可能、発熱を伴わない腹痛、月経周期に伴う腹痛、腹痛に伴う不安が強い	保護者に連絡し[**医療機関受診**]を勧める。継続観察をする

③学校における救急処置・対応

❶安静・体位の保持…身体を圧迫しないように衣服を緩め、上肢を身体の横におき、膝を軽く曲げて、本人が楽な姿勢(側臥位あるいは仰臥位)をとらせる。枕やベッドの傾きを使用して体位を工夫する。吐き気がある場合は誤飲を防ぐため側臥位が望ましい。ベッド横に膿盆等を用意する。

❷観察・継続観察…痛みの部位、痛みの程度と性質、痛みの時期と経過、随伴症状を観察し対応を行う。保健室で休養し、痛みが治まり教室に復帰した場合も継続した観察を行う。特に腹部の外傷については緊急を要する場合があるため注意深く観察をする。

❸保温・温罨法…室温、寝具、衣類に注意し、保温を行う。月経痛や下痢の場合は、腹部の温罨法も効果的であるが、虫垂炎や腹膜炎などの急性炎症の場合には炎症を悪化させるので、温罨法は禁忌である。

❹触診時の配慮…触診は子供の表情を観察できる位置に立つ。手を温めておき、触診の目的や方法を説明して、同意を得る。また、室温に注意し、カーテンや衝立、バスタオルなどを使用し、プライバシーに配慮する。

❺保護者への連絡事項と医療機関受診…医療機関受診を勧める場合には、フィジカルアセスメントの資料や観察状況などの記録をもとに丁寧に説明を行い、医療機関受診の資料として活用する。医療機関搬送の際、吐き気がある場合は、ビニール袋やタオル等を準備する。受診結果は学校生活における資料とし、健康相談に活用する。

MEMO

急性虫垂炎

盲腸の先（盲腸盲端部）に付属する器官（虫垂）が細菌感染などにより、炎症を起こして化膿したものを虫垂炎という。急性虫垂炎は虫垂に急な炎症が起こることによって発症する。虫垂炎は虫垂が炎症を起こして化膿した状態であるため、放置すると虫垂が化膿し、それが右下腹部の痛みの原因となる。さらに悪化すると、穿孔し腹腔内に膿が流れ出し腹膜炎を併発することもあるため注意が必要である。

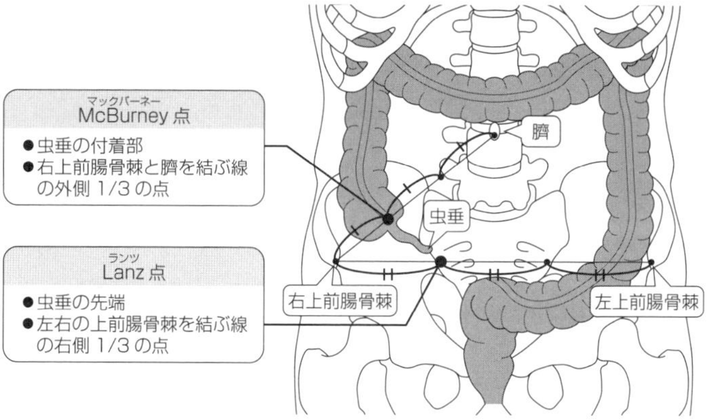

出典）医療情報科学研究所編：フィジカルアセスメントがみえる、メディックメディア、2015、170

参考文献

1）医療情報科学研究所編：フィジカルアセスメントがみえる、メディックメディア、2015
2）五十嵐隆、大薗恵一、高橋孝雄編：今日の小児診断指針 第4版、医学書院、2004
3）高木永子監修：腹痛、看護過程に沿った対症看護—病態生理と看護のポイント 第4版、学研メディカル秀潤社、2010、652
4）岡元和文編著：症状・徴候を看る力！—アセスメント、初期対応、観察とケアー第2版、総合医学社、2018

3）嘔気・嘔吐

（1）嘔気・嘔吐の基礎知識

「嘔気」は咽頭・前胸部・胃部に感じられる、吐きたい切迫した不快感である。「気持ちが悪い」、「気分が悪い」として訴えられる症状であり、体調の不快を感じることでもある。多くは、嘔吐に先行して現れるが、「気持ちが悪い」=「嘔気」ではないことを念頭におき、問診することが大切である。「嘔吐」は、幽門が閉鎖され、胃に逆蠕動が生じて噴門が開き、横隔膜と腹筋などが強く収縮して胃部を圧迫し、胃内容物が口腔を経て吐き出される。反復する「嘔吐」には、頭蓋内圧亢進(p. 159参照)や急性腹症など緊急性の高いものもあるため、随伴症状や嘔吐の特徴などから総合的に判断する必要がある。

（２）嘔気・嘔吐の原因（図表 4-2-6）

大脳皮質からの刺激及び嘔吐中枢に対する直接的な刺激によって起こる中枢性嘔吐では、頭蓋内圧亢進や脳の血行障害が嘔吐中枢を機械的に刺激することによって起こる嘔吐と、血液中の化学物質による刺激を原因とする代謝・内分泌異常によるもの、薬物や毒素による中毒による嘔吐がある。次に末梢臓器の刺激によって反射的に起こる嘔吐では、消化器疾患、前庭機能異常、心疾患によるものがあり、子供に多い心因性の嘔吐がある。

図表 4-2-6　嘔吐の原因

中枢性嘔吐	頭蓋内圧亢進や中枢性病変による嘔吐	頭部外傷、脳腫瘍、髄膜炎、脳炎、脳出血、脳梗塞など
	代謝・内分泌異常によるもの、薬物や毒素による中毒	尿毒症、糖尿病性ケトアシドーシス、ジギタリス、ニコチン、抗がん剤などの薬物、食中毒など
反射性嘔吐	消化器疾患	急性胃腸炎、急性虫垂炎など食道・胃・腸疾患、肝・胆道疾患、その他の腹部疾患
	前庭機能異常	メニエール病、中耳炎、乗り物酔いなど
	心疾患	
心因性嘔吐	ストレス、過度の緊張や激しい感情の変化（怒り、不安、恐怖、悲嘆など）	

MEMO

糖尿病性ケトアシドーシス

インスリンの高度の欠乏により、ブドウ糖の利用ができず、その代わりに脂肪が利用されて副産物にケトン体（酸性物質）がつくられる。血液にケトン体が入り込むことにより血中が酸性になる状態をいう。喉の渇き、多飲、倦怠感などの初期症状から、腹痛、嘔吐などの胃腸症状、やがて、頻脈（ひんみゃく）、血圧の低下、意識障害などを引き起こす。

（３）嘔気・嘔吐時の支援・援助

①アセスメント

嘔吐の時に最も注意が必要なのは、「体重減少を伴う嘔吐」の脱水症と「頭蓋内圧亢進」状態であり、重症度の指標になる。

「腹痛」の有無は「下痢」とならんで重要な手がかりであり、腹痛を伴う嘔吐では腹部疾患の可能性がある。腹痛が嘔吐に先行する場合は、急性虫垂炎などの外科的腹部疾患が、嘔吐が腹痛に先行する場合は、急性胃腸炎など急性の内科的腹部疾患の可能性が高い。「頭痛」の有無による緊急性の高い状態は、発熱を伴う場合は髄膜炎、発熱を伴わない場合では、頭蓋内出血の可能性が考えられる。

視診（検査）：瞳孔異常、けいれん、髄膜刺激症状

バイタルサイン測定：脈拍、血圧（脱水、ショックとも脈拍は速く、血圧は低下する傾向がある）、体温（感染症、脱水症で上昇）、意識

問診：発症様式（時期、頻度、前駆症状、誘因など）、吐物の状態（色、形状など）、随伴症状（発熱、腹痛、下痢、頭痛、めまい、しびれ、口唇・四肢の震えなど）、その他（経験、アレルギーの既往、女子の場合は妊娠の可能性）

触診：腹部（圧痛、筋性防御の有無）、神経学的所見（知覚鈍麻（ちかくどんま）、麻痺）

MEMO

瞳孔異常

大きさ、形、位置、対光反射の異常がある。瞳孔の大きさの異常には縮瞳、散瞳、瞳孔不同がある。形の異常には楕円や不整があり、対光反射の異常はペンライトで光を入れた時、瞬間的に縮瞳しない状態である。位置の異常には、共同偏視（両眼視が一側に偏位し、どこかをにらんでいるように見える）がある。

聴診：腹部(腸蠕動の亢進・消失・金属音の有無)

②症状の段階ごとの対応

症　状	対　応
意識障害、けいれん、激しい頭痛、ケルニッヒ徴候、項部硬直、腹膜刺激症状、重症の脱水症状	緊急性が高い状態であり[**救急車要請**]
頻回に繰り返す嘔吐、随伴症状(腹痛、発熱、下痢など)を伴い持続する、アレルギーが疑われる	器質的疾患の可能性があり、速やかな[**医療機関受診**]
持続する嘔気、食欲不振	器質的疾患の可能性が疑われるため、保護者に[**医療機関受診**]を助言

③嘔気・嘔吐の直接的支援

❶援助…吐物が外から見えない容器を準備し、本人が楽に嘔吐しやすく誤嚥防止可能な姿勢を整える。また、安心感を与えるよう背中をさするなどスキンシップをはかる。症状が消失するまで経口摂取は制限し、嘔吐後は、含嗽(うがい)で口腔内の清浄を行う。嘔気が持続する場合は、声門が閉じ胃に空気が入りやすくなるため深呼吸を促す。また、嘔気が消失するまで、経口摂取は制限する。

❷冷罨法…逆蠕動や嘔気の鎮静をはかるために、胃部や頭部、前額部の冷罨法の活用を考慮する。

❸清潔…ゴム手袋等を使用して、速やかな吐物の除去・清掃と消毒を行う。

❹環境調整…消臭のため換気を行い、休養時の静寂を保つ。

❺日常生活…器質的な疾患が明らかでない繰り返す嘔気・嘔吐に対しては、生活を整え休養を取らせたり、日頃から精神の安定をはかるように支援するとともに、誘因があれば、できる限り取り除くよう周囲と連携して対応する。

参考文献

1）武内可尚：改訂版 子どもによくみられる病気、医薬ジャーナル社、2006、18-20

2）高木永子監修：看護過程に沿った対症看護、学研、2015、16-29

3）奈良間美保ら：系統看護学講座　小児臨床看護各論　小児看護学２、医学書院、2015

4）便　秘

（1）便秘の基礎知識

便秘とは、何らかの原因により便が大腸内に長時間にわたって滞留し、排便が順調に行われない状態をいう。健康な人は１日１回の有形便が排出される。しかし、便秘には明確な定義がなく、毎日便通がなくても腹部膨満感、食欲不振、腹痛などの自覚症状がない場合は便秘とはいわない。また、毎日排便があってもその量が極めて少なく、残便感、排便困難などの自覚症状があれば便秘という。子供が腹痛を訴えて来室した場合には、朝の排便の有無、排便習慣などを聴き、緊急を要するような腹痛との違いをアセスメントすることが大切である。

便秘は大きく、「機能性便秘」、「器質性便秘」に分類される(図表 4-2-7)。機能性便秘は弛緩性便秘と痙攣性便秘、直腸性便秘がある。弛緩性便秘は、大腸の蠕動運動の低下、緊張の低下により腸内容物の通過時間が延長し、腹壁の筋力低下や直腸排便反射の低下などが原因で起こるもので、このタイプの便秘が大部分を占める。器質性便秘は腫瘍や炎症による腸管運動の減弱及び狭窄に伴う通過障害によって起こる。原因としては大腸がん、腸閉塞、脊髄神経疾患などがある。

図表 4-2-7　便秘の原因

機能性便秘	弛緩性便秘：食事量や食物繊維の不足、運動不足による蠕動運動の低下 痙攣性便秘：精神的ストレスや過敏性腸症候群などの自律神経失調により下部大腸が過度に痙攣性の収縮をする。 直腸性便秘：環境の変化、不規則な生活などにより便意が繰り返し抑圧されることによって起こる。排便反射の異常が起こる(学校内で排便を我慢する、下剤や浣腸の長期連用など)。
器質性便秘	腸管内の狭窄：大腸がん、直腸がん、子宮筋腫などの腫瘍、クローン病や潰瘍性大腸炎などの炎症によって起こる。 腸内容物の通過時間延長：S 状結腸過長症(S 状結腸が長すぎて腸管の移動に時間を要するためその間に水分が吸収されて硬便になる)

MEMO

過敏性腸症候群(IBS)

反復性の腹痛と便通異常(便秘、下痢など)がみられ、器質的病変によらない腸管の機能異常に基づく疾患である。原因として腸管の運動亢進などの運動異常がある。症状は便通異常(下痢と便秘の交替異常)、便性異常、頭重感、肩こり、動悸、倦怠感などがある。学校生活に支障をきたすようであれば、配慮が必要である(朝、トイレから出ることができず登校することができないなど)。

(2) 便秘のアセスメントと援助の実際

①アセスメント

便秘そのものによって緊急対応が必要になることは少ないが、「激しい腹痛」「ショック症状(血圧低下、冷汗、顔面蒼白、四肢冷感、頻脈、意識レベルの低下)」がみられる場合は、急性腹症の可能性がある。ただちに全身の観察を行い、緊急対応が必要かどうかを判断することが大切である。また問診を丁寧に行うことは、機能性便秘と器質性便秘を判断する上で重要である。

視診：ショック症状(血圧低下、冷汗、顔面蒼白、四肢冷感、頻脈、意識レベルの低下)、腹部の張り具合

バイタルサイン測定：体温(炎症で上昇)、脈拍(ショック症状では頻脈)、呼吸、血圧(ショック症状では血圧低下)、酸素飽和度を測定

問　診

発症様式	時期(はじまり方)、誘因、排便の状態、回数、排便時間、量、硬さ、大きさ、色、便意の有無など
随伴症状	腹部膨満感、食欲不振、悪心・嘔吐、肛門裂傷、頭痛、腹痛など
痛みの様子	持続痛、間欠痛、疝痛、痛みの程度、痛みの部位、痛みの持続時間と痛みの変化
生活習慣	水分と食事の量や内容(肉類、魚介類などの摂取の有無)、運動量、精神的ストレス、薬剤の使用(下剤、浣腸)、ダイエットの有無、月経周期と月経困難症の有無など

触診：まず「浅い触診」で腹壁の状態・腫瘤や圧痛、便の触知の有無等を行い、次に「深い触診」で腫瘤や圧痛の有無、筋性防御の有無を確認。

聴診：聴診器を、腹部の 1 か所にあて、腸蠕動音の消失、亢進の有無を確認。腸蠕動音が 1 分間聴取できない場合は減弱、5 分間聴取できない場合は消失と考える。

MEMO

〈Bristol(ブリストル) 便形状尺度〉

大便の形状と硬さで7型に分類する指標であり、便秘や下痢の診断項目の1つとして使用されている。一般的スコアが1型～2型：便秘、3型～5型：正常の範囲、6型～7型：下痢と区分する。便秘や下痢の人は、スコアが3型～5型に近づくほど、それぞれの症状が改善したとみなす。

図表 4-2-8　Bristol 便形状尺度

	性　状	
1型		小塊が分離した木の実状の硬便・通過困難
2型		小塊が融合したソーセージ状の硬便
3型		表面に亀裂のあるソーセージ状の便
4型		平滑でやわらかいソーセージ状の便
5型		小塊の辺縁が鋭くきれた軟便・通過容易
6型		不定形で辺縁不整のくずれた便
7型		固形物を含まない水様便

出典）医療情報科学研究所編：病気がみえる vol.1 消化器、メディックメディア、2020

②症状の段階ごとの対応

症　状	対　応
ショック症状(血圧低下、冷汗、顔面蒼白、四肢冷感、頻脈、意識レベルの低下)、激しい腹痛	緊急性・重症度が高いため[**救急車要請**]
急性の発熱を伴う便秘、随伴症状(腹部膨満感、悪心・嘔吐、頭痛、腹痛)を伴い持続、長期間の便秘	器質的便秘の可能性あり、速やかな[**医療機関受診**]
不適切な生活習慣(食生活、薬剤の使用、ダイエットなど)、精神的ストレス	機能性便秘の可能性あり。日常生活指導、保護者に連絡し、必要があれば[**医療機関受診**]を助言。[**継続観察**]

③学校における救急処置・対応(機能性便秘に対するポイント)

❶食事内容の指導…水分を多くとる(冷水、牛乳など、早朝が効果的)。食物繊維を多く含む食品(豆類・果物・野菜・海藻類)、乳製品(ヨーグルト、牛乳など)をとることにより、腸管の蠕動運動を刺激し、便意の促進に有効である。

❷排便リズムの確立…一定の時間に便意を試み、条件反射による排便習慣を確立する。胃・結腸の反射は朝食後30～40分後に最も活発になる。朝の排便の時間に余裕をもつようにする。

❸腸蠕動運動の促進

▶適度な運動…適度な運動は腸管を刺激し、ストレスに伴う便秘に対して有効である。

▶腹部のマッサージ…腹部全体に「の」の字を書くようにマッサージを行う。腸内容物の輸送方向と一致しているため有効である。

▶ツボを刺激する…特定のツボを刺激することによって関連する内臓機能の正常化をはかれるといった作用がある。

❹精神安定への援助…不安や緊張などの精神的ストレスは自律神経の不調をまねく。長く吐く息に合わせて心身をリラックスさせるように促すことも有効である。

参考文献
1）岡元和文編著：症状・徴候を看る力！―アセスメント、初期対応、観察とケア―第２版、総合医学社、2018
2）阿部俊子監修：改訂版　エビデンスに基づく　症状別看護ケア関連図、中央法規、2019
3）和田攻、南裕子、小峰光博編：看護大事典　改訂第２版、医学書院、2010
4）医療情報科学研究所編：病気がみえる vol.1 消化器　第５版、メディックメディア、2016

５）下　痢

（１）下痢の基礎知識

①定　義

下痢とは、水分を多く含む液状またはそれに近い便を排泄する状態である。排便回数あるいは排便量の増加を伴う場合が多い[1)]。血液や粘液が下痢に混入していることもある。

②原　因（図表 4-2-9）

大腸の吸収機能が種々の原因によって低下すると、便に含まれる水分量が増加し下痢を呈する。激しい下痢や慢性的な下痢では、体内からの水分喪失による脱水のみならず、低カリウム血症を呈する。下痢は、症状出現の期間（急性下痢と慢性下痢）、病変部位、発生機序によって分類される[2)]。下痢の大半は急性であり、最も頻度の高い原因は胃腸炎である。

急性下痢の原因は、感染性胃腸炎、食中毒（黄色ブドウ球菌など）、抗菌薬の使用、食物アレルギーである。胃腸炎の原因は、主としてウイルスの頻度が高く、細菌や寄生虫によっても起こる。その他、虫垂炎、腸重積や溶血性尿毒症症候群（特定の細菌感染の合併症）などの疾患によっても起こり、激しい腹痛や腹部膨満、血便、発熱を伴う。

下痢症状が２週間以上続く慢性下痢は、感染症以外の病態や原因（二次性乳糖不耐症、牛乳蛋白アレルギー、炎症性腸疾患、呼吸不全症候群）が疑われる。

図表 4-2-9　下痢の原因

急性下痢	感染性胃腸炎（ウイルス性、細菌性、寄生虫）、急性上気道炎に伴うもの、食物アレルギー、抗菌薬、暴飲暴食、寝冷えなど
慢性下痢	潰瘍性大腸炎、クローン病、過敏性腸症候群（p. 185参照）、精神的な緊張、甲状腺機能亢進症、乳糖不耐症など
血　便	潰瘍性大腸炎、クローン病、胃・十二指腸潰瘍（赤い血液の色よりむしろ黒っぽい便）

③子供の発生状況

下痢は、子供でとてもよくみられ、食欲不振、嘔吐、急激な体重減少、腹痛、発熱を伴うことがある。下痢が重症で持続する場合は、脱水の可能性が高く、脱水が認められない場合でも、慢性下痢によって通常体重は減少または増加しなくなる。

嘔吐と下痢がある場合は、まず急性胃腸炎（嘔吐下痢症）を考える。冬から春にかけて嘔吐、下痢を訴える疾患で年齢を問わず最も多いのは急性胃腸炎である[3)]。時に腸重積症や急性虫垂炎など緊急を要する疾患の随伴症状として吐いたりすることもあり、腹痛や血便の有無を確認する[3)]。

(2) 下痢のアセスメントと援助の実際

下痢の時に最も注意が必要なのは、「頻回の下痢による脱水」と「血便による出血(貧血、ショック)」であり、まず、「視診」と「バイタルサイン」の測定により、緊急対応が必要な状態かどうか判断することが重要である。また、問診により急性の下痢か慢性の下痢かを聞くことは、その後の対応につなげる上で必要である。

①アセスメント

視診：顔色(蒼白などのショック症状)、眼瞼結膜の色(赤みが少ない場合は、貧血)、外観(筋肉が弛緩して、ぐったりしている)、意識(視線が合わない)

バイタルサイン測定：脈拍、血圧(脱水や貧血・ショックとも脈拍は速く、血圧は低下する傾向がある)、発熱(炎症症状)

問診：発症様式(時期、頻度、誘因など)、便の状態(色、形状など)、随伴症状(発熱、腹痛、嘔気、腹部膨満、しぶり腹、上気道症状など)、基礎疾患の有無(免疫不全症、代謝疾患、先天性心臓病、神経筋疾患、栄養障害・成長障害を伴いやすい慢性疾患)、その他(アレルギーの既往、下剤・抗菌薬使用、家族内や学級内で同症状者の有無[2]、最近の渡航歴)、食事内容(過飲、過食、非加熱の海産物・肉類など)

聴診：腹部(腸蠕動の亢進の有無)

打診：腹部全体が濁音(下痢が激しい時は消化管内容物が短期間で排泄されるため)

触診：腹部(圧痛、筋性防御の有無)、皮膚ツルゴール

> **MEMO**
>
> **皮膚ツルゴール**
>
> ツルゴール反応は、下痢、嘔吐、発熱などで脱水の有無を見極めるために前腕や手の甲などの皮膚をつまみ上げて弾力性をみるものである。正常の場合は、つまみ上げた皮膚が2秒以内にもとの状態に戻る。脱水になると皮膚の張り(ツルゴール)がなくなり、つまみ上げた皮膚のしわの戻るまでに時間がかかることをツルゴールの低下といい、2秒以上かかると脱水を疑う。

②症状の段階ごとの対応

症　状	対　応
ショック症状、明らかな血便、重症の脱水症状	緊急性・重症度が高い状態であり**[救急車要請]**
頻回に繰り返す下痢、随伴症状(腹痛、嘔気など)を伴い持続、アレルギーが疑われる	器質的疾患の可能性があり、速やかな**[医療機関受診]**
長期間続く下痢、体重増加が少ない(定期の身体計測にて)、下痢と便秘を繰り返す	器質的疾患の可能性が疑われるため、**[医療機関受診]**を指導助言

③学校における救急処置・対応

❶安静…腸管の安静を保つため、なるべく消化のよいものを食べる。また、腹圧により腸蠕動が活発になるのを避けるため、衣服を緩めるなど、腹部を圧迫するようなことがないように注意する。

❷保温…腹部が冷えると、腸蠕動が活発になり、さらに下痢を引き起こすことになるため、腹部を温める。ただし、血便が疑われる場合は、温めることにより出血が増えるので行わない。

❸脱水予防…下痢や嘔吐が続く場合は、水分と電解質が失われるため脱水予防のために経口補水液

(ORS)を少量ずつ頻回に分けて飲む。

❹手洗いなどの清潔…感染性胃腸炎の中には便からの感染力が非常に強いものもあり、本人はもちろんのこと、周りも手洗いなどの清潔を心がけることが重要である。

❺日常生活…器質的な疾患が明らかでない繰り返す下痢の場合には、消化しやすいものなど普段から食事内容にも注意する。また、精神的な緊張や心因性の過敏性腸症候群などに対しては、日頃から精神の安定をはかるように支援するとともに、ストレスとなる原因があれば、できる限り取り除くよう、周囲と連携して対応していくことが必要である。

❻感染予防…感染症によるものか不明な場合は、感染予防のためにスタンダードプリコーションにしたがった対応をする。

❼皮膚のケア…下痢が続くことやアルカリ性の腸液を含む便の影響で肛門の痛みや肛門の周りの皮膚に炎症が起こることがある。排泄後に温水洗浄便座の湯で洗い流し、肛門の周りの皮膚を清潔に保つ。トイレットペーパーを使う時は、肛門部に刺激を与えないようやさしく押さえるように拭きとる。皮膚を保護するオイルが含まれている市販の洗浄剤をトイレットペーパーに含ませて押さえるように拭くと刺激が緩和されて皮膚の痛みや炎症の予防にもなる。

>>>>>コラム１

経口補水液(ORS)

基本的には水500 ml、食塩１g、砂糖20gにカリウム補充の意味で柑橘類の絞り汁を少量加える。市販のスポーツ飲料は、Na 含量が少ない、糖分が多い、浸透圧が高いという点で ORS としては不適当である[4)]。

引用・参考文献

1) 日本臨床検査医学会ガイドライン作成委員会編、臨床検査のガイドライン JSLM2005/2006、日本臨床検査医学会(https://www.jslm.org/books/guideline/05_06/059.pdf)
2) 清村紀子、工藤二郎編：機能障害からみたからだのメカニズム、医学書院、2014、157
3) 横田俊一郎、山本淳編著：ナースが知っておきたい 小児科でよくみる症状・疾患ハンドブック、照林社、2016、51-52
4) 市川光太郎編：プライマリ・ケア救急 小児編—即座の判断が必要なとき、プリメド社、2008
5) 吉林宗夫、米倉竹夫編：レジデントのための小児診療キーポイント、文光堂、2008

6）発　熱

(１) 発熱の基礎知識

①定　義

体温をコントロールする視床下部の体温調節中枢は、体温を何度に維持するかという設定温度(セットポイント)を決めている。実際の体温が設定温度と等しくなるように、熱産生や熱放散を行うように命令を出す。発熱は、体温調節中枢のセットポイントが高く設定されてしまった状態である[1)]。発熱の高さにより、微熱(37℃以上38℃未満)、中熱(38℃以上39℃未満)、高熱(39℃以上)の３つに分けられる[1)]。

②原　因(図表 4-2-10)

原因として多いのは感染症による発熱である。食中毒(腸管の炎症)、結核、インフルエンザ、肺炎、髄膜炎、尿路感染症などがある。自己免疫疾患や悪性腫瘍、甲状腺機能障害でも発熱がみられる[1]。また、熱射病、日射病、うつ熱などの受け身の発熱、脳腫瘍や脳外傷による中枢性発熱、感染に対して身体を守る反応(生体防御反応)としての発熱がある。体温は通常視床下部の温熱中枢によって一定の温度にコントロールされているが、これが様々な要因によって設定温度が高くなってしまうことにより生じる[2]。

図表 4-2-10　発熱の原因

感染症	細菌及びウイルスによる感染、急性上気道炎、肺炎、胃腸炎、食中毒、扁桃炎、中耳炎、尿路感染症、髄膜炎、腎盂腎炎、水痘、麻しんなど
重症感染症	敗血症、脳炎、化膿性髄膜炎、骨髄炎、川崎病など
その他	肝炎、穿孔した急性虫垂炎、熱中症、薬物アレルギーなど

>>>>>コラム 2

発熱のメカニズム

細菌感染などが起こると、白血球の免疫活性食細胞の働きで炎症性(発熱性)サイトカインが放出される。このサイトカインが視床下部の内皮細胞を刺激して PGE_2(プロスタグランジン E_2)の産生を促す。PGE_2は視床下部の体温調節中枢に指令を出し、細胞内 cAMP を放出して皮膚の血管を収縮させたり汗腺を閉じることによって、体温のセットポイントを上昇させる[3]。

③子供の発生状況

子供の発熱時は、体温上昇に伴い、他の自覚症状や他覚症状にも気をつけて情報を集めることが必要である。意識状態や顔つき、皮膚色など全身状態が良好であれば、自然軽快の可能性が高いが、全身状態が不良で熱が下がらない場合は、慎重な対応が必要である。また、子供の発熱は変動が起こりやすい特徴があり、服の着すぎ、興奮状態や活発な身体活動、環境温度の影響などもある。近年は、予防接種による免疫獲得が不十分なことによる感染症の流行も頻発しており、集団生活を行う学校では、特に集団感染を未然に防ぐ手立てを講じることが重要である。

(2) 発熱のアセスメントと援助の実際

発熱時は、高熱か否かに加えて、随伴症状とその変化に注目することが大切である。感染症の場合は高熱を呈することが多いが、その他の緊急を要する場合は、呼吸や循環・意識・行動なども観察して、対応を判断することが重要である。発熱については、あくまでも目安であり、個々の平熱に応じて個別に判断する。

①アセスメント

視診：緊急度を判断するために、呼吸状態・循環状態・意識状態(高熱あるいは頭蓋内疾患によるものか念頭におく)を注意深く観察する。けいれんを伴う意識障害は、髄膜炎や脳炎を疑う。緊急度が低いと判断されれば、顔面・皮膚の発疹の有無、発汗の有無、脱水症状の有無も観察する。また、努力呼吸の有無、異常な呼吸音の有無、ふらつきや痛みの有無を確認するため、歩行や姿勢を観察する。

バイタルサイン測定：体温、脈拍数、必要時は呼吸数、血圧を測定する。40℃を超える高熱、意識障害は緊急度が高い。40℃を超える高熱では体温調節機能に高度の障害が起こり、命に関わる緊急状態となる。発熱により呼吸は浅く速くなり高熱時は頻脈になる。血圧低下は、ショックなどの危険な状態の判断になるため、体温以外のバイタルサインの異常がないか判断することも重要である。なお、平熱は個人差があるので把握する必要がある。

問診：どんな発熱がいつから続いているか、悪寒戦慄やめまいの有無と随伴症状(頭痛、呼吸器障害、腹部症状、尿路症状、関節痛、倦怠感など)の有無、家族・学校での同様症状者の有無、既往歴、現病歴、服薬の有無と薬の種類、最近の渡航歴(特に下痢・腹痛を伴う場合は必須)。

聴診：呼吸状態の異常や、上気道症状がみられる際は、呼吸音を聴診する。

触診：感染などによるリンパ節腫脹の有無の触診を行う。

②症状の段階ごとの対応

症　状	対　応
呼吸障害や循環器障害、激しい頭痛、意識障害	緊急度・重症度が高い状態であり[**救急車要請**]
高熱や強い倦怠感・関節痛など、発疹、背部痛など	緊急度は低いが器質性疾患の可能性あり。保護者に[**医療機関受診**]を助言
筋肉痛・倦怠感・頭痛、強い不安	緊急度は低いが器質性疾患の可能性あり。保健室での[**経過観察**]
咽頭痛や咳、鼻汁等、症状が改善され、不安も少ない	解熱し、ほかの症状が認められない場合、[**教室復帰**]を促す

③学校における救急処置・対応(必要に応じて家族への支援)

❶環境調整…静かな環境と室内を適正温度・湿度に調整する。

❷保温…悪寒戦慄を訴える場合は、毛布をかけたりベッドに休ませたりして、保温する。

❸安静…発熱により体力の消耗と倦怠感が強い場合はベッドで休養させる。また、服のベルトを緩めたり、上着を脱がせ、体を楽にさせる。

❹水分補給…脱水予防のため、経口補水液などによって水分補給をする。なお、熱中症が疑われるが水分補給ができない状態の時は速やかに医療機関を受診させる。

❺嘔気・嘔吐への対応…嘔気や嘔吐がある場合は、ガーグルベースン(吐物容器)を準備し、(吐物による窒息防止のため)顔を横にして休ませる。

❻冷罨法…悪寒がおさまれば、氷枕・氷嚢などで後頭部や前額部などを冷やす。高熱の場合は、腋窩部、頸部、鼠径部など太い動脈部位を効果的に冷やす。

❼清潔…発熱による発汗時は、下着などの交換や蒸しタオルで体を拭き皮膚の清潔を保つ。

❽栄養補給…発熱により代謝亢進のため熱量消費は増し、体力は消耗する。消化管の活動は低下し食欲は低下する。嘔気・嘔吐がなければ、消化のよい物、ゼリーや果物など子供の好む物から与えるのもよい。

❾経過観察…改善しないまたは悪化する場合には医療機関受診を勧める。

❿伝染性疾患が疑われる場合は、他者への感染予防として別室での対応が必要となる。

引用・参考文献

1）岡田忍監修：看護のための症状Q&Aガイドブック、サイオ出版、2016
2）公益社団法人日本薬学会、薬学用語解説
（https://www.pharm.or.jp/dictionary/wiki.cgi?%E7%99%BA%E7%86%B1、2021年5月1日参照）
3）佐々木勝教監修：ゼロからわかる救急・急変看護、成美堂、2016
4）横路征太郎、柳原知子：小児救急看護に必要な知識と処置技術、小児看護26(9)、2003、1128-1130
5）太神和廣：発熱、小児疾患の診断治療基準　第3版、小児内科増刊号38、2006、14-15
6）山中龍宏：発熱、小児内科32(3)、2000、353-359
7）吉村仁志：発熱の鑑別診断、小児内科35(1)、2003、38-41
8）環境省熱中症予防情報サイト（htpp://www.wbgt.env.go.jp、2021年8月21日参照）
9）環境省、熱中症環境保健マニュアル　2011年5月改訂版、2011（htpp://www.env.go.jp/chemi/heat_stroke/manual.html）

7）ショック

（1）ショックの基礎知識

①ショックとは

ショックとは、急性の末梢循環不全で、還流不全により組織への栄養や酸素供給の障害が起こり、不可逆性障害（組織が壊死するなど、もとと全く同じ状態に戻らず機能障害や機能不全に陥ること）や重要臓器障害に陥る状態をいう。アナフィラキシーショックのような抗原抗体反応によるものもあり、学校では、いかに早期に発見し、救急車要請ができるかが重要となる。また、痛みや不安などにより、反射的に副交感神経が刺激されることにより末梢血管が拡張し、心拍出量が減少する相対的な不足によって起こる神経原性ショックや、血管迷走神経反射性失神もあり、この場合は、原因が取り除かれると回復する。

②ショックの原因

学校の管理下で起こる可能性のあるショックとしては、「アナフィラキシーショック」、「神経原性ショック（自律神経系失調によって引き起こされた、末梢血管弛緩による血圧が低下した状態）」、「心原性ショック（心臓の機能が低下することにより拍出量が減少し、その結果、循環血液量が低下して血圧が低下した状態）」、「循環血液量減少性ショック」が挙げられる（図表4-2-11）。

図表4-2-11　ショックの原因

アナフィラキシーショック	食物依存性運動誘発アレルギー、食物アレルギー、薬物アレルギー（抗生剤、解熱鎮痛剤）、ハチ毒アレルギー、ラテックスアレルギーなど
神経原性ショック	強い精神的衝撃、疼痛など
心原性ショック	心臓震盪、心筋炎など
循環血液量減少性ショック	外傷性出血、広範囲な熱傷、重度の脱水症など

MEMO

アナフィラキシーショック

ハチ毒や食物、薬物等が原因で起こる、即時型（Ⅰ型アレルギー）アレルギー反応の1つ。蕁麻疹や皮膚が赤くなる等の皮膚症状からはじまり、呼吸困難、めまい、意識障害等の症状へと進行し、血圧低下等の血液循環異常が急激に現れる緊急性の高い状態である。子供では、食物依存性運動誘発アレルギーの発症に注意を要する。

(2)ショックのアセスメントと援助の実際

①アセスメント

たとえ観察時にショック症状がなくても、原因からショックの可能性を判断し、初期症状の段階で迅速に緊急対応することが重要である。精神的衝撃や疼痛などにより神経原性ショック以外の初期における意識状態は、落ち着きがなく不穏(ふおん)状態・興奮などの徴候が現れる。いつもと違う子供の様子は判断の手がかりの1つである。

視診：意識状態(無欲・無関心状態、興奮・不穏状態、昏睡)、顔面(蒼白、紅潮)、四肢(蒼白、発赤)、皮膚(蕁麻疹、紅斑、まぶたや唇の腫れ)、外傷(損傷部位、出血、熱傷の程度など)、眼のくぼみ(脱水の程度)

バイタルサイン測定：脈拍(初期では頻脈で徐々に微弱となる、不整脈、神経原性ショックでは徐脈のこともある)、血圧(ショックが進行すると低下する)、瞳孔(対光反射、左右差)、体温

問診：発症様式(時期、誘因など)、随伴症状(嘔吐、下痢、腹痛、咳嗽、呼吸困難)、その他(経験、アレルギーの有無)、外傷(受傷機転、痛みの部位・程度)

触診：神経学的所見(知覚鈍麻、麻痺)、皮膚(四肢冷感、湿潤の有無)

聴診：胸部(喘鳴〈呼吸時にヒューヒュー等音がする〉)

②症状の段階ごとの対応

精神的衝撃におけるショック以外では、緊急対応が求められる。

症　状	対　応
意識障害、顔面蒼白、多量の出血、広範囲の熱傷、重症の脱水症状、呼吸困難	緊急性・重症度が高い状態であり[**救急車要請**]

ただし、食物アレルギーへの対応は、食物の関与の有無、原因食物を食べた・触れた可能性があれば、発見者は子供から目を離さず、症状の発現の前に予測して対応することが求められる。さらに、症状は急激に変化することがあるため、5分ごとなど、継続して症状を観察する。

症　状[1]	対　応
〈全身の症状〉 意識障害、顔面蒼白、尿・便の失禁、脈が触れにくいまたは不規則、唇や爪が青白い 〈呼吸器の症状〉 喉や胸が締めつけられる、声がかすれる、犬が吠えるような咳、呼吸困難、持続する強い咳き込み、ゼーゼーする呼吸 〈消化器の症状〉 持続する強いお腹の痛み、繰り返し吐き続ける	緊急性・重症度が高い状態であり[**救急車要請**]
〈呼吸器の症状〉 数回の軽い咳 〈消化器の症状〉 中等度のお腹の痛み、1～2回の嘔吐、1～2回の下痢 〈目・口・鼻・顔面の症状〉 顔全体の腫れ、まぶたの腫れ 〈皮膚の症状〉 強いかゆみ、全身に広がる蕁麻疹、全身が真っ赤	速やかに[**医療機関受診**]

〈消化器の症状〉 軽いお腹の痛み、吐き気 〈目・口・鼻・顔面の症状〉 目のかゆみ、充血、口の中の違和感、唇の腫れ、くしゃみ、鼻水、鼻づまり 〈皮膚の症状〉 軽度のかゆみ、数個の蕁麻疹、部分的な赤み	改善がみられない場合は[**医療機関受診**]を助言

③ショックの援助

❶一次救命処置…気道の確保、止血、保温、状態により心肺蘇生法、AEDの使用、エピペン® の使用(主治医の指示により処方されている場合)

❷環境整備…意識障害の場合は、衣類を緩め仰向けで下肢挙上を行う。呼吸困難の場合は、上半身を起こし、後ろに寄りかからせる座位をとる。吐き気、嘔吐がある場合は、身体と顔を横に向ける(回復体位)。広範囲の熱傷は、長く冷却すると低体温をきたし意識障害や不整脈を起こすため救急隊の指示を受けるなど、状況に合わせて対応する。強い精神的衝撃によるショックでは、不安や苦痛の軽減に努める。

❸日常生活…食物依存性運動誘発アレルギー、食物アレルギー、ラテックスアレルギーはアレルゲン除去が重要である。周囲と連携して一貫した対応が必要である。

引用・参考文献

1) 東京都アレルギー疾患対策検討委員会監修、食物アレルギー緊急時対応マニュアル、東京都健康安全研究センター企画調整部健康危機管理情報課、平成30年
(http://www.tokyo-eiken.go.jp/kj_kankyo/allergy/to_public/、2021年4月29日参照)
2) 柳澤正義監修：小児初期救急診療ガイドブック、へるす出版、東京、2004
3) 井上智子、稲瀬直彦監修：緊急度重症度からみた症状別看護過程、医学書院、東京、2014
4) 高木永子監修：看護過程に沿った対症看護、学研、東京、2018

8）意識障害

(1）意識障害の基礎知識

①定　義

意識とは「覚醒している」ことと「自分自身及び外界を認識している」という2つの要素をもつ脳の統合的機能であり、意識障害とは覚醒の程度が低下したり、自分や外界のことを認知したり内外の刺激に反応する力が低下したり消失したりする状態のことである。また、せん妄やもうろう状態など意識の変容も含む。

意識レベルを評価する方法には、「ジャパン・コーマ・スケール」(p.64参照)などを用いて客観的に判定する必要がある。さらに覚醒している場合は、幻覚や異常行動など子供の反応を質的に評価することも重要である。

なお、知的発達が未熟である幼少期や、精神遅滞、認知障害、抑うつなどがある小児の意識レベルを判定する場合は、それぞれの能力や状態に応じた問いかけを工夫する必要がある。

一部の原因を除き、意識障害は深刻な病態を示す症状であるため、養護教諭には子供の意識障害に

即座に気づき、速やかに対応することが求められる。子供の氏名を呼んで返答があることや大丈夫かと聞いて大丈夫と答えることにより安易に「意識清明」と判断してはならない。

②原　因

学校で発生する意識障害は、頭蓋内圧亢進、感染症、てんかんなど、脳そのものに原因がある場合が多いものの、代謝性疾患、呼吸・循環障害、その他(中毒、熱中症、低体温症、心因性疾患)など、脳以外に原因がある場合も少なくない。また脳の機能を維持するために必要な脳血流、酸素供給、ブドウ糖供給、酵素機能等が障害されることでも意識障害が発生する。

図表 4-2-12　意識障害の原因

原因分類	主な疾患、症状	特　徴
頭蓋内圧亢進	頭部外傷、脳血管障害(脳出血、脳梗塞)、もやもや病、脳腫瘍など	頭痛、高血圧、徐脈、けいれん、嘔吐、巣症状
感染症	脳炎、髄膜炎、脳膿瘍など	発熱、悪心・嘔吐、髄膜刺激症状
その他の中枢性疾患	てんかん、てんかん重積	反復する発作
代謝性疾患	ケトアシドーシス、低血糖、高アンモニア血症、尿毒症性脳症 低ナトリウム血症、低カルシウム血症など	基礎疾患(糖尿病、肝硬変、腎不全)による症状 嘔吐・下痢・多量発汗後の電解質異常
呼吸・循環障害	喘息重積、窒息、肺炎 不整脈、大動脈解離、急性心不全 種々の原因によるショック	喘鳴、呼吸困難、チアノーゼ 突然の意識喪失 ショック症状
その他	中毒(薬物、化学物質)、熱中症、低体温症 心因性疾患(過換気症候群、転換性障害)	物質の摂取や吸入、高温または低温環境で発症 ストレスにより発症

>>>>>コラム 3

意識の中枢は、脳幹網様体から大脳皮質に至る上行性網様体賦活系にあると考えられている。上行性網様体賦活系は、視床、脳幹(中枢、橋、延髄)に存在し、触覚、視覚、聴覚などの感覚伝導路と側枝で連絡しており、これらの感覚からのインパルスにより刺激され、これが大脳皮質の活動を維持、調節する。

図表 4-2-13　意識の中枢(上行性網様体賦活系)

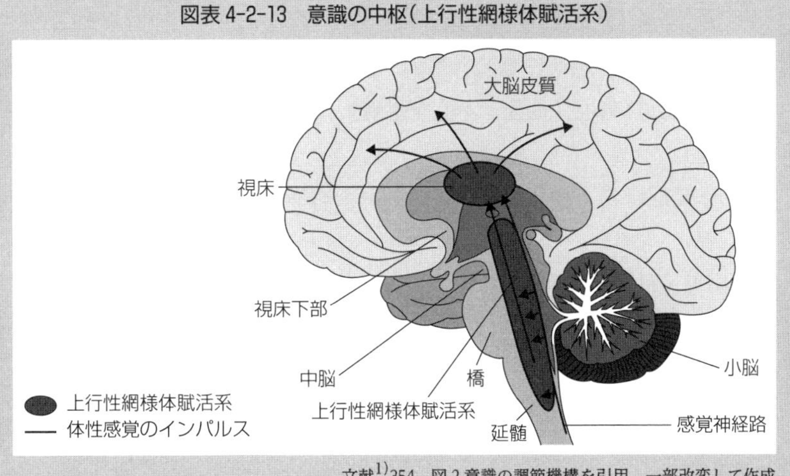

文献[1])354、図 2 意識の調節機構を引用、一部改変して作成

> **MEMO**
>
> **もやもや病**
>
> 脳に血液を送る左右の内頸動脈末端がしだいに細くなり閉塞していくために、不足した血液を補おうと脳内に細い血管をつくる疾患(画像でみるともやもやしたタバコの煙のように見える)。子供の繰り返す失神発作に注意する。日本人に多く、かつ子供に多い疾患。早くに発見できれば安全かつ有効な治療がある。

(2) 意識障害のアセスメントと援助の実際

意識障害は、突然子供が卒倒したり、その場にそぐわない辻褄(つじつま)の合わない発言や行動をとる子供に周囲が気づくことで発症が認知され、養護教諭に連絡が入る。てんかんの場合など1～2分で発作が終わることも多く、養護教諭が子供のところに駆けつけた時には意識障害から回復している場合もある。

養護教諭は、まず、子供に近づきながら、開眼しているか、目の焦点は合うか、子供の姿勢や動きに異常はないかなどを確認し、瞳孔の位置や大きさなどに注目しつつ、子供に呼びかけながら意識状態を把握し、意識障害の程度をJCS等を用いて判断する。そしてバイタルサインを観察し、緊急対応が必要な状態かを判断する。必要に応じて子供を回復体位へ変換した後、子供の様子を見ながら周囲の人からも情報を収集する。また、養護教諭は保健調査票等で基礎疾患の有無や事前に行った健康観察の結果も確認し、それを踏まえてその後の対応を判断していく。

①アセスメント

緊急検診：姿勢・けいれんの有無、顔色(紅潮、チアノーゼの有無)、瞳孔の位置・瞳孔径の大きさ(縮瞳・散大)・左右差、対光反射の有無、意識状態の観察(呼びかけで反応するか、見当識障害の有無、従命反応・痛覚刺激への反応の有無を段階的にみる)

バイタルサイン測定：呼吸：数・深さ・規則性(チェーンストークス呼吸、ビオー呼吸、クスマウル呼吸)、アセトン臭の有無、経皮的動脈血酸素飽和度(SpO_2)、脈拍：数・規則性・大きさ、体温(脳炎、髄膜炎、脳腫瘍、熱中症で上昇)、血圧(脳出血、脳梗塞、尿毒症で上昇、高度脱水で低下)

問診：頭部打撲の有無、頭痛、悪心、嘔吐、下痢、発汗、口唇・四肢のしびれ、中毒物質の服用(薬ほか)、発症前の環境(高温、低温、不完全燃焼)、現病歴(糖尿病、てんかん、腎疾患、肝疾患、呼吸器疾患など)

周囲の人から：発症時刻と症状の変化、けいれんの有無と起こり方、転倒時の様子(前駆症状や頭部打撲など)

触診：皮膚の温度(高温・低温)、湿潤・乾燥、麻痺の有無

②症状の段階ごとの対応

症　状	対　応
JCS Ⅰ～Ⅲ、瞳孔異常、激しい頭痛、嘔吐、髄膜刺激症状、巣症状、異常呼吸、徐脈、高体温、高血圧、喘息重積発作、呼吸困難、心停止、チアノーゼ、ショック症状、てんかん重積発作	緊急性・重症度が高い状態であり**［救急車要請］**
一時的な意識障害から回復	器質的疾患の可能性があり、保護者へ連絡し**［医療機関受診］**
てんかん発作、過換気症候群の過呼吸発作、転換性障害	はじめての発作の場合は**［医療機関受診］**を勧める

③学校における救急処置・対応

ⅰ　意識障害が持続している場合（救急車が来るまでに実施すること）

❶気道確保（回復体位）で状態観察、規則的な呼吸消失→仰臥位で人工呼吸・胸骨圧迫

❷高体温…エアコンの効いた部屋で 3 点クーリング（頸動脈部、腋窩動脈部、大腿動脈部）、露出部位を霧吹きで湿潤・送風

❸ショック症状…寝具で保温、四肢のマッサージ

❹低血糖…口腔粘膜にブドウ糖を塗りつける。

❺けいれん…頭部の保護

❻過呼吸発作…腹式の呼吸で呼気をゆっくり口をすぼめて長く呼出するよう誘導、適宜、息止めを指示し呼吸のリズムを整える。

❼喘息重積発作…本人の携行している吸入薬を指示書にしたがい吸入させる。

❽てんかん発作…衣服を緩め、指示書にしたがい坐薬を挿入する。

ⅱ　意識障害から回復した場合

❶てんかん・過換気症候群・転換性障害…発作後はゆっくりと休ませる。

❷過換気症候群・転換性障害…発作の誘因について考えさせ、発作を起こさない方策を本人が考えられるよう支援する。

参考文献

1）高木永子監修：看護過程に沿った対症看護 病態生理と看護のポイント 第 4 版、学研、2012、350-371

2）長村敏生：意識障害の診断、小児内科、Vol.41 No.4、2009-4、567-571

9）失　神

（1）失神の基礎知識（症状の定義、原因、子供発生状況）

「失神の診断・治療ガイドライン（2012年改訂版）」によると、失神とは、「一過性の意識消失の結果、姿勢が保持できなくなり、かつ自然に、また完全に意識の回復が見られること[1)]」と定義されている。つまり、失神は、❶意識消失があり、❷一過性で、❸急激に発症し、❹短時間で、❺自然に完全に回復するという特徴がある[2)]。

失神は、短い時間（数十秒の単位）、血圧が低下して心臓から脳に送る血液量が少なくなり、脳全体

が酸素不足になって意識を失う発作である[3]。意識を失うと、倒れて頭部外傷を受傷することもある。失神の多くは軽症だが、心疾患や出血など命に関わる病気が原因となっている場合もあるため、それらが疑われた場合はすぐに受診する必要がある。

失神と類似した症状を呈する疾患として、てんかんや低血糖、過換気症候群、くも膜下出血、心因反応などがあるが、疾患によって対処が異なるため留意が必要である。

失神は、❶起立性低血圧による失神、❷反射性(神経調節性)失神、❸心原性(心血管性)失神に大別される。若年層で多いのは、❷反射性(神経調節性)失神[1]であり、学校の朝礼等で長い時間立位でいた際に気分が悪くなってしゃがみ込んだり、倒れてしまったりする、いわゆる脳貧血はこれにあたる。ちなみに、全体的には、❷反射性(神経調節性)失神の頻度が最も高く、❸心原性(心血管性)失神がそれに次いでいる[1]。

失神の分類を図表4-2-14に示す。

図表4-2-14　失神の分類

起立性低血圧による失神	①原発性自律神経障害 ②続発性自律神経障害(糖尿病、アミロイドーシス、尿毒症、脊髄損傷) ③薬剤性(アルコール、血管拡張薬、利尿薬、抗うつ薬) ④循環血液量減少(出血、下痢、嘔吐など)
反射性(神経調節性)失神	①血管迷走神経性失神(感情ストレス〈恐怖、疼痛、採血等〉、起立負荷) ②状況失神(咳嗽、くしゃみ、嚥下、排便、内臓痛、排尿、運動後、食後、その他〈笑う、金管楽器吹奏、重量挙げ〉) ③頸動脈洞症候群 ④非定型(明瞭な誘因がない / 発症が非定型)
心原性(心血管性)失神	①不整脈(徐脈性、頻脈性、薬剤誘発性の徐脈、頻脈) ②器質的疾患(心疾患、肺塞栓症など)

文献[1]をもとに筆者作成

(2) 失神のアセスメントと援助の実際

失神のアセスメントの際に重要なことは、心臓性突然死の予兆とされる心原性失神を見落とさないことである。救急部門における失神患者を分析した研究[1]では、心原性失神は8～14%であり、最も多いとされる反射性失神は30～40%であった。前述した通り、子供では反射性失神が多い傾向があるため、この統計よりも割合が少なくなることが予想されるが、心原性失神が一定程度存在することを忘れてはならない。

①アセスメント

視診：瞳孔と対光反射の観察

問診[4](※本人とともに周囲にいた人からも情報収集する)→予想される疾患、病態

▶既往歴・現病歴

心臓疾患(QT延長症候群、心房頻拍、発作性上室頻拍など)、てんかん、糖尿病、もやもや病、起立性調節障害、精神疾患など、失神の原因となる基礎疾患がないかを把握する。

▶失神したのか転倒したのか

激しく倒れる→てんかん(硬直間代発作)

崩れるように倒れる→てんかん（脱力発作）、一過性脳虚血発作、過換気症候群、低血糖など
▶意識を失っていた時間
数十秒程度→失神
数秒～数十秒→てんかん（硬直発作）
数十秒～１分以上→てんかん（間代発作）
長引く意識消失→一過性脳虚血発作
▶失神前の状況
長時間の立位、混雑環境、暑苦しい環境→反射性失神の血管迷走神経性失神
座位から立位への体位変換→起立性低血圧による失神
排尿・排便中とその直後→反射性失神の状況性失神
座位、運動中・後→心原性失神
リコーダーや鍵盤ハーモニカを吹いていた、熱いものを食べていた（フウフウ）→もやもや病（p. 196参照）による一過性脳虚血発作
▶失神前の様子が変だった（または自覚症状があった）か
胸痛や背部痛・動悸や不整脈など→心原性失神
はぁはぁとした息づかい、口の周りや手のしびれ→過呼吸症候群
ぼーとしていた、口をもぐもぐしていた、まぶたがピクピクしていた、突然動きが止まったなど→てんかん
空腹感、倦怠感、不安感、悪心など→低血糖
頭痛、嘔気、眼前暗黒感、急に人の声が小さくなった、血の気が引いた、まぶしい光を見た、めまいがあったなど→反射性失神の血管迷走神経性失神
▶失神中の様子
ぐったりしていた、手足に力が入らない、けいれんがあったなど→一過性脳虚血発作
歯や口をくいしばっていた、口をもぐもぐさせていた、手足をつっぱり身体が硬直していた、手足をリズミカルに曲げ伸ばししていた→てんかん
▶失神後の様子
意識清明になるまで時間がかかる（１時間以上入眠してしまう）、舌の根元に傷がある、失禁、倒れる前後の記憶がない→てんかん
発作後に舌の先端に噛み傷がある→失神

触診：皮膚（発汗、四肢の冷感など）、神経学的所見（麻痺、感覚の鈍さなど）
バイタルサイン測定：血圧（失神やてんかんは低血圧、一過性脳虚血発作や過換気症候群は高血圧）、体温（感染症や熱中症との鑑別のためにも）

②症状の段階ごとの対応

症　状	対　応
心原性失神、出血による失神、一過性脳虚血発作、長引く意識消失、瞳孔の異常、けいれん発作(初発)	緊急性が高いため**[救急車要請]**
繰り返す失神	失神の原因を究明するため**[医療機関受診]**を助言

③学校における救急処置

❶衣服を緩め、意識が清明であれば仰向けに寝かせ、足を少し高くし、保温する。
　※嘔気がある際は、誤嚥防止のために回復体位(側臥位、顔を横に向ける)
❷頭部外傷等、倒れたことにより外傷を負っていないか確認し、手あてをする。
❸発作時の様子(発作前、発作後も含めて)について本人及び周囲の人から情報収集する。
❹記憶がない場合もあるため、不安な気持ちを落ち着かせる。
❺前駆症状が出た時の対応を確認し、予防する。
❻失神の原因をできる限り回避できるように、周囲と連携・調整する。

引用・参考文献

1) 合同研究班参加学会(日本循環器学会、日本救急医学会、日本小児循環器学会、日本心臓病学会、日本心電学会、日本不整脈学会)、失神の診断・治療ガイドライン(2012年改訂版)(https://www.j-circ.or.jp/old/guideline/pdf/JCS2012_inoue_h.pdf、2021年4月30日参照)
2) 小林洋一：失神の診断と鑑別、心臓財団虚血性心疾患セミナー、心臓、47、4、2015、511-515
3) 慶應義塾大学病院、失神、KOMPAS 慶應義塾大学病院医療・健康情報サイト(http://kompas.hosp.keio.ac.jp/contents/000006.html、2021年5月3日参照)
4) 遠藤伸子、久保田美穂：ピックアップ！学校の傷病～ピットフォールに陥らないための保健管理・保健教育～【今月のテーマ：失神】、健康教室2020年4月号、東山書房、2020

10) 熱中症

(1) 熱中症の基礎知識

熱中症は、「暑熱環境における身体適応の障害によって起こる状態の総称」である。従来、暑熱による障害は、主に症状から分類され、熱失神、熱けいれん、熱疲労、熱射病などとして示されてきたが、一連のスペクトラムとして「熱中症」として総称するものと定義された[2)]。

暑熱環境下で長時間の運動等により体温が上がると、体温を平熱に保つため発汗が起こるが、熱中症は、多量の発汗によって、体内の水分や塩分(ナトリウムなど)が減少し、脱水状態となること、また、体内の熱を運び出す血液の減少、血液の流れが滞るなどして、体温調節がうまく機能しなくなり、さらに体温が上昇して重要な臓器が高温に曝されることにより重症な状態となる。

①熱中症はどのようにして起こるのか

高い気温や湿度では熱の放散がしにくくなる。人の体は汗をかき、汗の蒸発による気化熱で体温を下げて、体温を調節している。体の中で発生した熱によって、熱くなった血液は、体表の皮膚近くの毛細血管に広がり、その熱を放散(放散熱)して血液の温度を下げている。

この汗による気化熱と皮膚表面から外気へ熱を放散することにより、体温は平熱となり、体温調節は保たれている。

しかし、皮膚表面でたくさんの血液を冷やしていると、熱を運ぶための血液が減少する。また、発汗により体内の水分量が減少する。それらにより、熱を運び出す血液そのものが減少し、効率よく熱を体外へ逃せなくなってしまう。

体から水分が減少すると、筋肉や脳、肝臓、腎臓等に十分血液がいきわたらず、筋肉がこむら返りを起こしたり、意識がボーっとして、意識を失う。肝臓や腎臓の機能に障害を起こすこともある。

図表 4-2-15　熱中症の起こり方

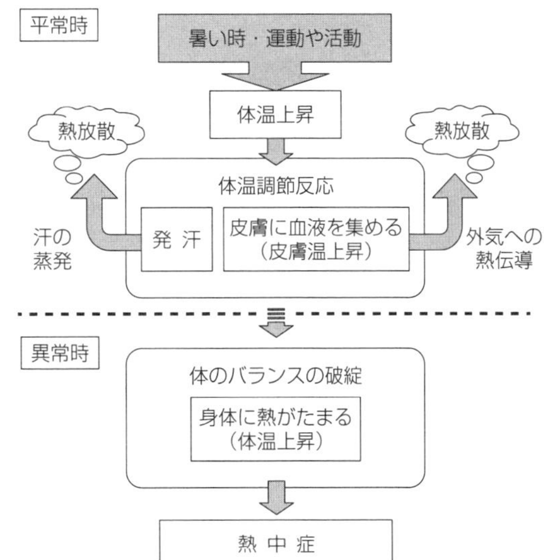

出典）環境省環境保健部環境安全課：熱中症環境保健マニュアル 2018、2018年３月改訂、3 [1)]

（２）熱中症のアセスメントと援助の実際

①アセスメント

暑熱環境下（直射日光や高温多湿下など）にあり、体調不良を児童生徒が訴えてきた場合は熱中症の可能性を疑い、生命に関わる緊急的・重篤な状態であるのかを、即座に緊急アセスメントすることが求められる。

熱中症は、日本救急医学会が、図表 4-2-16のように、熱中症の重症度を具体的な治療の必要性の観点から、Ⅰ度（現場での応急処置で対応できる軽症）、Ⅱ度（病院へ搬送を必要とする中等度）、Ⅲ度（入院して集中治療の必要性のある重症）に分類している。

学校生活において暑熱環境での状況があり、児童生徒が体調不良を訴えている場合は、常に熱中症の可能性を念頭においてアセスメントを行い、適切な対応を迅速に行う必要がある。特に、重症度を判定する重要な点は、意識レベルである。少しでも意識がぼーとしているおかしい様子がみられた場合は、医療機関に搬送する。意識消失がある場合は、一刻も早く救急車を呼び医療機関へ救急搬送する。

> **MEMO**
>
> **暑熱による障害の従来の分類**
>
> 【熱失神】立ちくらみという脳への血流が一時的に減少した状態。
> 【熱けいれん】筋肉の「こむら返り」のことで、痛みを伴う。発汗によるNaの欠乏で起こる。
> 【熱疲労】高度の脱水と循環不全により、めまい、頭痛、吐き気等の全身症状を伴う。
> 【熱射病】高体温に加え意識障害と発汗停止が主な症状で、けいれん、肝障害や腎障害も合併する。最悪の場合、死に至る。

緊急視診・緊急問診・緊急検診（バイタルサイン・意識）：意識消失・けいれん・手足の運動障害の有無、体温上昇等の確認を行い、症状があれば一刻も早く救急車を要請する。

バイタルサイン測定：体温、脈拍、呼吸の測定、体温上昇の有無、頻脈（脈拍増加）の有無

問診：発生の状況・水分補給の状態、生活状況（睡眠・活動前の体調等）、たちくらみ・めまい、頭痛・吐き気・倦怠感の有無、筋肉痛・筋肉の硬直の有無、集中力・判断力の低下の有無

視診・触診：顔色（紅潮または蒼白）、発汗の程度、皮膚の状態

図表 4-2-16　熱中症の分類

新分類	症　状	重傷度	治　療	病態からみた分類（参考）
Ⅰ　度	めまい、 大量の発汗、 欠伸、筋肉痛、 筋肉の硬直（こむら返り） 意識障害を認めない		通常は現場で対応可能 →冷所での安静、体表冷却、経口的に水分と Na の補給	熱ストレス 熱浮腫 熱失神 熱けいれん
Ⅱ　度	頭痛、嘔吐、 倦怠感、虚脱感、 集中力や判断力の低下 （JCS1 以下）		医療機関での診察が必要→体温管理、安静、充分な水分と Na の補給（経口摂取が困難なときには点滴にて）	熱疲労
Ⅲ　度 （重傷）	下記の 3 つのうちいずれかを含む (1) 中枢神経症状（意識障害≧JCS2、小脳症状、痙攣発作） (2)肝・腎機能障害（入院経過観察、入院加療が必要な程度の肝または腎障害） (3) 血液凝固異常（急性期 DIC 診断基準〈日本救急医学会〉にて DIC と診断）		入院加療（場合により集中治療）が必要 →体温管理 （体表冷却に加え体内冷却、血管内冷却などを追加） 呼吸、循環管理 DIC 治療	熱射病

Ⅰ度の症状が徐々に改善している場合のみ、現場の応急処置と見守りで OK

Ⅱ度の症状が出現したり、Ⅰ度に改善がみられない場合、すぐ病院へ搬送する

Ⅲ度か否かは救急隊員や、病院到着後の診察・検査により診断される

出典）日本救急医学会：熱中症診療ガイドライン2015、日本救急医学会、2015、7 [2)]

②熱中症の対応

バイタルサイン、問診、視診・触診により、図表 4-2-17の対応フローチャートのように判断・対応する。

体温を下げるため冷却をできるだけ早く行う。重症者を救命できるかどうかは、いかに早く体温を下げることができるかにかかっている。救急車を要請した場合も、来るまで冷却を行う。

❶涼しい場所への移動・安静…風通しのよい日陰や、クーラーが効いている室内(保健室)等に移動させる。ベッドに(外では横になれる場所)臥位になるよう促し、安静にさせる。

❷衣服を緩め冷却…衣類を緩める。上着のボタンは外し、靴や靴下は脱がせる。きついベルトや下着は緩めて風通しをよくする。濡らしたタオルやハンカチを露出している部分にあて、扇風機やうちわで扇ぎ、体を冷やし体温を下げる。氷嚢を前頸部(首のつけ根)の両脇、両腋窩部(腋の下)、鼠径部(大腿のつけ根の前面、股関節部)にあて、皮膚直下を流れている血液を冷やす。

❸十分な水分と塩分の補給…意識がある場合、冷たい水分を飲ませる。大量の発汗があった場合、塩分も適切に補える経口補水液やスポーツドリンク等を飲ませる。経口補水液等がない場合は、食塩水(水１ℓに食塩１～２ｇ)等を飲ませる。

❹医療機関への搬送・受診させる…重症度Ⅲ度が判断される場合は、速やかに救急車で医療機関へ搬送する。重症度Ⅱ度あるいは自力で水分摂取ができない時は、塩分を含めて点滴で補う必要があるため速やかに医療機関へ搬送する。その場に居合わせた状況のわかる人が医療機関につき添う。

図表 4-2-17　暑い環境での体調不良への対応フローチャート

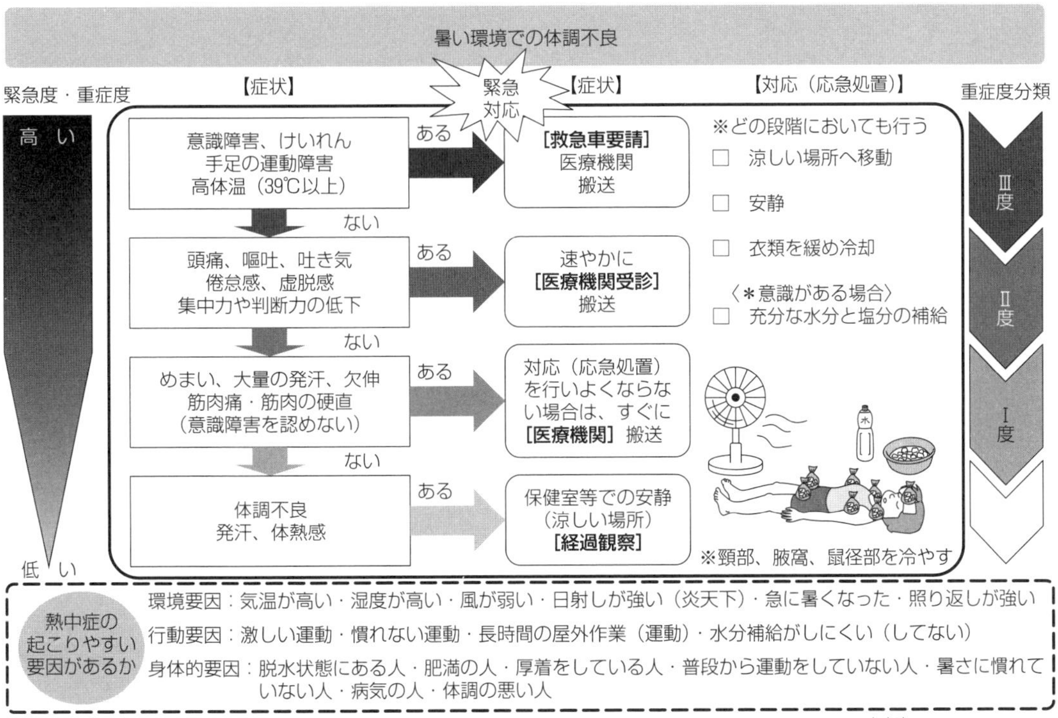

暑い環境での体調不良

緊急度・重症度	【症状】		【症状】（緊急対応）	重症度分類
高い	意識障害、けいれん 手足の運動障害 高体温（39℃以上）	ある →	[救急車要請] 医療機関 搬送	Ⅲ度
	↓ない			
	頭痛、嘔吐、吐き気 倦怠感、虚脱感 集中力や判断力の低下	ある →	速やかに [医療機関受診] 搬送	Ⅱ度
	↓ない			
	めまい、大量の発汗、欠伸 筋肉痛・筋肉の硬直 （意識障害を認めない）	ある →	対応（応急処置）を行いよくならない場合は、すぐに [医療機関] 搬送	Ⅰ度
	↓ない			
低い	体調不良 発汗、体熱感	ある →	保健室等での安静 （涼しい場所） [経過観察]	

【対応（応急処置）】

※どの段階においても行う

□ 涼しい場所へ移動

□ 安静

□ 衣類を緩め冷却

〈＊意識がある場合〉

□ 充分な水分と塩分の補給

※頸部、腋窩、鼠径部を冷やす

熱中症の起こりやすい要因があるか

環境要因：気温が高い・湿度が高い・風が弱い・日射しが強い（炎天下）・急に暑くなった・照り返しが強い

行動要因：激しい運動・慣れない運動・長時間の屋外作業（運動）・水分補給がしにくい（してない）

身体的要因：脱水状態にある人・肥満の人・厚着をしている人・普段から運動をしていない人・暑さに慣れていない人・病気の人・体調の悪い人

文献[1)2)3)]を参照して筆者作成

（３）熱中症の予防対策

運動や活動による熱中症は、適切な予防措置により防ぐことが可能である。また、熱中症の発生には、環境・運動・その時の状態などの条件が関係するので、教職員が条件を留意し、児童生徒の健康観察により早期に熱中症に気づき適切に対応することが求められる。また、学校全体で保健指導・保健教育を行い、児童生徒が自分自身で予防措置をとることができるように、健康に生きる力を育てることも大切である。

①運動・活動時の児童生徒への指導

❶水分をこまめに補給する…暑い時はこまめにスポーツドリンクあるいは0.1～0.2％食塩水を飲む（水１ℓに食塩１～２g）。

❷服装に気をつける…帽子をかぶる。服装は軽装で、透湿性や通気性のよい素材を選ぶ。

❸急に暑くなった時は、暑さに徐々に慣らす…急に暑くなった時は、運動を軽くして徐々に慣らしていく。

❹日頃から体調に気をつける…睡眠不足、体調不良、疲労している等であると熱中症になりやすいので気をつける。

②運動・活動時の教職員の留意事項

❶①の運動・活動時の児童生徒への指導を行い、水分補給に気をつけておく。
水分をこまめにとることができるよう、休憩は30分に１回程度とする。

❷環境の条件を把握しておく。
図表 4-2-18のように、暑さ指数(WBGT)による、運動指針を適用する。

❸環境条件、体調に応じた運動量(強度と時間)にする。強制的に無理な運動をさせない。

❹個人の条件や体調を考慮する。
体力のない人、肥満の人、暑さに慣れていない人は熱中症を起こしやすいので、運動を軽減する。
下痢・発熱・疲労等体調の悪い時は熱中症を起こしやすいので注意する。

❺暑い中で、児童生徒の具合が悪くなった場合、早めに保健室に搬送する等の措置をとる。

図表 4-2-18　熱中症予防のための運動指針

暑さ指数(WBGT)(℃)	湿球指数(℃)	乾球指数(℃)	熱中症予防のための運動指針	
			運動は原則中止	特別の場合以外は中止。特に、子どもの場合は中止すべき。
31	27	35		
			厳重警戒 激しい運動中止	激しい運動･持久走は避ける。積極的に休息をとり、水分補給。体力のない者、暑さに慣れていない者は運動中止。
28	24	31		
			警戒 積極的に休息	積極的に休息ととり、水分補給。激しい運動では、30分おきぐらいに休息。
25	21	28		
			注意 積極的に水分補給	死亡事故が発生する可能性がある。熱中症の聴講に注意。運動の合間に水分補給。
21	18	24		
			ほぼ安全 適宜水分補給	通常は熱中症の危険は小さいが、適宜水分補給を行う。市民マラソン等ではこの条件でも要注意。

(日本体育協会．2013)

1）環境条件の評価には暑さ指数（WBGT）が望ましい。
2）乾球温度を用いる場合には湿度に注意する。湿度が高ければ、1ランク厳しい環境条件の運動指数を適用する。

出典）環境省環境保健部環境安全課：熱中症環境保健マニュアル2018、2018年３月改訂、45[1)]

③緊急時に備えて、救急体制を整えておく

❶緊急時には、すぐに救急車を呼び医療機関へ搬送できるよう、緊急時対応マニュアルを作成し、学校教職員に周知しておく。

❷特に暑い時期は、保健室では冷蔵庫に補水液・食塩水(水１ℓに食塩１～２ｇ)を常備し、氷を多めにつくっておく。扇風機・うちわなどもすぐに使用できるように準備しておく。

引用・参考文献

1）環境省環境保健部環境安全課：熱中症環境保健マニュアル2018、2018、1-69
2）日本救急医学会：熱中症診療ガイドライン2015、一般社団法人日本救急医学会 熱中症に関する委員会、2015、７-13
3）山内豊明監修、三村由香里、岡田加奈子編：保健室で役立つステップアップフィジカルアセスメント、東山書房、2015、208

11）発　疹

（１）発疹の基礎知識

発疹とは、吹き出物や水疱など見た目でわかる皮膚に現れる病変のことである。赤くブツブツしている、赤くガサガサしている、赤く盛りあがっているなど、様々で、それらの多くにかゆみや痛みなどの皮膚症状が伴う。その原因は、皮膚そのものの病気や皮膚以外の病気、心の病気、食物、薬によるアレルギー症状、虫さされなど、様々である。アレルギー疾患で、アナフィラキシーが疑われる場合は、生命に関わる事態も起こりうるため、緊急時に対応することができるように、日頃から留意しておく必要がある。また、子供の発疹の疾患では、感染症にみられることが多くある。

皮膚症状は、多彩な形で現れる。概ねではあるが、麻しん・風しんのように紅斑・丘疹を主とする群、水痘のように水疱を生じる群、蕁麻疹様発疹を生じる群、多形紅斑を生じやすい群などがある。

①発疹を伴う主な疾患（図表 4-2-19）

ⅰ　子供の急性発疹症（感染症）

子供に好発する急性発疹症には、比較的急激に発症し、発熱などの全身症状とともに全身に発疹を生じる疾患として、ウイルスが原因で起こる発疹症に、麻しん、風しん、水痘、伝染性紅斑、手足口病などが挙げられる。その他の原因による疾患として、細菌性感染症による溶連菌感染症などがある。

児童生徒の発疹の訴えに対してフィジカルアセスメントを行い、感染症が疑われる場合は、早期に医療機関の受診につなげることが必要である。また、発疹を伴う感染症の中で、学校感染症の第二種である麻しん、風しん、水痘は、学校集団の中で感染が蔓延する可能性があるため、感染防止の観点から、医師の診断により学校保健安全法施行規則第19条の出席停止期間にしたがって、他児童生徒への感染予防にも努めることも必要である。ただちに出席停止の措置をとる対象となるものではないが、第三種のその他の感染症として、溶連菌感染症、伝染性紅斑、手足口病、伝染性膿痂疹、伝染性軟属腫などがある。

ⅱ　アレルギー疾患

アレルギー疾患には蕁麻疹が生じる場合がある。アレルギーが原因で起こる最も危険な状態は、意識障害、呼吸困難、血圧低下など生命にも関わるアナフィラキシーショックである。アナフィラキシーの病型には、食物、食物依存性運動誘発アナフィラキシー、運動誘発アナフィラキシー、昆虫、医薬品、ラテックスによるものなどがある。日頃から児童生徒のアレルギーに関する情報を把握しておき、症状がみられた時は一刻も早く医療機関への搬送ができるよう、学校の緊急時の体制を整備し、教職員に周知しておくことが必要である。

②発疹の種類

発疹の種類には図表 4-2-20のような斑、膨疹、丘疹、水疱や膿疱（水泡の内容物が白血球の浸潤により膿汁となり黄色に濁ってみえるもの）がある。

第4章

図表 4-2-19　発疹を伴う主な疾患

	【湿疹名】	【発疹の特徴等】	【発熱かゆみ】	【発疹部位】
発疹を伴う感染症	麻しん	・紫紅色の斑状丘疹で融合傾向を認める ・口の中は白い小さな発疹（コプリック斑） ・紅い発疹が消えた後、褐色の色素沈着を残す	いったん熱が下がり、再び高熱が出ると同時に発疹が出る	・耳の後ろ・頸部から顔面にかけて出はじめ体幹を中心に四肢へと全身に広がる
	風しん	・バラ紅色の斑状丘疹。全身に紅くて細かい発疹 ・耳の後ろ、頸部リンパ節腫脹 ・発疹は 3〜4 日で消退	発熱と同時に発疹が出る。時にかゆみを伴う	・顔→体幹（胸や背）→四肢（手足）の順に出る
	水痘	・最初は赤い小さな丘疹で周囲に紅斑を伴う →1〜2 日で水疱→膿疱→痂皮形成 ・時間を追って発疹が増え、種々の段階の発疹が全身に混在するのが特徴	発熱と同時に発疹が出る。かゆみを伴う	・体幹を中心に広がる。顔面・四肢に少ない
	溶連菌感染症	・赤くて細かい紅色小丘疹が首や胸のあたりから全身に広がる ・咽頭炎・扁桃炎（のどの腫れ・痛み）・苺舌	発熱と同時に発疹が出る。かゆみを伴う	・鼠径部、腋窩、肘窩、膝窩などの間擦部位からはじまり、全身へ
	伝染性紅斑	・顔面頬の蝶形紅斑（真っ赤にみえる） ・手や足のレース様網状皮疹	発熱ありとなしの場合がある	・頬よりはじまり、上肢、大腿、前腕に広がる
	手足口病	・手掌（手のひら）、足蹠（足の裏）、口腔内に小水疱、小紅斑、小丘疹が出る。臀部、膝にも丘疹や小水疱がでる	発熱ありとなしの場合がある	・手掌、足蹠、口腔内、肘頭、膝蓋、臀部にもみられる
	伝染性軟属腫	・常色〜白〜淡紅色の丘疹、中央臍窩（中央が凹んだ）をもつ小丘疹	発熱なし かゆみなし	・体幹や四肢にできる
	伝染性膿痂疹	・水疱が散在性に多発 ・水疱、びらん面には多数の黄色ブドウ球菌が存在し、接触により容易に感染する	発熱なし かゆみなし	・接触した部位へ広がる

	【疾患名】	【発疹の特徴等と留意点】
アレルギー性疾患	蕁麻疹（食物アレルギー）	・身体のあちこちにあらわれる膨疹。 ・激しいかゆみを伴った発疹。 ・数時間で消えることが多い。 ・食物を食べると出る蕁麻疹は食物アレルギー、食物依存性運動誘発アレルギーに注意が必要。 ※胸や喉が苦しくなる場合は、粘膜にもアレルギー症状が起きている可能性がある。 アナフィラキシーショックに陥る危険性がある場合、緊急的な救急処置・救急車要請が必要
	薬疹	・薬品によって多様なタイプの発疹が出る。 ・広範囲、顔、頸部、前腕、大腿に出る。
	アトピー性皮膚炎	・発赤やかゆみではじまり、顔、頸、手掌（手のひら）と甲、肘、膝等の折れ曲がる部分に湿疹を繰り返す。 ・慢性的に続く、赤くて細かい発疹。
	アレルギー性紫斑病	・わずかに盛り上がった出血斑が足関節周囲を中心にほぼ左右対称に出る。 ・軽いかゆみを伴った蕁麻疹様の発疹ではじまり、紫色の出血斑となる。 ・臀部・四肢に出ることが多い。場合により、上肢、体幹、顔面などにも広がる。
外因性による	虫刺症	・蚊、ブユ、ハチ、アリ、ネコ、ノミ、ダニ類などに刺された。毒蛾、毛虫に触れた時に生じる皮膚炎がある。 ・かゆみを伴うやや隆起した赤い発疹が左右非対称に出る。
	接触性皮膚炎	・原因となる物質に皮膚が接触することにより発症する皮膚の炎症。
原因不明	川崎病	・突然の発熱で発症する。数日のうちに頸部リンパ節腫脹、眼球膜充血、苺舌、口唇の発赤などの粘膜症状、主に 4 歳以下の乳幼児にみられる。継続的な管理が必要となる。 ・不定形な紅斑、四肢末端に紅斑、硬性浮腫などの血管性炎症状があらわれる。

文献[1)5)]を参照して筆者作成

図表 4-2-20　発疹の種類

名称	性状	
斑（はん）		皮膚の盛り上がりが、ほとんどないもの。紅色のものを紅斑（こうはん）、赤紫色のものを紫斑（しはん）という。
膨疹（ぼうしん）		皮膚が盛り上がり、境界がはっきりしているもの。形や大きさはさまざまで、たいてい 2 ～ 3 時間以内で消える。
丘疹（きゅうしん）		皮膚が直径 5 mm 以下の円形状に盛り上がっているもの。
水疱（すいほう）		皮膚が盛り上がり、中に水分がたまっているもの。水の代わりに膿がたまったものは膿疱（のうほう）という。

出典）鈴木美枝子編著：これだけはおさえたい！　保育者のための「子どもの保健Ⅱ」第 2 版、創成社、2018、106[3)]

(2) 発疹のアセスメントと援助の実際

①アセスメント

緊急視診・緊急問診・緊急検診(バイタルサイン・意識)：アナフィラキシーショックが疑われる、意識レベル低下・呼吸困難・咽頭狭窄感・胸部圧迫感・血圧低下・口唇のしびれ・けいれん等の症状がある場合は、一刻も早く救急車を要請し、医療機関へ搬送する。

観察・視診：発疹の種類、形や色、発疹の変化の有無、かゆみや痛みの有無、発疹の部位(局所的にどの部位にあるか、全身に及んでいるか)、発疹の広がり方(どの部分にはじまってどのように広がったか)、顔色、粘膜の変化(口腔内)、皮膚の変化、全身状態など

バイタルサイン測定：体温、脈拍、呼吸の測定、発熱による発疹の有無(発熱して発疹がすぐに出たか、熱が下がり再び熱が出た時に発疹が出たか等)、呼吸困難(息苦しさ)

問診：アレルギーの有無・既往歴、予防接種歴・感染症の既往歴(保健調査等の情報確認)、発疹の開始時期、発熱持続期間、食事内容や食事時間、虫さされの有無等

触診：リンパ節腫脹の有無等

②基本的な対応と援助

ⅰ　基本的な対応

アセスメントにより、発疹の基本的な対応については、図表 4-2-21に示す通りである。

ⅱ　かゆみへの対応

・体温の上昇や発汗により、かゆみが増すために室温や湿度の調節を行う。症状が悪化している場合は、体育等の運動内容等を考慮する。

・かゆみが和らぐように、冷たいタオルや保冷剤などで患部を冷やす。

・皮膚疾患などで、症状が続くようなら、衣服や寝具にも配慮し、皮膚への刺激が少ないものを着るように児童生徒への指導、必要なら保護者へ準備の依頼を行う。

・かゆみが強い場合は、皮膚科、小児科等、医療機関への受診を指導する。

図表 4-2-21　発疹への対応フローチャート

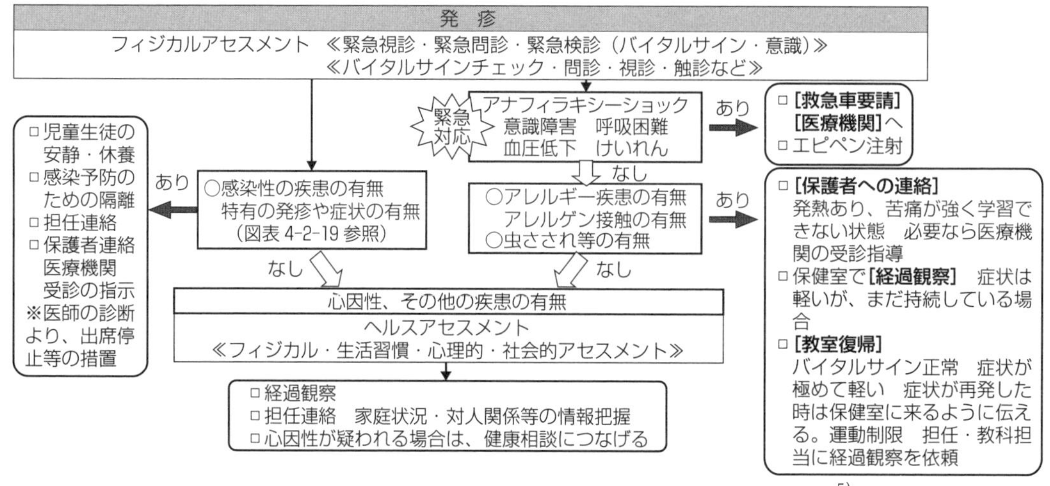

文献[5] 126-127を参考に筆者作成

引用・参考文献

1）日野治子：こどもの発疹のみかた―急性発疹症へのアプローチ、中外医学社、2015

2）今井七重編：演習子どもの保健Ⅱ 第2版、みらい、2018

3）鈴木美枝子編著：これだけはおさえたい！　保育者のための「子どもの保健Ⅱ」第2版、創成社、2018

4）落合慈之監修、森浩編集：皮膚科疾患ビジュアルブック、学研メディカル秀潤社、2011

5）全養サ書籍編集委員会、草川功監修：新版　ここがポイント！　学校救急処置、農山漁村文化協会、2018

6）五十嵐隆編、細矢光亮編：小児感染症―最新カレンダー＆マップ―、中山書店、2011

12）性感染症

（1）性感染症の基礎知識

性感染症とは、性的な接触により感染する疾患の総称で、STI(Sexual Transmitted Infection)またはSTD(Sexual Transmitted Diseases)という。性感染症の多くは性的行為による接触感染であり、膣性交、口腔性交、肛門性交などの性的接触により、病原体を含む体液(精液、膣分泌液、血液など)に粘膜や傷口が直接触れることにより感染する。厚生労働省は、性感染症に関する特定感染症予防指針[1]により、図表 4-2-22の5つの性感染症について定点医療機関の発生状況を指定期間ごとに収集している。近年の報告数は全体的には概ね横ばいの傾向が見られるものの若い世代に感染者が多く、特に梅毒については報告数全体に占める女性の報告数の増加が指摘されている。

性感染症には免疫性はないことから、パートナー間で繰り返し感染が起きることもある(ピンポン感染)。そのためパートナーを含めた治療が必要になる。また、性感染症の特徴として、無症状の疾患も多く、感染したことに気づきにくく感染が広がるため、適切な予防及び早期発見・早期治療が大切である。一般的には、男性より女性の方が症状に気づきにくいといわれており、不妊症の原因や出産時に母子感染が起こる場合もある。性感染症を放置しておくと、他の性感染症やHIV感染の感受性が高まることから注意が必要である。

図表 4-2-22　性別にみた性感染症(STD) 報告数の年次推移

	定点医療機関数	性器クラミジア感染症			性器ヘルペスウイルス感染症			尖圭コンジローマ			淋菌感染症			梅毒		
		総数	男	女	総数	男	女	総数	男	女	総数	男	女	総数	男	女
1999	855	25,033	11,007	14,026	6,566	2,975	3,591	3,190	1,820	1,370	11,847	10,115	1,732	751	482	269
2000	897	37,028	15,856	21,172	8,946	3,907	5,039	4,553	2,511	2,042	16,926	14,196	2,730	759	512	247
2001	911	40,836	17,497	23,339	9,314	3,957	5,357	5,178	2,814	2,364	20,662	17,205	3,457	585	400	185
2002	917	43,766	18,284	25,482	9,666	4,074	5,592	5,701	3,044	2,657	21,921	17,591	4,330	575	395	180
2003	920	41,945	17,725	24,220	9,832	4,075	5,757	6,253	3,299	2,954	20,697	16,170	4,527	509	388	121
2004	916	38,155	16,533	21,622	9,777	3,874	5,903	6,570	3,628	2,942	17,426	14,299	3,127	533	408	125
2005	931	35,057	15,220	19,837	10,258	4,129	6,129	6,793	3,795	2,998	15,002	12,374	2,628	543	411	132
2006	946	32,112	13,909	18,203	10,447	4,311	6,136	6,420	3,547	2,873	12,468	10,236	2,232	637	441	196
2007	968	29,939	13,176	16,763	9,223	3,757	5,466	6,197	3,472	2,725	11,157	9,104	2,053	719	521	198
2008	971	28,398	12,401	15,997	8,292	3,383	4,909	5,919	3,357	2,562	10,218	8,203	2,015	827	615	212
2009	961	26,045	11,845	14,200	7,760	3,078	4,682	5,270	2,981	2,289	9,285	7,358	1,927	691	523	168
2010	965	26,315	12,428	13,887	8,420	3,272	5,148	5,252	3,014	2,238	10,327	8,453	1,874	621	497	124
2011	967	25,682	11,736	13,946	8,240	3,292	4,948	5,219	2,987	2,232	10,247	8,076	2,171	827	650	177
2012	971	24,530	11,470	13,060	8,637	3,399	5,238	5,467	3,120	2,347	9,248	7,307	1,941	875	692	183
2013	974	25,606	12,369	13,237	8,778	3,493	5,285	5,743	3,356	2,387	9,488	7,591	1,897	1,228	993	235
2014	975	24,960	11,936	13,024	8,653	3,293	5,360	5,687	3,345	2,342	9,805	7,710	2,095	1,661	1,284	377
2015	980	24,450	11,670	12,780	8,974	3,540	5,434	5,806	3,589	2,217	8,698	6,905	1,793	2,690	1,930	760
2016	985	24,397	11,724	12,673	9,175	3,620	5,555	5,734	3,666	2,068	8,298	6,654	1,644	4,575	3,189	1,386
2017	988	24,825	12,072	12,753	9,308	3,694	5,614	5,437	3,382	2,055	8,107	6,459	1,648	5,826	3,931	1,895
2018	984	25,467	12,346	13,121	9,129	3,585	5,544	5,609	3,584	2,025	8,125	6,378	1,747	7,007	4,591	2,416
2019	983	27,221	13,947	13,274	9,413	3,520	5,893	6,263	4,113	2,150	8,205	6,467	1,738	6,642	4,387	2,255

出典）厚生労働省感染症発生動向調査(2019年)　　注：平成11年のみ４月～12月分の集計

(２) 性感染症のアセスメントと援助の実際

①性器クラミジア

感染者数の最も多い性感染症である。クラミジア・トラコマチスが原因となって起こる病気で、感染しても症状が出ない、または症状が軽いために自分が感染していることに気がつかないことがよくある。潜伏期間は１～４週間で、病原体は喉、直腸、尿からも検出されるため、膣、尿道、口、肛門を使う性的行為に注意が必要である。検査は尿や分泌物、おりものを採取し、遺伝子学的検査や培養検査を用いて診断する。血液によってクラミジア抗体を調べる検査では、過去に感染してすでに治癒している人も陽性となる場合がある。病気が進行すると不妊症や母子感染などの原因になるため、感染したら必ず医療機関を受診して最後までしっかり治療することが大切である[2)]。

②梅　毒

梅毒は梅毒トレポネーマという病原菌がもとになって起こる性感染症で、何年もかかって病気が進行していく。梅毒は2013(平成25)年に急増し、現在も20代の男女、30～40代の男性の中で増加傾向が続いている性感染症である。主な感染経路は、感染者との粘膜の接触を伴う性的行為による直接接触で、感染後約３週間から３か月までの初期には感染が起きた部位(性器、口唇・口腔内、肛門等)にしこりや潰瘍ができることがあるが、痛みがないことも多く治療をしなくても症状は自然によくなる。しかし、体内から病原体がいなくなったわけではなく、他の人にうつす可能性がある。感染後、治療をしないで３か月以上を経過すると、手のひら、足の裏、体全体にうっすらと赤い発疹が出ることがあり、発疹は治療をしなくても数週間以内に消失するが、抗菌薬で治療しない限り病原菌である梅毒トレポネーマは体内に残っており、梅毒が治るわけではない。この時期まで適切な治療を受けられなかった場合、数年後に複数の臓器の障害につながることがあるため早期治療が重要である。梅毒に感染したかどうかは医師による診察と、血液検査(抗体検査)で判断する。最初の数週間は抗体検査をしても陽性反応が出ないことがあるため、感染の可能性のある行為から約３週間をおいて検査を受ける必要がある。梅毒は、早期の薬物治療で完治が可能である。

図表 4-2-23　東京都における梅毒性別年齢別患者累積報告数(2013～2020年)

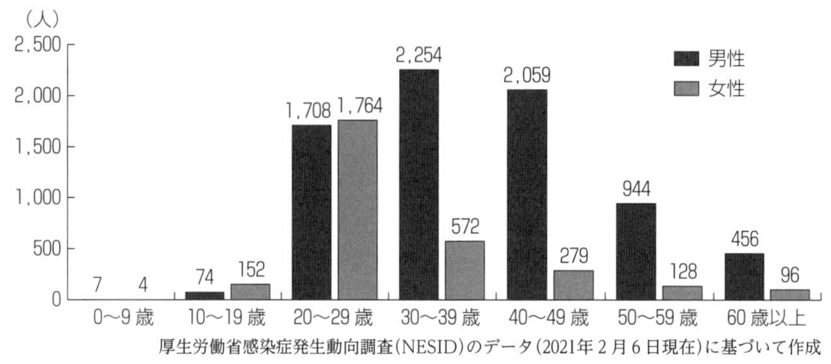

厚生労働省感染症発生動向調査(NESID)のデータ(2021年２月６日現在)に基づいて作成

③ HIV・AIDS

ⅰ　HIV・AIDS とは

HIV とは、Human Immunodeficiency Virus(ヒト免疫不全ウィルス)の頭文字をとったウイルスの名前である。HIV は、免疫の司令塔の役割をもつ細胞(CD４陽性リンパ球)に感染し、からだを病気から守っている免疫力を破壊していくことが知られている。

一方、AIDS とは、Acquired Immuno Deficiency Syndrome (後天性免疫不全症候群)の頭文字をとった病名で、HIV の感染により起こる病気のことである。HIV に感染してもすぐに AIDS を発症するわけではなく、通常は HIV に感染して６～８週間経過した後、血液中に HIV 抗体が現れることにより、血液検査で感染の有無を確認することができる。その後、自覚症状のない時期(無症候期)が数年から十数年続き、長い時間かけて徐々に免疫力が低下していく。AIDS の発病とは、HIV 感染により免疫力が低下し、本来なら自分の力で抑えることのできる病気(ウイルスや細菌、カビなどの病源体)に感染しやすくなり、様々な病気の症状が起こることをいう。抵抗力が落ちることで発症する疾患のうち、代表的な23の指標となる疾患が決められており、これらを発症した時点で、AIDS発症と診断される。

ii　感染経路

HIVは、主に感染している人の血液、精液、膣分泌液、母乳に含まれていて、粘膜や傷口を通して人の体内に入り、感染を引き起こす。主な感染経路としては、❶性的接触による感染、❷血液による感染、❸母子感染が挙げられる。母子感染では、妊娠中に胎盤を通して、出産時の産道を介して、母乳を介して感染の可能性がある。しかし、日本では現在の抗HIV薬による治療と、その他の適切な対応を行うことで母子感染を1％以下にまで抑えることが可能となっている[3)]。HIVは、感染している人の尿や唾液にも含まれているが、ごく微量のため人に感染させる力はなく、人の体内でなければ生きていくことができない[4)]。そのため、家庭や学校、職場での日常生活で感染が起こることはない。

iii　ウインドウ・ピリオド

HIVに感染してから一定の期間、感染していることを検査では調べることができない時期があり、この期間を「ウインドウ期(ウインドウ・ピリオド)」と呼んでいる。HIV感染が成立してから、およそ4週間後から血液中にHIVが体内に入ったことを示す抗体がつくられ血液検査により検出できるようになる(図表4-2-24)。したがって、感染してからしばらくの間は、検査をしても陰性となる期間があるため、検査を受ける際にはこれらを考慮する必要がある。ちなみに、東京都内の保健所等で検査を受ける場合には、感染の可能性のあったできごとから数えて、抗原抗体検査では60日、抗体検査では90日をウインドウ・ピリオドとしている(2021年4月現在)。

図表4-2-24　HIV感染とウイルスマーカー

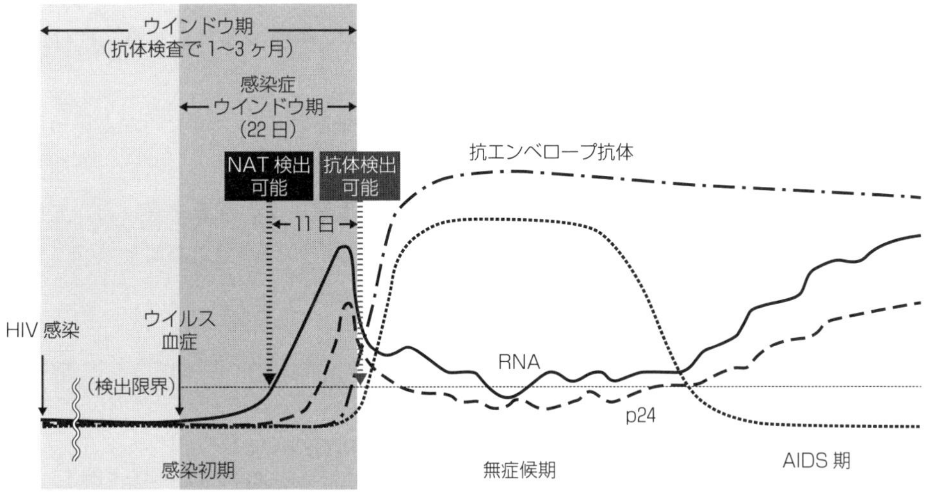

出典）ウェブサイト「HIV検査・相談マップ」(https://www.hivkensa.com)より抜粋：「HIV検査体制の改善と効果的な受検勧奨のための研究」(研究代表者：今村顕史)

iv　U=U(Undetectable=Untransmittable)

効果的な抗HIV薬による抗ウイルス療法を受けはじめて毎日欠かさず薬を内服し続けることができると、多くの場合およそ1～6か月後には血液中のウィルス量が検出限界値未満(Undetectable)

に減少する(図表 4-2-25)。この検出限界値未満(Undetectable)の状態をさらに最低6か月以上持続できていれば、性行為によって相手に HIV を感染させるリスクはゼロ(Untransmittable)となる。これが U=U(Undetectable=Untransmittable)の状態である[5]。

図表 4-2-25　U=U(Undetectable=Untransmittable)とはどのような状況か？

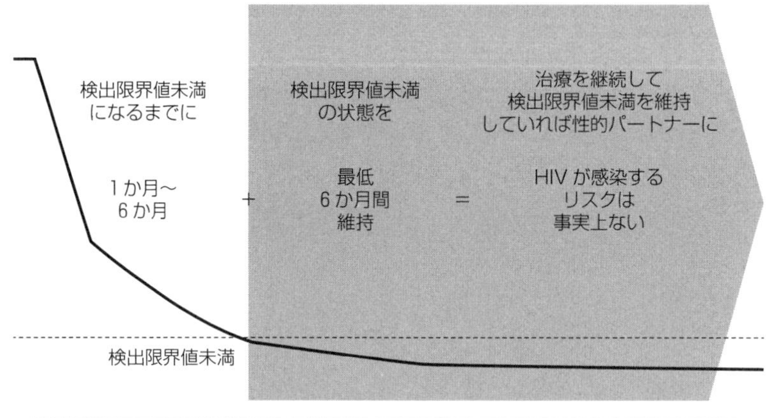

「National Institutes of Allergy and Infectious Diseases」より引用・改変
出典) 特定非営利活動法人日本 HIV 陽性者ネットワーク・ジャンププラスウェブサイト[5]

④性感染症の検査と相談

性感染症の多くは症状がほとんどなく、感染しているかどうかは自分では気づくことができないため、自分が感染しているかどうかを知るには検査を受ける必要がある。性感染症の検査は病院やクリニックで受けることができる。また、地域によっては保健所で無料・匿名で性感染症(HIV・AIDS を含む)の検査を受けられるところもある。

性感染症にかかると、感染経路となる自分の性的行動を非難されるのではないかといったイメージがつきまとうことから、「相談しづらい」とか「隠したい」「結果を知るのが怖い」といった気持ちになり、検査を受けることを躊躇する人が多いことも知られている。性感染症の検査を受けるか受けないかを決めるのは自分の判断によるが、「もしかしたら……」と感じる「その日」のためにセックスや性感染症について本音で相談できる人や場所を探しておくことはとても大切である[2]。

MEMO

Pre-Exposure Prophylaxis (PrEP) と Post-Exposure Prophylaxis (PEP)[6]

PrEP は、HIV 陰性の人が、性的接触などの前に HIV の薬を内服することで HIV 感染のリスクを減らすという HIV の予防方法。PEP は、HIV に感染したかもしれない行為の後(曝露後)72時間以内に、抗 HIV 薬(HIV に対する治療薬)の内服を開始して、HIV に感染するリスクを低下させる予防策。

引用・参考文献

1) 厚生労働省、性感染症に関する特定感染症予防指針（https://www.mhlw.go.jp/file/06-Seisakujouhou-10900000-Kenkoukyoku/0000191853.pdf、2021年 6 月16日参照）
2) 橋本紀子、田代美江子、関口久志編：ハタチまでに知っておきたい性のこと 第 2 版、大月書店、2017
3) 今村顕史：HIV 感染症診療マネジメント、医療ジャーナル社、2013
4) 東京都福祉保健局：ともに生きるために、平成21年
5) 特定非営利活動法人日本 HIV 陽性者ネットワーク・ジャンププラス、HIV は治療をすればうつらない？　解説「U=U」（山口正純）（https://www.janpplus.jp/topic/599、2021年 4 月24日参照）
6) 国立研究開発法人国立国際医療研究センターエイズ治療研究開発センター（ACC）、抗 HIV 薬の曝露後予防内服（PEP）（http://www.acc.ncgm.go.jp/general/pep_jpn.html、2021年 4 月24日参照）

第4章

第5章

慢性疾患のある子供と家族の理解と支援

1. 慢性疾患のある子供と家族の理解と支援の基本的考え方

1）慢性期にある子供の理解と支援

（1）病気とともに生きる子供の前向きな姿をとらえる

共生社会の形成に向けインクルーシブ教育システムを進めるためには、学校において障がいや病気のある子供に「合理的配慮」と「基礎的環境整備」を行うことが求められており、この2つの観点から病気の子供の学校生活を考えることが大切となる。

子供の慢性疾患は、世界的に増加傾向にある。我が国の過去10年間の小児慢性特定疾病登録件数は12万人程度で推移している[1)]。この子供たちのほとんどは、通常の学級で生活しており、彼らの学校生活の質を高める方策は、重要な課題である。

慢性疾患のある子供（以下、病気のある子供とする）は病気とともに生きる時間が長く、子供の一般的な成長発達と病気の経過とが影響し合って成長発達する点に特徴がある。そのため、子供が生活の多くの時間を過ごす学校において養護教諭や担任などは、インクルーシブ教育システムの観点に基づいて、病気の子供の前向きな姿を認め、彼らが病気とともに生きながら自立できるよう働きかける必要がある。

病気のある子供は、病気とともに成長発達するという点に特徴がある。彼らは、年齢段階に応じた発達課題と、病気と治療による苦痛や不安、生活や友人関係の支障など、病気のために生じる課題との2つの課題と向き合いながら成長している。

さらに子供は、成長発達の過程において病気による2つの「できなくなること」を経験している[2)]。1つは、今までできていたことができなくなることである。一生懸命やっていたサッカーができなくなる、今まで簡単に駆け上がっていた階段が昇れなくなる、思いきり走れなくなるなど、今までできていたことができなくなるつらさは、子供にとってはかり知れない。もう1つは、病気のために友達と同じ新しい経験ができなくなることである。友達が行っている体育や遊び、遠足や運動会などの行事や活動ができないことにより、病気の子供は、人と違う自分を認識するようになる。子供の多くは、この2つの「できなくなること」を経験しながら、自分にとっての病気を意味づけ、病気と折り合いながら成長発達している[2)]。

しかし残念ながら、病気が子供に及ぼす心理社会的影響は否定的な面がとらえられがちで、子供の前向きな姿はあまり注目されていない[2)]。病気の経験を糧とし成長している子供は数多くおり、彼らは「注射を打つのは、眼が悪いからメガネをかけるのと同じで、自分には必要だから」「自分は病気だけど、注射を打てばみんなと一

> **MEMO**
>
> **小児慢性特定疾病対策**
>
> 小児慢性特定疾病対策[1)]は、子供の健全な育成を目的として、疾患の治療方法の確立と普及、患者家庭の医療費の負担軽減のため、医療費の自己負担分を補助する国の対策である。対象は小児慢性特定疾病にかかっている18歳未満の子供である。
>
> **慢性疾患**
>
> 慢性疾患とは、徐々に発症し、または急性期疾患から移行して長期間経過する疾患をいう[4)]。代表的な疾患には、糖尿病や高血圧、高脂血症、腎疾患、リウマチ・アレルギー性疾患などがある。

第5章

緒」「病気のおかげで逞しくなった」と、病気とともに元気に生きている[2)]。教員は是非、子供の前向きな姿を認め、支援してほしい。

（2）支援のあり方

①インクルーシブな学級・学校づくり

現代社会において、病気や障がいのある子供を包摂するインクルーシブな学校づくりが求められる。子供が病気を受け入れ前向きに生きる過程では、親きょうだい、友達、教員の理解や支援の姿勢が大きな影響を及ぼす[2)]。そこで、慢性疾患の子供が充実した学校生活を送るために教員は、病気を理解することはもとより、子供が病気をどのように理解しているか、病気のために困っていることやつらいことは何かを把握し、支援する必要がある。病気の管理に注意が偏り、子供の人権や充実した生活を損なうことがあってはならない。

さらに教員は、周囲の子供が彼らを理解しともに仲良く過ごすように働きかけなくてはならない。ただし、病気と必要な支援についてクラスなどの子供たちに、何をどのように説明するかは、教員が本人と保護者と十分に話し合った上で決める必要がある。病気の子供が自分の病気を友達に説明し理解を求めることにより、環境が整った保健室や職員室、みんなのいる教室で、子供が注射や補食を摂ることへの理解が広がる。

つまり、病気とともに頑張っている子供の姿は、共生社会の形成に向けインクルーシブ教育システムを進めることにつながる。教員はこの点を理解した上で、インクルーシブな学級や学校づくりに努めてほしい。

②基礎的環境整備と合理的配慮

生活や環境面では、内服や自己注射など子供が治療や療養行動のために行う環境を基礎的環境整備として整える必要がある。子供がトイレや空き教室など人目を避けた場所で、内服や補食を摂るなどはあってはならない。

さらに、入院や通院、療養のための学業の遅れ、いわゆる学習空白を埋めるとともに、子供が友達から離れてしまわないような配慮が必要である。そのため、子供が学校に復帰した時点での補習はもとより、入院中や自宅療養中に、子供が学校生活から離れたり、仲間からの疎外感を感じたりしないよう、教師や友人による訪問や学習支援などが必要となる。また、治療上必要な体育の欠席については、合理的配慮として個別の指導計画のもと、その子供に適した運動メニューの作成や、成績評価上の配慮が望まれる。

なお文部科学省では、病弱によって様々な制約がある児童生徒に対しては、高速大容量通信ネットワークを病院や自宅などで使用できるようにして、遠隔教育を実施するよう推進しており、今後の活用可能性が期待される。

教員は、病気の子供の学校生活を合理的配慮と基礎的環境整備から考えてほしい。

（3）キャリーオーバーへの支援

キャリーオーバー(Carry Over)とは、小児期に発症した疾患を思春期や成人期以後にも治療や経過観察が必要な成人をいう[3]。

近年医療の進歩に伴い、子供の先天性疾患や難治性疾患の延命・治療効果が格段に進歩した結果、子供は病気とともに成長発達し成人に達するようになった。一方で心臓病や腎臓病など治療や療養の経過が長い子供は、成長発達に伴い、病態に変化が起きたり、合併症を発症したり、治療技術が変わったり、生活形態が変わったり、病気の管理が親から本人へと移ったりする中で様々な課題が生じる。また進学や就職、恋愛や結婚、妊娠・出産などのライフイベントのたびに、病気である自分と向き合い悩むことが多い。そこで、キャリーオーバーに対する支援が必要であると考えられるようになった。

養護教諭をはじめとした教員は、子供の将来像を見据え、子供が病気による変化や課題に立ち向かい、よりよい自己選択ができるよう、進路選択や将来設計への助言を行う必要がある。

2）家族への理解と支援

病気の発症時期やライフサイクルの時期に応じ、子供や家族が直面する問題は異なる。また、子供が病気になった時点から、家族は心理的、物理的、経済的負担が大きくなる。そのため、保護者への相談的対応は欠かせない。

病気の子供の兄弟姉妹にも課題がある。保護者や教員、周囲の大人の注意関心が病気の子供に注がれるため、兄弟姉妹は、疎外感を覚えたり、自分も病気になるのではないかと不安になったり、親を困らせないよい子になろうと過剰適応したりする傾向にある。そのため教員は、兄弟姉妹の悩みや頑張っている姿を認めるなどの支援や配慮を忘れないことが大切である。

3）まとめ

病気の子供の多くは、担任や養護教諭から体調や心配事などに関する健康相談や健康観察を受けながら、充実した学校生活を過ごしている。病気の子供やその家族が望むことは、普通に楽しく生活することである。養護教諭をはじめとした教員は、病気の子供の学習や運動、活動を保障する教育的観点や人権への配慮を見落とすことなく、インクルーシブな学校や社会のあり方を問い続ける必要がある。

>>>>>コラム1

筆者が慢性疾患の保護者にインタビューした折、水泳の時間に、みんなが黄色い水泳帽をかぶる中、その子供だけ赤い帽子をかぶらされたという話を聞いたことがある。教員は子供を管理・教育する側面をもつが、この事例は管理的側面が強くなりすぎて、教育的配慮に欠けた例である。

引用文献

1）小児慢性特定疾病情報センター（https://www.shouman.jp）
2）竹鼻ゆかり、朝倉隆司：病気と共に生きる子供の成長発達のプロセス―当事者の語りの分析から―、学校保健研究、60、2018、76-90
3）松下竹次、駒松仁子：キャリーオーバーと成育医療―小児慢性疾患患者の日常生活向上のために、へるす出版、2008
4）新村出編：広辞苑　第7版、岩波書店、2018

2．子供に多い慢性疾患の理解と援助

1）気管支喘息

（1）気管支喘息とは

気管支喘息とは、気道の慢性的な炎症によって起こる気道狭窄のため、発作性に喘鳴を伴う呼吸困難(主に呼気性)を繰り返す疾患である。原因はダニ、ホコリなどのアレルゲンに対するアレルギー反応が気道で起こることで、慢性的な炎症により気道が過敏になり、様々な増悪因子によって発作が誘発される(図表 5-2-1、2)。文部科学省の2007(平成19)年の調査[1)]によると、気管支喘息の頻度は5.7%(小学校6.8%、中学校5.1%、高等学校3.6%)、また、2015(平成27)年の学校を対象とした調査では、6－8歳10.2%、13－15歳8.2%[2)3)]と近年、増加傾向にある。男女比は２：１でやや男子に多い。気管支喘息は年齢が上がるにつれて改善する傾向が見られ、約７割は思春期頃までに軽快するが、最近もその率に変化はなく、成人喘息に移行していく例や思春期での難治化が問題となっている。

主な症状は、発作性の喘鳴(ひゅーひゅー、ぜいぜい)、咳、呼吸困難で、１日の中では夜中から明け方、季節では春や秋に起こりやすい。気管支喘息の程度はそれぞれの子供によって様々であり、年に数回、季節性に咳や喘鳴がみられる軽症のものから、毎日、喘鳴が持続し、週に１回以上、中～大

図表 5-2-1　気管支喘息の病態

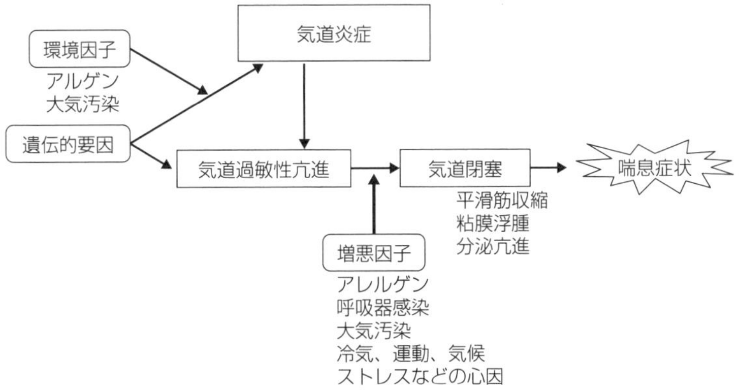

出典）藤澤隆夫：小児気管支喘息の病態生理、小児科臨床62、2009を一部改変

図表 5-2-2　発作に関わる増悪因子

アレルゲン(吸入)	ダニ、ハウスダスト、ペットの毛やフケ、花粉、カビなど
アレルゲン以外	激しいスポーツ(運動誘発喘息) 季節の変わり目や天候不順 温度変化(春や秋、梅雨や台風、冷たい空気など) 大気汚染や室内汚染物質、たばこの煙 ストレス、過労 風邪などの呼吸器感染症

発作が起こり、日常生活や睡眠が障害される重症のものまである。したがって、支援が必要な状態であるかどうかは、個々の状態を見極めることが必要である。

①気管支喘息の重症度

気管支喘息の重症度は、発作の頻度により間欠型から重症持続型までに分類される[2)]。

・間欠型：年に数回、季節性に咳嗽、軽度喘鳴が出現する。
　　時に呼吸困難を伴うこともあるが、治療により短期間で症状は改善し、持続しない。
・軽症持続型：咳嗽、軽度喘鳴が1回/月以上～1回/週未満。
　　時に呼吸困難を伴うが、持続は短く、日常生活が障害されることはない。
・中等症持続型：咳嗽、軽度喘鳴が1回/週以上あるが、毎日は持続しない。
　　時に中・大発作となり日常生活が障害される。
・重症持続型：咳嗽、軽度喘鳴が毎日持続する。
　　週に1～2回、中・大発作となり日常生活や睡眠が障害される。

また、1回の急性発作の程度も様々であり、症状から見た発作強度の判定基準[4)]を図表5-2-3に示した。

図表5-2-3　発作強度の判定

<table>
<tr><th></th><th></th><th></th><th>小発作</th><th>中発作</th><th>大発作</th><th>呼吸不全</th></tr>
<tr><td rowspan="7">主要所見</td><td rowspan="4">症状</td><td>興奮状態</td><td colspan="2">平静</td><td>興奮</td><td>錯乱</td></tr>
<tr><td>意識</td><td colspan="2">清明</td><td>やや低下</td><td>低下</td></tr>
<tr><td>会話</td><td>文で話す</td><td>句で区切る</td><td>一語区切り～不能</td><td>不能</td></tr>
<tr><td>起座呼吸</td><td>横になれる</td><td>座位を好む</td><td>前かがみになる</td><td></td></tr>
<tr><td rowspan="3">身体所見</td><td>喘鳴</td><td colspan="2">軽度</td><td>著明</td><td>減少または消失</td></tr>
<tr><td>陥没呼吸</td><td colspan="2">なし～軽度</td><td>著明</td><td></td></tr>
<tr><td>チアノーゼ</td><td colspan="2">なし</td><td>あり</td><td></td></tr>
</table>

出典）日本小児アレルギー学会：小児気管支喘息治療・管理ガイドライン2020、協和企画、東京、2020を一部改変

②気管支喘息の治療

気管支喘息の治療における具体的な日常生活のコントロール目標は、「昼夜を通じて症状がない」、「学校を欠席しない」、「スポーツを含めた日常生活を普通に行う」などであり、「最終的には寛解・治癒を目指す」とされている。したがって、治療は計画的・長期的に行われる必要がある。発作の増悪因子を可能な限り除去すると同時に、薬物治療としては、発作を起こさないように予防するための長期管理薬と、発作が起きた時にそれを軽減し、重症にならないようにするための急性発作治療薬がある。治療薬には、飲み薬だけでなく、吸入薬、貼付薬など様々なタイプがあり、症状、重症度に応じて組み合わせて使用される。治療薬の主な作用としては、喘息の病態である炎症を抑えるための副腎皮質ステロイド薬、アレルギーを抑えるための抗アレルギー薬、気管支を拡張させるβ刺激薬やテオ

フィリン薬などがある。

図表 5-2-4　主な喘息治療薬の種類

長期管理薬	吸入薬：ステロイド吸入薬、長時間作用性吸入β刺激薬、吸入抗アレルギー薬 内服薬：テオフィリン徐放製剤、β刺激薬、抗アレルギー薬 貼付薬：β刺激薬 自己注射：生物学的製剤
急性発作治療薬	吸入薬、内服薬：β刺激薬

(2) 気管支喘息の子供への支援

①子供の理解

気管支喘息の発作は夜中や明け方に起こりやすいため、登校時にはほとんど症状は見られない子供も多い。しかし、発作のための睡眠不足や倦怠感、運動及び校外活動に対する制限などに加え、長期間の服薬など子供の負担や不安は大きいと考えられる。したがって、学校での様子のみならず、家庭における発作や内服の状況などを踏まえた上で、子供を理解していくことが重要である。また、登校中の内服や吸入について配慮していくことも必要である。

②日常における支援・援助

i　増悪因子の除去

喘息発作は個別の増悪因子があるものの、その多くがダニやハウスダストなどがアレルゲンとなることが多く、これらの吸入によって発作を引き起こすので、教室を含め、生活環境から可能な限りアレルゲンを除去することが必要である。また、動物の毛が増悪因子になる場合があるので、飼育についても配慮が必要である。図表 5-2-5に室内環境整備のポイントを示したので、学校生活の中でも気をつけていただきたい。

ii　宿泊を伴う校外活動における支援

喘息発作は夜間に起こることが多いので、普段の学校生活では問題にならない場合でも、宿泊を伴う校外活動では注意が必要である。特に、環境の変化や日中の活動のため、良好にコントロールされている子供でも喘息発作が起こる可能性が考えられるので、常用薬の使用の徹底や、場合によっては服薬確認を行うなど、確実に予防の措置を行うことが重要である。同時に、あらかじめ、発作時の対応や緊急連絡先などを保護者と十分相談し、把握しておく必要がある。

iii　運動誘発喘息

運動によって喘息発作が誘発される運動誘発喘息においても、適切に治療が行われていれば運動は可能である。しかし、治療の過程で起こる発作をできる限り少なくするためには、運動前に予防薬(吸入または内服)を使うなどの配慮や、軽い運動から徐々に慣らせていく、途中で休憩をとるなど、カリキュラム上の工夫が必要な場合もあるので、必要な支援について相談しておくとよい。

iv　思春期喘息への対応

小児喘息は多くが思春期までに軽快するが、そのためにはきちんと治療を継続しておくことが必要である。しかし、年齢が上がると、服薬や吸入の管理が子供自身に任されることで服薬が不規則にな

図表 5-2-5　室内環境整備のポイント

エアコンはカビやフィルターのホコリに気をつける
照明は天井据付型にする
カーテンは短めで薄手の洗濯しやすいものにする
こまめに洗濯し、日光干しを心がける
本棚はガラス戸つきで壁から離す
防ダニ寝具の使用や高密度繊維布団カバーを使用する
ぬいぐるみはなるべくおかないこと。もつ場合はできるだけ数を減らして洗濯する
じゅうたん、カーペットは敷かない
布製のソファーは避ける
フィルターつきで、集塵袋が二重になった掃除機を選ぶ
イヌ、ネコなど毛の生えたペットの飼育は避ける
鉢植えは室内におかない
家庭内での受動喫煙を防止するために同居者の禁煙を強く指導する

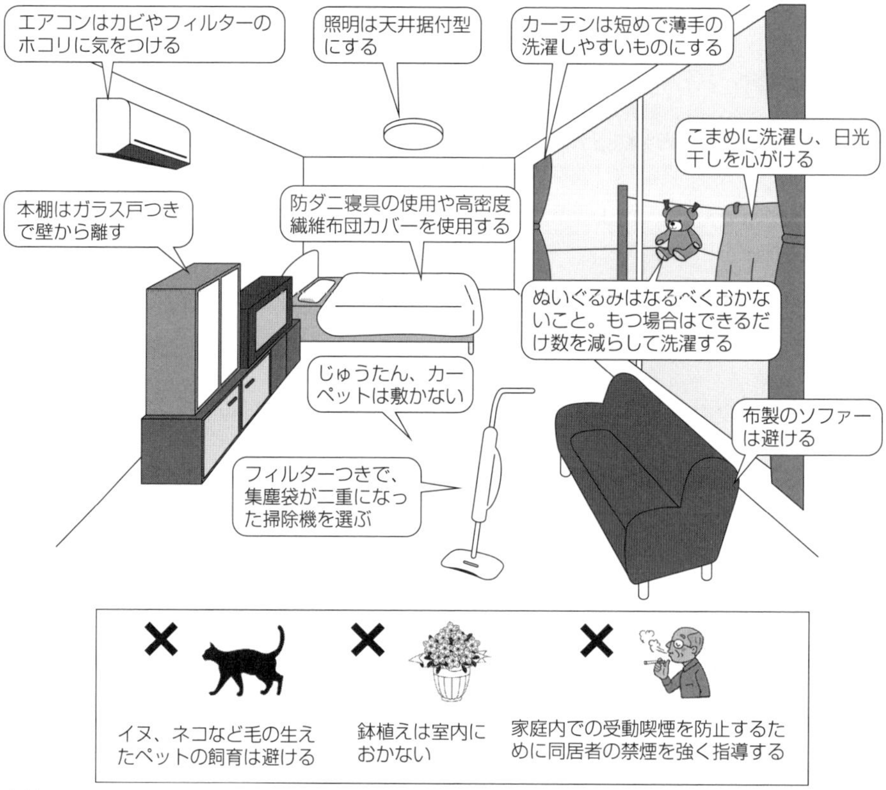

出典）日本小児アレルギー学会：小児気管支喘息治療・管理ガイドライン2020、協和企画、東京、2020を一部改変

ることや、生活の乱れなどが思春期の喘息の増悪につながる可能性がある。その結果、思春期までに寛解せず、成人喘息に移行したり、治まりかけていた喘息発作が思春期に増悪するなどの問題が起こる。これを防ぐためには、小学校低学年のうちから治療の必要性や疾患について理解するよう学校でも支援を行っていく必要がある。

③緊急対応が必要な状態

学校において呼吸困難を伴うような喘息発作が起こった場合には、安静や加湿、急性発作治療薬の使用などの対応が必要である。特に大発作に対しては、緊急対応が必要な状態であり、起座呼吸や会話の状態から正確に判断して対応する必要がある。また、日頃から学校生活管理指導表(アレルギー疾患用)を活用し、現在の状態を正確に把握しておくとともに、緊急時の体制について共通理解をはかっておく必要がある。

引用文献

1）文部科学省：アレルギー疾患に関する調査研究報告書、2007

2）Morikawa E., et al : Nationwide survey of the prevalence of wheeze, rhino-conjunctives, and eczema among Japanese children in 2015. Allergol Int 69, 98-103, 2020

3）Sasaki M. et al : The change in the prevalence of wheeze, eczema and rhino-conjunctivitis among Japanese children : Findings

from 3 nationwide cross-sectional surveys between 2005 and 2015. Allergy 74, 1572-1575, 2019
4) 日本小児アレルギー学会：小児気管支喘息治療・管理ガイドライン2020、協和企画、東京、2020

参考文献

1) 日本小児アレルギー学会：小児気管支喘息治療・管理ガイドライン2020、協和企画、東京、2020
2) 豊原清臣、中尾弘他：開業医の外来小児科学(改訂5版)、南山堂、2007

2）アレルギー

(1）アレルギーの現状

現在、我が国では、国民の約2人に1人が、気管支喘息、アトピー性皮膚炎、花粉症、食物アレルギーなどのアレルギー疾患に罹患しているといわれており、その数は近年増加傾向にあり、重大な問題となっている。そのような状況に鑑み、総合的なアレルギー疾患対策を推進するため、2014(平成26)年にアレルギー疾患対策基本法が策定された。学校においても、啓発及び知識の普及、適切な配慮に努めることなどが示されている[1)]。

(2）アレルギーとは

アレルギー疾患は、アレルギー反応に起因するという病態に着目した分類であり、様々な疾患があるが、それぞれの疾患には発症しやすい時期がある。アトピー性皮膚炎は、「アレルギーマーチ」のはじまりとして乳幼児期に発症することが多いが、同時期に食物アレルギー、その後、喘息、アレルギー性鼻炎と発症することが多い。また、同じ疾患においても、年齢によって原因となる抗原や症状に違いが認められること、個人でも体調や環境等の条件の違いにより、その症状の程度や変化の速度も異なる。

> MEMO
>
> **アレルギーマーチ**
>
> 小児期のアレルギー疾患が年齢によって変化する現象のことを指す。乳児期にアトピー性皮膚炎がある場合、成長に伴って食物アレルギーや喘息、鼻炎など他のアレルギー性疾患を発症する確率が高くなる。

アレルギー反応はⅠ～Ⅳ型に分類され、学校で支援が必要な食物アレルギー、気管支喘息、アトピー性皮膚炎、花粉症などの疾患はⅠ型である。Ⅰ型アレルギー反応の1つに、アナフィラキシーがある。アナフィラキシーとは、ハチ毒や食物、薬物等が原因で起こる即時型アレルギー反応である。アナフィラキシーの症状は様々である。蕁麻疹や紅潮、かゆみなどの「皮膚症状」、口唇や眼瞼の浮腫などの「粘膜症状」、咳き込みや喉のイガイガ感、時に呼吸困難などの「呼吸器症状」、嘔気・嘔吐、腹痛、下痢の「消化器症状」が複数同時かつ急激に出現した状態をいう。さらには、血圧低下や意識障害をきたすような場合を、アナフィラキシーショックといい、生命をおびやかす危険な状態に陥る。

①アトピー性皮膚炎

生まれながらの体質に、皮膚のバリア機能に何らかの障害(皮膚の弱さ)がある場合に、増悪と軽快を繰り返す瘙痒のある湿疹を主病変とする疾患であり、「アトピー素因」をもつことが多い[2)]。アトピー性皮膚炎の子供の皮膚は、乾燥しやすく、刺激に対し敏感に反応しやすい特徴がある。症状の悪化には皮膚バリア機能、免疫機能などの内的因子と、皮膚から侵入しようとする汗や唾液などの刺激、

MEMO

アトピー素因

アトピー素因とは、気管支喘息、アレルギー性鼻炎・結膜炎、アトピー性皮膚炎のうちいずれか、あるいは複数の家族歴や既往歴、または、IgE抗体を産生しやすい体質のことである。

細菌、薬剤、花粉、食物、ハウスダストなどの外的要因やストレスなどが複雑に関係している。

湿疹は、関節部位など、汗がたまりやすい部位に現れるが、全身に広がることもある。思春期以降には、より広い範囲に湿疹が見られるようになり、皮疹は頭頸部、胸、背など上半身に強い傾向があり、顔にびまん性の紅斑が見られることも増えてくる。また、苔癬（たいせん）や痒疹（ようしん）結節など慢性皮疹が見られる頻度が高くなる[3)]。

i　感染症の合併症

乾燥肌、皮膚炎・掻破（そうは）により皮膚のバリア機能が障害され、皮膚の感染症が起きやすくなっている。特に痛みと水疱を伴うもの(単純ヘルペス感染症)、ジクジクしてハチミツのような滲出液を伴うもの(黄色ブドウ球菌や溶血性連鎖球菌など)、水いぼ(伝染性軟属腫)が合併されやすい傾向にある。

②食物アレルギー

食物アレルギーとは「食物によって引き起こされる抗原特異的な免疫学的機序を介して生体にとって不利益な症状が惹起（じゃっき）される現象」[4)]と定義されている。この定義では、経口摂取だけではなく、皮膚接触、吸入など、すべての経路が含まれる。

食物アレルギーは、図表5-2-6に示すような臨床型に分類される。年齢群ごとに初発原因が異なることを知ることは、集団生活のリスク管理において重要である。

即時型の症状は、摂取後30分、遅くとも2時間以内に認められることが多い。誘発される主な症状を図表5-2-7に示す。症状のうち皮膚症状は全体の症例の約90%近くで観察される。呼吸器症状の出現はアナフィラキシーへの進展の危険因子であり、注意が必要である。

図表5-2-6　食物アレルギーの臨床型分類

臨床型		発症年齢	頻度の高い食物	耐性獲得（寛解）	アナフィラキシーショックの可能性	食物アレルギーの機序
新生児・乳児消化管アレルギー		新生児期 乳幼児期	牛乳 (乳児用調整粉乳)	多くは寛解	(±)	主に 非IgE依存型
食物アレルギーの関与する乳児アトピー性皮膚炎		乳児期	鶏卵、牛乳、小麦、大豆など	多くは寛解	(+)	主に IgE依存型
即時型症状(蕁麻疹（じんましん）、アナフィラキシーなど)		乳児期～ 成人期	乳児～幼児： 鶏卵、牛乳、小麦、そば、魚類、ピーナッツなど 学童～成人： 甲殻類、魚類、小麦、果物類、そば、ピーナッツなど	鶏卵、牛乳、小麦、大豆などは寛解しやすい その他は寛解しにくい	(++)	IgE依存型
特殊型	食物依存性運動誘発アナフィラキシー(FDEIA)	学童期～ 成人期	小麦、エビ、カニなど	寛解しにくい	(+++)	IgE依存型
	口腔アレルギー症候群(OAS)	幼児期～ 成人期	果物、野菜など	寛解しにくい	(±)	IgE依存型

出典）日本小児アレルギー学会食物アレルギー委員会：食物アレルギー診療ガイドライン2016《2018年改訂版》、協和企画、東京、2018

第5章

図表5-2-7　食物アレルギーの症状

臓器	症　状
皮膚	紅斑、蕁麻疹、血管性浮腫、掻痒、灼熱感、湿疹
粘膜	結膜充血・浮腫、掻痒感、流涙、眼瞼浮腫、鼻汁、鼻閉、くしゃみ、口腔・咽頭・口唇・舌の違和感・腫脹
呼吸器	喉頭違和感・掻痒感・絞扼感、嗄声、嚥下困難、咳嗽、喘鳴、陥没呼吸、胸部圧迫感、呼吸困難、チアノーゼ
消化器	悪心、嘔吐、腹痛、下痢、血便
神経	頭痛、活気の低下、不穏、意識障害、失禁
循環器	血圧低下、頻脈、徐脈、不整脈、四肢冷感、蒼白（末梢循環不全）

出典）日本小児アレルギー学会食物アレルギー委員会：食物アレルギー診療ガイドライン2016《2018年改訂版》、協和企画、東京、2018

ｉ　アナフィラキシーとアナフィラキシーショック

アナフィラキシーとは「アレルゲン等の侵入により、複数臓器に全身性にアレルギー症状が惹起され、生命に危機を与え得る過敏反応」であり、血圧低下や意識障害を伴う場合をアナフィラキシーショックという[4)]。食物アレルギーは病院外で発症するアナフィラキシーの最も多い原因とされ、その５％は致死的経過をたどるため大きな問題である。

ⅱ　食物依存性運動誘発アナフィラキシー（FDEIA）

特定の食物摂取後２～４時間以内に運動することによってアナフィラキシーが誘発される疾患である。食物摂取単独、あるいは運動負荷単独では惹起されない。

ⅲ　口腔アレルギー症候群（OAS）

アレルゲンの摂取から通常５分以内、ほとんどの場合30分以内に、口から咽頭部における粘膜と原因食物の直接の接触により引き起こされる。症状は、口唇や口腔内の腫脹やかゆみ、喉のイガイガ感などである。OASのうち、花粉の経気道感作を受けた人が、その花粉抗原と交差反応をする生の果物や野菜を摂取した時に症状が発現する場合を、花粉―食物アレルギー症候群という。

③アレルギー性鼻炎

アレルギー性鼻炎は、空気中に存在し、呼吸によって体内に入っている吸気性抗原によって引き起こされる。発作性反復性のくしゃみ発作、鼻部掻痒感、引き続いて起こる多量の水性鼻汁、鼻閉を主徴とする。アレルギー性鼻炎には、決まった季節のみ発作が起こる季節性アレルギー性鼻炎と、年中を通して症状が起こる通年性アレルギー性鼻炎がある。いずれの場合も症状は同様である。

季節性アレルギー性鼻炎では、抗原曝露の増える春（樹木）、秋（草）に、飛散する花粉を吸って起こる。病歴として他のアレルギー性疾患、家族歴があることが多い。通年性アレルギー性鼻炎では、ハウスダストなどによるものが多い。

④アレルギー性結膜炎

結膜は直接外界に接しており、抗原が入りやすく、涙液によって抗原のタンパク質が溶かされやすい上に、アレルギー反応を引き起こすマスト細胞などの免疫細胞が多く血管も豊富である。症状としては、掻痒感が最も代表的である。目そのものがかゆく感じる場合もあるが、眼瞼や眼瞼縁などの部分に特にかゆみが現れ、掻けば掻くほど症状が強くなることもある。次に多いのはゴロゴロした感じ

「異物感」である。アレルギー反応によって、眼瞼結膜は粒状に盛り上がり(結膜乳頭)、まばたきの際に、角膜と接触することによって生じる症状である。重症例では角膜に傷がつくことがある。流涙もよくみられる症状である。

一般的に、ある季節に毎年起きること、程度の差はあっても両目に生じるのが季節性アレルギー性結膜炎の特徴である。一方で、通年性アレルギー性結膜炎は、年間を通じて症状が出る。原因抗原は、アレルギー性鼻炎と同様であることが多い。

⑤虫刺されアレルギー

ハチ、蚊、ダニ、ブユ(地域によってはブヨ〈関東〉、ブト〈関西〉)、毛虫などの昆虫により、刺されたり触れたりすることによって、毒性のある物質が体内に入ることで、痛み、かゆみ、腫れなどの症状が起こる。

アナフィラキシーを引き起こす可能性のある虫刺されとしてはハチが最も代表的であり、中でもスズメバチ、アシナガバチ、ミツバチが重要である。ハチ毒に対するアレルギー反応がない場合は、局所症状は数日で改善する。しかし、ハチに一度刺されてハチ毒に対する抗体ができている場合は、再度ハチに刺された後、数分～15分以内にアナフィラキシーショックを起こすことがある。

第5章

⑥薬によるアレルギー

薬剤アレルギーは、薬理作用から予測できない免疫反応である。薬剤を内服または注射後に、皮膚や粘膜に症状を生じるものであり、症状の軽いものから、アナフィラキシーショックを起こすものまで様々である。ペニシリンなどの抗菌薬や解熱鎮痛薬、抗けいれん薬などは、薬疹を起こしやすいとされている。

⑦ラテックスアレルギー

ラテックスとはゴムの木から採取された天然ゴムであり、ゴム手袋やゴム風船などの天然ゴム製品に繰り返し接触することで、溶出したアレルゲン(ラテックス蛋白)が、皮膚や粘膜から浸透することで、接触性蕁麻疹の症状が起こる。さらに皮膚の深い層で血管が反応すると血管性浮腫を起こす。蕁麻疹は局所にとどまらず、周辺さらに全身に広がることがある。重症例では、アナフィラキシーショックを起こす場合もある。

⑧気管支喘息→第5章2節1)気管支喘息(p. 219～)参照。

(3)アレルギーの子供への支援

①子供の理解

アレルギーのある子供は、症状や発作の予防のために制限された日常生活を送る必要があり、その負担や不安は大きい。また、外見上の変化によるコンプレックスや、食べること(誤食)やアレルギー発作への恐怖感など、様々なストレスを抱えていると考えられる。

学校がアレルギー疾患への取組を行うにあたっては、個々の疾患と症状を理解し、症状をコントロールできることが学校生活を送る上で大切である。予防に必要なこと、配慮すべきこと、緊急時・災害時の対応などについて、保護者と教職員の共通理解のもと体制を整え、一貫した対応を行う。また、他の子供たちの理解を得ることも重要であり、当事者である子供及び保護者の意向を踏まえて、発達段階に即した説明内容を決定する。

②日常における支援

図表5-2-8には、各アレルギー疾患において学校生活における関連の深い活動を示した。アレルギー疾患をもつ子供への取組を進めるためには、個々の子供の症状等の特徴を正しく把握した上で、学校生活上の留意点を明確にし、保護者・主治医、学校医等と協議を行い、体制を整える必要がある。アレルギー疾患の対応では「学校生活管理指導表（アレルギー疾患用）」[5)]を用いて対応が必要な情報を把握し、管理及び組織的対応を行う。年度はじめには、子供の状況を確認する目的で、毎年提出を依頼することが望ましい。

ⅰ　アトピー性皮膚炎

治療の基本は、原因悪化因子への対策、スキンケア、薬物療法である。かゆみは、じっとしていられず、学習や活動に支障をきたすこと、掻破につながり症状の悪化をまねくことからも、適切な対策と支援により症状をコントロールする必要がある。

ⅰ）原因悪化因子の除去

屋外活動では衣類や日陰の活用による紫外線対策、運動後の汗やプール後はシャワー浴で皮膚の洗浄、教室内は適温、適湿、換気の配慮を行う。また、原因となる物質（食物・食材を含む）を把握し、触れないよう指導を行い、必要に応じて除外する。

ⅱ）セルフケアを継続できる環境整備

清拭やシャワー浴、治療（外用薬の塗布）やスキンケアが行える場所・時間の確保を行う。小学校低学年の場合、必要に応じスキンケアの直接的支援や自立に向けた教育的支援を行う。

図表5-2-8　各アレルギー疾患と関連の深い学校での活動

学校での活動	食物アレルギー・アナフィラキシー	気管支ぜん息	アトピー性皮膚炎	アレルギー性結膜炎	アレルギー性鼻炎
1．動物との接触を伴う活動		○	○	○	○
2．ダニ・ホコリの舞う環境での活動		○	○	○	○
3．花粉の舞う環境での活動		○	○	○	○
4．長時間の屋外活動		○	○	○	○
5．運動（体育・クラブ活動等）	△	○	○	△	△
6．プール	△	△	○	○	△
7．給食	○		△		
8．食物・食材を扱う授業・活動	○		△		
9．宿泊を伴う校外活動	○	○	○	○	○

○；注意を要する活動　　△；時に注意を要する活動

出典）日本学校保健会編著、文部科学省初等中等教育局健康教育・食育課監修：学校のアレルギー疾患に対する取り組みガイドライン《令和元年度改訂》、日本学校保健会、東京、2020

iii）心理・自己管理力育成への支援

精神的ストレスは、症状悪化をまねく。さらに、かゆみのつらさや、掻いた自分を責めるなど、ストレスは増大する。アトピー性皮膚炎の症状は外観に現れるため、周囲の態度・言葉に傷ついたり、理解が得られず悩みを有することも多い。自らでコントロールできる自信をもち、自己肯定感を高めるよう継続的に支援する。また、周囲に関して友達の疾患の理解を深め、サポートが得られるよう必要な指導を継続的に行う。

ii　食物アレルギー

食事指導の原則は、食物経口負荷試験により診断を正確に行い、必要最小限の除去を実施することである。

i）学校給食における支援[5)6)]

学校における対応としては【レベル 1】～【レベル 4】まで段階があり、それぞれの学校や調理場、子供の重症度によって適切な対応レベルを決定し、現状で行うことのできる最良の対応を行うことが大切である。学校給食は、安全性を最優先とし、その確保のために、原因食物の完全除去対応(提供するかしないか)を原則とする。ごく微量で反応が誘発される可能性や、施設の整備状況や人員等の体制が整っていない場合等は、弁当対応を考慮する。

校内の食物アレルギー対応委員会で個別の取組プランを作成し、全教職員に対応内容を通知し、共通理解をはかる。保護者へも取組プランと対応内容を説明し、毎月の献立表の確認を依頼し、書面で了解を得る。提供では、調理場での管理、配送・配膳はダブルチェックを実施する。教室では、誤食事故等が起きないようルールを決める等の配慮を行う。

ii）食材・食物を扱う活動等における支援[5)]

原因物質を“吸い込む”ことや“触れる”ことでも発症の原因となる場合は、学校生活管理指導表の指示を参考に、主治医、保護者と十分な協議を行い、取組プランに基づいて個別の対応をとる。

iii）宿泊を伴う校外活動における支援[5)]

学校は事前に旅行事業者や宿泊先、立ち寄り先と連絡をとり、その子供の重症度に合わせた最大限の配慮を依頼する。十分に情報交換を行い、安全が確保できることを確認しておく。また、緊急対応とし、医療機関を事前に調査することや、「エピペン®」などのアナフィラキシー補助治療剤を含めた持参薬の有無や管理方法、アナフィラキシー発症時の対応を保護者・本人・主治医・学校医と協議しておく。

iv）食物依存性運動誘発アナフィラキシー予防のための支援

原因となる食物を摂取したら、4 時間(少なくとも 2 時間)は遊びを含む運動は控えることや、運動をすることがわかっていたら、原因となる食物を摂取しないことを指導するなど、本人、保護者、主治医と協議し決定する。また、体育などの時間は午後に設定しないことも考慮する。

v）心理・自己管理力育成への支援

不安に応じて、定期的または適時に本人及び保護者と面談を行い情報共有・連絡強化をはかる。また、皆と同じ物が食べられないことや、食に関する思いに耳を傾け、対応に生かせるようにする。また、自分自身で主体的に取り組めるよう教育的な支援と、周囲に関して友達の疾患の理解を深め、サポートが得られるよう必要な指導を継続的に行う。

iii　アレルギー性鼻炎、アレルギー性結膜炎

治療は薬物療法が主体となるが、季節性アレルギー、通年性アレルギーともに、症状がないか、あるいはあってもごく軽度で日常生活に支障のない程度にまで改善させることが目標である。

i）悪化因子の除去

アレルゲンの回避や除去として、季節性アレルギーの場合は、季節や飛散がピークとなる時間帯を考慮し計画的な内服(医師より処方された抗アレルギー剤など)以外に、マスク着用、うがい・手洗いや洗顔、症状に応じて人工涙液や点眼型洗眼薬での洗眼(以後、洗眼とする)や鼻をかむなどの対処と、花粉のつきにくい着衣や髪型など、生活の中でできるだけ花粉を遠ざける対策をとる。

通年性アレルギーの場合は、室内の清掃や換気を行う。

ii）学校での活動における支援

動物の飼育係の役割などは配慮が必要である。屋外での活動への配慮の指示が出された場合は、本人・保護者と対応を決める。

アレルギー性結膜炎の場合は、プールへの入水で症状が悪化することもあるため、メガネやゴーグルの装着と、活動後に、洗顔と洗眼を促す。

iv　薬によるアレルギー

保健室で投薬は行わないが、薬物でアレルギーを起こした既往があれば、把握しておく。

v　ラテックスアレルギー

アレルゲンの回避として、天然ゴム製品の使用をできるだけ避け、合成ゴムの製品を使用する。歯科検診では学校歯科医に伝え、配慮を行う。

第5章

③緊急対応が必要な状態

i　緊急時の体制づくりと研修の実施

アレルギー疾患の対応推進体制が必要と判断した場合(特に食物アレルギー・アナフィラキシー)、学校は、個々の児童生徒のアレルギーに関する情報を集約し様々な対応を協議、決定する。校内のアレルギー対応委員会を設置し、アレルギーを起こさない体制づくりと緊急時対応マニュアルを整備し、全教職員が緊急時に行動できるよう定期的に訓練する。

教育委員会では、地域の状況を考慮した基本的なアレルギー対応の方針を作成し、各学校の食物アレルギー対応委員会の状況把握や指導を行う。また、医師会や消防機関等との広域的な対応の取りまとめや、ガイドライン・学校生活管理指導表の運用と共通理解をはかり、関係者と定期的な協議を行うなど、連携と支援を円滑に行えるよう体制を整備する。

ii　アナフィラキシー、アナフィラキシーショックへの対応→アナフィラキシーの状態と緊急度の判断と対応は、第4章2節7）ショック②(p. 193)参照。

アレルギー症状の発現及び可能性がある場合、発見者は、子供から離れず観察を行うとともに応援を呼び、エピペン® とAEDの準備を依頼する。図表5-2-9に示す緊急性が高いアレルギー症状のうち1つでもあれば、ただちにエピペン® を大腿前外側に注射、救急車要請を行う。救急車が到着するまで、その場で安静を保ち観察を続ける。

図表 5-2-9　一般向けエピペン® の適応

エピペン®が処方されている患者でアナフィラキシーショックを疑う場合、
下記の症状が１つでもあれば使用すべきである。

消化器の症状	・繰り返し吐き続ける	・持続する強い(がまんできない)お腹の痛み	
呼吸器の症状	・のどや胸が締め付けられる ・持続する強い咳込み	・声がかすれる ・ゼーゼーする呼吸	・犬が吠えるような咳 ・息がしにくい
全身の症状	・唇や爪が青白い ・ぐったりしている	・脈を触れにくい・不規則 ・尿や便を漏らす	・意識がもうろうとしている

出典）日本小児アレルギー学会ホームページ

▶反応がなく、普段通りの呼吸がない場合は、心肺蘇生法と AED を実施する。

▶必要に応じ、毛布等で保温する。

▶アナフィラキシーでは循環動態が不安定になるため、移動は避け、安静を保つ。状態に応じて、適切な体位を選択する。

・ぐったり、意識もうろうの場合：血圧が低下している可能性があるため仰向けにして30 cm 程度足を高くする。

・嘔気・嘔吐がある場合：嘔吐物による窒息を防ぐため、体と顔を横に向ける。

・呼吸が苦しく仰向けになれない場合：呼吸を楽にするため、上半身を起こし後ろに寄りかからせる。

第5章

図表 5-2-10　エピペン®の使用手順[7)]

❶【準備】携帯用ケースのカバーキャップを指で押し開け、エピペン® を取り出す。オレンジ色のニードルカバーを下に向けて、エピペン® のまん中を片手でしっかりと握り、もう片方の手で青色の安全キャップを外し、ロックを解除する。

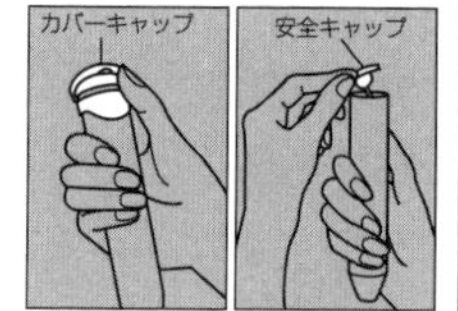

❷【注射】エピペン® を太ももの前外側に垂直になるようにし、オレンジ色のニードルカバーの先端を「カチッ」と音がするまで強く押し続ける。太ももに押しつけたまま数秒間まつ。エピペン® を太ももから抜きとる。
＊緊急の場合には、衣服の上からでも注射できる。
＊児童生徒本人がエピペン® を注射できない場合には、保護者または教職員が注射する。その場合は、注射時に投与部位が動くと注射部位を損傷したり、針が曲がって抜けなくなったりするおそれがあるので、投与部位をしっかり押さえるなど注意すること。

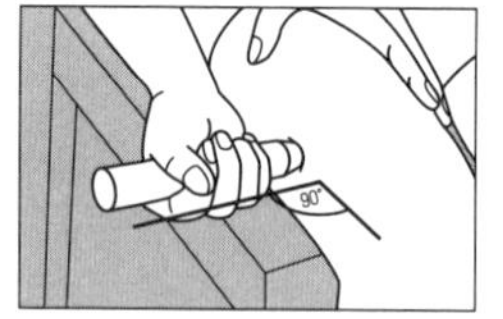

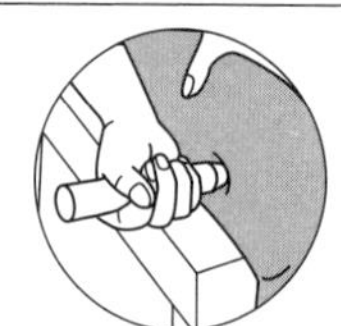
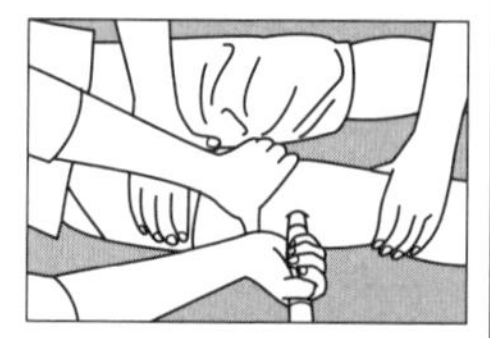

❸【確認】注射後、オレンジ色のニードルカバーが伸びているかどうかを確認する。ニードルカバーが伸びていれば注射は完了(針はニードルカバー内にある)。
オレンジ色のニードルカバーが伸びていない場合は、注射は完了してないため、再度、❶～❸を繰り返して注射する。
＊エピペン® の注射後は、ただちに医師による診療を受ける。

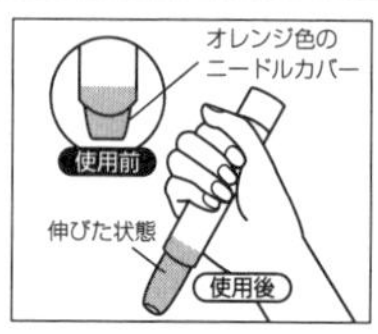

❹【片づけ】使用済みのエピペン®は、オレンジ色のニードルカバー側から携帯用ケースに戻す。
＊注射後は、オレンジ色のニードルカバーが伸びているため、携帯用ケースのふたは閉まらない。無理に押し込まないようにする。
＊注射後、薬液の大部分(約1.7 mL)が注射器内に残っているが、再度注射することはできない。
＊エピペン®注射液を使用した旨を医師に報告し、使用済みのエピペン®注射器と青色の安全キャップを医療機関等へ渡す。

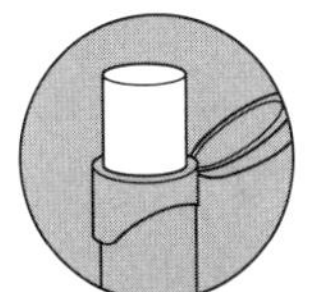

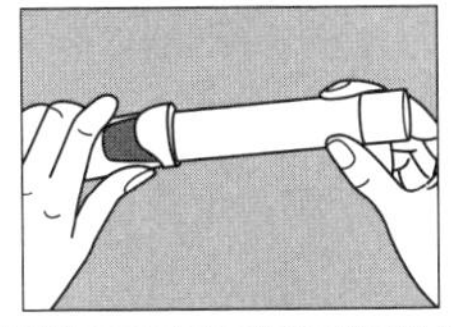

エピペン®の保存・携帯に関する注意事項

子供がエピペン®を処方され、携帯している場合、保護者と話し合い保管方法を決定する。
・携帯用ケースにおさめられた状態で保存・携帯して、さらに遮光に努める。
・冷所(例：冷蔵庫の中)または日光のあたる高温下を避け、15℃～30℃で保存する。
・アナフィラキシー発現時に備えて、すぐに取り出せるところに保存する。
・薬液が変色していたり、沈殿物がみつかったりした場合は、使用しない。

引用・参考文献
1) アレルギー疾患対策基本法(https://elaws.e-gov.go.jp/document?lawid=426AC1000000098、2021年６月19日参照)
2) 日本皮膚科学会、日本アレルギー学会：アトピー性皮膚炎診療ガイドライン2018、日皮会誌、128(12)、2018、2431-2502
3) 日本アレルギー疾患療養指導士認定機構編著：日本アレルギー疾患療養指導士認定試験ガイドブック、メディカルビュー社、東京、2020、78-83
4) 日本小児アレルギー学会食物アレルギー委員会：食物アレルギー診療ガイドライン2016《2018年改訂版》、協和企画、東京、2018
5) 日本学校保健会編著、文部科学省初等中等教育局健康教育・食育課監修：学校のアレルギー疾患に対する取り組みガイドライン《令和元年度改訂》、日本学校保健会、東京、2020
6) 文部科学省：学校給食における食物アレルギー対応指針、平成27年３月
7) VIATRIS、エピペンサイト(https://www.epipen.jp/、2021年６月19日参照)

３）先天性心疾患

(１）先天性心疾患とは

先天性心疾患とは、生まれつきもっている心臓や大血管の構造異常で、胎生期の心臓の発生過程や周産期の循環の変化の際に生じる。多くの疾患が含まれるが、同じ疾患でも重症度に差がある場合があり、重症のものでは出生直後から症状が出るため早期に発見されるが、症状が明らかでない場合は、学校の心臓検診で発見されたり、中には成人になってから発見されるものもある。そのため、頻度について正確な把握ができないが、厚生労働省の調査[1)]によると、先天性心疾患は出生児の約１%の頻度で起こり、発生率はほぼ一定である。1990(平成２)年代の日本における内訳の調査[2)]では、心室中隔欠損が32.1%と最も多く、次いでファロー(Fallot)四徴が11.3%、心房中隔欠損が10.7%で、この３疾患で全体の約半数を占めている。先天性心疾患の成因は多因子遺伝であり、遺伝的素因と環境因子の相互作用により発症すると考えられている。

先天性心疾患には様々な種類があるが、代表的なものを以下に説明する。

【心室中隔欠損(症)】

右心室と左心室の間の中隔に孔があり、その孔を通して左室から右室、肺動脈へ動脈血が流入する。

その結果、右室から肺への血流が増える一方、左室から大動脈、さらには全身への血流が低下することにより、心不全となる。孔の大きさにより重症度が異なり、小さいものでは2歳くらいまでに自然に閉鎖する可能性もある。

【ファロー(Fallot)四徴(症)】

心室中隔欠損、肺動脈狭窄、大動脈騎乗、右室肥大の4つの徴候をもつ疾患である。心室中隔欠損により、左室から右室、肺動脈への血流が増加するが、肺動脈に狭窄があるため、肺の血流が低下し、その結果、全身に酸素を十分含まない血液が循環することになる。重症の先天性心疾患の1つである。

【心房中隔欠損】

右心房と左心房の間の中隔に孔があり、その孔を通して左房から右房、右室へ血液が流入する。通常、乳児期にはほとんど症状がないが、思春期以降に心不全症状が出現することが多い。

①先天性心疾患の症状

先天性心疾患は心臓の構造異常により、本来は混ざり合うことのない左心系の動脈血と右心系の静脈血の間に交通ができるため、全身を循環する血液量や血液中の酸素量が低下することに伴う症状が出現する。また、心臓内の本来の血流とは異なった流れがあることにより、検診では心雑音を指摘されることが多い。

i　心不全

心臓の働きが低下した状態で、全身の組織の必要量に応じて適当かつ十分な血液を供給することができない。代表的な症状は、易疲労感、運動時の息切れ、頻脈であり、重症になると体重増加不良などがみられる。咳、呼吸困難もみられ、起座位の方が心臓、肺の負担が軽減されるため、起座呼吸となることもある。

ii　チアノーゼ

ファロー(Fallot)四徴症などの重症な先天性心疾患では、酸素含有量の少ない血液が全身を循環するため、チアノーゼがみられる。チアノーゼは口唇、爪などが紫色になるもので、全身が低酸素状態であることを示している。

iii　末梢循環不全

心機能が高度に障がいされると、心臓から大動脈へ拍出される血液量が減り、全身の臓器に十分な血液を供給することができなくなり、血圧が低下し、ショック状態となる。顔面蒼白、冷汗、冷感などがみられる。

②先天性心疾患の重症度

先天性心疾患の中では、チアノーゼを起こす可能性のあるものが最も重症であり、注意が必要である。ファロー(Fallot)四徴症、アイゼンメンジャー(Eisenmenger)症候群、完全大血管転位症などが代表的なものであるが、重症なものほど、出生後、早期に発見される可能性が高い。

MEMO

アイゼンメンジャー(Eisenmenger)症候群

心室中隔欠損、動脈管開存などでは、孔を通じて左心系の動脈血と右心系の静脈血が混ざり合う時、圧の高い左から右へ血液の流れが生じる。しかし、肺高血圧症などにより右心系の圧が高い場合には、逆に右から左への血流が生じる。これがアイゼンメンジャー症候群である。その結果、心臓からの血液は肺を通ることなく(つまり、酸素を十分含むことなく)全身へ送り出されるため、呼吸困難、チアノーゼなどの症状がみられる。

③先天性心疾患の治療

先天性心疾患は心臓の構造上の異常が起こるものであるので、根本的な治療は手術によって、血液循環の改善をはかることである。しかし、年齢が低いほど、大きな心臓手術に耐えられる体力がなく、一次的に(緊急的に)無酸素状態や低酸素状態を緩和するための手術を行い(姑息手術)、ある程度成長して体力がついてから根治手術を行う場合もある。しかし、手術後にも完全に心機能が改善しない場合もあり、学校における管理が必要となることもある(図表 5-2-11)。

(2) 先天性心疾患の子供への支援

①子供の理解

先天性心疾患の多くは自覚症状を伴い、運動制限や日常生活に不自由を感じていると考えられる。また、比較的軽症でも、定期的な病院受診や検査など子供の負担や不安は大きい。したがって、学校生活管理指導表により、現在の状況はもちろんのこと、今後の経過の可能性も含めて理解することが重要である。

②日常における支援・援助

労作や運動に伴い、心不全症状が増悪する可能性があるので、学校での生活で、どの程度の活動が可能であるか(どの程度制限が必要であるか)をあらかじめ把握した上で、注意深い健康観察を行い、必要な支援を学校全体で考えていく必要がある。

③緊急対応が必要な状態

学校において心不全症状が起こった場合には、安静などの対応が必要である。特にチアノーゼに対しては、緊急対応が必要な状態であり、起座呼吸などの状態から早期に正確に判断して対応する必要がある。また、日頃から学校生活管理指導表を活用し、現在の状態を正確に把握しておくとともに、緊急時の体制について共通理解をはかっておく必要がある。

図表 5-2-11　先天性心疾患の重症度と管理

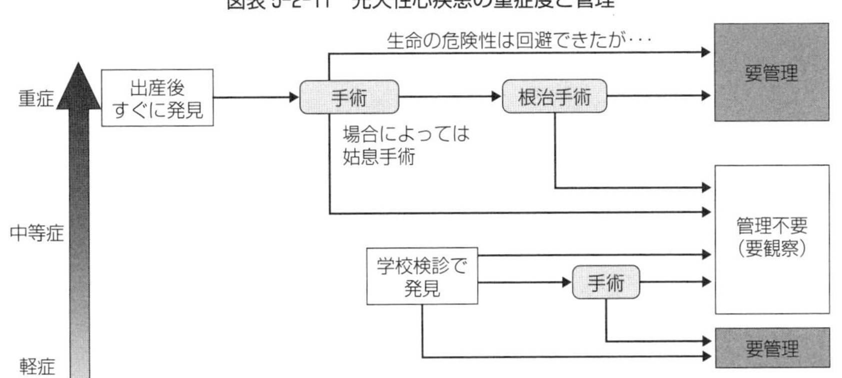

引用文献
1) 中澤誠、瀬口正史、高尾篤良：わが国における新生児心疾患の発生状況(厚生省心身障害研究、心疾患研究班研究報告より)、日本小児科学会誌90、1986、2578-2587
2) 松岡瑠美子他(日本小児循環器学会疫学委員会)：先天性心血管疾患の疫学調査―1990年４月～1999年７月、2654家系の報告、日小循誌19、2003
参考文献
1) 豊原清臣、中尾弘他、開業医の外来小児科学(改訂５版)、南山堂、2007
2) 大関武彦、近藤直実：小児科学(第３版)、医学書院、2008

４）糖尿病

（１）糖尿病とは

①糖尿病の種類

インスリンは、すい臓のβ細胞でつくり出され血糖を正常範囲に保つ役割をするホルモンである。糖尿病とは、インスリンの働きが悪くなることによって血糖値が上昇する病気であり、大きく分けて１型と２型の２つのタイプがある。

１型糖尿病は、β細胞の破壊によるインスリンの絶対的不足が原因で起こる疾患であり、生活習慣や遺伝とは関係ない。日本の子供が発症する糖尿病の多くは１型糖尿病であり、2005(平成17)年～2012(平成24)年度小児慢性特定疾患治療研究事業の登録データによると、人口10万人あたりの発症率は2.25(男児1.91、女児2.52)と推計されている[1)]。１型糖尿病は、急激に痩せる、喉が渇いてたくさん水を飲む、トイレが近くなる、体がだるい、いつもぐったりしているなどの症状で発見されることが多い。

一方、２型糖尿病は、成人の糖尿病の９割以上を占める生活習慣病の１つであり、遺伝的体質に加え、食べすぎや運動不足などの生活習慣が関係して発症する。２型糖尿病は、インスリン分泌量が相対的に減ったり(インスリン分泌不全)、分泌はされていても働きが悪くなったりする(インスリン抵抗性)ために起こり、肥満を伴って徐々に進行する。２型糖尿病はほとんど症状がないままに病気が進み、学校検尿や肥満のスクリーニングで発見されることが多い。若年者の２型糖尿病は世界各地で増加しており、日本では、思春期に１型よりも２型の発症が多くなっている[2)]。

②糖尿病の診断と管理の基準

糖尿病の診断と管理の指標としては、血糖値と、過去１～２か月の血糖値を示すHbA1c値がある。通常、空腹時の血糖は100 mg/dl以下、HbA1cの正常値は4.3~5.8%とされている。HbA1cをできる限り正常に近い値で長期間維持することが血糖管理の目標である。成人では合併症予防のためのHbA1cの目標値は7.0%未満であり[3)]、小児では国際小児思春期糖尿病学会の基準は7.5%とされている[4)]。

③血糖管理

糖尿病の子供は、血糖をうまく管理していれば、普通に健康な日常生活を過ごせる。食事や運動、活動を制限する必要はない。しかし、いずれの糖尿病も高血糖が続くと、将来において腎症、網膜症、神経障害といった合併症が起こり、QOL を著しく低下させる。そこで、体調を良好に保ち、合併症を防ぐためには、血糖の管理が重要となる。

１型糖尿病は、自分でインスリンをつくれないため、生涯にわたり自己注射によるインスリンの補充が必要となる。また、その時々の血糖値に応じたインスリンを補充するために、血糖自己測定が必要となる。バランスのよい食事を適量摂取することと、適度な運動をすることは、インスリンの必要量を減らしたり効き目をよくしたりするためにも大切である。

２型糖尿病は、学校検尿や肥満のスクリーニングによる早期発見・早期治療が必須である。そこで予防のため、養護教諭などの教員は、子供たちに保健教育を行い、望ましい生活習慣や、積極的な運動とバランスのよい食事、適切な食事摂取量などを指導する必要がある。なお、２型糖尿病の治療の基本は、薬物療法と運動療法、食事療法である。運動と食事は自己管理行動が基本となるため、患者教育が重要となる。そのため罹患した子供には正しい知識の習得とともに、自己効力感やエンパワーメントに着目した行動変容を促す教育が大切となっている。

④インスリン注射の方法

図表 5-2-12　ペン型インスリン注射器

出典）日本イーライリリー株式会社（2021年９月現在）

１型糖尿病の子供は、医師から指示された時間に自己注射により、腹部や大腿の外側などの皮下組織にインスリンを注入する。インスリン注射の回数は、１日２～５回と人により異なるが、各食前と就寝前の４回が一般的である。そのため多くの子供は、学校で昼食の前にインスリン注射を打っている。

インスリン注射には、使い捨てタイプのキット製剤と、インスリンペン型注入器にカートリッジ製剤を装着して使用するタイプがある。自己注射は８歳くらいから練習により簡単に自分で打てるようになる。なお、インスリンは熱に弱いため、夏場など気温が高い環境下におかないよう、保健室などの冷蔵庫に保管するなどの管理が必要となる。

なお、インスリン注射は本人もしくは保護者によって行われる医療行為であり、教員が行うことはできない。養護教諭や担任は、子供が自己注射をどこで行うか、いつ、どの部位に注射するのかを知り、子供が安全、安心して注射できるよう環境整備をしなくてはならない。

>>>>>コラム２

インスリンポンプ療法

インスリンポンプ療法（Continuous Subcutaneous Insulin Infusion: CSII）は、携帯型インスリン注入ポンプを用いて、インスリンを皮下に持続的に注入する治療法である[5]。少量のインスリン（基礎インスリン）を、24時間連続的に注入するだけでなく、食事に合わせて必要なインスリン（追加インスリン）を比較的簡単なボタン操作で注入できる。そのためインスリンポンプは、従来のインスリン療法で血糖管理が難しい、血糖管理をよりよくしたい、生活の自由度を高めたいなどの場合に用いられる。なお、米国など諸外国では、インスリン療法の選択肢の１つとしてインスリンポンプは広く認知されているが、日本では認知度、普及率ともに低い。

図表 5-2-13　インスリンポンプ

リモコン　インスリンポンプ（本体）

出典）テルモ株式会社（2021年９月現在）

⑤血糖自己測定の方法

血糖は運動や食事、ストレスなどにより変化する。そこで血糖や、運動、食事、インスリン量などの自己管理を行うため、自分で血糖値を測る(血糖自己測定 Self Monitoring of Blood Glucose: SMBG)必要がある。血糖自己測定は、簡便かつ軽量で小型な血糖測定器により行う。子供は、穿刺器で自分の指先を刺し、米粒くらいの血液を絞り出した後、測定器につけたセンサーに血液を吸わせる。すると、5～15秒後に血糖値が自動表示されるので、血糖値に応じて、医師から指示された量のインスリンを補充する。

>>>>>コラム 3

持続血糖測定

持続血糖測定(Continuous Glucose Monitoring: CGM)とは、上腕に持続血糖測定用のセンサーを装着し、24時間一定の間隔で継続的な血糖測定を行う血糖管理の方法の1つである。日常生活で、指先を穿刺することなく血糖測定ができる、血糖値の変動を把握できる、低血糖の頻度を抑えよりよい血糖管理を行えるなどの利点がある。ただし、CGMを利用した場合でも1日最低4回以上SMBGを行う必要がある[5)]。

図表 5-2-14　血糖持続測定器

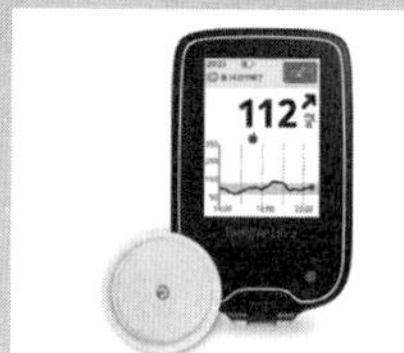

出典) アボットジャパン合同会社ウェブサイトより

第5章

⑥低血糖への対処

インスリン注射を行う1型糖尿病の子供にとって、学校で低血糖を起こすことは深刻な問題である。低血糖はエネルギーの不足、運動などによるエネルギーの消費、食事時間の遅れ、インスリンの過剰などによって起こる。低血糖になると、体がだるくなる、汗が出る、震える、眼がかすむなどの症状が起こるが、症状はその子供によって様々である。ひどくなると意識を失い低血糖昏睡となることもある。

そこで、低血糖になりそうな時や低血糖になったら、すぐにブドウ糖を補う必要がある。水に溶かして飲めるグルコースを飲んだり、ブドウ糖がたくさん入った食べ物を食べたりしないと、低血糖症状が進む。また、体育など活動量の多い授業や行事の前には、低血糖予防のための補食として、おにぎりやクッキーなどの炭水化物を食べる必要がある。

なお、学校で低血糖を頻回に起こすなど、血糖管理がうまくできていないようであれば、インスリン量を見直す必要もあるため、養護教諭は保護者や主治医へその様子を伝えるべきである。さらに、必要に応じ小児糖尿病の専門医への受診を勧めるとよい。

(2) 糖尿病の子供への支援

①糖尿病患児の治療・緊急連絡法等の連絡表

一般に糖尿病による活動制限は必要ないため学校生活管理指導表に書かれる事項は少ない。しかしながら教員は、子供が低血糖によって学校生活に支障をきたすことがないよう配慮しなくてはならない。そのため、(公財)日本学校保健会が出している「糖尿病患児の治療・緊急連絡法等の連絡表」が有効となる。この連絡表には、治療内容や注意事項、低血糖の時の対応などが書かれている。全教員はこの連絡表を活用し、その子供の低血糖の症状と対処の仕方を知り、子供が低血糖を起こした時にすぐに対応できるようにしておかねばならない。

②学校生活上の配慮と支援

1型糖尿病の子供は、自分で血糖測定とインスリン注射を行い、血糖をうまく管理していれば、普通に健康な日常生活を過ごせる。食事や運動、活動を制限する必要はない。

多くの子供は、血糖管理のため、給食の前に教室や保健室で血糖測定と注射を行っている[6)]。しかし、中には人目を避けてトイレや空き教室などで行っている子供もいる[6)]。学校で子供が血糖測定や注射を行う場合には、子供と保護者、担任や養護教諭が相談し、衛生面はもちろん基礎的環境整備として適切な環境を提供する必要がある。さらに、周囲の子供に病気の理解を促すため、病気や注射の必要性を説明する必要があるが、その際には子供と保護者の意向に沿いながら慎重に対応しなくてはならない。

また、1型糖尿病の子供が低血糖のために補食などを食べたり飲んだりするのを、周囲の子供が「お菓子を食べている」、「特別扱いしている」など誤解したり、給食前の注射の際に「どうしていつも給食の前にいなくなるの？」といじめたりしないように、周囲の子供へ教育することは、インクルーシブ教育を推めるためにも大切である。

2型糖尿病の子供に対しては、肥満による体型の認知の歪みや周囲のいじめ、生活習慣の見直しなどの保健指導が必要となる。

（3）まとめ

糖尿病の子供にとって必要なのは、周囲の理解と注射や補食などがしやすい環境である。養護教諭や担任などは、子供が血糖を自己管理しながら、充実した学校生活を送れるよう支援してほしい。

>>>>>コラム4

養護教諭ならびに担任が、本人や保護者と話し合っておいた方がよい事項

・血糖測定とインスリン注射を行う場所と方法
・低血糖の時の症状と対処方法
・補食として食べる物とそのおき場所
・友人に説明する事項(インスリン注射と低血糖やその予防のための補食の必要性など)

クラスの友人に説明しておいた方がよい事項

・体調維持のために注射やポンプによるインスリンの補充が必要なこと
・低血糖の時やその予防のために、飲食物(お菓子やジュース)を摂る必要があること

引用・参考文献

1) 平成27年度厚生労働科学研究費補助金(循環器疾患・糖尿病等生活習慣病 対策総合研究事業)、1型糖尿病の疫学と生活実態に関する調査研究(研究代表者：田嶼尚子)総合研究報告書

2) 日本糖尿病学会、日本小児内分泌学会編：小児・思春期糖尿病管理の手引き　改訂第3版　コンセンサス・ガイドライン、南江堂、2011

3) 平成29年度厚生労働科学研究費補助金(循環器疾患・糖尿病等生活習慣病対策総合研究事業)、1型糖尿病の実態調査、客観的診断基準、日常生活・社会性に注目した重症度評価の作成に関する研究(研究代表者：田嶼尚子)総括研究報告書、2018

4) Rewers MJ, et al. Assessment and monitoring of glycemic control in children and adolescents with diabetes. ISPAD Clinical

Practice Consensus Guidelines 2014 Compendium. Pediatr Diabetes 2014; 15(Suppl 20) : 102-14.
5)「インスリン分泌が枯渇した1型糖尿病」とは：平成29年度厚生労働科学研究費補助金(循環器疾患・糖尿病等生活習慣病対策総合研究事業) 1型糖尿病の実態調査、客観的診断基準、日常生活・社会性に注目した重症度評価の作成に関する研究(研究代表者：田嶼尚子)総括研究報告書、2018
6) 竹鼻ゆかり、朝倉隆司、高橋浩之他：1型糖尿病の中・高校生における学校生活の充実に関する心理社会的要因、学校保健研究　51(6)、2010、395-405

5）腎臓病

（1）腎臓病とは

腎臓病は子供に多い疾病の1つであり、学校検尿で発見されることが多い。

①血尿・蛋白尿

血尿、蛋白尿の多くは症状がなく、学校検尿などで指摘される場合が多い。経過観察でよいものや、検査、治療が必要なものなど様々である。

血尿は、腎臓から尿管、膀胱、尿のいずれかで赤血球が尿に混じっている状態をいう。見てわかる血尿は、赤または褐色をしているが、肉眼でわからない場合は、血液検査、超音波検査でわかる。血尿の原因となる疾患は尿路感染症、急性糸球体腎炎、慢性糸球体腎炎、尿路結石である。

蛋白尿は、尿に蛋白が混じっている状態であり、その量は試験紙もしくは24時間蓄尿による1日の蛋白排泄量の測定で判定される。血尿と蛋白尿が出ていると、糸球体腎炎の可能性が高い。

なお、一過性蛋白尿(機能性蛋白尿)は、検尿で尿蛋白陽性となるが再び調べると陰性(正常)になる場合をいい、発熱、激しい運動、脱水などにより生じる。また、起立性蛋白尿は、運動により尿中に蛋白排泄が増加するために起こり、身長が高く痩せ型の思春期の子供に多い。いずれも生理的蛋白尿による偽陽性であり、治療の必要はない。

②ネフローゼ症候群

ネフローゼ症候群とは、蛋白質が尿中に大量に漏れ出てしまう状態であり、大量の蛋白尿、血液中の蛋白質濃度の低下(低蛋白血症)、高脂血症、全身性浮腫が起こる一連の病態をいう。ネフローゼ症候群の主たる症状は、浮腫と尿量減少であり、その他として疲労感、尿の泡立ち、体重の増加などがある。多くは免疫機能の異常で突然に発症する。治療の中心は薬物療法(アルブミン製剤、ステロイド、免疫抑制剤など)である。小児のネフローゼ症候群は新たに年間1,000人が発症しており、小児10万人あたり6.4人の頻度である。6割は6歳未満で発症している。再発を繰り返す者も多く、10年以上の経過を辿り成人へと移行している。そのため、子供と保護者が治療の重要性を十分に理解し、確実に治療を継続する必要がある。

③急性糸球体腎炎

急性糸球体腎炎は、風邪や扁桃炎の原因である溶連菌に感染した1～2週間後に起きる腎炎である。症状は、尿量の減少、血尿、蛋白尿、浮腫、高血圧による頭痛、嘔吐などである。高血圧や浮腫があり重症の場合には、入院してベッド上安静となり、塩分・水分の制限、利尿剤、降圧薬の薬物療法が行われる。軽症の場合、薬物療法は行わず、安静にしているだけで治る場合がある。適切な治療と管理により症状は２～３週間で改善し、蛋白尿や血尿は数か月以内になくなることが多い。

④慢性糸球体腎炎（慢性腎炎）

慢性糸球体腎炎は慢性腎炎とも呼ばれ、血尿、蛋白尿が半年以上続く腎炎であり、高血圧や腎機能の低下がゆっくりと進む疾患の総称である。子供に多い慢性糸球体腎炎にはIgA腎症、膜性増殖性糸球体腎炎や巣状糸球体硬化症などがある。慢性糸球体腎炎は放置すると腎機能の低下をまねく可能性があるため、早期発見による適切な治療が必要である。慢性糸球体腎炎の自覚症状はあまりなく、ほとんどは学校検尿で発見される。そのため学校検尿は、慢性糸球体腎炎を早期に発見し、治療を開始する重要な役割がある。

治療は、ステロイド薬、免疫抑制剤などの薬物療法が基本となる。症状が安定し主治医からの許可が出れば、通常の学校生活ができる。重症化すると、腹膜透析（成人では血液透析）や腎移植が必要となる場合がある。重症時には、運動制限が行われることもあるが、最小限にとどめることが望ましい。また浮腫や高血圧のある場合には、塩分制限を行うが、腎臓の機能が正常であれば、食事制限の必要はない。

（２）腎臓病の子供への支援

①学校検尿

1974（昭和49）年に世界で初めて行われた日本の学校検尿は、慢性糸球体腎炎の早期発見・治療に大きな役割を果たすとともに、慢性糸球体腎炎による透析導入者数や末期腎不全患者数の減少に貢献している。そこで、腎臓病を早期に発見するため、養護教諭や担任は子供に検尿の提出を徹底させるとともに、正確な採尿方法を指導する必要がある。

②薬物療法と副作用

薬物療法は副作用をいかにコントロールし、最大の効果を上げるかが治療のポイントとなる。腎臓

>>>>> **コラム５**

採尿の仕方

正確な検尿を行うため、学校検尿で提出する採尿の方法については、子供に次の事項を指導しておく必要がある。

○前日

・ビタミンＣは抗酸化作用のために潜血反応を正確に判定できず、偽陰性になる可能性があるため、ビタミンＣを含むサプリメントやビタミン剤などは、検査前日の朝から摂取を控えること。

・激しい運動を行うと運動性蛋白尿が出て翌朝の検尿に影響が出る可能性があるため、前日の夜は、激しい運動を伴う活動などは控えること。

・就眠直前に完全に排尿すること。

○当日朝

・朝起きて、最初の尿を採ること、排尿部周囲の汚れなどの影響を除くために出はじめの尿は捨て、途中の尿（中間尿）を採ること。

○月経時には、経血が尿に混ざり尿潜血が陽性になることが多いため、可能であれば採尿を延期すること。

病の治療薬の代表はステロイド薬である。ステロイド薬は抗炎症作用がある反面、副作用も多岐にわたる。主な副作用は成長障害であり、他に肥満、満月様顔貌(ムーンフェイス)、骨粗鬆症、骨壊死、感染症、白内障や緑内障などの眼合併症、消化器症状、高血圧、高血糖などがある。また、ステロイド服用中は、食欲が増進するため過食となることが多く、食欲のコントロールが難しい。子供の食欲をそらすため、遊びや読書など、本人が熱中できることを見つけられるよう周囲の大人が支援することは、病気の子供のQOLの向上にもつながる。

学校では子供に対して、薬の副作用による生活への支障や体力の低下を考慮するとともに、肥満やムーンフェイスによる身体上の変化への受け入れに対する支援とともに、嘲笑やいじめの対象とならないよう周囲の子供への指導が必要となる。

③活動などの制限に関するエビデンス

教員は、学校生活管理指導表を参考にしながら、保護者や主治医との連携が必要となるが、活動制限については次に述べるような十分な理解と配慮が必要となる。

運動制限は、腎臓病を発症して間もない急性期で浮腫や高血圧など症状が安定していない場合や、抗凝固薬を内服している場合に行われる時がある。しかし、小児腎臓病の専門医の間では、科学的根拠のない制限は行わないという考え方のもと、運動制限を大幅に緩める指導を行っている。全身状態が良好であれば腎臓病の子供であっても通常の学校生活や体育の授業を行ってよい。部活動や習いごとによる運動も、子供が希望すれば主治医との相談の上、行える。ただし、ステロイドの長期服用により骨量が低下している場合には、脊椎圧迫骨折の可能性がある高いところからの飛び降り、跳び箱、マット運動などは一定期間避ける必要がある。この点については主治医の指示にしたがう必要がある。

教員は、運動や活動による成長発達の促進や精神的なリラックスなどの効果を考え、子供の学校生活を保障できるよう配慮しなくてはならない。

(3) まとめ

腎臓病の中には再発を繰り返したり、経過が長期にわたったりする疾病が多い。そのため、腎臓病の子供は度重なる入院による学業の遅れや、社会性の欠如、集団生活になじめなくなるなどの課題がある。子供が長期欠席の後、学業の遅れや体力の低下があるにも関わらず、退院してすぐに通常の学校生活に適応することには無理がある。

教員は、再発や入院を繰り返す子供の学習支援や、体育をはじめとした活動の負荷、友人との関わりなど、きめ細かな配慮をすべきである。また前述の通り、不必要な活動制限を行うことなく、子供が楽しく充実した学校生活を送れるよう支援しなくてはならない。さらに、慢性疾患のキャリーオーバーへの支援(p. 217参照)でも述べた通り、腎臓病とともに生きる子供の将来を見据えた支援をしてほしい。

参考文献

1) 五十嵐隆、伊藤秀一編：小児のネフローゼと腎炎、中山書店、2010

2) 伊藤秀一編：子どもの腎炎・ネフローゼ、東京医学社、2018

3) 公益財団法人日本学校保健会：学校検尿のすべて　令和2年度改訂、(公財)日本学校保健会、2021

第5章

6）てんかん

（1）てんかんとは[1)]

てんかんとは、てんかん発作を繰り返し起こす状態であり、てんかん発作は、脳にある神経細胞の異常な電気活動により引き起こされる発作のことで、突発的に運動神経、感覚神経、自律神経、意識、高次脳機能などの神経系が異常に活動することで症状を呈する。

①有病率及び発症年齢[2)]

てんかんのある人は日本全国にはおおよそ100万人と推定されている。乳幼児期から高齢期まですべての年代で発病し、３歳以下の発病が最も多く、80％は18歳以前に発病するといわれている。

②てんかん発作の種類

てんかん発作には様々な種類があり、異常な電気活動を起こしている脳の部位に対応した症状が出現する。また、てんかん発作はほとんどの場合、数秒～数分間で終わるが、時には数時間以上続くてんかん重積状態が起こることもあり、救急搬送する必要がある。

③てんかんの分類

てんかんは、部分てんかん（局在関連てんかん）、全般てんかんに大別され、さらに、発作を引き起こす原因によって特発性（明らかな脳の病変が認められない場合）と症候性（明らかな病変が認められ

図表 5-2-15　てんかん発作の種類

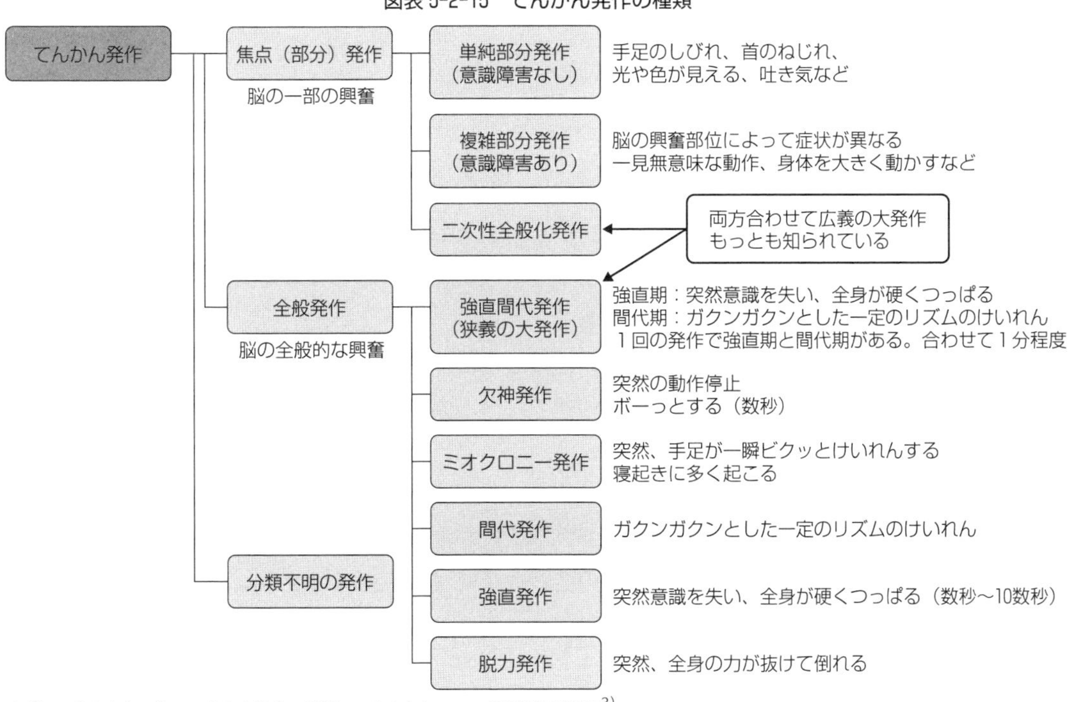

出典）てんかんネット、てんかん発作の種類、てんかんについて（渡辺雅子監修）[3)]

る場合)に分けられる。時には、部分てんかん(局在関連てんかん)か、全般性てんかんか、決められない分類不能のてんかんもある[2)]。

小児てんかんとは、新生児から思春期までに起こるてんかんの総称である[4)]。小児てんかん全体では原因不明の特発性てんかんが多く、1歳までに発病するてんかんの多くは脳に明らかな病変がある症候性てんかんであり、幼児期から学童期にかけては小児欠神てんかんや良性てんかんなどといった、脳に明らかな病変がなく成人までに治ってしまう特発性てんかんが多いという特徴がある[5)]。てんかんの分類を以下に示す。

図表 5-2-16　てんかん症候群の分類

	特発性(原因不明)	症候性(原因あり)
部分 脳の一部分から発作がはじまる	特発性部分てんかん 主に小児～若年期に発病 症状の経過はよい ・良性ローランドてんかん ・良性後頭葉てんかん　など	症候性部分てんかん 成人発症に多い 発作がはじまる前に何らかの前兆がある ・側頭葉てんかん・前頭葉てんかん ・頭頂葉てんかん・後頭葉てんかん　など
全般 脳の全体が一気に発作を起こす	特発性全般てんかん 欠神発作や強直・間代発作などがみられるが、手足のマヒや脳の障害はみられない ・良性新生児家族性てんかん ・良性新生児てんかん ・乳児良性ミオクロニーてんかん ・小児欠神てんかん ・若年欠神てんかん ・若年ミオクロニーてんかん ・覚醒時大発作てんかん　など	症候性全般てんかん 新生児期～乳児期に発病 発作回数も多く、発病前から精神遅滞や神経症状がみられる ・ウエスト症候群 ・レノックス・ガストー症候群 ・ミオクロニー失立発作てんかん* ・ミオクロニー欠神てんかん　など*

＊潜因性(症候性と考えられるが原因不明)
出典)てんかんinfoブックレットシリーズNo.2　子どものてんかん(ユーシービージャパン株式会社提供)[5)]

④治　療[1)2)]

抗てんかん薬を内服することで、多くの人は発作が抑制され、さらに一部の人では数年後には薬を中止できることもある(※発作が3年以上止まっていて、脳波検査で2年以上てんかん波が出ていない場合に、抗てんかん薬の中止を考慮する。ただし、てんかんの種類による)。その他、脳外科手術や食事療法、迷走神経刺激術といった方法もある。

てんかんのある人のうち70～80%は薬や外科治療などにより発作を抑制でき、残りの20～30%の人は薬や治療法を用いても発作が止まらない難治性てんかんである。

(2)てんかんの子供への支援

子供が日常生活をできる限り普通に過ごせるよう工夫する。また、子供、保護者、学級担任、養護教諭、管理職が中心となり、全教職員で発作の症状や頻度(前駆症状や服用薬など)、発作が起こった時の対応(緊急連絡先、かかりつけ病院なども含む)について共通理解しておく。

①日常の配慮[5)]

きちんと服薬をし、規則正しい生活を送っていると、起こりにくいとされている。

②スポーツ・水泳学習時の配慮[5)]

以前は、発作によってけがをする危険性などを考慮してスポーツを制限することもあったが、現在では、楽しんで体を動かすことや、適度な緊張感が発作を抑制することが知られるようになり、てんかんであってもスポーツをすることが可能であることがわかってきた。ただし、発作を起こすことで生命の危険がある場合(登山やスキーなど)や、疲労や緊張、光などにより発作を起こしやすい人は注意が必要であり、発作が起きた際に介助できる人がそばにいるようにする必要がある。

③発作時の対応

発作時は、転倒、転落、周囲の物品により打撲しないよう留意する。呼吸しやすいように衣服を緩め、発作の様子(発作の時間、けいれんの様子など)を記録しておく。

血圧の低下があり、嘔吐する可能性もあるため、安静体位(側臥位、顔を横に向ける)とし、可能であれば足を少し高くする。初発の発作時や重積発作の場合は、救急搬送する。

家族に連絡をし、状態と救急搬送することについて説明する。

MEMO

年齢による発作の助長因子(発作が起こりやすくなる状況)

- 学童期から思春期：疲労、睡眠不足、ストレス、感情の動き
- 思春期前後：月経、疲労、睡眠不足、ストレス

発作のコントロールが十分でない場合の水泳学習の対応のポイント[6)]

状況に応じて、以下を参考にする。

- 1か月以内に発作があり安定していない場合は、主治医に指示を求めて対応する。
- 個別に監視が可能な場合は、水泳への参加は可能である。
- 水面に反射する光で発作が出やすい場合は注意が必要である。
- 炎天下、疲労で発作が誘発されることがあるので注意する。
- 飛び込みや深く潜ることは避ける。

引用・参考文献

1) 厚生労働省、てんかん対策(https://www.mhlw.go.jp/stf/seisakunitsuite/bunya/0000070789_00008.html、2021年4月30日参照)
2) 公益社団法人日本てんかん協会、てんかんについて(https://www.jea-net.jp/epilepsy、2021年4月30日参照)
3) てんかんネット、てんかん発作の種類、てんかんについて(渡辺雅子監修)(https://www.alfresa-pharma.co.jp/general/tenkan/about/index.html、2021年4月30日参照)
4) てんかんネット、小児てんかん(渡辺雅子監修)(https://www.alfresa-pharma.co.jp/general/tenkan/child/index.html、2021年4月30日参照)
5) てんかん info ブックレットシリーズ No.2　子どものてんかん、ユーシービージャパン株式会社(https://www.tenkan.info/download/pdf/2010_ChildrensEpilepsy.pdf、2021年4月30日参照)
6) 永井利三郎監修、学校生活とてんかん こんなときどう指導したらいい?、てんかん for School 園・学校の先生方のためのてんかん情報サイト(https://www.tenkanfs.jp/faq/schoollife_q6、2021年4月30日参照)

7）炎症性腸疾患

（1）炎症性腸疾患(IBD)とは

炎症性腸疾患(Inflammatory Bowel Disease：IBD)は、大腸及び小腸の粘膜に慢性の炎症または潰瘍を引き起こす原因不明の疾患の総称で、近年、日本でも患者数が増加している。「食事をする

と下痢や腹痛が起こり、やがて栄養障害で痩せてくる」という症状が典型的であり、青壮年期の発症が多いとされているが、乳児期や小児期に発症することもあり、長くつき合っていく疾患である。一般的に潰瘍性大腸炎とクローン病に分類され、厚生労働省による指定難病であるため、公費による医療補助が受けられる。その患者数も年々増加していることから、新しい研究や薬の開発が進められている。

①潰瘍性大腸炎

潰瘍性大腸炎は持続する炎症が大腸に生じる病気で、大腸の粘膜に潰瘍やびらんができてしまうことで、種々の腸管の機能障害をもたらす。腹痛や下痢、血便が主な症状であり、体重減少や貧血などの栄養障害をきたす。

病変は、直腸やＳ状結腸からはじまり、徐々に上方(口側)に進展する。特に子供では、大腸全体に炎症が広がることが多いため、大人に比べて重症になりやすいといわれている。したがって、発症してしまうと、病状の安定(寛解期)と悪化する時期(活動期)を繰り返しやすい病気である。原因は遺伝素因、環境素因を背景に、腸内細菌や食物などの腸内代謝物が関連した病的免疫反応と考えられているが詳細は明らかになっていない。

発症する患者数は年々増加しており、15～35歳頃に診断されることが多いが、乳幼児期を含む小児期に発症することも珍しくない。

治療の目標は完治ではなく、大腸粘膜の異常な炎症を抑え、症状をコントロールすることで長期間寛解維持状態を保つことである。食事、薬剤、生活が治療の３本柱といわれており、原則的には薬による内科的治療が行われるが、重症の場合や薬物療法が効かない場合には手術が必要となる。また、多くの患者に寛解が認められるが、再発する場合も多く、特にストレスや緊張で悪化しやすいといわれている。栄養障害、成長障害、学校生活への影響などを踏まえ、寛解を維持するために継続的な内科治療と食事や睡眠、心理的ストレスなどの生活管理が必要となる。

②クローン病

クローン病は消化管のあらゆる部位に病気が生じる可能性があり、粘膜に深い潰瘍やびらんができ、寛解と再燃を繰り返す病気である。症状は人によって異なり、多様であるが、特徴的な症状は腹痛と下痢で、半数以上の患者にみられる。さらに発熱、下血、腹部腫瘤、体重減少、全身倦怠感、貧血などの症状もしばしば現れるため、学校生活に支障をきたす。クローン病は瘻孔(ろうこう)、狭窄、膿瘍などの腸管の合併症や関節炎、虹彩炎、結節性紅斑、肛門部病変などの腸管外の合併症も多く、これらの有無により様々な症状を呈する。炎症は腸だけでなく、口から肛門まで広範囲の消化管に生じ、部位によって現れる症状が異なる。また、消化管症状の出現前に身長の伸びが悪くなるなど治療後も成長障害が残ることがある。

治療は、食事療法・栄養療法や薬物療法などの内科的治療が主体となることが多いが、腸閉塞や穿孔、膿瘍などの合併症には外科的治療が必要となる。特に活動期には腸の安静が必要となるため、栄養療法となる。栄養療法には経腸栄養と完全中心静脈栄養があり、栄養状態の改善だけでなく、腸管の安静と食事からの刺激を取り除くことで腹痛や下痢などの症状の改善と消化管病変の改善が認めれる。活動期には成分栄養剤(エレンタール)が有効であり、寛解を維持し、成長を促進するためにも重要である。

慢性の経過をたどり、かつ寛解期に入り症状が落ち着いていても、病気は進行するといわれている。治療を継続しつつ、定期的な画像検査などの病気の状態を把握することはきわめて大切である。

（２）潰瘍性大腸炎・クローン病の子供への支援

疾患による身体的な負担だけでなく、就学、就労などのライフイベントにも関わることもあり、心理的・社会的側面からのサポートが必要となる。子供や家族だけでなく、主治医を中心とした医療(医師、看護師、薬剤師、管理栄養士、心理の専門職)や地域の保健、福祉と連携して支援することが重要である。

①潰瘍性大腸炎・クローン病の子供の生活上の課題

ⅰ　治　療

病気が再燃しないように、治療を根気強く継続できることが大切である。定期的な通院、検査、入院、栄養療法、薬物療法の継続により、寛解の維持が期待できる。しかし、病状だけでなく成長発達に注意し、身体計測と栄養状態の評価を定期的に受ける必要がある。

本人が病気をよく理解して、自己管理ができることが理想であるが、そのためにも家庭での見守りやサポートはもちろん、主治医とよく相談することが重要である。

ⅱ　活　動

寛解期には、原則として運動や体育など学校生活、日常生活を特別に制限する必要はないが、心身の強い負担になるような運動は避けた方がよい。疲労がたまらない程度の適度な運動は疾患の活動性を低下させ、精神的ストレスを軽減するといわれている。毎日の生活において、疲労をためないよう、十分な睡眠など休養をとることが重要となる。学校生活では、体育の授業や部活動などがあるが、慣れるまでは主治医や学校側とよく相談して配慮してもらうことも大切である。

ⅲ　食　事

潰瘍性大腸炎は、一般的に低脂肪・低残渣食が勧められているが、寛解期の食事については基本的には制限はない。人によって病変部位や消化吸収機能は異なり、食べると調子が悪くなる食品類も様々である。自分に合った食品を見つけ、症状が出やすい食品を避けることが必要である。

一方、クローン病では消化管に負担をかけないよう、毎日の食事の管理が重要となる。調理方法を「煮る、蒸す、ゆでる、焼く」に限って油を使用しないよう工夫したり、食物繊維が多い食材を避けたり、蛋白源を魚類、大豆製品、卵を中心としたりする必要がある。学校給食は避けなければならない食品や調理法が多いため、弁当の持参がよい場合もあるが、みんなと一緒に給食を食べることも大切であり、配慮できることが望ましい。

ⅳ　心理面

入院中から治療のためにかなりの苦痛を強いられる。退院後も病気の再燃や薬物療法と食事療法などの生活制限、通院での検査の他、学校生活や友人関係、勉強や受験のこと、修学旅行やクラブ活動のことなど、不安や心配、ストレスが多い。寛解状態を維持するために、ストレスを未然に避けたり発散したりできるよう支援が必要となる。

特にクローン病は再燃を繰り返す病気であり、再燃すると本人の心理的なショックは大きく、絶望感からセルフエスティームの低下につながることが問題である。上手につき合うことができれば自信につながり、自己管理能力の向上が期待できる。

②潰瘍性大腸炎・クローン病の子供への支援

ⅰ　活　動

寛解を維持するためには、適切な内服治療とともに、正しい生活習慣と精神的ストレスの回避・軽減が重要である。朝起きてから夜寝るまでの１日や１週間のスケジュールなど一人ひとりに合った過ごし方を一緒に考えられるとよい。

特に、学校生活には、体育的行事や課外活動も多いため、本人の様子をみながら主治医や学校側とよく相談しながら参加するようにし、疲労をためないように十分な睡眠など休養をとることが大切といえる。

ⅱ　心理面

本人の思いや悩みを周囲が理解し、サポートできるよう、具体的に何が心配なのか、どう不安なのかを把握し、的確に応えていくとよい。特に思春期は悩みを口にしないこともあり、親には見えにくい部分もある。同じ病気をもつ人たちとのコミュニティや学校でも病気のことを伝えられるクラスメイトの存在などが支えになる場合もある。ストレスを未然に避ける、受けたストレスはため込まないように本人も日頃から病気に対する正しい知識をもつことも大切である。

ⅲ　保護者支援・きょうだい支援

診断名が確定すると、受容の問題や不安、戸惑いが生じる。また、病気の子供に対する思いが強くなりすぎて密着した親子関係になりがちである。あまりに強すぎると、子供の人格形成やきょうだい関係に問題が生じたり、家族内で葛藤を抱えがちになったり家庭生活が脅かされる。特にきょうだいは、食事など日常生活で我慢せざるを得ない立場にある。このような負担を軽くするために、患者会などに参加し、交流をもつことで病気に対する悩みや不安について支援を得ることができる。

参考文献

1）日本消化器病学会編：炎症性疾患（IBD）診療ガイドライン2016、南江堂、2016
（https://www.jsge.or.jp/guideline/guideline/pdf/IBD2016.pdf）
2）日本消化器病学会編：患者さんとご家族のための炎症性腸疾患（IBD）ガイド、2020
（https://www.jsge.or.jp/guideline/disease/pdf/13_ibd.pdf）

8）悪性新生物

（1）悪性新生物とは

新生物とは、身体に生じた異常な細胞が、自律的に増殖し続け、本来の正常細胞の働きを阻害し、全域の組織や臓器に浸潤していくものを指し、良性腫瘍と悪性腫瘍がある。悪性腫瘍は血行やリンパを介して他の組織に転移する性質があり、がん、肉腫と呼ばれている。血液のがんとしては白血病や悪性リンパ腫などがある。

①小児期に多い悪性新生物

いわゆる小児がんと呼ばれるもので、一般には15歳未満にみられる疾患で、白血病、脳腫瘍、リンパ腫、神経芽種、網膜芽腫、性腺腫瘍などが挙げられる。日本での小児がんの年間発症者は2,000～3,000人で、小児10,000人あたり1.0～1.5人である[3]。この中でも代表的ながんは白血病で、小児脳腫瘍とともに死因の上位を占めている。脳腫瘍は小児がんの20％を占め、グリオーマ、胚細胞腫瘍、髄芽腫などがある。それぞれの割合は図表5-2-17の通りである。

ｉ　白血病

我が国では年間約700～800人が罹患し、小児がんの約35％を占めている[1]。リンパ性白血病と骨髄性白血病に区分され、前者が約80％と多く、３～５歳にピークがある。骨髄中に未熟な白血球が増殖することにより正常な造血が抑制される。正常な白血球や血小板が少なくなるため、感染しやすく、出血が止まらなくなるという症状がある。

最近の医療の進歩に伴い、長期生存率は70～80％にまで達している[2]。

ｉ）症　状

風邪のような症状や筋肉、関節の痛みが続き、疲れやすいなどの症状があり、貧血、出血傾向(鼻出血、歯肉出血など)、口内炎をきたしやすくなる。

ⅱ）診　断

血液検査(赤血球、白血球、血小板数など)、画像診断(X線、CT、MRI、超音波)、骨髄穿刺(こつずいせんし)による白血球未熟細胞の数などで診断する。

図表5-2-17　小児がんの種類とその頻度

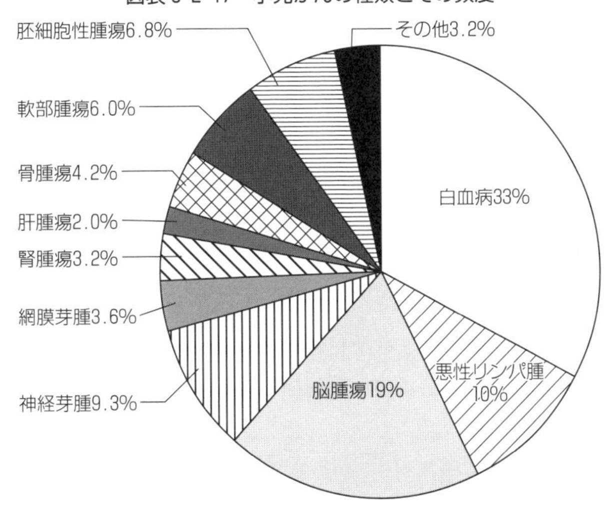

白血病や悪性リンパ腫のような造血器腫瘍、脳腫瘍、その他の固形腫瘍に大きく分類され、白血病３分の１、脳腫瘍が５分の１、悪性リンパ腫以下のその他固形腫瘍がそれぞれ数%を占めている。(Parkin DM et al : International Incidence of Childhood Cancer. IARC Scienttific Publications No.87 Lyon 1988からわが国のものを引用して作成)

出典）松岡真里、丸光恵、石田也寸志：悪性新生物と看護、奈良間美保著編、小児臨床看護各論 第15版、医学書院、2013、297、図11-1

図表 5-2-18　小児がん(ALL)の治療経過

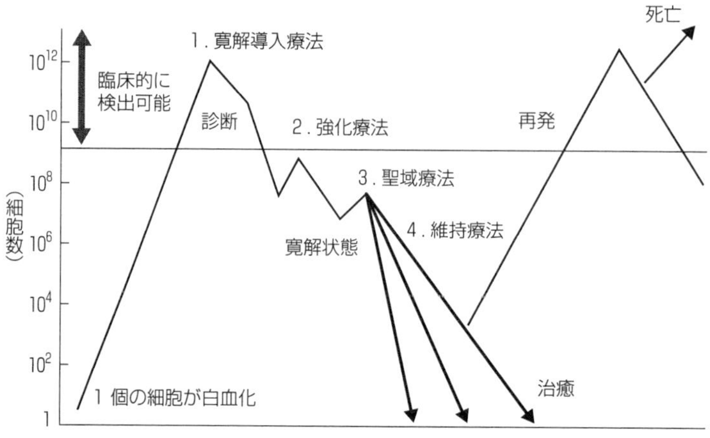

横軸が時間(月〜年)、縦軸が白血病細胞の数である。診断時に10^{12}の白血病細胞が寛解導入療法で1,000分の1の数億個レベルくらいになると「完全寛解」に入る。完全寛解の状態では、通常の検査では白血病細胞はみとめられず、正常な造血機能が回復しているが、からだのなかにはまだ1億をこえる数の白血病細胞が残っている。早期強化療法でさらに減らし、聖域療法・維持療法を継続して、約2〜3年で白血病細胞をほぼ0にもっていき「治癒」を目ざす。

出典）松岡真里、丸光恵、石田也寸志：悪性新生物と看護、奈良間美保著編、小児臨床看護各論 第15版、医学書院、2013、301、図11-3

iii）治　療

抗がん剤治療による寛解導入法では多剤併用を５週間前後行い、白血病細胞が５％未満になるのを指標とする。場合によっては早期強化療法や地固め療法が追加され、治療には１〜２年を要する(図表 5-2-18)。その他、放射線療法、造血幹細胞移植などが行われる。

ii　悪性リンパ腫

白血球の一種であるリンパ球ががん化した病気で、多くは頸部、腋窩部、鼠径部などのリンパ節が腫大することにより気づかれ、子供のがんの約10％を占めている。がん細胞の性質により大きくホジキンリンパ腫と非ホジキンリンパ腫に区分される。治療は白血病に類似し、主として薬物療法、放射線療法、造血幹細胞移植などが病理組織検査や病期分類を参考に選択される。

（２）悪性新生物の子供への支援

①病名の告知

診断が決まれば、両親や子供に、時によっては学校の担任などに、どのように告知するかは繊細な問題である。今後の治療も含め、病気の全貌を関係者に理解させることが必要である。

②精神的、肉体的苦痛に対する支援

病気を知った患児の精神的な苦痛はもとより、検査や治療による疼痛も含め、つらさに向かい合ってそれらを和らげてあげることが大切である。

③治療の副反応に対する支援

治療薬剤の副反応として、悪心、嘔吐、下痢、腹痛、食欲不振、発熱、易感染、出血傾向、全身倦怠感、脱毛、満月様顔貌（ムーンフェイス）などがみられる。患児が外貌の変化に戸惑いはじめたら、かつらや帽子着用などの相談にのり、気兼ねなく外出できる支援が求められる。

具体的には、食欲不振に対しては医師、看護師と相談の上、食べやすい物から少しずつ援助する。クリーンルームで治療中はヨーグルトなどの菌類の入った飲み物は除外し、お茶やお水などで水分を補給する。感染に対しては口腔内を含め身体を清潔に保つ。出血傾向には、鼻腔内を刺激せず、外傷などに気をつける。

④復学支援

患児の入院初期、入院中、退院後すべての期間において支援が必要で、本人、家族、学級の担任、養護教諭、児童生徒、病院の医師、看護師などの連携が必要となる。詳細は別頁（p. 288）に譲る。

⑤晩期合併症と長期フォローアップ

小児がんの治療成績向上に伴い治癒後の人生も長くなるため、晩期合併症と呼ばれる身体障害や心理的・社会的適応不全をきたすケースも多々みられるようになってきた。晩期障害として成長障害、内分泌・代謝障害、心筋障害、性腺障害などの治療合併症が考えられる。

退院後には復学、社会復帰、就職、結婚、出産という多様な行事を経験するため、治癒後も子供たちの成長に合わせた長期フォローアップが必要となる。患児もまた自分の病気を理解し、生活習慣病の予防も含め健康管理を行い、しっかり病気と向き合うことが大切である。

参考文献

1）桑野タイ子監修、本間昭子編：疾患別小児看護—基礎知識・関連図と実践事例、中央法規、2011、190-197

2）中村友彦編：小児の疾患と看護、メディカ出版、2017、200-202

3）吉野浩：小児がん治療の現状と展望、杏林医会誌44(3)、2013、155-158

4）奈良間美保ら：系統看護学講座専門分野Ⅱ　小児臨床看護各論 第15版　小児看護学２、医学書院、2013、296-305

９）起立性調節障害

（１）起立性調節障害（OD）とは

起立性調節障害（orthostatic dysregulation: OD）は、子供に多い心身症の１つである。特に、中学生から高校生で多くみられる。脳の自律神経中枢（大脳辺縁系、視床下部等）の機能が悪くなることで、交感神経と副交感神経の働きのバランスが崩れて様々な症状が現れる。また、精神的なストレスに大きく影響を受ける。日常生活では、臥位、座位から主に立位姿勢をとる時に、立ちくらみや頭痛、めまい、動悸などの起立失調症状がみられる。その他にも、食欲不振、頭痛、立っていると気分が悪くなる、全身倦怠感を呈することもある。

朝は、交感神経の活性が悪く血圧が上がりにくく脳の血流が維持できなくなるため、朝に症状を強く認める傾向がある。そのため、朝は起きられず、登校しぶりや不登校状態を呈するものも少なくな

図表 5-2-19　起立性調節障害：OD　身体症状項目

（項目が 3 つ以上あてはまるか、あるいは 2 つであっても OD が強く疑われる場合には、さらに詳細な問診・診察・検査を進めていく。）

1．立ちくらみ、あるいはめまいを起こしやすい
2．立っていると気持ちが悪くなる、ひどくなると倒れる
3．入浴時あるいは嫌なことを見聞きすると気持ちが悪くなる
4．少し動くと動悸あるいは息切れがする
5．朝なかなか起きられず午前中調子が悪い
6．顔色が青白い
7．食欲不振
8．腹痛をときどき訴える
9．倦怠あるいは疲れやすい
10．頭痛
11．乗り物に酔いやすい

い。一方で、午後からは交感神経が活性化し症状が改善するため、仮病（詐病）と間違われることもある。また、夜間は元気になることから寝つきが悪くなり入眠時間が後退し、結果として生活リズムの乱れを生じることも特徴として挙げられる。

OD には、起立時血圧心拍反応が異なる「起立直後性低血圧」、「体位性頻脈症候群」、「血管迷走神経性失神」、「遷延性起立性低血圧」の 4 つのサブタイプがある。タイプ別に身体的重症度の判定と「心身症としての OD」チェックリストによる心理社会的因子の関与について医師が判定を行う。その後、「OD 治療ガイドライン」に沿った治療が行われる。OD の症状は、基礎疾患に由来する症状と似ているものが多いため、医療機関で基礎疾患を除外する必要がある（図表 5-2-19）。

（2）起立性調節障害の子供への支援

起立性調節障害（OD）は、身体疾患であり、本人の朝起き不良は、怠け等が原因ではないことを子供自身や家族にも伝え、共通認識をもつことが大切である。本人を叱責したり励ましたりすることは効果的ではない。多くの場合、子供自身も OD 症状の理由がわからず不安になっていることが多いため、医療機関で適切な診断を受ける治療を進めていくことが大切である。また、家族も OD の症状は本人の気持ちの問題ととらえ、子供を否定的にとらえがちになる。そのことは、子供にとって精神的なストレスとなり、そのストレスが自律神経を介し結果的に OD を悪化させてしまう。OD の病態について正しい知識をもつことは、親子ともに不安やストレスを軽減することになり、よりよい治療環境づくりにもつながる。OD は、不登校を伴うことが珍しくないため、疾患の特徴を理解した上で、登校を午後からにしたり、別室登校（保健室や相談室）を検討したり不登校への対策も視野に入れる。

養護教諭は、保護者や学級担任等と連携し学校における支援体制を整える中核を担っている。OD の子供に関わる教職員には、「OD は、身体の病気であり、起立や座位で脳血流が下がり、思考力・判断力が低下し様々な症状が現れる」という医学的な機序を丁寧に説明する。そうすることで共通認識をもつことができ、OD への理解が深まり効果的な支援が可能となる。家族と教職員の理解が得られることで、子供は安心して自分の疾患と向き合い、治療にも前向きになることができる。

①学校生活における配慮事項

・学校生活すべてにおいて、静止状態での起立を３～４分以上続けないようにする。
・暑気を避ける。夏季に体育の授業を見学させる時には、涼しい室内に座位で待機させる。
・OD は、その日の状態によって変動が大きいため、子供の体調に合わせた運動が望ましい。
・起立失調症状(めまいや立ちくらみ)等の体調不良が出現したら、速やかに臥位にして脳血流を回復させる。

②日常生活における注意点

・起立時には、いきなり立ち上がらずに30秒ほどかけてゆっくり起立するようにする。
・歩きはじめる時には、頭位を前屈させ脳血流の低下を防ぐようにする。
・起立中には、足踏みをしたり両足をクロスに交差し血圧低下を防ぐようにする。
・日中は身体を横にしないようにする。だるいからと身体を横にしていると起立耐性の悪化につながる。
・早寝早起き等の規則正しい生活リズムを心がける。
・気温の高い場所を避けるようにする。暑気は末梢血管を拡張させ、加えて発汗による脱水も加わり血圧が低下しやすい。
・血流をよくするため、OD 一般に水分は１日1.5～２ℓ以上、塩分は多めにとるとよい。塩分量は年齢や体重によって異なるので医師の指示を受ける。

参考文献

1) 日本小児心身医学会編：小児心身医学会ガイドライン集(改訂２版)、南江堂、2015
2) 日本小児心身医学会編：初学者のための小児心身医学テキスト、南江堂、2018

10) 気分障害

(１) 気分障害とは

DSM-Ⅳや ICD-10では、うつ病も躁(そう)病も気分障害として分類していたが、2013(平成25)年に米国精神医学会が DSM-５を刊行し、抑うつ障害群(Depressive Disorders)と双極性障害群及び関連障害群(Bipolar and Related Disorders)に分けて分類した。

①抑うつ障害群

抑うつ障害群には、うつ病、持続性抑うつ障害(気分変調症)、月経前不快気分障害、重篤気分調節症が含まれる。これらは時に治療薬、アルコール、違法薬物、甲状腺疾患などの身体疾患でも起こりうる[1)]といわれる。これらの疾患に共通する特徴は、悲しく、うつろで、あるいは易怒(いど)的な気分が存在し、身体的及び認知的な変化も伴って、個人が機能する上で重大な影響を及ぼすことである[2)]。中でも重篤気分調節症は、新たな診断として抑うつ障害群に追加された。これは、持続的な易怒性及び度重なる極端な行動制御不全のエピソードを呈する状態を指し、12歳までの子供のための診断である。

易怒性とは、ささいなことで周囲に不機嫌な態度で頻繁に反応し(易刺激性)怒る状態をいう。この重篤気分調節症の症状を呈する子供が青年期や成人期になると、単極性抑うつ障害群あるいは不安症群を呈するようになることから注意が必要である。

i　うつ病

うつ病は少なくとも2週間にわたって次の症状が持続する場合に診断される。ほとんど毎日のように、これまで楽しめていたことが楽しめなくなる、不眠や過眠、突然の体重増加や体重減少、食欲変化、易疲労感、気分減退、無価値観や不適切な罪責感、落ち着かず不安に駆られ歩き回ったり会話や動きが遅くなったりする、死や自殺についての反復思考や自殺企図がみられるなどである。リスク因子は、自尊感情が低い人、ストレスコーピングが苦手な人、悲観的な思考や態度の人が挙げられる。暴力や虐待、貧困生活が環境要因として挙げられる。遺伝的な素因も関連している。

うつ病は、精神疾患の中で最も治療しやすく、抗うつ薬や精神療法等によりほとんどの人で症状が和らぐ。一方、吐き気や体重増加、倦怠感などの副作用が起こることがあるが徐々に消失したり緩和したりする。抗うつ薬の中には、急に服薬を中止するとうつ病が悪化することがあるため徐々に減量するなど医師の指示にしたがう。多くの場合、治療開始から2～4週間で気分は改善しはじめる。大切なことは、少し症状が改善したとしても勝手に中止せず医師の指示のもと内服を継続することである。

第5章

ii　持続性抑うつ障害(気分変調症)

かつては「気分変調性障害」と呼ばれていた。本疾患の特徴は、少なくとも2年間、ほとんどの日に抑うつ気分が続くことである。小児期早期や10代の青年期、成人早期に発症することもある。食欲の減退または増加、不眠または過眠、活力の減退、自尊感情の低下、集中力の低下や決断困難、絶望感が併存する。子供は抑うつ気分よりも「怒りやすくなる」ことがあり、その症状が1年以上持続した場合は本診断となる。リスク因子としては、社会生活に悲観的、友達がいない、仕事ができない、失業している、他人と仲よくつき合うことができない、ストレスが多い小児期を過ごした、うつ病の近親者がいるなどがある。

iii　月経前不快気分障害

月経前不快気分障害(PMDD)はDSM-5より認められた疾患である。月経(出血)がはじまる1週間前頃から抑うつ、苛立ち、緊張が強くなる。他にも不安、不眠、乳房の圧痛や腫脹がみられる。月経がはじまると症状は落ち着く。月経が終了した1週間後には症状は消失する。1.3～1.8%の女性がこの障害をもっており、閉経となり月経周期がなくなると症状も出現しなくなる。

iv　重篤気分調節症

激しい苛立ち、怒り、繰り返すかんしゃく発作を起こす子供の診断である。DSM-5で新たに追加された。症状は、繰り返すかんしゃく発作(激しい暴言、人や物への物理的攻撃)、毎週3回以上起こるかんしゃく発作、ほとんど毎日持続する苛立ちや怒り、発達水準にそぐわないかんしゃく発作が12か月以上持続している場合に診断される。

②双極性障害群及び関連障害群

双極性障害は、気分、活力、生活機能に顕著な変化を引き起こす脳の障害である[3)]。双極性障害の症状は対人関係で成り立つ学校において支障をきたし、自殺などの事象を起こすなど重大な問題となることがある。類型は双極Ⅰ型障害、双極Ⅱ型障害、気分循環性障害の3つである。

ⅰ　双極Ⅰ型障害

躁病エピソードが存在し、それは軽躁病エピソードか抑うつエピソードの前か後に起こる。

躁病エピソードとは、普段の行動とは明らかに異なった変化を象徴しており、自尊心の肥大または誇大、睡眠欲求の減少、多弁、注意散漫、無謀な運転や酒盛りなどの困った結果につながる可能性が高い行動などがある。これらの症状は日常生活に支障をきたすほど重症で1週間以上持続する。自傷他害の恐れもありその場合は入院加療が必要である。軽躁病エピソードは、躁病エピソードと似ているが、気分の変動が他人に明らかではない状態であるためわかりにくい場合もある。

一方、抑うつエピソードは少なくとも2週間、次の症状が持続した状態をいう。ほとんど毎日1日中続く抑うつ気分(悲しみ、空虚感、絶望感)、興味や喜びの著しい減退、食欲の急激な変化による体重増減、不眠または過眠、疲労感、気力減退、無価値観や罪責感、集中力減退、決断困難、死についての反復思考、自殺念慮、自殺企図である。

リスク因子は家族歴である。治療は生涯続ける必要がある。症状コントロールのために気分安定薬が処方される。治療薬が効くと症状が一切なくなる。服薬をやめてしまうと再発してしまうため服薬管理は重要である。同時に精神療法も効果的である。

ⅱ　双極Ⅱ型障害

少なくとも1回の抑うつエピソードと軽躁病エピソードがあり、躁病エピソードの期間がないことが双極Ⅰ型障害との相違点である。遺伝的素因はリスク因子の1つである。

ⅲ　気分循環性障害[4)]

気分が持続的に不安定で、軽い抑うつや軽い高揚の期間を何回も繰り返す障害である。成人では少なくとも2年間、子供や青年では1年間にわたって症状が継続した時に診断される。軽躁症状も抑うつ症状も、いわゆる軽躁エピソードや抑うつエピソードの基準を完全に満たすほど重篤ではなく双極Ⅱ型障害の軽症例であるともいわれる。子供はADHDを併存することがある。一般的に1%の有病率と見積もられ、男女比は3：2で男性の方が多く、患者の50～75%は15～25歳の間に発症するため、学校においては「気まぐれ」「気分屋」「一貫性がない」「信頼できない」などとみなされる子供は留意する。遺伝的素因はリスク因子の1つである。

(2) 気分障害の子供への支援

①早期発見・早期対応

精神疾患の発症は思春期に起こりはじめ、その後の生活に支障をきたす。できるだけ早期に支援を受けることでさらなる憎悪や長期化を予防することができる。効果がある治療法は、精神療法や薬物療法及びその併用である。思春期の子供や10代の青年には悲哀感や絶望感よりもむしろ、不安や怒り、苛立ちの症状が目立つことがあるためそれを見逃さず、子供が保健室に頻繁に来室する際や不登校、暴力やけんかなどの行動に現れた際には状態を客観的に把握する。この際、心理的・社会的アセスメントが有効である。心理的・社会的アセスメントは、生活習慣アセスメント、身近な人との関わりアセスメント、子供の可能性アセスメント、身体症状・清潔アセスメントで成り立つ[5)]。学級担任・スクールカウンセラー等とケース会議で検討する際に客観的に子供を評価し、支援の方針や方策を見出す。

②規則正しい生活習慣を営む支援

抑うつ的な時は健康的な生活習慣を続けることが困難となるため、日頃から人との関わりをもち規則正しい生活習慣を営む支援を行う。具体的には健康的な食事、適度な運動を行う。運動は睡眠を助ける。カフェインを含む飲料や塩、砂糖の摂取を減らす食生活を心がけると症状が和らぐ。日常の状態を日記に記録することは受診に役立つ。

③治療を継続する支援

精神疾患は長期にわたるが、適切な治療に結びつけば回復可能である。薬物療法、精神療法、健康的な生活習慣の組み合わせで効果が出るため、継続的に子供の状態を把握する。特に服薬が中断されたり、受診を中止したりしないよう支援する。

参考文献

1) American Psychiatric Association：第４章抑うつ障害群、精神疾患・メンタルヘルスガイドブック DSM-５から生活指針まで(滝沢龍訳)、医学書院、2016、61-76
2) 日本精神神経学会：DCM-５精神疾患の診断・統計マニュアル　４抑うつ障害群、医学書院、2014、155-186
3) American Psychiatric Association：第３章双極性障害および関連障害群、精神疾患・メンタルヘルスガイドブック DSM-５から生活指針まで(滝沢龍訳)、医学書院、2016、46-60
4) Jay N Giedd, Matcheri Keshavan, Tomas : Why do many psychiatric disorders emerge during adolescence?, Nature Reviews Neuroscience | AOP, published online 15 December 2008 ; doi : 10. 1038/nrn2513
5) 大沼久美子：養護教諭が行う心理的・社会的アセスメントシートの実用化に向けた検討、日本健康相談活動学会誌、第12巻、第１号、2017、50-64

11) 統合失調症

(１) 統合失調症とは

統合失調症は通常の思考、会話、行動を妨げる脳の障害である。一度発症すると生涯を通じて持続し日々の生活に支障をきたす。生涯罹患率は約0.3～0.7%といわれるが、国によって異なる。発症は思春期以降であり急激な場合もあるがゆっくりと発症することが多い。子供の訴えは、幻覚や妄想というより、白昼夢や空想である場合もあるため、自閉スペクトラム症などの神経発達障害群との鑑別が難しい。１か月間に、幻覚、妄想、まとまりのない発語、ひどくまとまりのないもしくは緊張病性の行動、陰性症状(感情表現が乏しい、意欲の減退、思考の低下など)の症状のうち２つ以上ある場合に統合失調症を疑う[1)]。学校生活場面では、急激な成績の悪化、幻聴や幻覚によりいじめられている、悪口をいわれている、誰かが待ち伏せしている、死ねといわれたなどと訴える場合もある。保健室でこのような訴えをした子供には丁寧に聞きとりを行うとともに、周囲の友人や教員から子供の様子を聴きとり客観的に評価することが大切である。

リスク因子としては遺伝的な素因や妊娠中の母親の健康問題(ストレス、感染、栄養不良、糖尿病等)が関連する。治療によって症状を和らげることができる。統合失調症をもつ人にとって、回復とは薬物治療によってその疾患とうまくつき合っていくことである。

（2）統合失調症の子供への支援

①早期発見・早期対応

統合失調症が発症している際には、学校生活上のトラブルや本人の訴え（幻覚や幻聴で眠れない、落ち着かない、食べられないなどで痩せてくる）、急激な成績の低下等が現れる。その際は統合失調症を念頭にアセスメントを行い、必要に応じて専門家（精神科受診に戸惑う場合は、心療内科、メンタルクリニック、学校医等を介して紹介してもらうなど）につなげる。そのためにも日頃から学校医との信頼関係を構築したり、メンタルケアのできる医師との関係を構築したりしておく。

②本人及び家族への継続支援

メンタルケアの専門家の支援を受けながら治療を続けていけるよう、本人、家族を支援する。特に服薬を中止したり、副作用が現れたり、食べない・眠れないなどの症状があったりした場合、家族が抱え込んで本人の症状が悪化することもあるため、適切に支援がなされるよう相談体制を整備する。適宜、本人・保護者・主治医・養護教諭等の学校関係者で健康相談を行う。スクールカウンセラー等の協力を得て認知行動療法等を行うことも有効である。

参考文献

1）American Psychiatric Association：第2章統合失調症スペクトラム障害および他の精神病性障害群、精神疾患・メンタルヘルスガイドブック DSM-5から生活指針まで（滝沢龍訳）、医学書院、2016、31-39

12）摂食障害

（1）摂食障害（ED）とは

摂食障害（eating disorders: ED）は多彩な心身症状や食行動異常を呈する疾患であり、神経性無食欲症（神経性痩せ症）（anorexia nervosa: AN）、神経性過食症（bulimia nervosa: BN）、過食性障害（binge-eating disorder: BED）等に分類される。子供の素因や性格傾向に加え、痩せ礼賛、ダイエットやスポーツにおける減量等が背景にあり、学校においてはいじめや虐待の可能性に加え、自閉スペクトラム症等も念頭におき対応する。また、子供の場合は給食の完食の強要、食べ物を喉に詰まらせた経験、胃腸炎の時に嘔吐し嘔吐恐怖の出現を契機に発症したり、1型糖尿病との合併等もある。疫学的には、男女比はおよそ1：10で女子に多い。前思春期の発症の増加、ANからBNへの移行例の増加が指摘されている[1)]。

ANは極端なカロリー摂取の制限、肥満への恐怖や体重増加を妨げる持続した行動（過活動、自己誘発性嘔吐、下剤の乱用等）、低体重の深刻さに対する認識の欠如（ボディイメージのゆがみ）から、極度の痩せと低栄養状態が引き起こされる[2)]。死亡率は他の精神疾患より高いとされる[3)]。痩せ、低体温、低血圧、徐脈、便秘、浮腫、背部のうぶ毛密生、皮膚乾燥、柑皮症（カロチン症：顔、手掌などが黄色くなる）等の症状がある。初潮前に発症した場合は低身長になり、女子では無月経（3か月以上）や初潮遅延、無月経の長期化により骨量が減少し、骨粗鬆症のリスクが高まる。行動面では摂取量の極端な制限、食べ方や食べる順番の固執、噛むだけで飲み込まずに出すチューイング、家族の食事状況への異常な関心等がみられる。痩せることに固執し、自身が病気であるという認識をもてない場合が多く、極度な低栄養が続くと脳萎縮、思考力や記憶力等の低下、認知機能の障害(考え方が固くなる)がみられることもある。重症度は、DSM-5では軽度(BMI[注1]≧17 kg/m^2)から最重度(BMI＜15 kg/m^2)の4段階で評価される[4]。15歳以下ではBMIでなく標準体重比とBMI-SDS[注2]で評価する[5]。入院適応は、主に標準体重の65%(BMI-SDSで－4.0 SD)未満、あるいは急激な体重減少(－1 kg/週)等の場合に考慮される[1]。回復には早期発見と早期介入が望ましいため、学校においては身体計測(学期に1回以上が望ましい)の際にスクリーニングを行うことが求められる。成長曲線から明らかに外れている場合や、肥満度が－15%以下、あるいは昨年度に比べて3kg以上の体重減少のある子供を抽出し、脈拍、血圧を安静臥床にて測定し、月経の有無を確認する。徐脈(50回/分以下)あるいは無月経を認めた場合[1]は子供に説明、同意の上保護者に連絡し、慎重に受診を勧める。受診への抵抗が強い場合も多いため、学校医やスクールカウンセラーと連携した対応が求められる。受診先は、児童・思春期精神科等の心身両面の治療が可能な医療機関が望ましい。

BNは、食べることを抑制できないという感覚を伴う過食が繰り返される一方、体重増加が気になり、不適切な代償行動(自己誘発性嘔吐、下剤や浣腸剤、利尿剤の乱用、絶食や過剰な運動など)を行う[2]。重症度は、不適切な代償行動が週に平均して軽度で1～3回、最重度で14回以上とされる[4]。ANと同様に太ることへの恐怖が根底にあるが、体重は標準体重や肥満傾向の場合もある。しかし、自己誘発性嘔吐、下痢や利尿剤の乱用により低カリウム血症が生じ、それに伴い疲労感、動悸、不整脈等を生じ、重篤な場合は心不全となる[2]。また、頻回な嘔吐により歯のエナメル質が溶解し(酸蝕症)、う歯が多くなったり(前歯の裏に多い)、手の甲に吐きダコがみられたりする。また、過食嘔吐を隠していることも多く、過食や不適切な代償行動に対する自己嫌悪や罪責感で抑うつ感情を生じやすい。自傷、自殺企図、盗癖、性的逸脱行動、薬物乱用など、自分や周囲への攻撃的な行動がみられることもある。15歳以下の摂食障害はANが多く、BNは稀とされてきたが、ANからBNへの移行例が増加している。

BEDはBNと同様に過食が繰り返されるが、不適切な代償行動は伴わない[2]。しかし、早食い、苦しいくらい満腹になるまで食べる、空腹を感じていない時に大量の食物を食べるなどの苦痛が伴い、過食エピソードが週に1回以上認められる[4]。肥満との合併が多い。

摂食障害の治療は、主に身体的治療(再栄養療法、抗うつ薬や抗不安薬等の薬物療法、合併症の治療)、教育(疾病教育、栄養教育等)、生活行動・運動の指導・制限、心理療法(認知行動療法など、家族への介入も含む)がある。治療期間は、最低半年ぐらいから数年にわたる。心理的な負荷がかかると再発やリストカットを含む自傷行為等への症状にシフトすることもあるため、進学後や将来を見据え、長期的な支援が求められる。

(2) 学校での管理

学校においては、子供の治療状況を把握し、授業や部活動等への参加や給食時の配慮等を考慮することが必要となる。学校では様々な教職員が子供に関わるため、全体で疾患と対応方針について理解する機会を設けることが必要である。また、支援チーム(組織)をつくり、定期的な情報交換を行い、子供の状況や対応に悩む点を話し合ったりすることで、子供が安心して学校に通える環境を整えることが重要となる。体調が安定せず、登校が難しい場合では、欠席や欠課数、進級等に関する情報提供や、個別課題の提示、別室登校等、状況に応じて柔軟に対応することが求められる。医療機関との連携は、本人、保護者に同意を得た上で、直接もしくは保護者等を通じて連携の機会を設ける。また、特にANの場合は低体重に伴い、徐脈、低血圧、心嚢液貯留などの合併症のため、日常生活の活動制限が必要となる[1)]。学校生活管理指導表を活用しながら医療機関と連携、学校での支援に生かすことも求められる。

(3) 子供への支援

子供への関わり方としては、本人のストレスになるような関わりは避け(食事状況について必要以上に聞き、食べるように促す、体重測定を強要するなど)、「食べるのがつらい」という子供の気持ちを理解し、子供の気持ちや悩みを聞き、成長に寄り添うことが基本姿勢である。特に回復期に自傷行為等の症状がみられることもあるため、スクールカウンセラー等も含め、定期的に子供の話を聞くことも必要である。悩みを話してくれない場合でも継続的に関わることは重要であり、特に養護教諭は腹痛、嘔気、不眠などの身体症状への支援を切り口に継続的な関わりが求められる。また、家族についても、様々な不安や悩みを抱えているため、子供への支援を話し合う際などに、現状に対する気持ちや悩みを聞く機会を設けることが求められる。給食等の学校での食事については、食べることを強制せずに見守り、摂食量の変化がある場合や嘔吐した場合などは家庭に連絡する。子供の様子により、給食を別室でとらせたり、弁当の持参を許可したりするなど、柔軟に対応する。嘔吐した場合は、本人は自己嫌悪や罪責感でつらい状況であるため、一方的に叱責せずに本人の話を聞き、口腔内が荒れるのを防ぐためにもうがいをさせる。子供への支援の詳細は、「学校と医療のより良い連携のための対応指針」[3)]が参考となる。学校種別の指針となっているため、参照されたい。

注

注1) BMI＝体重(kg)÷［身長(m)×身長(m)］　18.5≦BMI＜25で普通体重とされる。

注2) BMI-SDS曲線は、小児内分泌学会のホームページからダウンロードできる。(一般社団法人小児内分泌学会：成長評価用チャート・体格指数計算ファイル　ダウンロードサイト　http://jspe.umin.jp/medical/chart_dl.html、2021年2月12日参照)

引用・参考文献

1) 小児心身医学会：小児心身医学会ガイドライン集(改訂2版)―日常診療に活かす5つのガイドライン、南江堂、東京、2015、120-214

2) 一般社団法人日本精神科看護協会：新版　精神看護学、中央法規、東京、2020、392-396

3) 摂食障害全国基幹センター、摂食障害情報ポータルサイト
(http://www.edportal.jp/sp_pro/material_01.html#responseGuideline、2021年2月12日参照)

4) American Psychiatric Association：DSM-5精神疾患の診断・統計マニュアル、(日本精神神経学会監修、高橋三郎、大野裕監訳)医学書院、東京、2014

5) 摂食障害全国基幹センター、子どもの摂食障害
(http://www.edportal.jp/sp/about_03.html、2021年2月12日参照)

第6章

特別な支援を要する子供と家族の理解と援助

1. 特別のニーズを要する子供の支援

学校などには、障がいや疾患をもつ者、病弱・身体虚弱児、経済的困窮世帯、外国にルーツをもつ者、不登校、いじめや虐待により心的外傷後ストレス障害(PTSD)を抱える者、医療的ケア児、セクシャルマイノリティに該当する者など、様々な背景をもつ子供たちがいる。その子供たちの中には園や学校などに行くことができなかったり、適応できず、居づらさを感じていたり、安心・安全な園・学校生活を送ることに困難さを抱えている「特別のニーズ」を要する者がいる。言い換えれば「必要な配慮や支援があれば自己実現の可能性を広げることができる多くの子供の存在がある」ということである。我が国では、こういった子供たちの支援の1つの制度として特別支援教育・インクルーシブ教育システムがある。

1）特別な支援とは

(1) 特別支援教育・インクルーシブ教育システム

文部科学省は、「特別支援教育」について、「障害のある幼児児童生徒の自立や社会参加に向けた主体的な取組を支援するという視点に立ち、幼児児童生徒一人一人の教育的ニーズを把握し、その持てる力を高め、生活や学習上の困難を改善又は克服するため、適切な指導及び必要な支援を行うもの」と定義している。2007(平成19)年4月、「特別支援教育」が学校教育法に位置づけられることによって、すべての学校において、障がいのある幼児児童生徒の支援の充実が求められることとなった。その後、障害者の権利に関する条約の国連における採択を受け、障害者基本法が改正され、2012(平成24)年7月、「共生社会の形成に向けたインクルーシブ教育システム構築のための特別支援教育の推進」(文部科学省)が示された[1)]。インクルーシブ教育システムは、障害者権利条約によれば、「人間の多様性の尊重等の強化、障害者が精神的及び身体的な能力等を可能な最大限度まで発達させ、自由な社会に効果的に参加することを可能とするとの目的の下、障害のある者と障害のない者が共に学ぶ仕組みであり、障害のある者が教育制度一般から排除されないこと、自己の生活する地域において初等中等教育の機会が与えられること、個人に必要な『合理的配慮』が提供される等が必要とされている」と定義されている。つまり、障がいのある幼児児童生徒と障がいのない幼児児童生徒が、可能な限り同じ場でともに学ぶことを基本としている。インクルーシブ教育システムは、共生社会の形成に向けての重要な転換であるといえよう(これまでの特別支援教育・インクルーシブ教育の変遷についての詳細は図表6-1-1に示す)。

2013(平成25)年、学校教育法施行令の改正により、就学先決定は「個々の児童生徒について障害の状態、本人の教育的ニーズ、本人・保護者の意見、教育学・医学・心理学等専門的見地からの意見、学校や地域の状況等を踏まえた総合的な観点から就学先を決定する仕組み」へと本人や保護者などの希望を可能な限り尊重し決定することとなった。そのため、現在、様々な障がいや疾患などを有し、これまで学校につながりにくかった児童生徒、特別支援学級及び通常の学級の特別支援教育対象の児童生徒が増加傾向にある。文部科学省の特別支援教育の対象の概念(義務教育段階)[4]によると、2017(平成29)年５月１日の調査と2007(平成19)年度調査を比較し、義務教育段階の児童生徒数が減少傾向にあるにも関わらず、特別支援学校(視覚障害、聴覚障害、知的障害、肢体不自由、病弱・身体虚弱の児童生徒は約７万２千人〈0.7%〉)1.2倍、特別支援学級(視覚障害、聴覚障害、知的障害、肢体不自由、病弱・身体虚弱、言語障害、自閉症・情緒障害の児童生徒は約23万６千人〈2.4%〉)2.1倍、通常の学級(通級により指導：視覚障害、聴覚障害、知的障害、肢体不自由、病弱・身体虚弱、言語障害、自閉症、情緒障害、学習障害、注意欠陥多動性障害の児童生徒は約10万９千人〈1.1%〉)2.4倍と増加していることが報告されている。

養護教諭、学校看護の視点からは、保健管理面や集団への適応状況など、様々な障害、疾患及び個々の背景の理解を深め、特別支援教育コーディネーターや医療的ケアに関わる看護職員等スタッフ、スクールカウンセラー(SC)、スクールソーシャルワーカー(SSW)、今後政策の中で準備が進められている医療的ケア児等コーディネーターなど校内外の様々な関係する多職種と連携し支援を行うことが重要である。そのためにはどのような機関や職種、人材が存在するのか、及びその職務内容の範囲等について理解を深める必要がある。また支援にあたっては、幼児児童生徒の自己実現に向けてのよりよい成長発達を促すため、障害者基本計画に示されているように個別の教育支援計画や個別の指導計画の作成にも参画し、支援の目標設定及びその評価を行うなど、計画的に支援を行う必要がある。

MEMO

合理的配慮[2)]

定義：「障害のある子どもが、他の子どもと平等に『教育を受ける権利』を享有・行使することを確保するために、学校の設置者及び学校が必要かつ適当な変更・調整を行うことであり、障害のある子どもに対し、その状況に応じて、学校教育を受ける場合に個別に必要とされるもの」であり、「学校の設置者及び学校に対して、体制面、財政面において、均衡を失した又は過度の負担を課さないもの」。

MEMO

インクルーシブ教育について、ユネスコでは、特別な支援を必要とする子供のみならず、宗教的、人種的、民族的、言語的マイノリティや、移民、貧困層、HIV/エイズ患者などの、多様なニーズに対応する必要性を示している[3)]。

MEMO

特別支援教育コーディネーター

保護者や関係機関の学校の窓口として及び学校内外の福祉、医療等の関係機関との連絡や調整の役割を担うことや校内委員会の開催、インクルーシブ教育推進に関わる研修の企画・運営を行う者として位置づけられている。

個別の教育支援計画や個別の指導計画

「個別の教育支援計画」：長期的な視点に立ち、乳幼児期から学校卒業後まで一貫した教育的支援を行うため、医療、福祉、労働等の様々な側面からの取組を含めた効果的な支援を進めるための計画。特別支援学校においては義務化、小・中学校等においても、必要に応じて、「個別の教育支援計画」を策定する。

「個別の指導計画」：幼児児童生徒の障害の重度・重複化、多様化等に対応した教育を一層進めるため立てる計画であり、特別支援学校においては義務化、小・中学校等においても、必要に応じて、「個別の指導計画」を作成する(文部科学省：特別支援教育の推進について(通知)〈平成19年４月１日〉参考)。

図表 6-1-1　特別支援教育・インクルーシブ教育をめぐる制度改正の変遷

年　月	制度改正	主な改正内容
2006(平成18)年12月	国連総会において「障害者の権利に関する条約」が採択	
2007(平成19)年4月	特別支援教育の本格的実施(2006〈平成18〉年3月学校教育法等改正)	・「特殊教育」から「特別支援教育」へ ・盲・聾・養護学校から特別支援学校 ・特別支援学校のセンター的機能・小中学校における特別支援教育 等
2011(平成23)年8月	障害者基本法の一部改正 障害者総合支援法の制定 障害者差別解消法の制定 障害者に関する諸般の制度の整備	・十分な教育が受けられるようにするため可能な限りともに教育を受けられるよう配慮しつつ教育の内容及び方法の改善・充実 ・本人・保護者の意向を可能な限り尊重・交流及び共同学習の積極的推進等
2012(平成24)年7月	「共生社会の形成に向けたインクルーシブ教育システム構築のための特別支援教育の推進」報告(中央教育審議会初等中等教育分科会報告)	・就学相談・就学先決定のあり方・合理的配慮、基礎的環境整備 ・多様な学びの場の整備、交流及び共同学習の推進・教職員の専門性向上 等
2013(平成25)年9月1日	学校教育法施行令の改正(2013〈平成25〉年9月1日施行)本法改正令の趣旨及び内容等について(文部科学事務次官通知)	・就学制度改正(2013〈平成25〉年8月学校教育法施行令改正) ・認定就学制度を廃止、総合的判断(本人・保護者の意向を可能な限り尊重)による就学制度 等
2013(平成25)年10月	就学手続を含めた早期からの一貫した支援等について(文部科学省初等中等教育局長通知において、都道府県教育委員会等に対して通知)	
2014(平成26)年1月	障害者権利条約批准	・インクルーシブ教育システムの理念・合理的配慮の提供 等
2015(平成27)年4月	高等学校・特別支援学校高等部における遠隔教育の制度化(学校教育法施行規則等改正)	・病気療養児を対象とした特例制度の創設 等
2016(平成28)年4月	障害者差別解消法施行(2013〈平成25〉年6月制定)	・差別の禁止、合理的配慮の提供 等 →障害者差別解消法に基づく文部科学省所管事業分野の対応指針の策定(2015〈平成27〉年11月)
2016(平成28)年6月	改正児童福祉法施行(公布日施行)	・医療的ケア児の支援に関する保健、医療、福祉、教育等関係機関の連携の一層の推進
2016(平成28)年8月	改正発達障害者支援法施行(2016〈平成28〉年6月改正)	・可能な限り発達障害児が発達障害児でない児童とともに教育を受けられるよう配慮しつつ、適切な教育的支援の実施 ・個別の教育支援計画及び個別の指導計画の作成の推進 等
2017(平成29)年4月	新特別支援学校幼稚部教育要領、小学部・中学部学習指導要領公示	・通級による指導の教員定数の基礎定数化(2017〈平成29〉年3月　義務標準法改正)
2018(平成30)年4月	高等学校等における通級による指導の制度化(2016〈平成28〉年12月学校教育法施行規則等改正、学校教育法施行規則の一部を改正する省令等の公布について(通知))	・高等学校における通級による指導の制度化 ・障害に応じた特別の指導の内容の趣旨の明確化
2018(平成30)年8月	個別の教育支援計画の作成における関係機関との情報共有の制度化(学校教育法施行規則改正。公布日施行)	
2018(平成30)年9月	小中学校段階の病気療養児に対する同時双方向型授業配信の制度化(通知)	・当該授業配信により指導要録上出席扱いにすることが可能

2019(平成31)年2月	新特別支援学校高等部学習指導要領公示	
2019(令和元)年9月	「新しい時代の特別支援教育の在り方に関する有識者会議」を設置	
2019(令和元)年11月	高等学校等におけるメディアを利用して行う授業に係る留意事項について(通知)	・受診側の病院等に当該高等学校等の教員を配置することを必ずしも要さないようにした。
2020(令和2年4月	学校教育法施行規則改正	・高等学校等における病気療養中等の生徒に対するメディアを利用して行う授業の単位修得数等の上限を緩和
2021(令和3)年8月	学校教育法施行規則一部改正	・第65条2．医療的ケア看護職員は、小学校における日常生活及び社会生活を営むために恒常的に医療的ケア(人工呼吸器による呼吸管理、喀痰吸引その他の医療行為をいう。)を受けることが不可欠である児童の療養上の世話又は診療の補助に従事する。

文部科学省「特別支援教育をめぐる制度改正」(https://www.mext.go.jp/a_menu/shotou/tokubetu/001.htm)、学校教育法施行規則の一部を改正する省令(2021年8月23日参照)より抜粋、一部改訂して筆者作成

(2) 医療的ケアとは

特別なニーズを有する子供の中でも近年、医療的ケアを必要とする子供の増加が注目されている。医療技術の進歩や周産期医療施設の増加、医療機器の小型化に伴い、家庭で生活できる医療的ケア児が10年前よりも10倍増加し、日常的に医療的ケアが必要な子供の数は2万人を超えていると推定されている[4)]。医療的ケア児とは、日常的に人工呼吸管理、経管栄養、気管切開など医療的ケアを必要とする子供のことである。医療的ケア児は2016(平成28)年児童福祉法によって定義されており、同法において医療面での支援のみならず、教育的支援も受けられなくてはならないと示されている。このようにノーマライゼーションの理念の浸透やインクルーシブ教育の進展により、医療的ケア児の生活や療育・教育環境の整備が進められている。しかしながら、未だ家庭や保護者の負担は多く、行政レベルでの早急な対応が求められている。医療的ケア児の増加とともにケアに従事する者の拡充が求められ、学校においては配置された看護師のみがケアを行うのではなく、2012(平成24)年度、一定の研修を修了し、痰の吸引等の業務の登録認定を受けた者が、特定の医療的ケアを実施することが制度化された。学校における医療的ケアの範囲は図表6-1-2に示す通りである。具体的には、これまで小中学校等において医療的ケアを行う場合には、看護師等を配置することを中心として対応したが、制度改正により、小中学校等の教員等も一定の研修を受ければ特定行為の実施が可能となることが示された。しかし学校の業務の増加に伴い、本来の教育活動を十分行えるような環境整備を確保するため、小中学校等の医療的ケアを実施する場合、図表6-1-3に示す体制整備が必要であるとされた。さらに、学校教育法施行規則の一部を改正する省令(令和3年文部科学省令第37号)が2021(令和3)年8月23日に公布され、同日施行された(図表6-1-4)。

唯一の医学的素養をもつ教育職である養護教諭のコーディネーター的役割は重要な意味をもつ。加えて医療的ケア児の「個別の教育支援計画」作成の際には、「主治医や訪問看護ステーションの看護師等から情報を得たり意見交換することが望ましい」とされており、そのような観点からも日頃から地域の専門機関とのつながりをもつことが望まれる。今後、学校は地域の専門機関や専門職を含め教員とのチーム連携による包括的な支援が求められるであろう。

図表 6-1-2　学校における医療的ケアの範囲

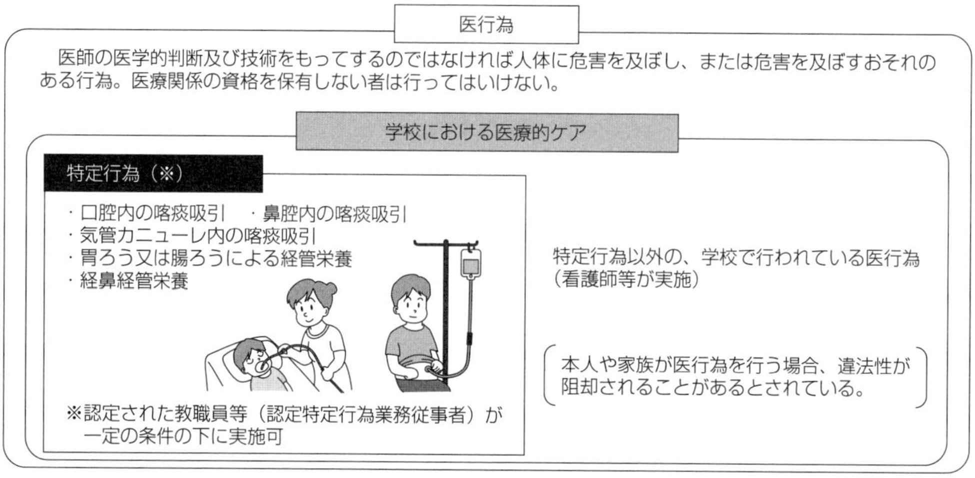

医行為

医師の医学的判断及び技術をもってするのではなければ人体に危害を及ぼし、または危害を及ぼすおそれのある行為。医療関係の資格を保有しない者は行ってはいけない。

学校における医療的ケア

特定行為（※）

・口腔内の喀痰吸引　・鼻腔内の喀痰吸引
・気管カニューレ内の喀痰吸引
・胃ろう又は腸ろうによる経管栄養
・経鼻経管栄養

※認定された教職員等（認定特定行為業務従事者）が一定の条件の下に実施可

特定行為以外の、学校で行われている医行為（看護師等が実施）

（本人や家族が医行為を行う場合、違法性が阻却されることがあるとされている。）

出典）文部科学省「学校における医療的ケアの実施に関する検討会議（最終まとめ）概要」、平成31年２月28日[5)]

図表 6-1-3　小中学校等の医療的ケアを実施する場の体制整備

(1)小中学校等においては、学校と保護者との連携協力を前提に、原則として看護師等を配置または活用しながら、主として看護師等が医療的ケアにあたり、教員等がバックアップする体制が望ましいこと。
(2)児童生徒等が必要とする特定行為が軽微なものでかつ実施の頻度も少ない場合には、介助員等の介護職員について、主治医等の意見を踏まえつつ、特定の児童生徒等との関係性が十分認められた上で、その者が特定行為を実施し看護師等が巡回する体制が考えられること。
(3)教育委員会の総括的な管理体制の下に、各学校において学校長を中心に組織的な体制を整備すること。また、医師等、保護者等との連携協力の下に体制整備をはかること。

出典）文部科学省「学校における医療的ケアの実施に関する検討会議（最終まとめ）概要」、平成31年２月28日[5)]（一部改変）

第6章

図表 6-1-4　学校教育法施行規則の一部を改正する省令　改正の概要

［医療的ケア看護職員の配置について］

小学校において、日常生活及び社会生活を営むために恒常的に医療的ケア（人工呼吸器による呼吸管理、喀痰吸引その他の医療行為をいう。以下同じ。）を受けることが不可欠である児童（以下「医療的ケア児」という。）の療養上の世話又は診療の補助に従事する医療的ケア看護職員について、その名称及び職務内容を規定するものであること（学校教育法施行規則（昭和22年文部省令第11号）（以下「施行規則」という。）第65条の２関係）。

医療的ケア児及びその家族に対する支援に関する法律（令和３年法律第81号）において、学校に在籍する医療的ケア児が保護者の付添いがなくても適切な支援を受けられるように法律に位置付けられた。具体的な職務内容は、主に次のものが考えられることが示された。

・医療的ケア児のアセスメント
・医師の指示の下、必要に応じた医療的ケアの実施
・医療的ケア児の健康管理
・認定特定行為業務従事者である教職員への指導・助言

（文部科学省：学校教育法施行規則の一部を改正する省令の施行について（通知）令和３年８月23日）

参考文献

1）文部科学省、共生社会の形成に向けたインクルーシブ教育システム構築のための特別支援教育の推進（報告）概要、平成24年７月（https://www.mext.go.jp/b_menu/shingi/chukyo/chukyo3/044/attach/1321668.htm、2021年３月25日参照）
2）文部科学省、日本の特別支援教育の状況について（令和元年新しい時代の特別支援教育の在り方に関する有識者会議 資料３－１、10月25日更新版）（https://www.mext.go.jp/content/20200109-mxt_tokubetu01-00070_3_1_1.pdf、2021年３月25日参照）

3) UNESCO：Policy Guidelines on Inclusion in Education. (2009)
4) 平成29年度厚生労働科学研究費補助金障害者政策総合研究事業、「医療的ケア児に対する実態調査と医療・福祉・保健・教育等の連携に関する研究(田村班)」報告
5) 文部科学省、学校における医療的ケアの実施に関する検討会議「最終まとめ」概要、平成31年2月28日(https://www.mext.go.jp/a_menu/shotou/tokubetu/material/__icsFiles/afieldfile/2019/03/22/1413967-001.pdf、2021年3月2日参照)

(3) 特別な配慮

①学校における特別な配慮(多様な性の理解)

文部科学省は2010(平成22)年に「児童生徒が抱える問題に対しての教育相談の徹底について」を各学校に通知し、性同一性障害に係る児童生徒について、その心情等に十分配慮した対応をするよう要請している[1)]。その後、同省は2014(平成26)年に「学校における性同一性障害に係る対応に関する状況調査」を実施し、在籍している児童生徒、保護者等から性同一性障害についての相談を受けた件数が全国で606件あったことを明らかにするとともに、学校で対応した様々な配慮の事例を公表した[2)](図表6-1-5)。

図表6-1-5　性同一性障害に係る児童生徒に対する特別な配慮の事例(一部抜粋)

項　目	学校における支援の事例
服装	・自認する性別の衣服の着用や体育着登校を認める。
髪型	・標準より長い髪型を一定の範囲で認める(戸籍上男性)。
更衣室	・保健室・多目的トイレ等の利用を認める。
トイレ	・職員トイレ・多目的トイレの利用を認める。
呼称の工夫	・校内文書(通知表を含む)を児童生徒が希望する呼称で記す。 ・自認する性別として名簿上扱う。
授業(体育または保健体育)	・体育または保健体育において別メニューを設定する。
水泳	・上半身が隠れる水着の着用を認める(戸籍上男性)。 ・補習として別日に実施、またはレポート提出で代替する。
運動部の活動	・自認する性別に係る活動への参加を認める。
修学旅行等	・1人部屋の使用を認める。 ・入浴時間をずらす。

②多様なセクシュアリティへの配慮

性的少数者である児童生徒は、学校生活の中でいじめ、暴力、不登校を経験する率が高く、自殺率が高いことも指摘されている[3)-5)]。セクシュアリティの違いに基づく差別やいじめは、子供たちから教育を受ける権利だけではなく、将来における可能性を奪う重大な問題であり、早急に対処しなければならない課題であるといえる。

文部科学省は、2015(平成27)年に「性同一性障害に係る児童生徒に対するきめ細かな対応の実施等について」の中で、悩みや不安を受けとめる必要性は、性同一性障害に係る児童生徒だけでなく、い

わゆる「性的マイノリティ」とされる児童生徒全般に共通するものであることを示している[6)]。学校は実社会の小モデルであると考え、すべての子供たちが多様な性の一員であることを考えさせるような教育の機会を提供すること、多様なセクシュアリティを尊重する学校環境を整えることは重要である。

文 献

1) 文部科学省、児童生徒が抱える問題に対しての教育相談の徹底について(通知)、2010(http://www.mext.go.jp/a_menu/shotou/jinken/sankosiryo/1348938.htm、2021年4月12日参照)
2) 文部科学省、学校における性同一性障害に係る対応に関する状況調査について、2014(http://www.mext.go.jp/component/a_menu/education/micro_detail/__icsFiles/afieldfile/2014/06/20/1322368_01.pdf、2021年4月12日参照)
3) 共生社会をつくるセクシャル・マイノリティー支援全国ネットワーク:セクシャルマイノリティ白書、2015、28
4) 日高庸晴:ゲイ・バイセクシュアル男性の異性愛的役割葛藤と精神的健康に関する研究、思春期学、Vol.18 No.3、2000、268
5) Hidaka Y: Attempted suicide and associated risk factors among youth in urban Japan、Social Psychiatry and Psychiatric Epidemiology、43、2008、752-757
6) 文部科学省、性同一性障害に係る児童生徒に対するきめ細かな対応の実施等について、2015(http://www.mext.go.jp/b_menu/houdou/27/04/1357468.htm、2021年4月12日参照)

2. 身体に課題をもつ子供の支援

1）医療的ケア

学校における医療的ケアの実施にあたっては、学校関係者や保護者、主治医・学校医、教育委員会などの関係者で共通理解をはかることが重要である。そして、学校は「医療的ケア実施マニュアル」を作成し校内委員会で検討、及び保護者の承諾、主治医・学校医の承諾を得た上で、教育委員会に提出する。

安全確保として、❶看護師などとの連携、特定行為の実施内容などを記載した計画書や報告書、❷危機管理への対応を含んだ個別マニュアルの作成など、法令などで定められた安全確保措置について十分な対策を講じることが必要となる。また、学校が保護者に対して十分説明の上、保護者がこの点について認識し、相互に連携協力することが必要である。

（1）呼吸に関する支援

呼吸障害は、呼吸数の異常や息苦しさ、呼吸に対する努力感などの呼吸困難症状があり、換気不足や過換気などの状態が生じる。

《呼吸障害の原因》

❶気道の狭窄と閉塞(感染・炎症による痰の増加、気道の炎症による気管支壁の攣縮(れんしゅく)や狭窄)

❷呼吸中枢の異常による呼吸の異常、肺胞や毛細血管の障害による酸素の拡散異常

❸赤血球や鉄不足による酸素運搬機能の障害、酸素の欠乏

《呼吸を楽にする日常生活の支援のポイント》

❶気道がしっかり開いているようにする。

❷換気(空気の出入り)のための胸郭や横隔膜の動き(胸郭呼吸運動：胸を広げる、動かす)がしっかりできるようにする。

❸痰などの分泌物が呼吸を阻害しないようにする。

《呼吸障害への援助》

❶軽度の呼吸苦を訴えている場合には、呼吸を楽にする体位にする。最大の呼吸量が得られる体位は、胸郭が広げやすく、横隔膜が容易に下方移動する立位または座位である。特に座位で上半身をオー

>>>>>コラム1

医療的ケアと教育的意義

医療的ケア児の実態は、重症心身障がい児に該当する者のみならず、歩いたり動き回ったりすることが可能な児童生徒等と多様である。学校における医療的ケアの実施は、医療的ケア児に対する教育面・安全面で大きな意義をもち、医療的ケア児の通学の保障とそれに伴い授業の継続性が保たれることは、教育内容の充実や、教職員と医療的ケア児との関係性の深まりなどの教育的意義にもつながる。

バーテーブルなどにもたれかからせて、前傾を保つ姿勢(起座位)が有効である。

意識不明時や心肺停止時には舌根沈下が起こり気道閉塞を生じる。すなわち意識消失による舌根の沈下や、分泌物の貯留、気管狭窄、咽頭浮腫などによって気道が閉塞し、十分な呼吸ができなくなる。気道確保の手順について、以下に示す。

《気道確保の手順》

❶頭部後屈あご先挙上法：頸椎損傷の恐れがない場合に行い、片方の手を対象の前額部にあて、頭部を後屈させるとともに、下顎に指をかけ前方にもち上げる(p. 144、図表 3-6-3参照)。

❷下顎挙上法：左右の下顎角に指をあて、下顎を前方に引き出す。

❸器具を用いる気道確保の方法としては、気管挿管や気管切開がある。

①喀痰吸引

喀痰吸引とは、咽頭、喉頭、鼻腔、気管などにある分泌物などが十分に排出されない場合、吸引器などを用いて分泌物を体外に出すことをいう。「喀痰」には唾液、鼻汁、狭い意味での喀痰(肺・気管などから排出される老廃物や小さな外気のゴミを含んだ粘液)の 3 つが含まれる。

ⅰ　支援の適応と目的

自力で喀痰など気道内分泌物が排出できない場合、窒息または嚥下性肺炎を予防するために喀痰吸引が適応となる。例えば、❶意識障害がある時、❷喀痰などの粘調性が高く自力で喀出が困難な時、❸衰弱が激しい時、❹気道分泌物が多く安静が保たれない時、❺気管内カニューレを挿入しており無菌操作が必要な時などである。

ｉ）喀痰への対応

❶側臥位や腹臥位などの喀痰が出やすい姿勢を保持し、喀痰を出しやすくする。

❷喀痰を軟らかくするためには、水分補給、空気の加湿、吸入(ネブライザー)などが効果的である。

❸体を動かすことで呼吸運動を促し、換気を促進することも排痰につながる。

ⅱ　手　順

図表 6-2-1　口・鼻腔内吸引

項　目	実施手順
実施基準	①痰がからみ、顔色が悪く呼吸が苦しそうな時、呼吸音を聴取し、「ゼロゼロ」や「ゴロゴロ」などの呼吸に伴って出る音(喘鳴)が目立つ時、経皮的酸素飽和度(SpO_2)の低下時。 ②本人からの依頼、医師の指示があった時。
準備	①医師の指示書の確認 ②口腔・鼻腔内の確認 ③顔色・呼吸苦・呼吸状態の確認 ④必要物品の準備 吸引器、吸引カテーテル(学童の場合は10 Fr など)、吸引カテーテル保管容器、水入り容器(水道水)、アルコール綿、手袋、消毒用エタノール ⑤流水と石鹸で手洗いを行う。または擦式消毒薬を使用する。 ⑥痰が飛散する可能性があるため、実施者はマスク、アイシールド(ゴーグル)、エプロンを着用する。
実施	①本人に吸引することを伝え、同意と協力を得る。 体位を整え、必要に応じて安全に吸引するためバスタオルなどで固定する。

	②擦式消毒薬で手指を消毒する。 ③両手または片手に手袋をする（吸引カテーテルを把持する手は利き手とし、必ず手袋をする。口・鼻腔内吸引は未滅菌手袋でもよい。） ④吸引カテーテルの挿入部位を不潔にしないように取り出し、吸引カテーテルを吸引器と接続したチューブにつなぐ。 ⑤手袋をした利き手で、吸引カテーテルの先端から約1/3の部分をもち、吸引器の電源はもう一方の手で入れる。 ⑥もう一方の手でチューブに接続した吸引カテーテルの接続部を折り曲げ、吸引圧を確認する（吸引圧は20 kPa前後）。吸引圧が上がらない時は、吸引瓶の蓋がしっかり閉まっているかを確認する。 ⑦利き手でカテーテルの先端から約10 cm程度の部位を（鉛筆をもつように）もつ。カテーテルの先端を水入り容器に入れ、通水する。 ⑧カテーテルを挿入する長さは、口から吸引する場合は10 cm程度、鼻から吸引する場合は15 cmを目安にする。 ⑨接続チューブをもつ手でカテーテルの接続部分を折り曲げ、陰圧をかけない状態で吸引カテーテルを口腔・鼻腔に挿入する。挿入する際「吸引しますね」と声をかける。咽頭反射による嘔吐を誘発しないよう細心の注意を払う。 ⑩挿入後に折り曲げていた接続部分を開放し、陰圧をかけながら吸引カテーテルを静かに回転させ、ゆっくり引きながら1回10～15秒以内で吸引する。 ※吸引中は、表情、顔色、チアノーゼの有無など観察しながら行う。 ⑪吸引後は、利き手でアルコール綿をとり、吸引カテーテルの外側を先端に向かってアルコール綿で拭きとる（吸引1回ごとに行う）。 ⑫水道水を吸引し吸引カテーテルの内腔をよく洗浄する。 ※連続して吸引する場合は、呼吸状態が落ち着くのを待ってから、同様の手順を繰り返す。 ⑬吸引は全身状態と吸引量や状態を観察しながら行う。 ⑭呼吸音、呼吸状態、顔色、表情などを観察した後に、本人に終了を告げる。
終了	①カテーテルをアルコール綿で拭いた後、カテーテルの先端を水入り容器に入れ通水し、吸引カテーテル・吸引接続チューブの中をきれいにする。カテーテル内の汚染や閉塞・吸引物が残っていないか確認する。 ②利き手でない手で、吸引器のスイッチを切る。 ③カテーテルの接続を外し、カテーテルを容器に戻す。 ④吸引物の量、性状を確認する。 ⑤手袋・アルコール綿を破棄し、手洗いをする。

iii　留意事項

i）子供への喀痰吸引の留意点

発達段階に応じた配慮を行いながら、本人の気持ちを尊重し協力を得る。鼻腔・口腔内吸引はできるだけ清潔に行い、気管内カニューレ内吸引は無菌操作で行う。吸引カテーテルの太さ、長さは対象者の体格や吸引方法により異なるので、ふさわしいものを準備する。1回の吸引は短時間で（10～15秒以内）済ませ、鼻の分泌物や喀痰が時間内で取りきれなくても、一旦やめて、再度吸引し、最小限の実施時間にする。カテーテルが喉頭に入ると咳が誘発され、その咳き込みが強いと嘔吐を誘発することがあり、カテーテルが声帯を刺激すると、喉頭・声帯の攣縮を起こし呼吸困難となることがあるので注意する。

>>>>>コラム2

気管吸引の留意事項

教職員も認定特定行為業務従事者（教員）研修（第3号研修）を修了し、登録研修機関（都道府県教育委員会）に認定された場合、医行為のうち、痰の吸引などの5つの特定行為に限り、一定の条件下で制度上実施できることとなっている。教員などによる喀痰吸引は、気管カニューレ内に限り、無菌操作で行うことが求められる。

【緊急時対応】

項　目	対応内容
吸引中、顔色が悪くなった	吸引を中止し様子を観察する(顔色、チアノーゼの有無、SpO_2、心拍数、呼吸数、呼吸音及び自覚症状の有無などを確認する)。
痰に血が混じる	ただちに吸引を中止し、少量の時はしばらく様子をみる(全身状態・出血部位・血液の色など)。吸引操作の確認をする。
嘔気・嘔吐があった	吸引を中止し、誤嚥を防ぐために顔を横に向け、全身状態の観察をする。口の中の吐物は吸引する。
(緊急連絡先：1. 病院　2. 保護者)上記の場合は、看護師・主治医に連絡する。	

②ネブライザーなどによる噴霧吸入

噴霧吸入は薬物や水分を蒸気や噴霧状にし、気道や肺の奥まで送り込む方法である。吸入により排痰を容易にしたり、気管支を拡張したりすることで気道の確保及び狭窄予防につながる。水分や薬液を細かい霧状にして吸気として吸入し、気道を加湿することで、繊毛運動を促進し、分泌物の粘稠度を下げ、気道内分泌物の排出を促す。また、薬剤を経気道的に投与することで、直接気管支や肺の病変部に作用させ、気管支の拡張、消炎、鎮痛、喉頭浮腫の予防や軽減をはかる。喀痰吸引の前処置として行われることが多い。

i　支援の適応と目的

主に去痰(きょたん)(気管支にたまった痰を除去すること)や気管支拡張などの目的で実施する。加湿を目的とする場合は、気管への細菌感染を防ぐため、滅菌精製水や生理食塩水を使用し、去痰や気管支拡張には薬液(気管支拡張薬、去痰薬など)を用いる。

i)特　徴

❶気道や肺の病変部に直接作用させるため、速効性がある。

❷少量の薬液量で効果が得られ、薬剤の体内貯留がほとんどなく、副作用も少ない。

③酸素療法

酸素療法とは、低酸素症に対して空気より濃度の高い酸素をカニューレやマスクを用いて吸入する治療法である。酸素療法により、低酸素状態に陥った組織へ酸素を供給し、低酸素血症によって生じる呼吸や心臓への負担軽減が期待できる。

i　支援の適応と目的

継続的な酸素療法が適応となる疾患には、慢性呼吸不全、肺高血圧症、慢性心不全、チアノーゼ型先天性心疾患などがあり、一般的に、SpO_2が90%未満の状態が続く場合に、酸素療法の対象となる。

酸素吸入の合併症には主にCO_2ナルコーシスや酸素中毒があるため、酸素供給源、酸素流量、吸入方法、吸入時間などは医師の指示を確認する。

酸素供給について、医療機関などでは、中央配管システムと酸素ボンベが用いられ、在宅では液体酸素装置、酸素濃縮装置が使用さ

> **MEMO**
>
> **経皮的酸素飽和度 SpO_2**
>
> 心臓から全身に血液を送り出す動脈の中を流れている赤血球に含まれるヘモグロビンの何%に酸素が結合しているか(酸素飽和度)、皮膚を通して調べた値で、標準値は96～99%である(第2章図表2-3-3参照)。

第6章

れる。対象に酸素を供給する場合は、酸素流量計につなげて酸素を供給する器具(マスクやカニューレ)を用いる。在宅酸素療法(Home oxygen therapy：HOT)は、自宅に酸素供給器を設置し、家庭での酸素投与によって在宅療養や社会復帰を可能にする。

また、呼吸不全に陥った場合には、対象の肺の換気を、補助的にまたは完全に代わって代行する人工呼吸器がある。人工呼吸器の適応としては、呼吸運動障害(重症筋無力症、筋萎縮性側索硬化症などの神経筋疾患)、肺自体の機能障害(慢性閉塞性肺疾患、急性呼吸促迫症候群など)、肺以外の臓器機能障害(心不全、中枢神経系疾患など)、代謝亢進(敗血症など)などがある。

人工呼吸療法には、主に非侵襲的陽圧換気療法(マスク式呼吸器療法)と侵襲的人工呼吸療法(気管切開下陽圧人工呼吸)がある。非侵襲的陽圧換気療法の場合は、有効な換気を得るためマスクのずれ、空気の漏れにより眼の乾燥やマスクによる皮膚の圧迫による褥瘡等に注意する。侵襲的人工呼吸療法は、気管切開により、安定した気道の確保と呼吸の補助が可能となるが、気管出血等の合併症や会話しづらいなどのデメリットがある。

酸素療法や人工呼吸療法を必要とする子供は増加傾向にあるが、これらは教職員の行う医療的ケアの範囲外である。しかし子供の学校生活が安全に確実に行われるためには、医療的ケア看護職員が中心となり教職員も知識をもち、実施への援助や経過観察を行う等の連携が重要となってくる。

MEMO

CO_2ナルコーシス

肺機能が低下し、二酸化炭素(CO_2)が体内に貯留することで中枢神経系の異常(意識障害)が出現する病態である。呼吸を楽にする目的で不用意に酸素濃度を上げると、高濃度の酸素を肺機能が処理しきれずにCO_2ナルコーシスを引き起こす。

酸素中毒

高濃度の酸素吸入により気道及び肺実質障害をきたし、呼吸困難などの症状を生じる。

ii　手　順

図表6-2-2　酸素吸入(酸素ボンベ使用)

項　目	実施手順
必要物品	①ベンチュリーマスク、②リザーバー・バッグつき酸素マスク、③単純マスク、④鼻カニューレ、⑤酸素ボンベ、⑥酸素ボンベ用架台、⑦酸素調整器(圧力調整器つき酸素流量計)、⑧加湿器ボトル、⑨滅菌蒸留水
実施	①本人の呼吸状態、医師の指示を確認する。 ②必要物品を準備する。 ・指示流量に合う吸入器具を準備する。 ・流量計と加湿器ボトルが合うか、パッキンがきちんと装着されているかを確認する。 ・流量計のフロートがきちんと移動するかを確認する。 ・加湿器ボトルの上限水位まで滅菌蒸留水を入れ、酸素調整器と接続する。 ・酸素調整器を酸素ボンベに接続する。 ・酸素ボンベの開閉ハンドルを開き、圧力計で酸素ボンベの残量(使用可能時間)を確認する。 ③接続後の点検を行い、必要物品と酸素ボンベを本人のもとに運ぶ。 ④酸素調整器と接続チューブ、吸入器具を接続する。 ⑤吸入器具を本人に装着する。 ⑥指示量の酸素をゆっくりと流す。 ⑦呼吸の仕方を説明する。 ⑧ブザーや呼び鈴などを準備し、緊急対応できるよう配慮する。呼吸状態を確認する。 ⑨終了する。 ・酸素調整器の調整バルブを閉じる。 ・吸入器具を取り除く。 ・酸素ボンベの残量を確認し、記入する。

	・酸素ボンベの開閉ハンドルを閉じる。 ・酸素調整器の調整バルブを開き、調整器の残った酸素を完全に出す。 ・圧力計の針が0になったのを確認する。 ・加湿器ボトルの蒸留水を捨て、酸素調整器、加湿器ボトルを所定の場所に戻す。 ・酸素ボンベを所定の場所に戻す。 ＊酸素ボンベは、残量がある場合は床と垂直に保管する。ない場合は横に寝かせる。

iii　留意事項

酸素療法で注意すべきことは、酸素投与により低酸素症が改善しても、そのために呼吸努力(酸素が足りない時などに脳幹から呼吸の命令を出すこと)が低下し、換気が低下することで高炭酸ガス血症(体の組織でできた二酸化炭素を十分に体外に放出できず、動脈血中の二酸化炭素分圧が高くなり、様々な体内組織に影響を与える状態)となることである。これを避けるために、酸素の使用は医師の指示に基づき必要最小限にとどめる。また、高炭酸ガス血症の兆候がないか確認し、酸素投与により SaO_2 が改善しても傾眠状態で、かつ心拍数は高いという時には高炭酸ガス血症となっている可能性が考えられるため、医師に報告する。また、酸素療法においては、酸素ボンベなどの機器やそれを使用中の場合は火気に近づけない(2m 以上離す)ように注意する。

【緊急時対応】

項　目	対　応
酸素ボンベ、酸素濃縮器から酸素が供給されない	・酸素ボンベのバルブが開いているか、濃縮器の電源が入っているか確認する。 ・酸素ボンベの残量を確認して、残量がなければ予備の酸素ボンベに替える。 ・濃縮器が不調の場合は酸素ボンベに切り替える。

第6章

文　献

1) 岡田加奈子、遠藤伸子、池添志乃編著：養護教諭、看護師、保健師のための改訂学校看護、東山書房、2019
2) 山口瑞穂子：看護技術講義・演習ノート　下巻、サイオ出版、2015
3) NPO 法人医療的ケアネット：たんの吸引等第三号研修テキスト、クリエイツかもがわ、2018
4) 文部科学省：学校における医療的ケア実施対応マニュアル【看護師用】、公益財団法人日本訪問看護財団、2020
5) 文部科学省：学校における医療的ケア実施体制構築事業　学校における教職員によるたんの吸引等(特定の者対象)研修テキスト(例)、公益財団法人日本訪問看護財団、2020
6) 文部科学省、医療的ケアを必要とする幼児児童生徒が在籍する学校における留意事項(改訂版)令和2年12月9日改訂、2020
7) 福井県教育委員会：学校における医療的ケア実施ガイドライン、2021
8) 日本呼吸器学会肺生理専門委員会・日本呼吸管理学会：酸素療法ガイドライン、メジカルビュー社、2006

(2) 排泄に関する支援

排泄障害には、運動機能に問題があり、トイレに行けない、便座に座れないなどのためトイレで排泄できない、腸蠕動運動や膀胱、肛門の括約筋に問題がある、内臓機能の問題により尿意や便意を感じることができずに、排尿・排便ができない場合などがある。

①排尿障害とは

尿は腎臓から尿管を経て膀胱へと送られ、膀胱内に尿が蓄積され、尿が150～200 ml 以上膀胱に蓄尿されると尿意を感じはじめる。そして最大尿量に近づくと膀胱内圧は上昇し強い尿意を引き起こし、膀胱が収縮し尿を押し出し、膀胱括約筋が弛緩し尿道を経て体外に排出される。この過程を排尿といい、排尿に何らかの問題が起きることを「排尿障害」という。排尿障害には、「排出障害」と「畜尿障害」がある。膀胱排尿筋の低下や膀胱出口の抵抗が大きくなったことなどが原因の「排出障害」と膀胱排尿筋の過活動、膀胱出口の抵抗の減弱、尿道閉鎖圧の低下が原因による尿失禁、頻尿になる「畜尿障害」である。

脳性麻痺や二分脊椎など中枢性の障がいがある子供は、中枢神経の異常（神経因性膀胱）に加え運動コントロールがうまくなされないために、蓄尿機能や、蓄尿した尿を排出する機能に問題が生じる。多量の尿が膀胱にたまり、尿路感染症を引き起こす、腎機能障害を起こすことなどもある。排尿障害の治療には、薬物療法、排尿補助、導尿を行う。

②排尿の援助・ケア

間欠導尿とは、神経因性膀胱に対し、1日4～8回膀胱内に尿道からカテーテルを挿入して排尿する方法である。この方法は、膀胱の残尿をなくすとともに、残尿の逆流を防止し上行感染や腎機能障害を防ぐことや尿失禁を防止することを目的に実施される。

導尿をすることにより、尿路感染、粘膜の損傷などの二次的問題が起こる危険性もあるので注意が必要である。

ⅰ　間欠自己導尿

導尿を自分で行うことを「自己導尿」という。自己導尿は8～9歳で実施が可能といわれているが、子供が自分自身で導尿するには、カテーテルを把持することができること、自己導尿が時間的、精神的に子供の負担にならないことが必要である。また、子供自身が病状を知り、導尿の目的や意義を理解していることも重要である（図表6-2-3）。学校では自己導尿を実施することに適した環境を整え提供することが求められる。1日に何回導尿したらよいのかは、1日

> **MEMO**
>
> **導尿カテーテルの種類**
> - ディスポーザブルカテーテル：使い捨て。外出時や感染しやすい子供に有効。
> - セルフカテーテル：持ち運びができる。
> - マグネット式セルフカテーテル：従来のセルフカテーテルのキャップ部分がマグネット式になっているので、ワンタッチで開けることができる。

図表6-2-3　子供の成長発達における自己導尿のポイント[7)]

幼児期	トレーニングの実施	トイレットトレーニングも兼ねて、オマルに座って導尿する。徐々にトイレなどのプライバシーが保たれた場所に移行する。
	自己導尿への興味	本人が導尿に興味をもちはじめたら、簡単な操作は自分で理解して実施できるように意図的に関わる。必要物品の準備や片づけなどは本人が行えるようにする。
学童期	小学校への入学	入学後は介助がなくても自己導尿ができることが望ましい。約1年間の準備期間をもって方法を習得できるようにする。入学後は心身ともにストレスが多いため、本人の意思や希望を尊重して導尿へのサポートを行う。
	学校での自己導尿	学校のトイレの場所や休み時間など、限られた環境の中での導尿であるため、導尿の方法を最大限簡素化し、子供の気持ちを理解して確実に導尿ができるようにする。
思春期	社会生活の拡大に向けた準備	進路選択を考える時期であり、今後自己導尿を行いつつ、社会生活を送ることへの認識を高める時期である。様々な選択肢を想定して進路について考える時間をもつ。
	思春期の悩みへの配慮	性に関する疑問や不安は家族や教員、医療スタッフに相談しにくいことであり、関係者が配慮して関わる。

の尿量と膀胱内量によるが、おおむね4～8回、2～3時間ごとで膀胱に多量の尿をためないようにする。主治医の指示にしたがい導尿計画を立てる。排尿された尿を観察し、尿の混濁、血尿が認められた際には、主治医の診察を受ける。

i）自己導尿の方法

導尿する子供の自立していない部分を補助者は援助するようにする。補助者は男子の場合には、座位の際には前に、ベッド上での仰臥位の際には、右側に立つ。女子の場合には座位、ベッド上での半座位で右側に立つ。

図表 6-2-4　カテーテルセット

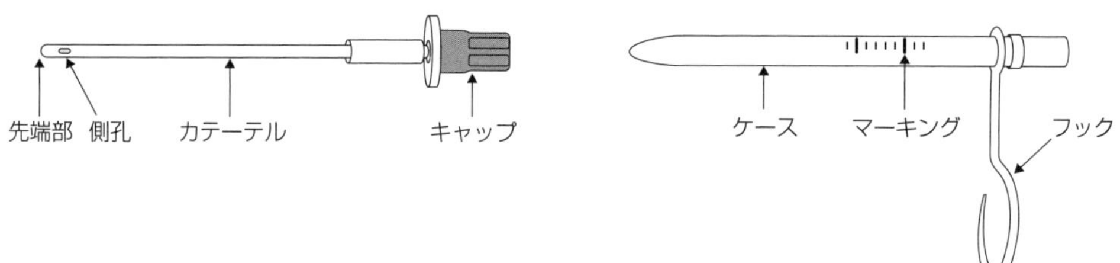

図表 6-2-5　男子の自己導尿(洋式トイレでの自己導尿の場合)

○　必要物品
導尿用カテーテル、清浄綿、手指消毒剤、トイレットペーパー、ビニール袋または膿盆、尿器(必要時)、マスク、ディスポーザブルの手袋(補助者用)
○　手　順
①石鹸、流水で手洗いをする。または、手指消毒剤で手洗いを行う。 ②ズボン、下着を下ろし、股間を露出する。 ③尿道口が便器内に収まるよう便座に深く座り、安定した姿勢をとる(洋式トイレに座っていない場合は、尿器を適当な位置に配置する)。 ④手指消毒剤で手洗いを行う。補助者も手指消毒剤で手洗いを行い、マスク着用、必要時ディスポーザブル手袋を装着する。カテーテルを開封し、準備する。 ⑤清浄綿を準備する。示指と母指で陰茎の包皮を下ろし、清浄綿で尿道口から円を描くように亀頭を拭く。次に尿道口から亀頭の周囲を拭く。さらにもう1度尿道口から円を描くように亀頭を拭く。 ⑥カテーテル挿入前には全身の力を抜き、口呼吸しリラックスするようにする。 ⑦カテーテルの先に潤滑剤をつけ、カテーテルを利き手でもち、逆の手で陰茎をやや上向きになるよう(約30度)腹部方向へもち上げ、他に触れないように尿道口にカテーテルを挿入する。数cm挿入し、抵抗のあるところで陰茎を下方に向けてさらに挿入する。 ⑧外括約筋や前立腺部分では進みにくくなるので、口呼吸をしてリラックスしながらカテーテルを挿入し、20 cm程度挿入したら、陰茎を自然な位置に戻し、カテーテルの末端を便器内(尿器)に入れる。 ⑨カテーテル内に尿が流出してきたら、カテーテルの末端を漏れないように便器内に傾ける。感染防止のためカテーテルの末端を便器内(尿器)の尿に触れないように注意する。カテーテルをさらに1 cm挿入する。 ⑩尿の流出状況、尿量、性状(色、血尿、混濁等に注意)などを観察する。 ⑪尿がすべて出たことを確認し、ゆっくりとカテーテルを押しつぶすようにして静かに抜去し、ビニール袋または膿盆などに入れる(軽く下腹に圧をかけ尿を出させる)。 ⑫尿道口、陰茎に付着した尿をトイレットペーパーで拭きとる。 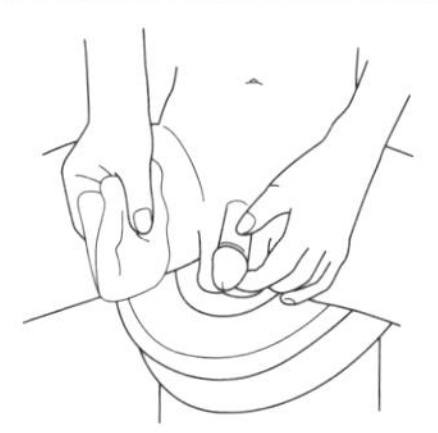 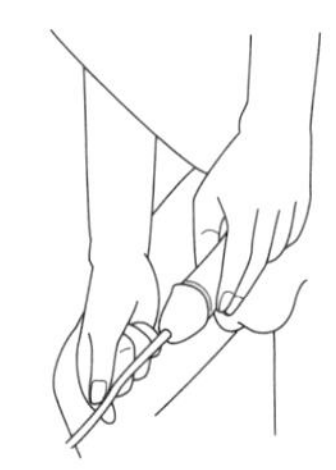 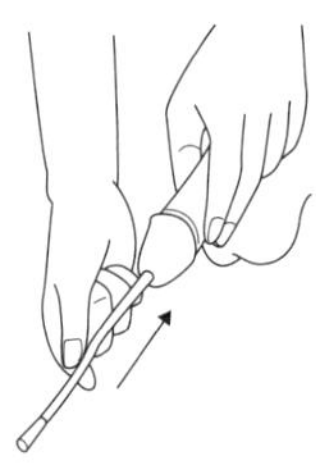

⑬使い捨てのカテーテルの場合、決められた方法にしたがって廃棄する。繰り返し使用できるタイプのカテーテルは水で洗い、消毒薬の入ったケースに戻す。
⑭石鹸と流水で手洗いをする。または手指消毒剤を用いた手洗いをし、下着と衣服を整える。補助者は、マスク、手袋を外し、手洗いをする。
⑮残尿感、苦痛などの反応を観察し、尿の流出状況、尿量、性状、色など観察したことを記録する。

図表 6-2-6　女子の自己導尿（ベッド上での自己導尿の場合）

○　必要物品

導尿用カテーテル、清浄綿、手指消毒剤、トイレットペーパー、ビニール袋または膿盆、尿器、ビニールシート、ディスポーザブルの手袋（補助者用）、鏡（尿道口の部位を確認するのに用いる場合もある）、懐中電灯（採光が不足している時に用いる）

○　手　順

①石鹸、流水で手洗いをする。または、手指消毒剤を使用する。補助者も手洗いを行い、必要時ディスポーザブル手袋を装着する。
②下着を脱衣し、膝を立て両脚を開き、尿道口の見やすい姿勢をとる（鏡を使用することもある）。必要に応じ電気スタンドをおき陰部に採光する。尿器を適当な位置に配置する（洋式トイレの場合は不要）。
③膿盆等、必要物品を手の届くところに配置する。カテーテルを開封し、清浄綿を準備する。

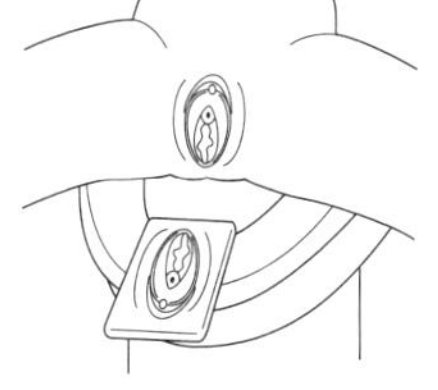
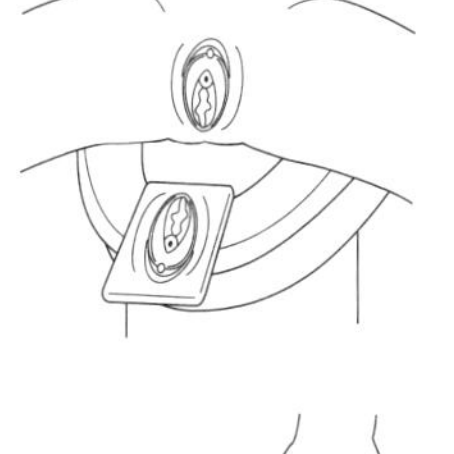

④片方の手の母指と示指で小陰唇を広げ、もう一方の手で清浄綿をもち、前から後ろに向けて、右、左、真ん中を拭く。清浄綿は1回ごとに替えた方が望ましいが、1枚の場合には同じ面は使用しない。カテーテルを挿入するまで手を離さない（小陰唇を広げている手は離さない）。

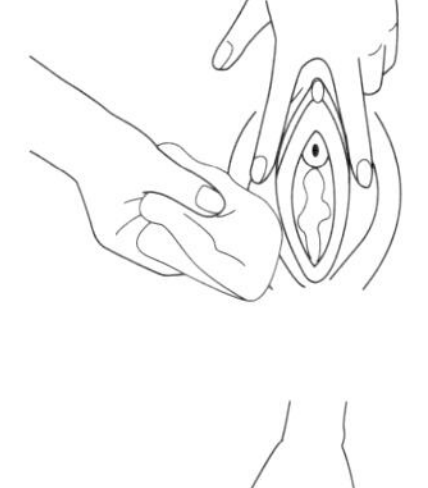

⑤カテーテルを取り出し、挿入する長さの手前を把持する（成人女性は 4 cm、子供はそれよりも短く）。
⑥挿入しやすくするため、口呼吸し、全身の力を抜く。
⑦カテーテルに潤滑剤をつける。カテーテルを他に触れないように、尿道口にカテーテルをやや上向きに挿入する。

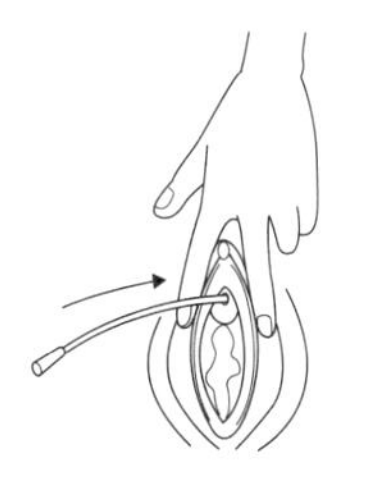

⑧尿が流出してきたら、カテーテルをさらに 2 cm 程度挿入し、抜けないように固定する。感染予防のためカテーテルの先端が尿器につかないように注意する（女性の尿道の長さは 3 ～ 4 cm くらい）。
⑨尿の流出状況、尿量、色、血尿、混濁などの性状を観察する。
⑩尿がすべて出たことを確認し、ゆっくりカテーテルを抜き、ビニール袋または膿盆などに入れる（軽く下腹に圧をかけ尿を出させる）。
⑪陰唇を閉じ、使用物品をベッドから取り除く。股間に付着した尿を、トイレットペーパーで拭きとる。
⑫手指消毒をし、着衣する（下着と衣服を整える）。補助者は手袋、マスクを外し手指消毒をする。
⑬使い捨てのカテーテルの場合、決められた方法にしたがって廃棄する。繰り返し使用するカテーテルは水洗いし、消毒薬の入ったケースに戻す。
⑭尿の流出状況、尿量、性状など観察したことを記録する。

ii）カテーテルの消毒について

カテーテルはディスポーザブルの使い捨てが望ましいが、コストの面から再利用カテーテルを使用する。再利用カテーテルは、使用後毎回水道水でカテーテルの中を洗い流し、水分を切り、消毒液を満たしたケースに保管する。ケースの中の消毒液は毎日新しいものと交換する。消毒薬は、滅菌グリセリンを混合した0.05％グルコン酸クロルヘキシジン、塩化ベンザルコニウムやポビドンヨードなど使用し保管する。ポビドンヨードの使用にはアレルギーがないことを確認し使用する。また、カテーテルをアルコールに5分浸漬する方法もある。カテーテルは、1～2か月ごとに新しいものと交換する。

ii　尿道留置カテーテル

神経因性膀胱の場合、留置カテーテルは、膀胱尿管逆流症や、頻回に尿路感染を起こしている場合に使用し、必要時のみ留置する。尿道口からカテーテルを膀胱に挿入し、尿を持続的に排泄させる方法である。カテーテルの挿入時や会陰部や直腸や尿道から膀胱内に微生物が侵入したり、カテーテルと採尿バックの接続部や排液口から微生物が侵入し、感染症を引き起こすことがあるので、管理に十分注意する必要がある。

MEMO

留置カテーテルの管理

- 残尿がないように時々腹圧をかける。
- 1日1回はカテーテルを止めて膀胱に尿をためる訓練をする。
- カテーテルは尿道口に対しやや細めのものを使用し、バルーンは膨らましすぎない。

③排便障害とは

摂取された食物は、消化吸収され、食物残渣は、腸蠕動運動によりS状結腸に移送されやがて糞便が形成される。糞便により直腸壁が伸展し、直腸壁内圧が高まると、反射的に内肛門括約筋が弛緩する。また一方、大脳皮質にも伝達され便意が生じる。便意は神経に伝わり、肛門挙筋を収縮させ、外肛門括約筋が弛緩する。そして腹圧を高め便が排出される。この一連の過程に問題が生じ、便秘や下痢、便失禁などが起こることを「排便障害」という。

便秘(p. 184～参照)とは、通常の排便に比べ、便の回数、量が非常に少ない状態のことで、大腸の器質的異常によって生じる場合の便秘と大腸の機能異常によって生じる場合の便秘とがある。抗けいれん剤などの薬剤の影響、水分摂取不足、運動不足、障害により自発的に腹圧がかけられないなど、様々な要因がある。

下痢(p. 187～参照)とは、液状または液状に近い糞便を排出する状態で、腸内容物から腸管への水分吸収が不十分となり、腸内容物の水分量が多くなる。

便失禁とは、排便を意識しないにも関わらず不随意に便が排泄される状態である。脳神経疾患や脊髄神経の損傷のために排便反射が障害されたり、外肛門括約筋が低下することにより意識的に排便コントロールができなくなり便失禁が見られる。

④排便の援助・ケア

i　人工肛門(ストーマ)

人工肛門とは、手術により消化管を体外に誘導し腹部に便を排泄する出口を造設することである。直腸がんの手術で直腸と肛門を切除する場合、大腸が閉塞し便が通過できない場合に便の排泄口をつくる。子供に造設する場合は、ヒルシュスプルング病、鎖肛(直腸肛門奇形)などの先天性疾患やけがなどにより、肛門を切除する治療を行う場合に適応される。ストーマには直腸のような働きはなく、排便をコントロールする括約筋がないので排便のコントロールができない。そのため腸内で消化吸収されると、自分の意思とは関係なく不定期に排便・排ガスされる。排出されるペースがわかるまでには時間を要する。ストーマは粘膜で赤色をしている。触れても疼痛はない。

子供では、「表皮が薄い」、「消化器官機能が未熟」、「下痢しやすい」、身体が小さいため腹部の面積が小さく「ストーマ装具の貼りつけ面積が狭い」、腹圧が高く「腸脱出を起こしやすい」などの特徴があるため、継続的な支援が必要である。

ii　ストーマ装具の交換の方法

ストーマに装着したパウチは、何日間かは使用できるが、パウチの交換はパウチから便が漏れた時、掻痒感や疼痛がある時など、ストーマの状態によって交換の時期は変わる（図表 6-2-7～6-2-11）。

図表 6-2-7　ストーマ装具の交換方法

○　必要物品
ストーマ装具、輪ゴムまたはクリップ、（臥床時：処理用シーツ）、石鹸または清浄綿、エプロン、ディスポーザブル手袋、マスク、剥離剤、微温湯、洗面器、膿盆、清拭用布、ガーゼまたはティッシュペーパーやキッチンペーパー、ストーマゲージ、ストーマ用ハサミ、ゴミ袋
○　手　順
①環境を設定し、洋式トイレ便座または椅子に座らせ、姿勢を整える。 ②手洗いをし、エプロン、マスク、手袋を装着する。 ③ストーマの状態を観察する。ストーマの周囲の皮膚の状態、痛み、掻痒感の有無を把握する。 ④皮膚と面板の間に指を入れ、便を流出させないよう注意しながらゆっくりと装具を剥がす。面板が剥がしにくい場合には、皮膚用リムーバーを皮膚と面板の間に浸み込むようにし、皮膚を傷つけないよう気をつけ剥がす。剥がしたら、中身がこぼれないようにパウチの接着面を折り合わせる。 ⑤ストーマの周りの皮膚を微温湯で優しく洗浄する。ストーマの周囲の排泄物をやわらかいガーゼまたはティッシュペーパーで拭きとる。水分が残っていれば、乾いたガーゼ、ティッシュペーパーなどで水分を拭きとり、皮膚を乾燥させる。皮膚はこすらない。 ⑥ストーマの色、浮腫の状態、ストーマの周囲の皮膚の発赤、びらんの有無を観察する。 ⑦排泄物の性状と量を確認し、手袋を外し手指消毒をする。 ⑧パウチの穴がストーマの大きさに合っているかを確認し、皮膚保護剤つきパウチを貼りつける。貼る際に、皮膚、パウチにしわやたるみがあると漏れの原因になるので、しっかりと伸展し密着させる。便漏れ防止、皮膚の保護のためにストーマと皮膚保護剤のすきまは、パウダーで埋める。 ⑨パウチ内の空気を開放口から抜き、輪ゴムまたはクリップで止める。 ⑩衣類を整え、終了したことを伝える。 ⑪手袋を装着し、使用した物品の後始末をする。剥がしたパウチは、ビニールの袋に入れ汚物入れに捨てる。または保護者へ返却し、双方で何枚使用したかを確認する。 ⑫エプロン、マスク、手袋を外し、手洗いをする。 ⑬パウチ交換時刻、便の性状、皮膚の状態等観察した内容、子供の反応や状態を記録する。

図表 6-2-8　パウチの貼用（ちょうよう）方向

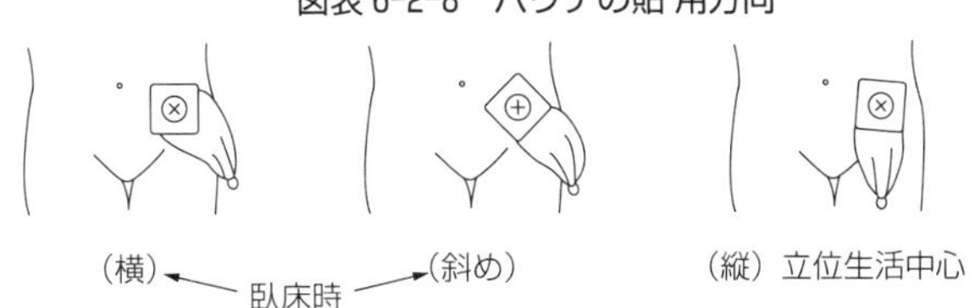

出典）大久保祐子著、坪井良子、松田たみ子編：考える基礎看護技術Ⅱ 第3版、ヌーヴェルヒロカワ、2011、141[3)]

iii　日常生活について

ストーマを装着していても運動を制限することはしないでよい。ストーマを傷つけるような行為を避ければ、水泳も含め運動はすることができる。入浴は装具をつけたままでも外してもできるが、修

図表 6-2-9　ストーマ装具着用

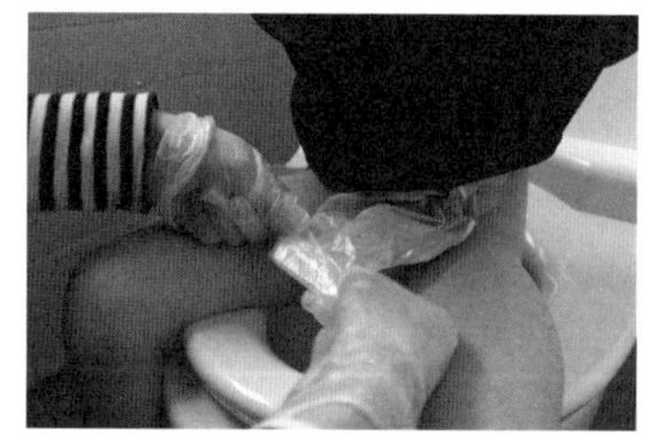

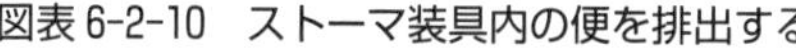

図表 6-2-10　ストーマ装具内の便を排出する

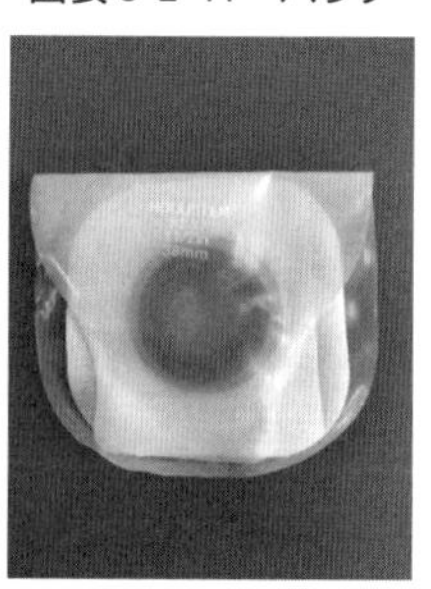

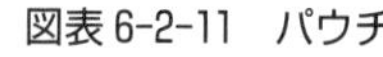

図表 6-2-11　パウチ

学旅行や宿泊学習の際には、個別で入浴するなどの配慮が必要である。

ⅳ　浣　腸

浣腸とは、肛門から浣腸液を注入し、排便や排ガス、腸内の洗浄を目的に実施する。便秘の症状があり、自然排便が困難な場合に、肛門からグリセリン浣腸液を注入し、便の排出を促す。グリセリン液には腸粘膜を刺激する作用がある。体液よりも高い浸透圧により直腸内の水分を吸収し、その刺激から腸管の蠕動運動を引き起こす。

ガラスやプラスチックの浣腸器にカテーテルを接続して実施する方法がある。現在は薬剤が入ったプラスチックボトルにチューブがついたディスポーザブル型のものが多く使用されている。

浣腸後、浣腸液のみが排出し、排便が見られない場合には、主治医に報告する。

参考文献

1）坂井建雄、岡田隆夫：系統看護学講座　解剖生理学、医学書院、2019

2）船戸正久、高田哲：医療従事者と家族のための小児在宅支援マニュアル 改訂第 2 版、メディカ出版、2010

3）大久保祐子著、坪井良子、松田たみ子編：考える基礎看護技術Ⅱ、ヌーヴェルヒロカワ、2011、141

4）横浜「難病児の在宅療育」を考える会：医療的ケアハンドブック、大月書店、2004

5）奈良間美保ら：系統看護学講座　小児臨床看護各論、医学書院、2011

6）がん研有明病院ストーマ（人工肛門について）（https://www.jfcr.or.jp/hospital/conference/cancer/woc/artificial_anus.html、2021年 2 月14日参照）

7）福井準之助監修、田中純子、萩原綾子編：今日からできる自己導尿指導、メディカ出版、2005

（3）食事に関する支援

摂食嚥下は、子供自身が食べる意欲をもち（認知）、食物を口唇で取り込み、前歯で噛みとり食物や水分を取り込み（捕食）、舌で押しつぶし臼歯ですりつぶして（咀嚼）、唾液とよく混ぜ合わせる。そして形成された食塊が、複雑な舌の運動により咽頭へ送られ、嚥下反射が生じ咽頭から食道へ送り込まれる。

食事の支援は、主に摂食嚥下障害における対応であり、摂食嚥下障害は、口から食物や水分を摂取することが困難な状態である。

《誤嚥》

誤嚥とは、食物や水分、唾液や口の中の細菌、胃から逆流した胃液や胃内容物などが、何らかの理由で、誤って喉頭と気管に入ってしまう状態をいう。誤嚥の原因は、飲み込みの反射（嚥下反射）の障害、飲み込む力が弱い、あるいは食道を通過できないなどがある。誤嚥によって引き起こされる病態には、「気道閉鎖」による呼吸困難や窒息、「気管支の攣縮」による喘息状態、「下気道感染症」として慢

図表 6-2-12　食事の姿勢：座位不安定な場合の姿勢（頸部と体幹の角度）

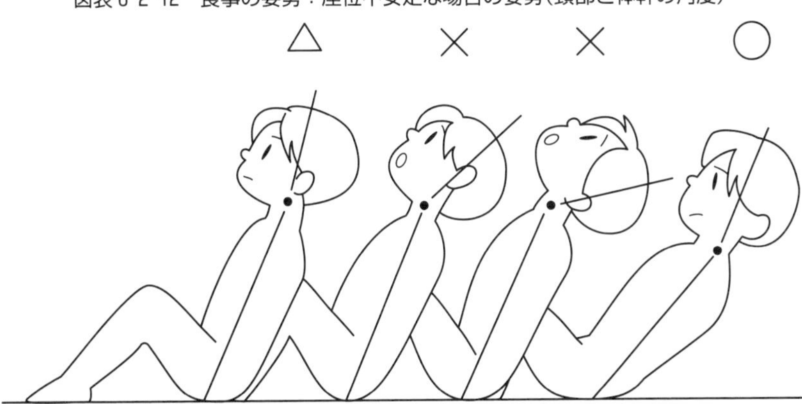

出典）日本小児神経学会社会活動委員会編：医療的ケア研修テキスト、クリエイツかもがわ、2008、74

性気管支炎、誤嚥性肺炎、無気肺がある。また誤嚥の防御機構には、咽頭や気管に入った異物を吐き出そうとする「咳反射」や「気管支や気管支壁の細胞の繊毛運動」、異物による反応を抑える「免疫機能」がある。

誤嚥の症状は、咳き込み・むせ、顔色不良、酸素飽和度の低下、筋緊張の亢進、食事中や食後の喘鳴などである。誤嚥による窒息や呼吸困難は危険を認識しやすいが、誤嚥性肺炎は目立ちにくく、重症心身障がい児は死に至ることもある。嚥下障害の程度が重症の場合では、誤嚥があるにも関わらず、むせないことが多い（不顕性誤嚥、サイレントアスピレーション）ことも注意する必要がある。誤嚥の予防には、経管栄養、口腔ケア（口腔細菌の抑制）、姿勢管理、呼吸障害や胃食道逆流への対応などがある。

《摂食嚥下障害への支援》

摂食嚥下障害への援助として、食形態と摂食指導は、摂食時の個々の問題や摂食機能の発達段階を確認する必要がある。誤嚥防止のために、摂食の姿勢や食物形態、介助方法などの適切な食事環境を整備する。食事の姿勢は、首の角度を中間位～軽度前屈位に保持し、身体を後ろに倒したリクライニング姿勢が最も誤嚥しにくい。体幹と床の角度は15～45度がよい（図表 6-2-12）。摂食指導に用いる食具についても、発達段階に合わせてスプーンや皿など、子供の状態に合った食具を使用する。スプーンを保持する力が弱い場合には、柄の部分が太くて軽いものを選択する。皿は深さがあり、内側に傾斜しているとすくいやすい。皿の下に滑り止めシートをおくとよい。

水分摂取は、発達段階に合わせて、嚥下機能不全の場合はスプーン、それ以外ではコップを用いる。コップを使用する場合には首をやや前傾にして、下唇にコップの縁をあてて下顎を安定させ、コップを傾けて上唇が水分に触れるようにする。

脳性麻痺や神経筋疾患などのために摂食・嚥下機能に障害があり、経口摂取が不可能ないし必要十分な量の経口摂取ができない場合や、嚥下機能の低下により誤嚥が許容範囲を超えた場合に経管栄養が必要となる。

《経管栄養》

経管栄養は、呼吸困難、意識障害、重度の衰弱などで経口摂取が不可能、咀嚼、嚥下機能の低下、

図表 6-2-13　経管栄養

口から食事を摂取することが、不可能になったり不十分になったりした場合、様々な方法で胃や腸にチューブを挿入して、栄養剤などを直接注入する方法

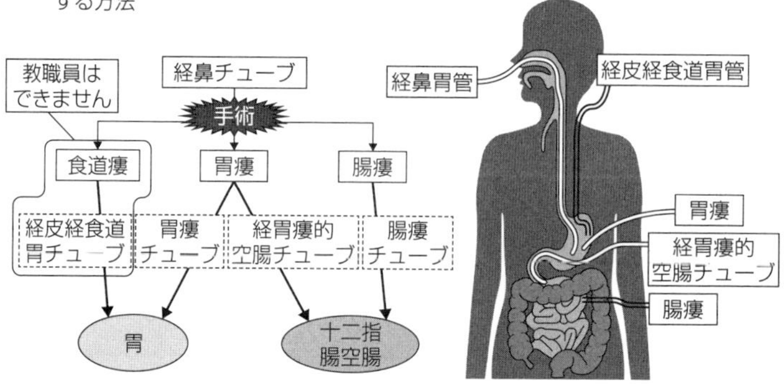

出典）文部科学省：学校における医療的ケア実施対応マニュアル【看護師用】、公益財団法人日本訪問看護財団、2020

図表 6-2-14　経鼻胃経管栄養と胃ろう栄養の仕組み

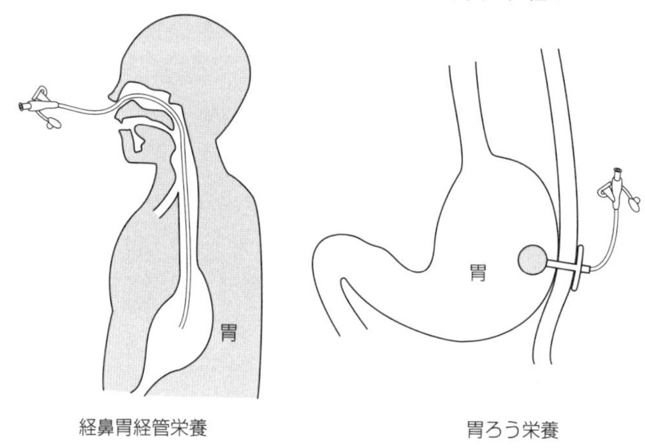

むせ込みが強く誤嚥の危険がある場合、経口では必要栄養素が摂取できない場合などに適用となる(図表 6-2-13、14)。

経管栄養は、注入経路により、経鼻経管栄養法、胃ろう・腸ろう栄養法などの種類がある。一般的に経鼻経管栄養が簡便な方法であり、手術が可能であれば、腹壁から胃にろう孔をつくり、チューブを胃や空腸に留置する胃ろうからの経管栄養も広く普及している。さらに、食道から胃までチューブを留置する食道ろうからの経管栄養や、腹壁から小腸にろう孔をあけて、チューブを留置する腸ろうからの経管栄養も行われる。本項では、経鼻経管栄養と胃ろうについて適応と実施手順、留意点を説明する。

①経鼻経管栄養

i　支援の適応と目的

経鼻経管栄養は、鼻腔、食道を経てカテーテルを胃内に留置し、消化管内に流動物を注入する方法である。手術の必要がなく簡便な方法だが、栄養チューブの交換が 1 ～ 2 週間ごとに必要であること

や、栄養剤が詰まりやすいこと、チューブが抜けやすく、注入中に抜けると誤嚥などにつながりやすいので、注意が必要である。経管栄養剤は成分によって、成分栄養剤、半消化態栄養剤、消化態栄養剤、食品流動食に分類され、医薬品または食品として扱われている。

ii　手　順

図表6-2-15　経鼻経管栄養

項　目	実施手順
準備	①おむつなどの交換(排泄)、歯磨きを済ませる。痰が多い場合吸引する。 ②手洗いをし、必要物品を準備する。 栄養剤(経腸栄養剤：常温で注入)・イリゲーター・エア確認用の注射器・聴診器・小ビーカー、指示書 ③注入前の子供の全身状態を観察する。
実施	①車椅子や椅子に座り、体位を整える(30度以上のファーラー位)。 ②栄養チューブを固定するテープがとれかけていないかや、チューブの固定位置にずれがないかを確認する。チューブが抜けかけている時は（3cm以内のたるみなど)マーキングの位置まで戻す。 ③口腔内を観察し、口の中で栄養チューブが丸まっていないかどうかを確認する。 ④胃内留置の確認のため、注射器で胃液や空気が引けるか確認する。胃壁を傷つけないようにゆっくり無理のない力で引く(胃液が引けない時もある)。管の中に胃の内容物が少量でも引ければよい。 ⑤注射器に空気を5～10ml程度入れ、心窩部に聴診器をあてて空気を送り込み、「シュッ」という音を2人(1人は看護師)で確認する。音が確認できない場合は、左右下肺部に聴診器をあてて空気を同量入れ、音を確認する。気泡音の確認(1人)以外は看護師が行う。 ⑥指示書を確認し、注入物をイリゲーターに入れて、点滴スタンドにかける。 ⑦注入物の滴下が確認できるよう点滴筒を指でつぶし注入物を1/3程ためる。 ⑧クレンメを開きチューブの先端まで注入物を満たし空気を抜いてクレンメを閉じる。 ⑨本人に注入開始を告げる。 ⑩栄養チューブの先を指でつまんでキャップを開き、イリゲーターの先端を接続する。 ⑪クレンメを開き、注入を開始する。滴下速度は適宜確認して調整する。速度が速いと胃への負担となり、嘔吐の原因になる。嘔気、嘔吐、咳込み、腹部膨満感や呼吸状態不良などがないか表情を見て観察し、異常があれば中止して様子をみる。 ⑫注入中、注入部位の漏れや全身状態の観察をする。 ⑬イリゲーターに注入物がなくなったら、接続部まで注入物を流し、クレンメを閉じる。栄養チューブの接続部を指でつまんで接続部を外し、空気が入らないようにしてキャップを閉じる。 ⑭栄養チューブの先を指でつまんでキャップを開き、注射器で胃チューブの長さの分量の微温湯(10mL程度)を通してチューブ内を洗浄する。その後、エアを少量ゆっくり送り込む。 ⑮栄養チューブの先を指でつまんで、注射器をジョイントから外し、キャップをつける。 ⑯本人に終了を告げる。
終了	①栄養ボトル、栄養チューブを洗って乾燥し、清潔に保管しておく。他の子供のものと混ざらないように保管する。 ②注入後は、30分～1時間はファーラー位または座位とする。 【感染予防】 管理イリゲーターは注入1回につき1つを使用する。注射器は2本とする(注入用1本、前吸引用1本)。イリゲーター、注射器、接続カテーテルは、使用後流水で洗い、1回/日消毒をする。消毒液は次亜塩素酸ナトリウムで濃度は0.01～0.025%を用い、洗浄後に1時間の浸漬とする。

iii　留意事項

誤嚥の予防のため、姿勢に留意する。頸部の角度は首の角度が体幹に対して後屈位であったり、首に反り返りがあったりすると、嚥下機能が悪化し誤嚥を発生させる要因になる。また、体幹の角度は、嚥下障害が重度の場合は、床面に対して体を倒した姿勢、すなわち水平位に近い姿勢の方が、誤嚥が軽減する例がある。

経鼻胃管チューブ先端位置が胃内にあるか必ず確認する。一般的に留置チューブから胃内容液が確実に吸引され、液のpHが4以下であれば、チューブが胃内にある確実性は増すといわれる。しかし、経鼻胃管が胃内にあっても胃内容物が吸引されない場合や、制酸剤の内服や腸管からの逆流などにより胃液がアルカリ化している場合、胃食道逆流により食道に先端があってもpH 4以下の酸性液が吸引される場合などもある。よって気泡音の確認など複数の方法を組み合わせて確認することが重要である。

【緊急時対応】

項　目	対　応
・鼻孔からチューブがマーキング位置より3cm以上抜ける ・嘔吐を繰り返し、口の中から胃管チューブが出てくる	・状態を医療的ケア看護職員に報告する。医療的ケア看護職員は、チューブをマーキング位置まで押し入れて戻しテープで固定する。その後、胃内吸引及び、エアを確認する。 ・医療的ケア看護職員による栄養チューブ抜去後、保護者に連絡して状況を説明する。病院への受診を要請する。
・エアを入れても胃内留置の確認ができない。またチューブの閉塞がみられる	・保護者に連絡して状況を説明する。病院への受診を要請するとともに全身観察をする。

②胃ろう

i　支援の適応と目的

胃ろう栄養は、呼吸困難、意識障害、重度の衰弱などで経口摂取が不可能な場合、咀嚼、嚥下機能の低下による誤嚥の危険がある場合、食道や消化管の奇形や通過障害、また鼻腔カテーテル留置や挿入が困難な場合に適用となる。そして、胃ろうからの注入は、経鼻経管栄養よりも管理しやすく、安全な方法とされるが、皮膚のトラブルや腹膜炎などの合併症に注意が必要となる。

ii　手　順

図表6-2-16　経管栄養(胃ろう)

	実施手順
準備	・当日までの健康状態や注入量について保護者に確認しておく。 ①手洗いをし、必要物品を準備する。 注入剤(経腸栄養剤：常温で注入)・イリゲーター・エアー確認用注射器・聴診器 ②注入前の子供の状態を観察する。喘鳴がある場合は注入前に喀痰吸引を実施する。 ③姿勢はベッドまたはバギー上での座位またはファーラー位で行う。
実施	①本人にはじめることを伝える。 ②胃ろうカテーテルの周囲を観察(液漏れ、皮膚トラブルなど)する。 ③注入物の準備は、経鼻経管栄養の手順⑥～⑧に準じる。 ④胃ろうカテーテルの蓋を開けて片手で押さえながら、胃ろうカテーテルと接続チューブの先端どうしを合わせてはめ込む。 ⑤接続チューブを矢印の方向に3/4回転させる。 ⑥クレンメを開き注入を開始する。 ⑦注入中、注入部位の漏れや全身状態を観察する。注入中の喀痰吸引は原則として行わないが、必要な場合は胃ろうからの栄養投与を一時中断し、ギャッジアップをして嘔吐をしても誤嚥しにくい体勢に整えて実施する。その後呼吸が落ち着いてから栄養投与を再開する。 ⑧イリゲーターに注入物がなくなったら、接続部分まで注入物を流し、イリゲーターのクレンメを閉じ、接続チューブもロックする。 ⑨本人に終了を告げる。注入後は、30分～1時間はファーラー位または座位とする。

終了	①全身状態に異常がないかを確認する。異常があれば保健室へ連絡する。 ②注入後、注射器に湯冷まし10 cc を入れ、接続チューブ(太い方)に接続してゆっくり注入し、チューブ内をきれいにする。 ③接続チューブ内に残ってしまう白湯はエアを注入し、全量注入する。 ④接続チューブのロックをする。 ⑤接続チューブを矢印の逆方向に3/4回転させ、胃ろうカテーテルと接続チューブの印どうしを合わせて接続チューブを外し、素早く蓋をはめる。蓋の周囲に汚れがあればティッシュで拭きとる。 ⑥本人に終了を告げる。 ⑦イリゲーター・アダプター注入用注射器など、使用した物品を湯で洗って乾燥し、清潔に保管する。

iii　留意事項

・脳性麻痺を中心とした重症心身障がい児者では、胃ろうを増設した後に、変形や緊張のために、胃と腹壁の間にズレが生じてくる可能性がある。

・胃ろうからの注入時の注意点として、注入前の呼吸状態や腹壁の観察と胃ろう部とカテーテルの確認をする。また、注入前に胃ろうカテーテルからの胃内容の吸引を確認する。

・誤嚥が疑われる症状に注意する。

【緊急時対応】

項　目	対　　応
経管栄養注入中に嘔吐がある	・注入を一時中止し、誤嚥がないよう顔を横に向ける。 ・注入速度や栄養剤の量の確認をし、医療的ケア看護職員、保護者に連絡する。 ・吐物の観察をし、素早く片づける。
胃ろうカテーテルが抜けるか、または抜けそうになっている	・医療的ケア看護職員に報告する。 ・救急外来搬送の手配をし、保護者にも連絡する。
(緊急連絡先：病院、保護者)上記の場合は、看護師・主治医に連絡する。	

文　献

1) 岡田加奈子、遠藤伸子、池添志乃編著：改訂　養護教諭、看護師、保健師のための学校看護、東山書房、2019
2) 山口瑞穂子：看護技術講義・演習ノート　下巻、サイオ出版、2015
3) NPO 法人医療的ケアネット：たんの吸引等第三号研修テキスト、クリエイツかもがわ、2018
4) 文部科学省、公益財団法人日本訪問看護財団：学校における医療的ケア実施対応マニュアル【看護師用】、2020
5) 文部科学省、公益財団法人日本訪問看護財団：学校における医療的ケア実施体制構築事業　学校における教職員によるたんの吸引等(特定の者対象)研修テキスト(例)、2020
6) 文部科学省、医療的ケアを必要とする幼児児童生徒が在籍する学校における留意事項(改訂版)、令和2年12月9日改訂
7) 福井県教育委員会：学校における医療的ケア実施ガイドライン、2021
8) 日本気管食道科学会、誤嚥(http://www.kishoku.gr.jp/public/disease05.html、2021年8月15日参照)

(4)与薬に関する支援

学校で子供に与薬の支援をする場合、与薬管理にあたっては、薬の種類とその量、投薬時間など、保護者と主治医との綿密な連携が必要となる。薬剤によっては体内での代謝(吸収・排泄)時間が異なり、抗てんかん薬のように安定した血中濃度の維持がてんかん発作の予防に欠かせない場合もある。複数の種類の薬を定期的に服用している場合もあるため、特に誤薬(他者に投薬する、投薬時間を間違う)や忘薬(投薬を忘れる)の防止が重要となる。

誤薬の防止には、預かった薬は本人のものとわかるように薬袋に子供の名前、投薬時間、医師の指示書などを確認し、ダブルチェック(他のスタッフとその薬と量を点呼し、確認する)を行う。

また、大震災などの災害を教訓に学校では、「災害時用に定時薬の学校保管」をしている学校が増加している。通常3日程度の保管が多いが、薬の保管については指定の保存方法や保管場所の安全な管理が求められる。特に薬の変更時の入れ替えなど、薬の取り扱いについては保護者との緊密な連携が欠かせない。本項では、アナフィラキシーショック時に用いる内服薬とアドレナリン自己注射「エピペン®」及びてんかん発作時等に用いる坐薬について述べる。

子供が食物アレルギー及びアナフィラキシーを発症した事態に備えて医薬品が処方されている場合は、その使用を含めた対応が求められる。子供がアレルギーを発症した場合の緊急時に備えて処方される医薬品として、皮膚症状などの軽症症状に対する内服薬とアナフィラキシーショックに対して用いられるアドレナリンの自己注射「エピペン®」(商品名)がある。内服薬では多くの場合、抗ヒスタミン薬やステロイド薬が処方されている。

①食物アレルギー及びアナフィラキシー発症時に用いられる内服薬

抗ヒスタミン薬はアナフィラキシー症状を引き起こす物質であるヒスタミンの作用を抑える効果がある。しかし、効果は限定的であり、救命効果はないとされている。ステロイド薬はアナフィラキシー症状の二相性反応(一度治まった症状が数時間後に再び出現する)を示した場合、二相目の反応を抑える効果が期待されている。しかし、作用発現には数時間を要する。食物アレルギーが発症して症状が軽症から中等症(グレードⅠ及びⅡ)の場合は、内服薬の服用を勧め、子供から目を離さず、症状の進行を観察することが必要である。

②アドレナリンの自己注射「エピペン®」

「エピペン®」は商品名であり、医療機関で救急蘇生に用いられるアドレナリンという成分が充填されている。アナフィラキシーを起こす危険性が高く、万一の場合にただちに医療機関での治療が受けられない状況下にいる者に対して、患者が自らアドレナリンを注射することを目的とした、医師が処方する自己注射薬である。アナフィラキシーを根本的に治療するものではない。エピペン®注射の施行後はただちに医師による診療を受ける必要がある。

アドレナリンは人の副腎から分泌されるホルモンで、エピペン®注射により、交感神経を活発にさせ、血圧上昇による低血圧及びショックの防止と緩和、上気道閉塞の軽減、蕁麻疹及び血管浮腫の軽減、下気道閉塞(あるいは狭窄)の軽減という効果が期待される。交感神経とは、私たちが運動をした時に活性化される神経系であり、アドレナリンは運動時に放出される。運動時は、空気を取り入れるために気道が広がる。心臓の拍動は促進され、血管収縮によって血圧が上昇する。アナフィラキシーショックが起こっている場合には、アドレナリンの薬理作用により、症状の悪化を防ぐことができる。しかし、アドレナリンの半減期(体内で薬の濃度が半分になるまでの時間)は3~5分であるため、薬の作用時間は10~15分程度と短い。あくまでも、アドレナリン(「エピペン®」)は補助剤としての位置づけである。

「エピペン®」の各部としくみを図表6-2-17に示す。「エピペン®」に充填されているアドレナリンの

図表 6-2-17　エピペン®の各部としくみ

出典）VIATRIS エピペンサイト「エピペンを処方された患者様とご家族のページ」
https://www.epipen.jp/about-epipen/photo.html

図表 6-2-18　連絡先シールの使い方

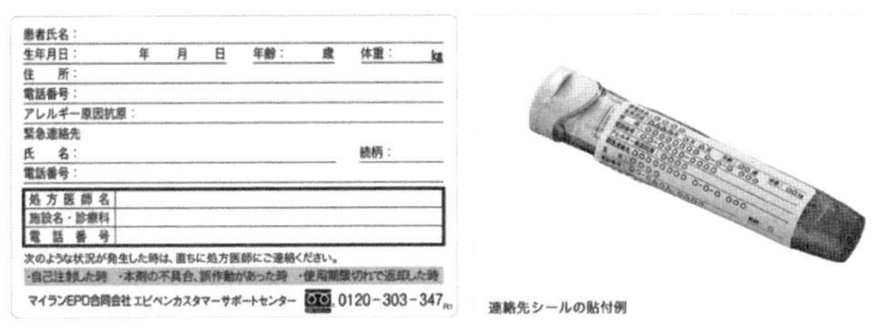

患者氏名：
生年月日：　　年　月　日　年齢：　歳　体重：　kg
住　所：
電話番号：
アレルギー原因抗原：
緊急連絡先
氏　名：　　続柄：
電話番号：

処方医師名	
施設名・診療科	
電話番号	

次のような状況が発生した時は、直ちに処方医師にご連絡ください。
・自己注射した時　・本剤の不具合、誤作動があった時　・使用期限切れで返却した時
マイランEPD合同会社 エピペンカスタマーサポートセンター 0120-303-347

出典）VIATRIS エピペンサイト「エピペンを処方された患者様とご家族のページ」
https://www.epipen.jp/about-epipen/photo.html

量は2種類ある。黄色の製剤の「エピペン®」注射液0.3 mg のものは、体重が30 kg 以上の人に処方される。緑色の製剤の「エピペン®」注射液0.15 mg のものは、体重15 kg 以上30 kg 未満の人に処方される。それぞれの製品には、「エピペン®」注射液、携帯用ケース、練習用トレーナー、添付文書、使用情報、「重要なお知らせ通知プログラム」登録ハガキ、連絡先シールが含まれている。「エピペン®」の注射後に医師に連絡する際の連絡先を記載するシールがエピペン® の携帯用ケースに貼ってあるので、「エピペン®」注射の施行時は必ず処方された本人のものであることを確認することが重要である(図表 6-2-18)。

「エピペン®」の注射は法的には「医行為」にあたり、医師でない者(本人と家族以外の者である第三者)が「医行為」を反復継続する意図をもって行えば医師法(昭和23年法第201号)第17条に違反することになる。しかし、厚生労働省と文部科学省から、アナフィラキシー発症時に現場に居合わせた教職員が「エピペン®」を自ら注射できない状況にある子供に代わって注射することは、医師法違反にならないとの見解が示されている。さらに、文部科学省からは、緊急時には、特定の教職員だけではなく誰もがアドレナリン自己注射薬(エピペン®)の使用を含めた対応ができるように、日頃から学校全体で取り組むようにとの通知[4)]が出されている。なお、「エピペン®」の処方を受けている子供の在籍が確

認できている場合は、保護者の同意を得た上で、子供の情報を提供するなど、日頃から地域の消防機関や医療機関などの関係機関と連携することが重要である。また、学校生活管理指導表の確認と個別の対応マニュアルの作成をする。さらに、初期症状の確認、内服薬や注射のタイミング、緊急時の連絡、保管方法や保管場所についての共通認識をはかっておく(p. 231参照)。

学校においてのアナフィラキシー発症時は「一般向けエピペン® の適応」(p. 230、図表 5-2-9参照)にしたがって症状を確認し、「エピペン®」の適応かどうか判断する。「エピペン®」適応の症状がみられた場合、適切な手順・方法で速やかに「エピペン®」を使用する(p. 230-231参照)。「エピペン®」は医療機関外での一時的な緊急補助薬であり、「エピペン®」注射施行の場合は組織的に役割を分担し、速やかに医療機関を受診する必要がある。

③坐　薬

学校現場において子供がてんかんによるひきつけを起こし、生命が危険な状態などである場面では、現場に居合わせた教職員が坐薬を自ら挿入できない子供に代わって挿入する場合がある。その場合の条件と法的解釈について、文部科学省は2016(平成28)年に「学校におけるてんかん発作時の坐薬挿入について」の通知を出している。その条件として、❶事前に子供と保護者が医師から坐薬使用についての指示とその必要性がある子供であること及び留意事項を書面により説明を受けていること、❷子供と保護者が医師から坐薬使用についての指示を受けて学校での対応について書面で依頼していること、❸教職員が当該子供に坐薬を使用する場合は本人であることを確認すること、❹教職員は坐薬挿入の際の留意事項を遵守すること、及び衛生上の観点から手袋を装着した上で坐薬を挿入すること、の４点を示している。また、この場合の坐薬挿入の行為は、医師法第17条の違反にはならない解釈である、としている。

この通知を受けて、学校現場において坐薬を用いる場合は、主治医の処方と指示書に基づいて保護者と学校、主治医及び学校医との十分な協議と共通認識のもとで実施される。

坐薬は経口からの薬剤投与ができない場合に行われる与薬方法である。薬剤を腸の粘膜から吸収させて薬効をすぐに得たい時(解熱剤、抗けいれん薬、制吐剤など)に行う。効果発現時間は30分程度とされる。坐薬の解熱鎮痛剤として、アセトアミノフェン坐薬(商品名：アンヒバ、ボルタレン坐薬)、抗けいれん剤として(抗てんかん薬)ジアゼパム坐薬(商品名：ダイアップ坐薬)、抱水クロラール坐薬(商品名：エスクレ坐薬)、フェノバルビタールナトリウム坐剤(商品名：ワコビタール坐薬)、制吐剤ではドンペリドン坐薬(商品名：ナウゼリン坐薬)などがある。坐薬は15℃以上で溶けてしまうため、原則として冷蔵保存する。緊急時の対応が必要な事態で頻度が高いのは「けいれん発作」である。てんかん発作の緊急治療や筋緊張の異常亢進時の鎮静に使用されることが多いのがジアゼパム坐薬(商品名：ダイアップ坐薬)である。通常、発作時に重積予防や再発予防として使用する。

坐薬の挿入方法を図表 6-2-19に示す。また、てんかん重積発作への対応のポイントを図表 6-2-20に示す。

図表 6-2-19　坐薬(坐剤)の挿入のポイント

・先の太い方から挿入する
・肛門を超えて直腸内まで挿入する
・入れにくい時は水やベビーオイルで軽く濡らす
・直腸内に便塊が溜まっていると吸収に時間がかかる
・坐薬は溶けると効果が落ちる場合もあるので、冷所(15℃以下)保存が望ましい

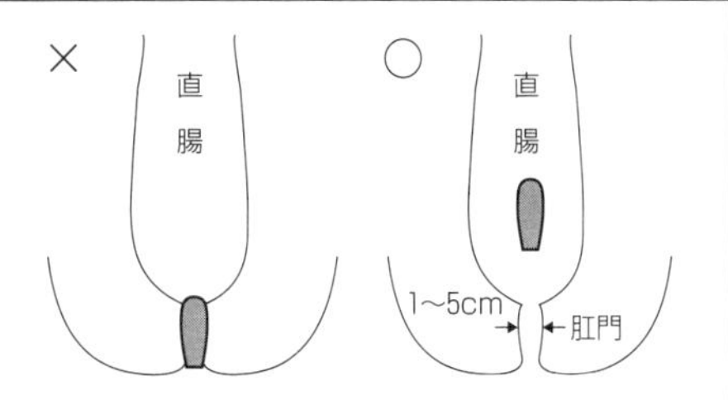

出典) 古川勝也編著：医療的ケアへの対応実践ハンドブック、社会福祉法人全国心身障害児福祉財団、2005、245、表2 坐薬(坐剤)の挿入のポイントを一部改変

図表 6-2-20　てんかん重積発作への対応のポイント

1．観察と対応
①発作の開始時刻と終了時刻(持続時間)、バイタルサインチェック
②けいれんの種類(手足が硬くなる、手足をガタガタさせる、手足が脱力する)
③けいれんのはじまり方と広がり方(体のどの部分から、どの部分へとけいれんが広がったか)
④意識の有無(呼びかけに対する応答・刺激に対する反応)
⑤顔色や唇の色(白いか、チアノーゼが出ているか)
⑥目の動き(眼振、眼球固定)、まばたき
⑦姿勢(胸腹部や下肢の動きを見るために毛布等はかけない)
⑧失禁
⑨発作後の様子(すぐに意識が戻ったか、入眠したか、しばらくぼんやりしていたか)
2．発作が大きい場合：多くは2～3分以内の持続時間
窒息や転倒などによる事故防止、嘔吐による窒息防止のため、横向きで寝かせる。
3．発作が続く場合：無呼吸や3分以上の持続時間
①保健室に連絡
②体位の工夫：横向き
③主治医より指示がある場合は抗けいれん剤(坐薬)の挿入
④医療機関への受診準備、保護者への連絡
⑤呼吸停止・心停止など悪化があれば一次救命処置を行う。

文献[2)]230-231、及び文献[1)]299を参考に筆者作成

参考文献

1) 岡田加奈子、遠藤伸子、池添志乃編著：養護教諭、看護師、保健師のための改訂学校看護―学校環境と身体的支援を中心に、東山書房、2019
2) 古川勝也編著：医療的ケアへの対応実践ハンドブック、社会福祉法人全国心身障害児福祉財団、2005
3) 大谷尚子、五十嵐徹、砂村京子、荻津真理子編著：養護教諭のためのフィジカルアセスメント2　教職員と見て学ぶ救命救急の基礎基本 AED・エピペン・頭部打撲、日本小児医事出版社、2013
4) 文部科学省、学校におけるてんかん発作時の坐薬挿入について(依頼)(https://www.mext.go.jp/content/20200525-mxt_tokubetu02-000007449_9.pdf、2021年6月1日参照)
5) 文部科学省、学校における医療行為の判断、解釈についてのQ＆A案 2018年9月17日 日本小児医療保健協議会：重症心身障害児(者)・在宅医療委員会資料(https://www.mext.go.jp/component/a_menu/education/micro_detail/__icsFiles/afieldfile/2019/01/08/1411759_04.pdf、2021年6月1日参照)
6) 津田聡子：学校における児童生徒の病気等の情報共有について～養護教諭の立場～、子どもの心身の健康問題を考える学会誌育療、No.65、2020、12-13

第6章

2）入院した子供と家族の支援

子供が病気になり入院生活を余儀なくされることは、本人・家族にとって予期せぬことである。入院した子供は、苦痛を伴う治療だけでなく、薬の副作用、友達との別離、勉強の遅れに対する不安から悩み、抑うつの感情を抱く場合もある。

しかし病気に向き合い闘った子供は、病院の中で様々な医療者や院内学級の先生、友達に出会い、助け支え合う経験を通して、病気と闘ったことは誇りだったと感じるようになる。またクラスメイトは病気の子供を入院中から気遣い、相手の想いを察する経験によって、成長していく。双方が支え合い、成長する貴重な経験を確実にするために、学校の体制を構築することはとても重要なことである。

（1）入院中の子供への支援

文部科学省の長期入院児童生徒に対する教育支援の実態調査によると、病気やけがで年間30日以上の長期入院をした6,300人の子供のうち、病院内にある院内学級等に転校した子供は4,700人であり（文部科学省、2015）、入院中の子供に対する配慮と復学支援の必要性が高まっている。復学支援は「入院時」からはじまるといわれており、入院時から復学後を見通した準備が大切である。特に長期療養が予測される場合は、入院初期の対応が重要であり、子供・保護者が望む情報を学校と共有し、つながり続けることが復学支援の成功のカギとなる。

①病状を正しく理解する

病気について正しく理解するために、情報収集を行う必要がある。子供の病気について、調べる手立てがない時は、子供と保護者に了解を得た上で、医療者に問い合わせ、確認する。学校全体で子供を迎える準備をはじめる方法やアイデアを受けもち看護師などの医療者に尋ね、医療者と協力して一緒に考えることで、担任の不安が軽減される。

また、入院初期に保護者を交えて医療者と今後の入院生活について話をする機会をもつ病院もある。担任や養護教諭が入院する前の子供の様子を伝えることで、医療者は子供の性格に合わせた適切な関わりができるようになるため、病院と学校間の情報交換は重要である。

MEMO

小児がんになった子供に対して主治医は、病気になったことは誰のせいでもなく、医療者と両親は一緒に乗り越える準備をしていることを伝えている。また病気の子供たちにとって、一番衝撃を受けることは、学校に行けないことである。

②クラスメイトに対して、子供・保護者が望む情報を正しく伝える

入院した理由を知らないため、仲のよいクラスメイトが家に帰って泣いたり、眠れなかったり心理的に不安定になる場合がある。また興味本位の噂話が広がり、入院している子供や保護者が不愉快な気持ちを抱くこともある。

子供・保護者と相談して、入院して学校を休むことをどう伝えるのか、病気のことはどこまで伝えるのか話し合っておくことによって、担任は安心してクラスメイトに話すことができる。クラスメイトや保護者の理解があることで、入院している子供の気持ちに沿った支援にもつながる。

また学校内にきょうだいがいる場合は、クラスメイト以外の子供たちにもどのように説明するのか、学校で統一しておくことも大切である。

③子供とつながり続ける

院内学級に転籍しても、子供は「自分の本当の学校は地元の学校」という思いを強くもっている。入院した子供の顔を見に行き、つながりを途切れないようにすることで、子供は治療を頑張ることができる。また養護教諭として、遠足や日常生活の些細なできごとを手紙にして「ほけんだより」と一緒に送るなど、子供が学校にいる気分を味わえるような関わりも重要である。

④家族支援を行う

ⅰ　保護者の話をしっかり聞く

保護者は、担任や養護教諭に不安な気持ちを聞いてもらって楽になった、わかってもらっているという安心感につながったと感じている。保護者にとって短時間でも話ができる場所が学校にあることは心の支えと癒しになる。入院中も外泊時に保護者が保健室に立ち寄り、治療の経過や復学後の不安(容姿の変貌や体力低下)を養護教諭に話すことで、入院中から復学後を見据えた支援を準備することができる。

ⅱ　きょうだいのことを配慮する

保護者が一緒に入院している時、きょうだいは心理的に不安定になる場合がある。保護者もきょうだいが学校でどのように過ごしているのか気になっている。保護者は、きょうだいがつらくなった時保健室で休んだり、放課後学校で宿題をさせてもらったり、「頑張っているね」と声をかけてもらったりしていることを感謝している。また面会に来た担任の先生から、きょうだいが学校で頑張っていることを聞いて、ホッとされている。

⑤院内学級の教員と連絡を取り合う

入院前の学校での様子や好きな科目、得意なことを伝えることで、適切な学習支援が可能になる。例えば、体調不良や気分が落ち込んだ時の対応のヒントになる。また子供は、院内学級で書いた絵や習字、復学する前に書いた手紙を、地元の学校の教室に貼ってくれることを励みにしている。

MEMO

退院カンファレンスの時に話し合う内容

〈子供の病気のこと〉
・今後の治療(外来受診の期間、頻度、時間帯、遅刻早退の有無)
・薬の副作用(薬のこと、脱毛、皮膚の状況、顔貌など)
〈復学の進め方〉
・ならし登校の方法(短時間からはじめる、保健室に顔を出す)
・送迎の方法(車の送迎、車をとめる場所)
〈学校生活上の留意点〉
・体育(マラソン・水泳)や運動制限
・行事(遠足・修学旅行)への参加
・部活への参加
・感染予防(マスク、手洗い、消毒)
・感染時の対応
・掃除のこと(ホコリを避ける)
・動物との接触について(傷をつくらない)
・紫外線対策(長袖・帽子)
・給食のこと(生もの)と食事制限
〈クラスメイトへの説明の仕方〉
・情報開示する方法(クラスメイトと保護者は別にする、担任が伝える、保護者が伝える)と説明内容(守秘すべき情報と公開する情報)を明確にする。

⑥退院前に保護者・医療者・学校関係者との会議に参加し情報共有する

長期療養をした子供は治療だけでなく、退院前に下半身の筋力を鍛えるためにリハビリを行い、学校に通学できる体力の増強を目指している。医師や看護師だけでなく理学療法士からの情報も学校生活に役立つため、子供や保護者に了解を得た上で、退院前に理学療法士との情報共有を行うことも有用である。

⑦学校で子供を迎え入れる準備を行う

学校内の教員間の連携がよいと復学がスムーズにいく。保護者の許可をもらい、随時、入院中の子供の頑張りや治療経過を職員会議で報告し共通理解をすることで、病気と闘っている子供を応援する体制を学校全体でつくる。

⑧退院前に、子供との接し方をクラスの中で話し合う

クラスメイトに対して、退院する前に子供のことを事前に説明しておくと復学後の支援がスムーズにいく。例えば、復学前に「もうすぐ退院するよ」という子供からの手紙を教室に貼り、子供の様子を先に知らせる方法もある。

クラスメイトは自分が入院している子供の立場だったらと思い描くことで、どのような支援をしたいのか真剣に考え、責任ある行動につながる。

また、入院や治療を頑張ってきたこと、病院での生活を経験して、とても我慢強いことを伝えることで、子供は病気になっても特別扱いはしてほしくないと思っていること、できないことがあった時だけ手伝ってほしいこと、みんなと同じように過ごしたいと思っていることを、クラスメイトは気づくきっかけになる。

> **MEMO**
>
> **クラスメイトが取り組んだこと**
>
> 自分の身体は自分で守ろうというスローガンで、感染予防に取り組んだ、本当の思いやりについてみんなで考えた、今まで通りに接する思いやりの大切さを考えた。

第6章

(2)復学支援

①登校初日は、復学する子供がクラスになじめるような工夫をする

初日はとても緊張しているため、クラスの中に自然と入れるような企画(お帰りなさいの会など)があると復学した子供はホッとして、安心する。外見に関することは、本人・保護者に相談しながら、事前に説明して本人に直接聞かないように配慮する。

②短時間の出席からはじめて、徐々に時間数を増やし、体力の消耗を最小限にする

疾患によっては、はじめからすべての授業に出席できない場合がある。日中頑張りすぎて、家でぐったりしていることもある。子供が頑張った時の様子を保護者に伝え、家庭での様子も尋ねてお互いに情報交換をすることで、保護者は安心して子供を通学させることができる。

③子供が自信を取り戻す工夫をする

クラスメイトの一員であることが感じられるように、掃除や委員会活動など自分ができることを本

人が選択し、決定できるよう支援する。子供自身が意思決定することで、より参加している実感をもつことができる。

④感染予防対策を行う

復学してきた子供のためだけでなく、すべての子供が自分自身を感染から守るために必要なことと理解してもらい、学校全体で感染予防対策を行う。例えば、学校全体で、健康観察を実施する時間を早めて、１人でも感染者がいたら、登校時間を遅らせて家で待っている子供に連絡して、保護者に欠席の判断をしてもらう方法もある。

クラスでの感染予防としては、以下のことが考えられる。休み時間は窓を開けて、換気を行う。掃除当番は、ホコリが立たない係を本人に選んでもらう（本の整理、換気ができている渡り廊下の掃き掃除など）。手洗いは、液体石鹸にして、簡単に手洗いができるようにする。教室の入り口に、液体消毒薬を配置して、クラス全体で使う習慣をつける。排泄物からの感染防止のため、トイレはきれいに保つようにする。トイレ専用のスリッパを用意する。席順の後ろは黒板のホコリがきにくい、人の出入りが激しくないメリットがあるため、席順を本人に選んでもらうなどである。

⑤保護者と定期的に情報共有をする

貧血など血液検査の結果など、遠慮して伝えられない保護者もいるため、養護教諭の方から、外来受診後に伝えてほしいと言うことで、「子供のことを一緒にみてもらっている」と保護者は感じ、安心できる。学校内で感染症が出た時は、すぐに保護者へ連絡する。運動会前は、けがの有無、熱中症、貧血や体調を観察し、必要時に連絡する。

⑥病気の重症化を防ぎ、学校生活を支える

退院後も治療（通院、内服、注射など）を継続する場合には、必要時には医療機関につなぎ、病気の重症化を防ぐ支援が重要である。養護教諭として、日々の観察やフィジカルアセスメントを通して、医療機関に相談または受診をした方がよい症状を見極めるようにする。病状悪化の兆候に気づき、タイミングを逃さず受診につなぐよう支援する。子供や保護者に了解を得た上で外来に同行し、医療者と情報交換を行うことは大切である。日頃から病院との連携が整っていると、校外学習や進級など特別な配慮を要する時に相談しやすい。

また子供に関わる教職員が適切に対応できるよう、具体的な観察の視点や対処方法など必要に応じて助言を行う。急変する可能性がある子供が在籍している場合は、教職員間で急変時の対応の研修を行い、緊急時支援体制を整える。

子供に対しては、家庭や医療機関と連携しながら、子供自身が病気を理解し、療養法を適切に実行できるように成長発達に応じた方法で助言したり、学校生活の中で子供が病状の変化に自分で気づくことができるよう支援したりすることも重要である。小児がんの場合、晩期合併症として肥満などの生活習慣病が出現しやすいといわ

> **MEMO**
>
> **復学後、養護教諭が医療者へ行った例**
>
> 養護教諭は担当の看護師と医師に手紙を書き、外来時に子供からわたしてもらった。手紙の内容は、入院中お世話になった感謝の気持ちと復学後の子供の様子を伝えたものであった。医療者からも、復学後の様子がわかり嬉しかったというお返事があった。

第6章

れている。体力が戻ったら、適度な運動、適切な食事管理、生活習慣を整える指導が必要になってくる。

文　献

1）文部科学省、長期入院児童生徒に対する教育支援に関する実態調査の結果、2015
（http://www.mext.go.jp/a_menu/shotou/tokubetu/1358301.htm、2021年5月20日参照）

2）大見サキエ、森口清美、復学支援プロジェクトチーム：おかえり！めいちゃん、ふくろう出版、2017

3）森口清美、大見サキエ、畑中めぐみ：かがやけ！めいちゃん、ふくろう出版、2020

4）スクリエ - school reentry - 復学支援プロジェクト（https://school-reentry.com/、2021年5月20日参照）

5）奈良間美保ら：系統看護学講座専門分野Ⅱ　小児臨床看護各論　小児看護学2、医学書院、2013、315-317

6）加藤俊一：小児がん経験者のために～より良い生活の質（QOL）を求めて～、医薬ジャーナル、2011、12-19

第6章

3．発達に課題をもつ子供の支援

2007(平成19)年度から開始された特別支援教育は、これまでの障がいの程度などに応じ特別の場で指導を行う「特殊教育」の対象の障がいだけでなく、通常の学級に在籍する知的な遅れのない学習障害(LD)、注意欠陥多動性障害(ADHD、注意欠如・多動症)、自閉症スペクトラム障害(ASD)なども含めて、一人ひとりの教育的ニーズに応じて適切な教育的支援を行うものである[1)]。各学校において行う特別支援教育の対象は、あらゆる障がいによる学習上または生活上の困難を克服するための教育を指している[1)]。発達障害者支援法の定義では、「発達障害とは、自閉症、アスペルガー症候群その他の広汎性発達障害、学習障害、注意欠陥多動性障害その他これに類する脳機能の障害であってその症状が通常低年齢において発現するものとして政令で定めるものをいう」(第2条)とされ、また、「発達障害児は発達障害者のうち18歳未満のものをいう」(第2条第2項)とされている[2)]。

2012(平成24)年に文部科学省が行った、「通常の学級に在籍する知的発達に遅れはないものの発達障害の可能性のある特別な教育的支援を必要とする児童生徒の実態を把握するための調査」(以下、文部科学省の調査とする)では、発達障害の可能性のある児童生徒の在籍率は6.5%程度であることが報告された[3)]。文部科学省は2004(平成16)年に「小・中学校におけるLD(学習障害)、ADHD(注意欠陥/多動性障害)、高機能自閉症の児童生徒への教育支援体制の整備のためのガイドライン」を示し、教育現場などでの指導の指針とした。その後、2017(平成29)年に「発達障害を含む障害のある幼児児童生徒に対する教育支援体制整備ガイドライン」(以下、ガイドラインとする)を示した[4)]。新しいガイドラインでは、支援の対象を、発達障害のある児童生徒等に限定せず、障がいにより教育上特別の支援を必要とするすべての児童生徒等に拡大した点や、校内における教育支援体制の整備に求められる養護教諭の役割が明記された点など、特別支援教育の現状や教育支援体制の整備状況から複数の見直しがはかられている。また、必ずしも、医師による障がいの診断がないと特別支援教育を行えないというものではなく、児童等の教育的ニーズを踏まえ、校内委員会などにより「障害による困難がある」と判断された児童等に対しては適切な指導や必要な支援を行う必要がある、としている。

発達障害のある人は、他人との関係づくりやコミュニケーションなどが苦手である場合もあるが、優れた能力が発揮されている場合もあり、周りから見てアンバランスな様子が理解されにくい障がいである[5)]。発達障害のある人の個々の能力を伸ばし、社会の中で自立していくためには、子供のうちからの「気づき」と「適切なサポート」、周囲の人々の発達障害に対する一人ひとりの理解が必要である。発達障害は、複数の障がいが重なって現われることも多く、障がいの程度や年齢(発達段階)、生活環境などによっても症状は違ってくる。代表的な発達障害について図表6-3-1に示す。以下、発達障害のそれぞれの特徴と学校における養護教諭の支援、及び教職員や保護者との連携について述べる。

図表 6-3-1　代表的な発達障害

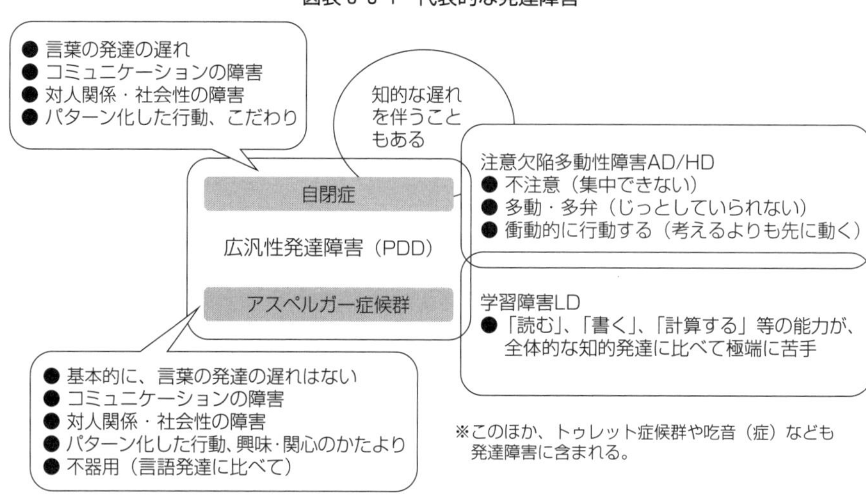

（参考）発達障害に関連して使われることのある用語
・強度行動障害：激しい自傷や他害などがあり、特別な支援が必要な状態。
・高機能：知的な遅れを伴わないこと。
・自閉症スペクトラム障害(ASD)：広汎性発達障害（PDD）とほぼ同義。
・発達凸凹（でこぼこ）：発達の状態や能力に差異はあるが社会的不適応を示していないケースについて、「障害」や「発達障害」という言葉を使わず、表現するもの。

出典）厚生労働省「発達障害者支援法の改正について」(資料)https://www.mhlw.go.jp/file/05-Shingikai-12601000-Seisakutoukatsukan-Sanjikanshitsu_Shakaihoshoutantou/0000128829.pdf

1）学習障害(限局性学習症)(Learning Disabilities: LD)

(1) 特　徴

学習障害(限局性学習症)(LD、以下 LD とする)は、教育的な立場での LD(Learning Disabilities)と医学的な立場での LD(Learning Disorders)の 2 つの考え方がある。教育の立場では文部科学省の定義に示されている通り、知的な発達に大きな遅れはないものの聞いたり話したり、推論したりする力など学習面での広い能力の障がいを指す[6)]。医学的 LD は「読み書きの特異的な障害」「計算能力など算数技能の獲得における特異的な発達障害」を指すことが多い[6)]。単なる勉強のできなさやその背景に認知発達の部分的な遅れや偏りがあるために学習の困難が生じていると推定される場合に、学習障害(LD)と診断される[7)]。前述した、2012(平成24)年の文部科学省の調査では、小学生の4.5% が LD と思われる状態であった[3)]。海外での発生頻度は、3 ～12%と報告されている[6)]。基本的に学習障害は感覚や運動の問題ではなく、脳で情報処理する認知機能の一部がうまく機能しないためと考えられている。また、感覚器から感覚野までの道筋に何か問題があるために認知機能の発達が不十分または不均一となる可能性があるとされている。しかし、学習障害と関連が指摘されている脳の器質的疾患や染色体異常の可能性もある。また、聴力や視力、眼球運動など、感覚入力に問題がある場合もあるため、教育的側面と同時に医療的側面も支援の視点として必要である[8)]。

LD により困難を示す領域は以下の通りで、LD は以下のうちの 1 つまたは複数について著しい困難を示す状態を指す[9)]。

❶聞く能力：他人の話を正しく聞き取って、理解すること。

❷話す能力：伝えたいことを相手に伝わるように的確に話すこと。

❸読む能力：文章を正確に読み、理解すること。
❹書く能力：文字を正確に書くこと。筋道立てて文章を作成すること。
❺計算する能力：暗算や筆算をすること。数の概念を理解すること。
❻推論する能力：事実をもとに結果を予測したり、結果から原因を推しはかったりすること。

著しい遅れとは、児童生徒の学年に応じ１～２学年以上の遅れがあることをいう（小学校２、３年の場合は１学年以上の遅れ、小学校４年以上または中学の場合は２学年以上の遅れ）。

２）注意欠陥多動性障害（注意欠如・多動症）(Attention Deficit Hyperactivity Disorder: ADHD)

（１）特　徴

注意欠陥多動性障害（注意欠如・多動症）（ADHD、以下 ADHD とする）の基本症状は「不注意」「多動」「衝動性」の３つである。不注意では、集中が苦手、気が散りやすい、話を最後まで聞いて答えることや順番を守れない、気に入った事柄に没頭してしまい、切り替えができない、思いつくままに行動して他者の行動を妨げてしまったりすること、などが挙げられる。多動性では、常に動いている、離席や座っているが常に身体が動いている、落ち着かない、などの状態がみられる[10]。

前述した文部科学省の同調査では、ADHD と思われる状態の子供の在籍率は3.1％という結果であった[3]。男女比は３～４：１の割合で男児に多い。また、症状は７歳以前に現れ、その状態が継続し、中枢神経に何らかの要因による機能不全があると推定されている。脳機能の問題として、近年は行動のコントロールと関係する実行機能、待つことと関連する報酬系の機能、時間感覚と関連する時間処理機能の３つの働きが指摘されている。前頭葉や線条体と呼ばれる部位のドーパミンという物質の機能障害が想定され、遺伝的要因も関連していると考えられている。身体面ではチック症、てんかん、他の発達障害を併存することもある。医学的対応として、薬物療法が効果的である。ドーパミンの活性を高める薬剤（中枢神経刺激薬：一般名メチルフェニデート）とノルアドレナリンの活性を高める薬剤（ノルアドレナリン再取込み阻害薬：一般名アトモキセチン）の２種類で[10]、どちらも６歳以降の学童が対象である[11]。前者の副作用として、食欲低下、入眠時間の遅れがある。後者の副作用として、開始あるいは増量後に頭痛、吐き気、眠気などがあるとされている。薬物療法は ADHD を治すものではなく、特性や生活上の困難軽減をサポートすることが目的で処方が検討される[11]。

３）自閉症スペクトラム障害（自閉スペクトラム症）(Autism Spectrum Disorder: ASD)

（１）特　徴

社会的コミュニケーションの障害を中核症状とする発達障害の総称をいう。これまで、自閉症、アスペルガー症候群、広汎性発達障害などの名称で呼ばれていたが、アメリカ精神医学会（APA）の診断基準 DSM-5 が出されて、自閉スペクトラム症（ASD、以下 ASD とする）としてまとめられた。DSM-5 によって、次の条件が満たされることで診断される[12]。

❶複数の状況で社会的コミュニケーション及び対人的相互反応における持続的欠陥があること、❷行動、興味、または活動の限定された反復的な様式が2つ以上あること（情動的、反復的な身体の運動や会話、固執やこだわり、極めて限定され執着する興味、感覚刺激に対する過敏さまたは鈍感さなど）、また、児童期早期から、❶❷の症状が存在していること、症状に応じて社会的、職業的または学業など重要な機能が障がいされていること、これらの障がいが、知的能力障害（知的障害）や全般的な発達の遅れではうまく説明できないこと、とされている[13)]。

前述の文部科学省の調査では、ASDと思われる状態の子供は1.1%の在籍状況であった[3)]。最近の疫学では、罹病率は1～2%とする報告もある[12)]。知的障害は重度から障がいを伴わない群まで広がっており、約70%以上の人が1つの精神疾患をもち、40%以上の人が2つ以上の精神疾患をもっているといわれている[6)]。特に知的能力障害（知的障害）が多く、その他、ADHD、発達性協調運動症（DCD）、不安症、抑うつ障害、LDがしばしば併存する、とされている。また医学的併存疾患としては、てんかん、睡眠障害、便秘も挙げられている。てんかんの併存は、知的障害が重い人ほど多く認められる[6)]。

現在、ASDに伴う行動障害や情緒障害、睡眠障害に対しては、薬物治療が行われている。過剰な神経活動によって起こる興奮、多動、他害、自傷、衝動性、不注意を伴う場合には、ADHDの治療薬が用いられることもある。また、情緒安定作用を目的として、抗うつ剤、抗てんかん薬、炭酸リチウムなどが処方される場合もある。癖やこだわりが強く、強迫症状のみられるASDでは、抗うつ剤が用いられる場合もある[13)]。

4）学校における養護教諭による支援

文部科学省から出されたガイドラインでは、養護教諭の役割として、「学校の特別支援体制の中で、児童等の心身の健康課題を把握し、児童等への指導及び保護者への助言を行うなど、重要な役割を担う」と示されている[4)]。養護教諭の具体的な支援について、以下に述べる。

（1）保健室における救急処置や健康相談などにおける支援

発達障がいのある子供は、学校生活の様々な場面で落ち着かないことや衝動的な行動によって、事故やトラブルになってしまうことがある。睡眠障害や便秘、薬による副作用などによって体調不良を抱えている場合も多い。また、感覚鈍麻や過敏があるため、けがをしても痛みを感じないことや自分の言葉で適切な意思表示ができない場合もある[14)]。保健室では基本特性だけにとらわれず、十分な観察や丁寧な聞き取りが必要である。保健室での対応例を以下に示す。

❶保健室にスクリーンなどで刺激を遮断した、クールダウンできるコーナーを設置しておく[15)]。

❷対応については、落ち着いた態度で、優しくゆっくりと話しかけ、子供の話を傾聴する。また、子供のソーシャルスキルトレーニングの機会であることも意識して接する[16)]。

❸学校内の施設や教室及び遊具、教員の写真など視覚的な資料を準備しておき、状況を把握しやすいようにしておく[17)]。

❹言葉での説明を補うことができるよう、意思表示や感情を表現するカードを用いる[17)]。

❺けがなどの対応では、子供本人が気づいていない外傷がある場合を予測して、全身を観察しながら救急処置を行う。

❻薬の服薬状況や睡眠障害の有無など、担任や保護者と連携して生活背景を把握しておく。

❼普段から子供との信頼関係の形成をはかっておく。子供の好みや興味のあるもの、苦手なものなどを理解しておき、円滑なコミュニケーションがとれるよう、心がけて対応する。

(2) 健康診断における支援

健康診断は学校における児童生徒等の保健管理上、重要な保健体育的行事であり、教育活動として位置づけられている。しかし、医療器具を使った身体接触や普段と異なる雰囲気、見慣れない学校医や学校歯科医による検診などの要因により、健康診断が苦手な子供が多い[18)]。健康診断での支援例を以下に示す。

❶健康診断の項目や検査内容が理解しやすいよう、文字と同時に写真や図を用いた視覚的手がかりのある資料を活用する[18)]。

❷健診会場での流れや動線を色テープや矢印で示す、待つ場所や順番、脱衣の場所などを示す絵カードを配置する、スクリーンを使って視覚から入る不要な情報を遮断する、など健診会場を構造化する[18)]。

❸耳鼻科検診、心電図検査など、医療器具の身体接触や一定時間じっとしておく必要のある検診項目の場合は、事前に練習をしておく。また、実際の医療器具を見ることや、触れておくことで不安や恐怖心を低減できる[18)]。

❹歯科検診では、口腔内に金属製のミラーが触れることを嫌がる場合や数秒間の開口の維持が困難な場合がある。この場合は終わりがわかるように数をカウントしたり、大きく口を開けた動物やキャラクターのイラストを見せる、歯ブラシを使って開口を促す、などの工夫をする[18)]。

❺健診を受けられたことを褒めて、成功体験の機会とする。自己肯定感や自己有能感を育む。

(3) 教員や保護者、医療機関との連携

発達障がいのある子供や保護者にとって、子供が学校で安心して過ごせるためには、担任教諭や学校関係者との信頼関係が重要である。養護教諭は職務上、子供の心身の健康課題に気づきやすい立場にあり、学校全体の情報を把握している。組織的な支援体制の整備を進める上でも、特別支援教育コーディネーターと協力して、校内委員会の構成員として役割を担うことが求められている[4)]。

また、発達障がいのある子供への支援が適切に行われるためには、学校と保護者、医療機関、その他の専門機関などとの連携がスムーズに進むことが必要とされる。特に発達障がいは医療の対象になる場合が多いことから、学校と保護者及び医療機関の三者の連携は不可欠である[19)]。養護教諭は、学校における子供の状況や心身の健康課題を把握する立場から、医療機関への受診の必要性において、担任や特別支援教育コーディネーター及び学校医への情報提供や協力が求められる。さらに、子供の自立を目指した切れ目のない支援の

MEMO

発達障がいの診断について

米国精神医学会が定めた診断基準「精神障害の診断と統計の手引き」(Diagnostic and Statistical Manual of Mental Disorders: DSM)に基づいて診断されるのが標準的とされている[21)]。

ために、個別の支援計画及び個別の指導計画策定においても、専門的立場から必要な情報提供を行うことが必要である[20]。

参考文献

1) 原仁編：最新　子どもの発達障害事典 DSM-5 対応、合同出版、第２刷、2015、96-97
2) 文部科学省、特別支援教育について、発達障害の法令上の定義、発達障害者支援法(平成16年12月10日　法律第167号)(抄)(https://www.mext.go.jp/a_menu/shotou/tokubetu/main/002/001.htm、2021年８月7日参照)
3) 文部科学省初等中等教育局特別支援教育課、通常の学級に在籍する発達障害の可能性のある特別な教育的支援を必要とする児童生徒に関する調査結果について
(https://www.mext.go.jp/a_menu/shotou/tokubetu/material/__icsFiles/afieldfile/2012/12/10/1328729_01.pdf、2021年８月7日参照)
4) 文部科学省、発達障害を含む障害のある幼児児童生徒に対する教育支援体制整備ガイドラ イン ～発達障害等の可能性の段階から，教育的ニーズに気付き，支え，つなぐために～
(https://www.mext.go.jp/component/a_menu/education/micro_detail/__icsFiles/afieldfile/2017/10/13/1383809_1.pdf、2021年８月7日参照)
5) 厚生労働省社会・援護局　障害保健福祉部、資料「発達障害の理解のために」、2008(https://www.mhlw.go.jp/bunya/shougaihoken/hattatsu/dl/01.pdf、2021年８月11日参照)
6) 稲垣真澄、加賀佳美：厚生労働省 e- ヘルスネット ASD(自閉スペクトラム症、アスペルガー症候群)について、学習障害(限局性学習症)、ADHD(注意欠如・多動症)の診断と治療、2020(https://www.e-healthnet.mhlw.go.jp/information/heart/k-03-005.html、2021年８月10日参照)
7) 前掲1)24
8) 杉山登志郎・江川純：第６章３)学習障害(LD)①医療、宮本信也、石塚謙二、石川准、飛松好子、野澤和弘、大西延英監修、改訂版特別支援教育の基礎：確かな支援のできる教師・保育士になるために、東京書籍、2017、219-221
9) 独立行政法人国立特別支援教育総合研究所発達障害教育推進センター、発達障害の理解、学習障害(LD)(http://cpedd.nise.go.jp/rikai/about/ld、2021年８月10日参照)
10) 岡崎慎治：第６章４)注意欠如 / 多動症(AD/HD)①医療、宮本信也、石塚謙二、石川准、飛松好子、野澤和弘、大西延英監修、改訂版特別支援教育の基礎：確かな支援のできる教師・保育士になるために、東京書籍、2017、227-233
11) 前掲1)53
12) 杉山登志郎・江川純：第６章２)自閉症スペクトラム症(ASD)１医療、宮本信也、石塚謙二、石川准、飛松好子、野澤和弘、大西延英監修、改訂版特別支援教育の基礎確かな支援のできる教師・保育士になるために、東京書籍、2017、208-214
13) 前掲1)73
14) 鎌塚優子、柘植雅義、永井利三郎、古川恵美編集：養護教諭のための発達障害児の学校生活を支える教育・保健マニュアル、診断と治療社、2015、38-39
15) 前掲14)11
16) 国立特別支援教育総合研究所：発達障害教育情報センター研修講義資料「乱暴な言葉や態度を示す子」(file:///C:/Users/E1020/Downloads/lecture-list006.pdf、2021年８月11日参照)
17) 柘植雅義監修、静岡県養護教諭研究会：養護教諭実践事例集11特別支援教育における養護教諭の役割ひとりひとりが輝いて、2009、32-45
18) 池永理恵子、津島ひろ江：自閉症スペクトラム障がいのある児童生徒の学校歯科検診における養護教諭の対応、小児保健研究、No.73(２)、2014、335-337
19) 宮本信也：第７章３)医療の役割、４)連携による支援、宮本信也、石塚謙二、石川准、飛松好子、野澤和弘、大西延英監修、改訂版特別支援教育の基礎：確かな支援のできる教師・保育士になるために、東京書籍、2017、295-299
20) 前掲14)120-122
21) 前掲1)12-13

4. セクシュアリティに課題をもつ子供の支援

1）基礎知識

（1）LGBTQ、SOGIE とは

LGBTQ とは、レズビアン/Lesbian(女性同性愛者)、ゲイ/Gay(男性同性愛者)、バイセクシュアル/Bisexual(両性愛者)、トランスジェンダー/Transgender(出生時に割あてられた性別と異なる性を生きる者)、クエスチョニング/Questioning(性自認、性的指向が定まっていない者または意図的に定めていない者)の頭文字をとってつくられた言葉である。

現在、国連などの国際社会では SOGI や SOGIE という言葉が使われている。SOGI は、性的指向(Sexual Orientation)とジェンダー・アイデンティティ(Gender Identity)の頭文字を組み合わせて性の多様性を尊重するためにつくられた言葉であり、近年は性表現(Expression)を追加して SOGIE と表すこともある。SOGIE の視点で性を考えると、セクシャル・マジョリティも性の多様性の中にいることがわかる[1)]。

電通ダイバーシティ・ラボが全国20～59歳の60,000人を対象に行った LGBT を含む性的少数者(セクシュアル・マイノリティ)に関するインターネット調査(2020〈令和 2 〉年)によると、LGBTQ+ 層に該当する人は8.9%であったことが報告されている。また、同調査では LGBT という言葉の浸透率が80.1%であることも示されており、一般化したといっても過言ではないほど認知されるようになった[2)]。LGBTQ の当事者は、幼児、児童生徒、学生の中にも存在しており、学校で働くすべての教職員には性自認や性的指向に代表される様々な多様性を前提とした支援及び安心安全な学校環境づくりが求められている。

（2）性同一性障害から性別違和・性別不合への変更

2013(平成25)年に発表された米国精神医学会の DSM-5 で、性同一性障害(Gender Identity Disorder)という名称は性別違和(Gender Dysphoria)に変更された。疾患名から障害(Disorder)という用語が外されたことにより精神病理性は薄れたと考えられる[3)]。

その後、2019(令和元)年には WHO の ICD-11が承認され、2022(令和 4)年 1 月から使用が開始される。ICD-11では、性同一性障害は性別不合(Gender Incongruence)の名称に変更され、疾病分類もこれまでの「06　精神及び行動の障害」から「17　性の健康に関連する状態」に変更となった。ここでは、障害(Disorder)が削除され状態(Condition)という用語を用いており、脱病理化が達成された[2)]。

（3）性同一性障害の診断

日本では日本精神神経学会「性同一性障害に関する診断と治療のガイドライン(第 4 版改)」に沿って診断と治療が行われている。ガイドラインでは、DSM-Ⅳ-TR と ICD-10を参考に以下の内容に沿っ

図表 6-4-1　性同一性障害の診断と治療の流れ

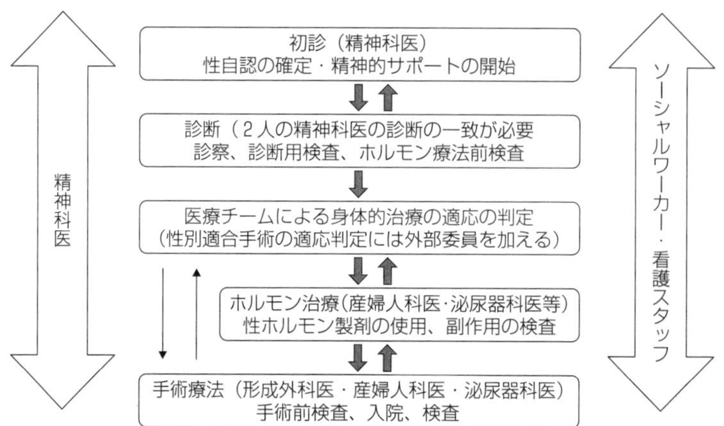

出典）東優子他：トランスジェンダーと職場環境ハンドブック、日本能率協会マネジメントセンター[9)]

て検討される[4)]。

1．ジェンダー・アイデンティティの判定

（1）詳細な養育歴・生活史・性行動歴について聴取する。

（2）性別違和の実態を明らかにする。

①自らの性別に対する不快感・嫌悪感

②反対の性別に対する強く持続的な同一感

③反対の性役割を求める

（3）診察の期間については特に定めないが、診断に必要な詳細な情報が得られるまで行う。

2．身体的性別の判定

3．除外診断

4．診断の確定

診断と治療の流れは図表 6-4-1の通りである。

第6章

MEMO

性同一性障害者の性別の取扱いの特例に関する法律（特例法）

性同一性障害者の性別の取扱いの特例に関する法律（平成15年7月16日法律第111号　最終改正：平成23年5月25日法律第53号）では、性同一性障害者に関する法令上の性別の取扱いの特例について次のように定めている。

（性別の取扱いの変更の審判）

第3条　家庭裁判所は、性同一性障害者であって次の各号のいずれにも該当するものについて、その者の請求により、性別の取扱いの変更の審判をすることができる。

一　二十歳以上であること。

二　現に婚姻をしていないこと。

三　現に未成年の子がいないこと。

四　生殖腺がないこと又は生殖腺の機能を永続的に欠く状態にあること。

五　その身体について他の性別に係る身体の性器に係る部分に近似する外観を備えていること。

MEMO

性ホルモン療法の開始年齢の引き下げ

2012(平成24)年1月に改訂された日本精神神経学会の「性同一性障害に関する診断と治療のガイドライン」第4版では、①性ホルモン療法の開始年齢の引き下げ、②二次性徴抑制治療をガイドラインに追加、③18歳未満の者に性ホルモン療法を開始する場合、2年以上ジェンダークリニックで経過を観察し特に必要を認めたものに限定すること、④二次性徴抑制、あるいは18歳未満でのホルモン療法開始を判断する2名の意見書作成者に関する要件、⑤報告書を日本精神神経学会・性同一性障害に関する委員会に提出すること、が主に改正された。この改訂により、今後思春期発来前に性同一性障害の治療を希望する児童生徒が増える可能性がある。岡山大学病院中塚教授によれば「学校は子供が話しやすい環境づくりに努め、場合によっては専門家に相談する『つなぎ』の役割をしてほしい」としている。

2）セクシュアリティに課題をもつ子供の支援

（1）学校における支援体制

文部科学省は、2015(平成27)年4月に「性同一性障害に係る児童生徒に対するきめ細かな対応の実施等について」を通知した翌年、2016(平成28)年4月に「性同一性障害や性的指向・性自認に係る、児童生徒に対するきめ細かな対応等の実施について(教職員向け)」冊子を各学校に配布した。その中で、性同一性障害に係る児童生徒についての特有の支援について、❶学校における支援体制について、❷医療機関との連携について、❸学校生活の各場面での支援について、❹卒業証明書等について、❺当事者である児童生徒の保護者との関係について、❻教育委員会等による支援について、❼その他留意点について、の7点を挙げている[5)]。特に、学校における支援体制の内容について、性同一性障害に係る児童生徒の支援は、最初に相談(入学等にあたって児童生徒の保護者からなされた相談を含む)を受けた者だけで抱え込むことなく、組織的に取り組むことが重要であり、学校内外に「サポートチーム」をつくり、「支援委員会」(校内)やケース会議(校外)等を適時開催しながら対応を進めることとしている。

（2）相談を受ける時の留意点

性別違和感を自覚した時期として小学校入学以前が最も多かったこと[6)]や、自分がゲイ(男性同性愛者)であることをなんとなく自覚した年齢は13.1才、自分がゲイであることをはっきり自覚した年齢は17.0才であった[7)]ことなどが既存の研究において報告されている。学校の規則やルールの中には典型的な「男女」を対象とした制度や施設が多く、学校生活に困難を感じる当事者の子供たちがいることを教員自身が自覚し、様々な場面における柔軟な対応を行うことが必要である[8)]。

幼児・児童生徒・学生からセクシュアリティに関する相談を受ける際には、安心して話せる環境の確保とプライバシーの保護に留意するとともに、先入観にとらわれることなく子供の気持ちを受けとめて対応をすることが大切である。制服、通称名など、特別な配慮を求めている場合には、本人の了承を得た上で他の教員や専門家等と連携しながら慎重に対応していくことが重要となる。当事者への支援は、生活の質の向上という視点からも、生活支援、医療、家族への精神的支援、就労支援と多岐にわたるため、学校の役割は大きいといえる。

（3）児童生徒の個別性を踏まえた具体的な支援について

①トイレ

学校や公共の場でのトイレ利用にストレスを感じている性別違和感をもつ当事者は多い。その理由として、周囲の視線が気になる、他の利用者から注意される、痴漢と思われないか不安、などが挙げられ、トイレ利用の回数を減らすことによる排泄障害を起こす人もいる[7)]。学校では、本人の希望に合わせた利用ができるよう配慮するとともに、トイレ表示の工夫や多目的トイレの新設、全利用者への教育、啓発等の検討が必要である。

②カミングアウト

カミングアウトは、伝える側にとってカミングアウト後の生活環境や人間関係に対する不安を伴う大きなイベントである。そのため、カミングアウトについて相談を受けた場合には、話してくれたことに対する感謝を伝えるとともに、カミングアウトの利点及び欠点を踏まえ、カミングアウトするか否かについて時間をかけて意思決定してよいことを理解してもらうことが望ましい。また、アウティングにより自分のセクシュアリティを意図せず周囲の人に知られてしまうことがあってはならないため、教員はそのことに十分配慮して支援する必要がある。

> **MEMO**
>
> **アウティング**
>
> 本人の承諾なく、その人の性的指向や性自認について暴露すること。
>
> （法務省人権擁護局 https://www.moj.go.jp/JINKEN/LGBT/index.html、2021年9月8日参照）

文　献

1）永野健太、飯田仁志、大串祐馬、鎗光志保、武藤由也、矢野 里佳、川嵜 弘詔：性の多様性、性同一性障害について、九州神経精神医学、第64巻、第3～4号、2018

2）電通、「LGBTQ＋調査」(https://www.dentsu.co.jp/news/release/2021/0408-010364.html、2021年4月28日参照)

3）針間克己：性別違和・性別不合へ―性同一性障害から何が変わったか、緑風出版、2019

4）高橋三郎、大野裕、染谷俊幸監訳：DSM-Ⅳ-TR 精神疾患の診断・統計マニュアル、医学書院、2002

5）文部科学省、性同一性障害や性的指向・性自認に係る、児童生徒に対するきめ細かな対応等の実施について(教職員向け)、平成28年(https://www.mext.go.jp/a_menu/shotou/jinken/sankosiryo/1322256.htm、2021年4月24日参照)

6）中塚幹也、安達美和、佐々木愛子、野口聡一、平松祐司：性同一性障害の説明、ホルモン療法、手術療法を希望する年齢に関する調査、母性衛生、第46巻4号、2006、543-549

7）日高庸晴：厚生労働科学研究費補助金エイズ対策政策研究事業ゲイ・バイセクシュアル男性の健康レポート2015、2016、3

8）丸井淑美：性的少数者の学校生活の実態と学校教育の課題に関する研究―女性同性愛、男性同性愛、性同一性障害(性別違和)の当事者インタビュー調査より―、日本健康相談活動学会、2020、151

9）東優子、虹色ダイバーシティ、ReBit：トランスジェンダーと職場環境ハンドブック、日本能率協会マネジメントセンター、2018、30

第7章

災害時における学校看護

1. 災害医療と災害看護

1）災害の定義と種類

（1）災害とは

災害とは広辞苑によれば「異常な自然現象や人為的原因によって人間の社会生活や人命に受ける被害」[1)]であり、人間生活が壊され社会生活に被害が及ぶことであるとされている。また、WHO（世界保健機関）のGunnは「重大かつ急激な出来事（干ばつのような緩徐なこともある）による、人間とそれを取り巻く環境との広範な破壊の結果、被災地域がその対応に非常な努力を必要とし、ときには外部や国際的な援助を必要とするほどの大規模が非常事態のことを災害（disaster）という」[2)]と定義しており、日本集団災害医学会が採用している。

一方、我が国における災害対策基本法によれば「暴風、竜巻、豪雨、豪雪、洪水、崖崩れ、土石流、高潮、地震、津波、噴火、地滑りその他の異常な自然現象又は大規模な火事若しくは爆発その他その及ぼす被害の程度においてこれらに類する政令で定める原因により生ずる被害をいう」（第2条第1項）と定義されている。

（2）災害の種類（図表7-1-1）

災害の種類は、原因により自然災害、人為災害、特殊災害に大別される。さらに自然災害と人為災害及び特殊災害が同時に発生するものを複合災害という。また、発生場所により都市型と地方型に、被災範囲により広域と局地に、そして被災期間により短期型と長期型に、それぞれ分類される。

（3）災害サイクルにおける各フェーズの特徴及び看護

災害サイクル（disaster cycle）（図表7-1-2）は、災害の起きていない平常時から災害発生そして復興までを周期として体系的にとらえ、時期に即した対応を明らかにするためのモデルである。災害サイクルの各期のことをフェーズ（phase）という。各フェーズの時間的経過については災害の種類により異なるが、各フェーズの特徴を把握し迅速な対処を行うことが重要である。

災害サイクルについて日本災害看護学会によれば次のように解説されている。「災害サイクルは、災害が発生しその時間経過と共に必要な医療や看護を提供し、生活の構築や地域社会の復興、さらには備えるという、各局面に必要な対応を考え、次の災害の一助とすることである。災害に対応するうえで、どのような時期に何が必要なのかを示すために生まれた言葉である。災害サイクルは、急性期・亜急性期・慢性期（復旧復興期）・静穏期・前兆期に分ける考え方が主流である。災害サイクルを基盤に被災者のニーズの変化に応じ、救命・救急医療、急性疾患及び慢性疾患の看護、遺体の処理、こころのケア、リハビリテーション看護、生活や地域の復興に向けての支援を展開し、また静穏期には防災教育活動を行っていくことが必要である。[3)]」

以下にフェーズごとの期間と特徴を示すが、各期の長さは災害の種類や規模などにより変動する。

図表 7-1-1　災害の分類

		代表的な災害例・特徴
原因(ハザード)による分類	自然災害	地震、津波、台風、竜巻、暴風、豪雨、豪雪、洪水、地滑り、高潮、火山噴火、土石流、雷など
	人為災害	大規模交通事故(航空機、列車、船舶、バス) 産業事故(工場・発電所の火災・化学物質・放射線) テロ、暴動、戦争
	特殊災害	CBRNE 災害※ 石油コンビナート事故、海上火災、航空火災、森林火災
	複合災害	自然災害＋人為災害＋(特殊災害)
被災範囲による分類	広域災害	主に自然災害：地震、台風、津波、原子力発電事故など
	局地災害	主に人為災害：交通事故、火災、テロ、暴動
被災地域による分類	都市型	複雑な建物構造の被害、ライフラインの途絶、帰宅困難者
	地方型	被災地の孤立化・救援物資の搬送困難、高齢者の高比率
被災期間による分類	短期型	数時間～数日以内に収束する災害
	長期型	数か月～数年に及ぶ災害

※ CBRNE：Chemical(化学)、Biological(生物・細菌やウイルス)、Radiological(放射性物質)、Nuclear(核物質)、Explosive(爆発物)

図表 7-1-2　災害サイクル

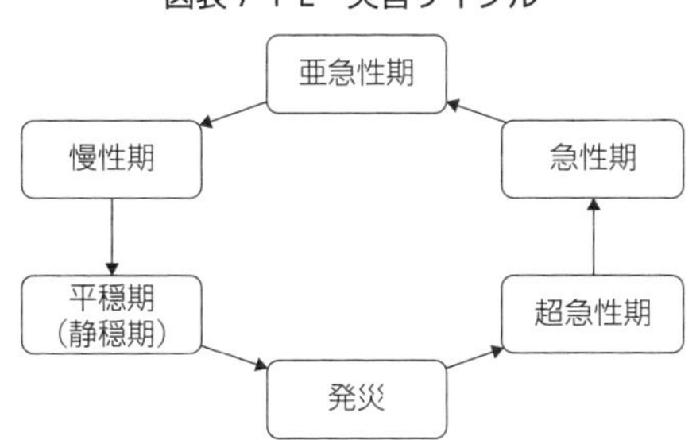

出典）災害医療大学「災害サイクル」[4]を一部改変

①フェーズ0：搬出・救助期(災害直後～数時間)

災害発生直後で人的・物的な被害状況は把握できていない。災害司令本部の立ち上げのためと関係機関への連絡が優先され、被災者の救援は現場周囲の人的資源で対応しなければならない。

②フェーズ1：超急性期(数時間～72時間)

災害情報がある程度把握でき対策本部が立ち上げられる。必要時現場救護所が設置され、効率的な人命救助のための「CSCATTT」が行われる。

CSCATTT とは災害対応における7つの原則の頭文字のことで、医療体制としての CSCA(C：Command and Control= 指令・統制、S：Safty ＝安全、C：Communication ＝情報伝達、A：Assessmennt ＝評価)が確立したのちに医療支援の3T(Triage ＝トリアージ、Treatment ＝治療、Transport= 搬送)を行うことが重要であるといわれている[5]。

③フェーズ２：急性期(72時間～７日間)

災害の全貌が明らかとなり、重症者の救出・救助・トリアージはほぼ一段落している。新たな傷病者が発見されることがあり、重傷者への対応能力を維持しておく必要がある。

④フェーズ３：亜急性期(７日～１か月)

災害による生存者のほとんどが救助され、ライフラインの復旧や避難所生活への支援、生活環境の整備が行われる。この時期は災害ボランティアの派遣が有用である。

⑤フェーズ４：慢性期(復旧・復興期)(１か月～３年)

社会活動の回復に向けて生活環境の復興が進み、仮設住宅等に移り住む時期である。慢性的なストレス障害(PTSD)や近親者を亡くした喪失感・孤独感に苦しむ人も多く、精神的ケアが必要となる。

⑥フェーズ５：静穏期～災害準備期(３年～)

被災から復興し次の災害に備えて準備を行う時期である。きたるべき災害に備え、災害対策システムの構築やマニュアルの作成・整備、市民の自主防衛能力の育成、医療体制づくり等に取り組む時期である。

(４)災害と感染制御

災害発生後はライフラインが破綻し、被災地の感染の危険性が高まる。基本的には標準予防策(スタンダード・プリコーション)を励行し、推定される感染症があれば感染経路別予防策を実施すべきである。発災後に感染症がアウトブレイクするか否かは発災前の状況と発災直後以降の状況によるため、リスクの高い感染症を絞り関連情報のサーベイランスを行うことが重要である。そして必要時速やかに感染症対策チームを組織し、予防対策を実施することが望まれる。

特に注意を要する感染症は、飛沫感染及び空気感染による感染症として、インフルエンザ、麻しん、風しん、水痘、2020(令和２)年以降では感染力の強いCOVID-19(新型コロナウイルス感染症)等の新興感染症であり、対策が重要である。そのほか消化器感染症(経口感染症)としてノロウイルスや食中毒、また破傷風や創傷関連感染症にも注意が必要である。

第7章

参考文献

1) 新村出編：広辞苑　第七版、岩波書店、2018
2) Gunn SW 著、青野充他監訳：災害医学用語事典―和・英・仏・西語、へるす出版、1992、26
3) 日本災害看護学会、災害看護関連用語(案)災害サイクル、2019年６月(words.jsdn.gr.jp/words-detail.asp?id=23、2021年４月29日参照)
4) 災害医療大学、災害サイクル(https://bigfjbook.com、2021年４月29日参照)
5) 金子正光、山本保博監修：奥尻からの警鐘―今再び、北海道南西沖地震を検証する、荘道社、1999、26-30

2．災害時に求められる学校看護

1）災害対策における学校の取組の現状及び課題

近年、我が国においては、気象災害、地震災害、火山災害など様々な自然災害が発生している。中でも2011(平成23)年３月、教育活動中に発生した東日本大震災においては、その避難行動のあり方について訴訟となり、2019(令和元)年10月に最高裁判決において、校長等や教育委員会に過失があったとし自治体に損害賠償を命じる判決が下された。同年12月、文部科学省は、これまでの学校防災体制及び防災教育が適切であったかを点検し、次の対策につなげていくため、学校安全計画や危機管理マニュアルの策定と見直し、学校、家庭、地域、関係機関等との連携・協働の体制等について見直すよう、学校の設置者や各教育委員会等をはじめ関係諸機関に通知した[1)]。

なお、文部科学省は2003(平成15)年から隔年で「学校安全の推進に関する計画に係る取組状況調査」を全国の国公私立学校を対象に行っており、2018(平成30)年には、学校安全計画や災害安全を含む危機管理マニュアルを策定している学校の割合は、それぞれ96.3%、97.0%であったことを報告している[2)]。一見すると高い割合であるが、調査報告の詳細をみると、学校安全計画や避難訓練等を学校安全に関する外部有識者がチェック・助言する体制が整備されている学校の割合は33.6%と低い。また、教職員を対象としたAEDの使用も含む応急手当の実習を行っている学校の割合は92.4%(すべての教職員の場合は79.4%)であるのに対し、児童生徒を対象としたAEDの使用を含む応急手当の実習を行っている学校の割合は51.6%(すべての児童生徒対象の場合は12.4%)と低かった。さらに、AEDを設置または令和元年度内に設置予定の学校の割合は95.1(93.9)%と高いが、２台以上の設置となると25.1%と下がる。複数の傷病者が発生することの多い災害対策としては不十分である。

今後も、各種の気象災害の激甚化や南海トラフ巨大地震等の大規模な災害が懸念される。以上から、学校の防災体制や防災教育が適切であるか、実際に起こった際機能するかという点についての評価や見直しは、学校安全上の喫緊の課題といえる。

2）学校における災害看護と養護教諭に期待される役割

本章第１節で紹介された災害サイクルは、災害発生後、その時間経過とともに必要な医療や看護を提供し、最終のフェーズでは、次の災害に備える防災教育活動を行うとある。これは、文部科学省が示した「学校防災マニュアル(地震・津波災害)作成の手引き[3)]」とも共通する。

そこで、学校における災害看護について、養護教諭に期待される役割を、❶事前の危機管理、❷発生時の危機管理、❸事後の危機管理、に分けて示す。

（1）事前の危機管理

①体制整備・備蓄

学校では、防災体制の推進に必要な計画を検討・策定、実施をするために学校防災委員会を設置しなければならない。地域により起こりやすい災害の種類や危険度が異なるため、防災委員会では、学校防災についての研究・調査を行い、各校の実態に合わせた学校防災マニュアルを作成しなければならない。養護教諭には、学校防災委員会が企画する救護活動において、避難訓練や児童生徒への防災教育、教職員の研修等につき専門的な立場から参画することが期待されている。なお、災害時の備蓄については、救護関係の物資だけでなく、避難所となった際の感染対策に必要なものなど、他の教職員では気づきにくい物資について保健室経営や養護教諭の立場から検討し提案することが期待される。

②点　検

各教員は、定期的に分担された施設設備を点検することになるが、AED やパルスオキシメーター、血圧計等、救急処置に関する機器や搬送に使用する担架など、養護教諭が担当することがふさわしい物品を洗い出し、定期的に漏れのない点検ができるようにチェックリストを作成しておくとよい。

③防災教育の実施

児童生徒に対する防災教育については、多くの学校で避難訓練が行われている。しかし、それが実際に機能する避難訓練となっているかは検証されていない。また、児童生徒全員を対象とした心肺蘇生法（AED を含む）の実習は、少数の学校でしか行われていないことがわかったため、養護教諭はその必要性と意義について、管理職をはじめ自校の教職員に周知する必要がある。なお、その場合、教科・領域と関連させるなど、学校の教育活動全体を通した訓練とすることが望ましい。なお、心肺蘇生法（AED を含む）やけがの手当などは、災害時における自助・公助の精神の醸成、また、生涯にわたる健康教育の一環として、児童生徒対象にも行うべきであり、専門性からも養護教諭が中核となって企画・運営できるとよい。

④教職員研修

教職員を対象とする心肺蘇生法（AED を含む）の実習の実施率は高いものの簡単な救急処置や災害時の救援活動で役立つ研修を受けている者は少ない。現在、首都直下地震や南海トラフ地震などの大規模災害が発生した際の救助活動は、災害発生時から少なくとも72時間以上、時には1週間以上かかると推定されている。そのため、救護所に駆けつけてトリアージができる医療関係者の数は限られる。そこで、災害時に限り、なるべく多くの命が救えるように、一部の有識者や医師、NPO 団体などが「学校版トリアージ」を推奨している。学校版トリアージについての詳細は次節で紹介するが、近年、一部の自治体や学校、養護教諭を養成する大学や養護教諭で組織される会などで頻繁に研修がされるようになった。

現時点で、医師以外の医療従事者がトリアージを行うことについては医師の中にも賛否があり、法的解釈はグレーゾーンとされる[4)]。しかし、前述したように大規模災害が起こった時の救援活動についての予測や、多くの場合、避難所となる学校に勤務する養護教諭の中には、この事実を深刻に受けとめ、自ら研修先を探し受講する者もある。しかし、学校版トリアージを実施できる者が養護教諭１人であっては災害時に機能しない。そのため、養護教諭には、自校の教職員組織を対象に啓発し、研修の機会をつくるなどの活動が期待される。今後、養護教諭をはじめ多くの教職員が研修の意義を理解し、受講するようになれば、特殊な状況下に限定はされるが、AED やエピペン®のように学校で行える可能性が高まると考える。

MEMO

トリアージ

トリアージとは、災害時発生現場等において多数の傷病者が同時に発生した場合、傷病者の緊急度や重症度に応じて適切な処置や搬送を行うために傷病者の治療優先順位を決定することをいう。（日本救急医学会：医学用語解説集、より）

（２）発生時の危機管理

災害発生時には、学校防災委員会が学校災害対策本部となり、災害の規模や被害状況等を踏まえ、原則として校長室や職員室に設置される。実際には防災対策マニュアルに沿って、初期対応(児童生徒の安全確保、安否確認、避難)、避難後の対応(人員の確認と安否確認、負傷者の確認と救急処置、関係機関への連絡)などが行われる。

各教職員は、原則として役割分担に基づいた行動が求められるが、臨機応変に対処する。養護教諭については救護班の責任者として、負傷者に対する救急処置や指示、必要に応じて各関係機関への連絡、重症者の搬送などを行う。

また、本部への報告や記録などを担当する。

（３）事後の危機管理

学校災害対策本部は、児童生徒の避難後、災害状況の把握をし、二次災害などの危険性も含め、保護者へ児童生徒の引き渡しを行うか、または、学校にとどめおき、避難所を開設するかを検討し、結果を教育委員会や保護者、関係先(消防や病院など)に連絡する。

家庭に帰した後は、授業再開や善後策などを検討、教育委員会と協議する。また、臨時登校や家庭訪問・被災状況調査などを行う。

①児童生徒の心のケア(図表 7-2-1)

養護教諭は心身の健康問題について対応するため、健康観察・健康相談(健康相談活動)を進める。以下に進め方の一例を示す。基本的な対応としては、❶災害直後は普段の生活リズムが早期に回復するよう支援する。❷心身の健康観察を徹底する。具体的には、心身の問題を発見するためのアンケート調査や学校へ出てこられない児童生徒とは、自宅と保健室をつなぐオンライン面談なども検討する。❸心身に健康問題があると判断した時は、遅滞なく児童生徒に対して必要な指示を行い、学校内及び保護者と情報共有し、必要があれば助言を行う。

②支援者への心のケア

災害時にバイスタンダー(けが人や急病人が発生した時、その場に居合わせた人)となったり、(学校版)トリアージを行ったりした人への心のケアは重要である。

多くの人が、支援後に「自分は適切な対応ができたのだろうか？　あれはよくなかった、あそこは

図表 7-2-1　心身の健康問題の組織的な進め方(例)

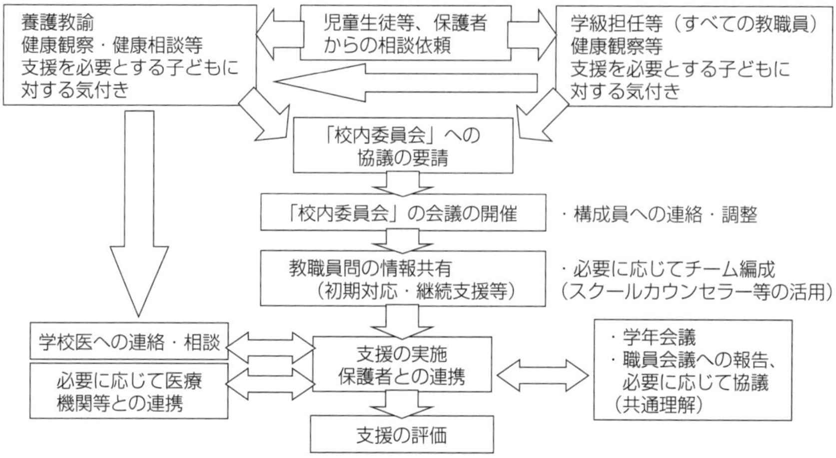

養護教諭
健康観察・健康相談等
支援を必要とする子どもに
対する気付き

児童生徒等、保護者
からの相談依頼

学級担任等（すべての教職員）
健康観察等
支援を必要とする子どもに
対する気付き

「校内委員会」への
協議の要請

「校内委員会」の会議の開催

・構成員への連絡・調整

教職員間の情報共有
（初期対応・継続支援等）

・必要に応じてチーム編成
（スクールカウンセラー等の活用）

学校医への連絡・相談

必要に応じて医療
機関等との連携

支援の実施
保護者との連携

・学年会議
・職員会議への報告、
必要に応じて協議
（共通理解）

支援の評価

出典）群馬県教育委員会事務局「学校災害対応マニュアル(改訂版)」[5)]

もっとこうしていれば…」などと反芻し落ち込むことがある。そのため、支援後は、感謝の気持ちを伝えるとともに、メッセージカード(お礼の言葉だけでなく、落ち込んだ時、不安になった時などに相談できるよう連絡先を記入したもの)などを渡す。

また、一緒に支援した仲間で気持ちを共有し励まし合う機会や場を設定する。可能であれば、支援した結果、回復した人などからの感謝のメッセージが伝えられるとよい。

引用・参考文献

1) 文部科学省総合政策局、自然災害に対する学校防災体制の強化及び実践的な防災教育の推進について(依頼)、令和元年12月５日
2) 文部科学省総合政策局、学校安全の推進に関する計画に係る取組状況調査［平成30年度実績］
3) 文部科学省：学校防災マニュアル(地震・津波災害)作成の手引き、2012
4) 永井幸寿：災害医療におけるトリアージの法律上の問題点、研究紀要『災害復興研究』第４号、2011、85-89
5) 群馬県教育員会事務局、学校災害対応マニュアル(改訂版)、④心のケア、2012
(https://www.pref.gunma.jp/contents/000209418.pdf)

3．学校版トリアージ

日本救急医学会の定義によると、トリアージとは、「災害時発生現場等において多数の傷病者が同時に発生した場合、傷病者の緊急度や重症度に応じて適切な処置や搬送をおこなうために傷病者の治療優先順位を決定すること」[1)]とされている。第2節での記載の通り、首都直下地震や南海トラフ地震などの大規模災害が発生した際の救助活動は、災害発生時から少なくとも72時間(3日)以上、時には1週間以上かかると推定されている。現に、南海トラフ地震による甚大な被害が予想されている静岡県では、NPO法人が中心となり、「市民トリアージ」の訓練が展開されている。そこでは、❶市民トリアージの方法を覚えるという効果だけでなく、❷地域が大規模災害に見舞われた時何が起こるのかを理解することや、❸災害を自分のこととして考える想像力を生み、市民にもできることがあると自覚を促すこと、❹負傷者の流れや災害医療の流れを理解することができるという効果が挙げられている[2)]。つまり、市民トリアージに関する知識の理解と技能の習得そのものだけでなく、命を守るための様々な波及効果が期待できるということである。

学校においても大規模災害が発生した場合に1人でも多くの命を救うために、災害時における学校版トリアージが推奨されており、自治体や学校、養護教諭の研究団体、養護教諭の養成大学にて研修が頻繁に開催されるようになってきている。学校版トリアージは、医療従事者が行うSTART法トリアージ分類で「黒(無呼吸群)」と判断されるところを「CPRが必要な赤」とし、「黒(無呼吸群)」の判断はしないことを特徴としており、必ず救急隊や医療従事者に引き継ぐべきとしている[4)]。養護教諭だけでなく、子供たちに関わる全教職員が学校版トリアージの意義を理解し、その内容の理解及び実習を積むことによって、災害時に多くの命が救われるとともに、この取組自体が社会的に認知され、AEDやエピペン®のように学校版トリアージを行うことが法的に認められることを期待する。

1）災害現場にて医療従事者が行うトリアージの方法

災害現場にて医療従事者が行うトリアージには、一次トリアージと二次トリアージがある。

一次トリアージは、初めに行われるトリアージで、傷病者の数が医療従事者数よりも圧倒的に多い場合に、重症傷病者に有効な治療をいち早く行うための残された時間を有効に活用することに主眼がおかれており、重症度・緊急度判定の正確性よりも迅速性が重視されるトリアージであり、緊急度・重症度に応じて大きくふるい分けを行う。

二次トリアージでは、一次トリアージでふるい分けた傷病者を、さらに緊急度・重症度の高い順に、搬送・治療の優先順位を決める。このトリアージでは、迅速性よりも正確性が求められる。

日本においては、一次トリアージではSTART法、二次トリアージではPAT法が広く用いられており、START法(Simple Triage And Rapid Treatment)では、1人の傷病者に対してかけられる時間の目安は30秒とされ、その手技は簡便である。また、処置は気道確保と圧迫止血のみ可能とされている。PAT法(Physiological and Anatomical Triage)では生理学的評価と解剖学的評価から優先順位を判断し、これを2分以内に終わらせることを目安としている。

次に、トリアージカテゴリーだが、優先度の高い順に「赤(最優先治療群)→黄(待機治療群)→緑(保留群)→黒(無呼吸群)」となっている。トリアージの原則では、助かる人を1人でも多くするために、より助かる可能性の高い傷病者を優先する。したがって、救命の可能性が低い「黒(無呼吸群)」のカテゴリーの傷病者は優先順位が低くなる。

2) 一次トリアージ(START法)の目的・原則

START法の最大の目的は、いかに早く「赤(最優先治療群)」の傷病者を見つけ出すかにあり、そのことにより医療を必要としている傷病者の医療機関到着を早めることができる。トリアージは、「最大多数に対する最大幸福」を達成するために行うものであり、その時々において、できるだけ多くの傷病者が適切な医療を受けられることを念頭において活動を行う必要がある。そのため、美容<機能<四肢<生命といったように、一番に生命が優先される。

また、トリアージは1回すればよい、というものではない。傷病者の状態や医療資源・搬送条件は時間とともに変化するため、トリアージも繰り返し行う必要がある。さらに、トリアージは、助ける傷病者を選ぶというものではない。「助ける順番をつけるもの」ということを忘れてはならない。

3) 学校版トリアージ(学校版START法)の具体的手順

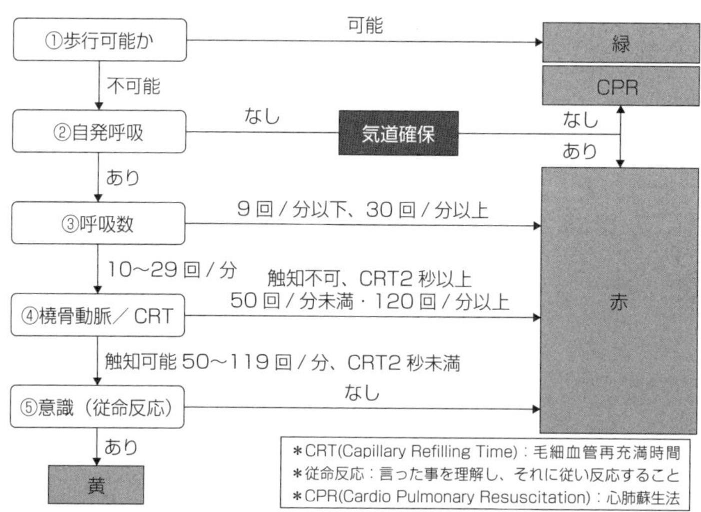

それでは、学校版トリアージ(学校版START法)の具体的手順について説明する。

まずはじめに「❶歩行可能か」どうかをみる。歩行が可能な場合には「緑」となる。このことにより、歩ける傷病者を素早く振り分けることができる。

歩行が不可能な場合には、次に、「❷自発呼吸の有無」をみる。自発呼吸がない場合には、気道確保を行い、呼吸が再開すれば「赤」、再開しなければ「CPR が必要な赤」とする（※同じ赤でも、この2つは区別する）。

自発呼吸がある場合には、「❸呼吸数」をみる。呼吸数が1分間に9回以下または30回以上の場合には「赤」とする。

10～29回の場合には、次に「❹橈骨動脈で脈が触れるかどうか」をみる。橈骨動脈で脈が触れる場合には、収縮期血圧が80 mmHg 以上であることが予測されるため、危険な状態かどうかを判断するのに役立つ。橈骨動脈が触れない場合、または、触れても脈拍数が異常に遅く1分間に50回未満の場合や、異常に速く120回以上の場合には「赤」とする。あるいは CRT（Capillary Refilling Time：毛細血管再充満時間）を補助的に使用する場合、再充満時間に2秒以上かかる場合には「赤」とする。

橈骨動脈が触れ、回数に異常がない場合、また、CRT が2秒未満の場合には、次に「❺意識の状態」をみる。意識の状態は、従命反応をみて判断する。「手を握ってください。離してください」などの簡単な命令にしたがえない場合、つまり従命反応がない場合には「赤」とする。従命反応がある場合には、「黄」とする。反射で握ってしまうことがあるので、「手を離してください」という命令も併せて行うことが重要である。

トリアージされる傷病者の心理面への配慮も忘れてはいけない。トリアージを実施する前に所属や立場（職名）、名前などを名乗り、傷病の様子をみていくことを伝える。また、トリアージをする時には観察をする前に何をするのか声かけを行うと、トリアージされている側は安心できる。さらに、次の傷病者に移る前には、また後で戻ってくることを伝えるなど、安心させる配慮も必要である。

なお、学校版 START 法では、医療従事者が行う START 法で「黒」と判断されるところを「CPR が必要な赤」とし、「黒」の判断はしないことが特徴であり、通常の START 法と異なる部分である。このカテゴリーの傷病者には、救命する側の人手が割けるようであれば CPR を実施し、救急隊や医療従事者に引き継ぐ際には気道確保後も呼吸がなかったことを伝えるようにする。

> **MEMO**
>
> **CRT（Capillary Refilling Time：毛細血管再充満時間）**
>
> 爪床を5秒間圧迫し解除後に爪床の赤みが回復するまでの時間のことをいう。2秒以上で緊急治療の必要があり、2秒未満であれば循環に問題がないと判断される。留意点として、寒冷環境では正常な人でも遅くなることや、暗い場所やマニキュアを塗っている場合には判定できないことなどがある。また、年齢や性別に影響を受けるという報告もあり、近年では補助的な使用にとどめていることが多い循環動態の確認方法である。

引用・参考文献

1）日本救急医学会、トリアージ、医学用語解説集（https://www.jaam.jp/dictionary/dictionary/word/1022.html、2021年5月5日参照）
2）安田清：巨大地震　その時あなたを救うのは？市民トリアージ、静岡新聞社、2017
3）学校における緊急・災害時の対応 Emergency First Aid in School（https://emergencyfirstaidinschool.com/aboutus/staff、2021年6月28日参照）
4）木村純一、鈴木健介：どこまでできる？「トリアージ」、養護教諭と「トリアージ」、子どもと健康 No.98、労働教育センター、2013

資料　看護理論家一覧

看護理論家一覧には、各理論家の著作や理論の特徴、理論の中で看護学の中心概念「人間」「健康」「環境」「看護」がどのようにとらえられているのかを示しています。各理論の特徴を踏まえ学校看護の実践において活用していただければと思います。

理論家	著作（邦題）・出版年	人　間	健　康	環　境	看　護	理論の特徴
ナイチンゲール	「看護覚え書」1859	環境から影響を受ける存在で、回復力 - 自然治癒力をもっている	病気をもたず、人間に備わったあらゆる力を用いて生きていく状態	空気、光、温かさ、清潔さ、静けさ、食事などの衛生に影響する因子	看護とは、患者の生命力の消耗を最小にするように整えること。患者に自然の力が働きやすくなるような環境を提供し、健康の回復を助けること	環境・自然治癒力
ヘンダーソン	「看護の基本となるもの」1960	自分の欲求を満たすための体力、意思力と知識をもっている自立した存在 基本的ニードをもっている存在	生命そのものではなく生命の質であり、健康は基本的ニードを充足するための個人の自立の活力を基盤として成立する	ある生物の生命と成長発達に影響するあらゆる外的条件及び作用の総和	看護とは、健康や健康の回復に資する行動を、その人の体力、意思力、知識をもって他者の援助を得なくても自分で行えるように行うこと。個人ができるだけ早く自立できるように援助すること	基本的ニード 看護の機能
ペプロウ	「人間関係の看護論」1952	人間は、不安定な平衡状態の中で生きている存在であり、成長・発達する存在である。人は環境か慣習。風習、信念などを獲得する	創造的、建設的、生産的、個人的な生活や地域における社会生活を営むためのパーソナリティの発展と現在とは異なった他の方向に向かう人間的プロセス	その人のもつ家族、学校、環境、文化、習慣などの対人環境	看護とは、対人的なプロセスであり、問題解決志向のプロセスである。患者の成長に焦点をあて、患者が看護師の存在に気づき依存していく段階から、自分自身を立て直し自立していくまでのプロセス。生活を営むためのパーソナリティの発展を助長することを目的とした教育手段	対人関係モデル 精神力動的看護からの発展
ロジャーズ	「ロジャーズ看護論」1970	環境との相互作用により変化し続けているが、決して元に戻らない人間はエネルギーの場であり、どこまでも無限で時間や空間をこえた存在	文化や個人によって定義づけられる価値	パターンによって認識でき、還元不可能な総次元/汎次元エネルギーの場	看護は、人間とその環境の相互作用を対象とする 看護は抽象的な知識体系であり、人間とその世界についての科学でありアートである	一般システム理論（ベルタランフィ） 看護科学人間と環境を４つの主要概念とホメオダイナミクスの原理で説明

理論家	著作(邦題)・出版年	人間	健康	環境	看護	理論の特徴
オレム	「オレム看護論：看護実践における基本概念」1971	セルフケアできる存在。普遍的、発達的、健康逸脱にかかわるセルフケアを必要とする存在	健康とは、身体的、精神的、及び社会的に完全に安寧な状態であって、単に病気でないとか、虚弱でないとかいうだけではない	セルフケアに重要な外的条件の因子	看護とは、自分でセルフケアできなくなったとき、あるいはそうなることが予測されるとき、ケアすること。行為の代行、指導、支援、環境の提供などの援助を行い、患者が自身のセルフケアの維持や修正ができるように援助する	セルフケア セルフケア不足 看護セルフケア理論 相互行為をシステムとみなす
トラベルビー	「人間対人間の看護」1971	独自的でとりかえのきかない個体。この世界における一度だけの存在者	主観的健康(自分の身体的・情緒的・精神的状態についてのその人の受けとめ)と客観的健康	苦悩・希望・痛み・病気など人間が経験する状況や出会う状況など(明確な定義をしていない)	看護とは、対人関係のプロセスであり、対人関係は、「人間対人間」の関係である	人間対人間の関係モデル 独自の存在としての人間の理解 精神看護
ロイ	「ロイ看護論：適応モデル序説」1976	人間は適応する能力をもつシステム 環境の変化に順応する。環境を変化させる 4つの適応様式をもつ：①生理的様式、②自己概念様式、③役割機能様式、④相互依存様式	健康とは、環境との相互作用を反映し、統合された健全、完全な状態。あるいはそれに近づいている状態とそのプロセス	個人、集団を取り囲み発達と行動に影響を与えるすべての条件、状況、影響因子 人間の適応レベルに影響を与える刺激(焦点刺激、関連刺激、残存刺激)	看護は、4つの適応様式における適応を促進する 看護は、適応システムへのインプットとその反応をアセスメントし、刺激を操作する	適応レベル理論(ヘルソン)が源泉 適応モデル(環境に対する人間の適応)
パースィ	「パースィ看護理論：人間生成の現象学的探求」1998	関係づくりのパターンによって認知され、情況の中で自由に意味を選択する開かれた存在	その人が望み、その人が考えるその人らしく生きる過程	人類と天地万物がともに創りあげる	看護とは、その人の視点から生活の質を高めること。看護実践は、看護者が「真に共にあること」によりその人と共に展開すること。その人とともにあること	人間生成理論 現象学的看護理論
ワトソン	「ワトソン看護論：ヒューマンケアリングの科学」(第2版)2012	心・肉体・魂を宿した存在であり、各部分の総和とは異なる。人間のある時点におけるある経験の全体のありようは、過去、現在、未来の意味から構成される	心・体・魂が統一されていて調和していること	「世界」とよび「世界」とは人に影響を与える直接的な環境や状況のこと。環境に対する主観的評価は内的な環境要因(心的・スピリチュアルな安寧、社会文化的な信念等)と外的な環境要因の相互依存的な関係の中でもたらされる	看護とは、健康の増進・回復、病気の予防、病者へのケアリングに関わること。不健康や、心の悩み、痛み、実存の意味を見つけ出せるように手伝うことによって、人間性を守り、高め、維持しようとすること	ケアリング ヒューマンケアリング

理論家	著作(邦題)・出版年	人　間	健　康	環　境	看　護	理論の特徴
ペンダー	「ペンダーヘルスプロモーション看護論」1996	個人は保健行動の動機をもち、開始し継続する。そのために環境を調整するということに個人自身が積極的な役割を果たす	目標に向けた行動、適切なセルフケア、そして良好な人間関係を通して先天的、後天的な人間の可能性を実現すること。身体の統合性を維持し、環境との調和を保つために必要のつど調整を行うこと	状況的影響の3側面、①選択肢、②要求特性、③美的側面は、ヘルスプロモーション行動を促進したり阻害したりする	ヘルスプロモーション看護論。看護の目標は、個人的因子、人間関係の因子、及び環境因子に着目し、それらをよりよい方向へと変容させる介入を行うことにより、人々の健康を最大限に引き上げること	ヘルスプロモーションモデル ヘルスプロテクション
ベナー	「ベナー看護論：達人ナースの卓越性とパワー」1984 「ベナー/ルーベル現象学的人間論と看護」1989 「看護ケアの臨床知：行動しつつ考えること」1999	人間はつねに状況のうちにおかれているものとしてとらえる 状況から切り離した理論では説明し尽くせない複雑さがつねに存在している それを解釈する存在	健康は査定されうるもの	「状況」を用いて人の集まりである環境の社会的定義にしている	「初心者」「新人」「一人前」「中堅」「達人」の5つの臨床技能の段階を示す「看護師の臨床技能の習得段階に関する概念」 看護実践における領域とは、意図、機能、及び意味が類似した能力の集合体 臨床家が、理論的・実践的知識を実際の臨床の場で検証し磨きをかける場合においてのみ発展する 看護とは、人を気遣い世話をする実践であり、そこで用いられる科学は人を気遣い責任を引き受けるという道義的技能のその倫理によって統制される	看護師の臨床技能の段階 解釈的理論

池添志乃：看護学の概念と理論的基盤(野嶋佐由美編)、第3章代表的な看護理論の看護学への貢献、日本看護協会出版会、2012、44-97　参考
筒井真優美編：看護理論 - 看護理論21の理解と実践への応用 改訂第3版、南江堂、2020、272-283　参考

索　引

英数字

あ

い

う

え

お

か

き

く

け

こ

さ

し

養護教諭、看護師、保健師のための
新版　**学校看護**
すべての子供の健康実現を目指して

2022年1月8日　第1版第1刷発行
2023年3月25日　第1版第2刷発行

編著者
遠藤伸子・池添志乃・籠谷恵

著者（50音順）
朝倉隆司・池永理恵子・大沼久美子・葛西敦子・鎌田尚子・鎌塚優子・菊池美奈子
久保田美穂・齊藤理砂子・佐藤伸子・竹内理恵・竹鼻ゆかり・中込由美・成川美和
新沼正子・西岡かおり・西丸月美・野中靜・平川俊功・廣原紀恵・松枝睦美
丸井淑美・三森寧子・三村由香里・森口清美・矢野潔子

発行者　山本敬一
発行所　株式会社 東山書房
〒604-8454　京都市中京区西ノ京小堀池町８－２
TEL：075-841-9278 / FAX：075-822-0826
URL：https://www.higashiyama.co.jp

印　刷　創栄図書印刷株式会社

©2022　東山書房　Printed in Japan　ISBN978-4-8278-1588-7

本書のコピー、スキャン、デジタル化等の無断複製は著作権法上での例外を除き禁じられています。
本書を代行業者等の第三者に依頼してスキャンやデジタル化することはたとえ個人や家庭内の利用でも著作権法違反です。